Active Life를 위한
생애 설계

커리어 메이커들과 함께 하는
환승 경력

40 이후 평생 현역 시대, **생애 경력설계 가이드북**

신중년 꿈을 이루다

전직과 재취업을 위한
실전 플랜

AI를 활용한
신중년 디지털 챌린지

스무 살 봄날, 여러분의 꿈은 무엇이었나요?
누군가의 자식으로, 또 누군가의 부모로 열심히 살아온 당신.

이제는 '신중년'이라는 이름으로
나를 위한 꿈을 다시 그려볼 시간입니다.

지금, 두 번째 인생을 향한 새로운 시작을 준비해 보세요.
여러분의 꿈을 응원합니다!

『신중년 꿈을 이루다』
40 이후 평생 현역 시대를 위한 생애 경력설계 가이드북

추천사_

이 책을 만나고,
내일이 기다려집니다

삶의 중간에서 두 번째 봄을 마주하고 있습니다. 지나온 길을 돌아보면 아쉬움과 자부심이 교차합니다. 젊은 날의 열정과 패기는 점차 사그라졌지만, 그 자리에는 경험과 지혜가 쌓여가고 있습니다. 인생의 후반전은 노년으로 접어드는 과정이 아니라, 더욱 성숙한 나 자신과 마주하는 시간입니다.

100세 시대라는 말이 더는 낯설지 않은 지금, 앞으로의 삶을 어떻게 살아야 할지에 대한 고민이 커지고 있습니다. 저는 물론 주변에서도 같은 질문을 던지는 분들이 많습니다. 우리는 여전히 배우고, 성장하며, 새로운 가능성을 찾아야 합니다. 그리고 그 과정에서 인생을 더욱 풍요롭게 만들어 줄 책이 필요합니다. 『신중년 꿈을 이루다』가 바로 그런 역할을 해술 것이라 믿습니다.

이 책은 단절이 아닌 전환의 시간을 맞이한 신중년에게 용기와 영감을 줍니다. 익숙한 삶에서 벗어나 새로운 가능성을 찾는 여정에서, 이 책은 따뜻한 안내자이자 성찰의 거울이 되어줄 것입니다.

책을 읽는 것만큼 중요한 건, 삶을 깊이 들여다보는 여유를 갖는 일입니다. 그 여유는 때때로 한 편의 시에서 시작되곤 합니다. 특히 독일의 대문호 괴테는 인생을 시로 승화시켜 우리에게 깊은 울림을 남깁니다. 『신중년 꿈을 이루다』를 추천하며, 인문학 멘토 김종원 작가가 아끼는 괴테의 시 한 편을 함께 나누고 싶습니다.

자기 삶의 시인으로 사는 멋진 사람은
침묵하는 것을 좋아하지 않습니다.
많은 사람에게 자신을
있는 그대로 보여주려고 하죠.
찬사와 비난을 피할 수는 없습니다.
하지만 우리는 자신이 쓴 글로
결코 참회할 필요가 없습니다.
그저 나의 뮤즈가 사는 고요한 숲 속에 있는
장미꽃 그늘에서 조용히 마음을 털어놓습니다.

애를 쓰며 깊이 고뇌했지만
갈피를 잡지 못해서 힘들었습니다.
그러나 이제야 깨달았습니다.
내 모든 고뇌와 슬픔은 영광스럽게도
꽃다발을 만들기 위한 꽃이었구나.
젊었던 순간도
늙어가는 지금 이 순간도
잘했던 순간도
그리고 못했던 순간도
나중에는 제법 읽을 만한
아름다운 한 줄의 시가 됩니다.

- 사단법인 한국전문면접관협회 손원형 협회장 드림 -

프롤로그_

신중년의
꿈 실현을 위한 나침반

'관리직에서 물러나니, 마치 현역에서 은퇴한 운동선수처럼 허전하다.'
'한때는 조직의 핵심 인재였지만, 변하는 환경에 적응하는 것이 쉽지 않다.'
혹시 이와 비슷한 생각을 해본 적이 있으신가요?

 우리는 모두 저마다의 방식으로 사회에서 자리 잡기 위해 애써왔습니다. 맡은 역할을 성실히 수행했고, 책임을 다하며 살아왔다고 믿었습니다. 그러나 어느 순간부터 나의 위치가 불안해지는 느낌이 들고, 중심이 젊은 세대로 이동하는 것을 보며 고민이 깊어집니다.

 이 책은 변화 속에서 자신의 삶을 주체적으로 설계하고자 하는 신중년을 위한 안내서입니다. 단순한 정보 제공을 넘어, 실질적이고 현실적인 방향을 제시하기 위해 ㈜커리어컨설팅의 연구진이 지혜를 모았습니다. 생애설계, 경력 전환, 자격증 취득, 그리고 디지털 역량 강화까지, 네 가지 핵심 영역을 중심으로 인생 2막을 준비하는 방법을 구체적으로 담았습니다.

 Part 1에서는 Active Life를 위한 생애설계를 다룹니다. 고령화 사회에서 어떤 변화가 일어나고 있는지 살펴보고, 우리가 어떤 준비를 해야 하는지 제시합니다.

Part 2에서는 좋아하는 일과 의미 있는 일을 직업으로 연결한 다양한 사례를 통해, 새로운 커리어를 모색합니다. 긱 이코노미, N잡러, 배움과 나눔을 통한 재도약 등은 독자 여러분의 미래가 될 수 있습니다.

Part 3에서는 재취업과 전직을 위한 자격증 취득 전략을 명쾌하게 안내합니다. 어떤 자격증이 유망하며, 실질적으로 취득하기 위한 방법은 무엇인지 분야별로 정리했습니다.

Part 4에서는 AI 시대에 필요한 디지털 역량을 강화하는 방법을 소개합니다. 디지털 기술이 어렵게 느껴지는 분들을 위해, 쉬운 언어로 디지털 도구와 플랫폼 활용법을 설명하고, 누구나 따라 할 수 있도록 구성했습니다.

지금까지 달려온 길이 어떠했든, 이제부터의 삶은 스스로 선택하고 만들어갈 수 있습니다. 다시 한번 인생의 키를 손에 쥐고 새로운 항해를 시작하실 여러분께, 이 책이 나침반이자 응원의 메시지가 되기를 진심으로 바랍니다.

- 연구진의 뜻을 담아 권미경 드림 -

목차_

PART
01

Active Life를 위한 생애설계

Ⅰ. 100세 시대 변화와 신중년의 생애설계   **14**
   01 고령화로 인한 변화 물결
   02 미래 사회, 기회와 도전

Ⅱ. 신중년 맞춤형 생애설계 가이드   **30**
   01 다시 그리는 인생지도
   02 꿈을 현실로, 생애설계 실천 전략

Ⅲ. 50+ 세대 새로운 시작을 위한 나침반   **42**
   01 중장년의 자기 탐색과 활용 방법
   02 추천! 생애설계 액티브 자가진단

PART 02 커리어 메이커들과 함께 하는 환승 경력

Ⅰ. 긱 이코노미 시대, 새로운 기회를 잡다   **58**
    01 평생 직업을 준비하는 신중년
    02 신중년을 위한 유망분야 트렌드

Ⅱ. 신중년 환승 경력 도전 스토리   **65**
    01 취미로 시작하는 인생 2막
    02 배움의 즐거움이 직업으로!
    03 나눔으로 새 출발 하다
    04 긱워커와 N잡러로 미래를 열다

Ⅲ. 신중년의 성공적인 환승 경력 전략   **81**
    01 스킬 이코노미 시대, 신중년의 배움은 계속된다
    02 교육이 열어주는 기회
    03 변화를 기회로, 중장년의 재취업 성공 비법
    04 취업사이트를 활용해 나에게 맞는 일자리 찾기
    05 내 경험, 내 능력이 소득이 되는 재능마켓
    06 멘토링과 네트워킹으로 경력 전환하기

목차_

PART 03 · **전직과 재취업을 위한 실전 플랜**

I. 자격증으로 여는 새로운 미래   **108**
    01 자격증, 미래의 나에게 보내는 선물
    02 경력 전환의 열쇠! 자격증이 답이다
    03 실전! 성공적인 자격증 취득 전략

II. 50+ 재도약, 식송별 자격증 핵심 정보   **143**
    01 꼭 알아야 할 사무직 자격증 가이드
    02 꼭 알아야 할 기술직 자격증 가이드
    03 꼭 알아야 할 서비스직 자격증 가이드
    04 꼭 알아야 할 기타 분야 자격증 가이드

PART 04

AI를 활용한 신중년 디지털 챌린지

I. AI 시대, 신중년의 미래가 달라진다   **216**
  01 5060 세대와 AI의 만남
  02 디지털 역량, 신중년의 성공 열쇠
  03 나도 할 수 있다! 디지털 생활백서

II. 디지털 도구 따라잡기① - 소통 Level Up!   **259**
  01 비대면 소통 플랫폼
  02 스마트 협업 도구
  03 온라인 설문조사 도구

III. 디지털 도구 따라잡기② - 역량 Level Up!   **289**
  01 생성형 AI 서비스
  02 오피스 프로그램
  03 디자인 플랫폼

Part

01

Active Life를 위한
생애설계

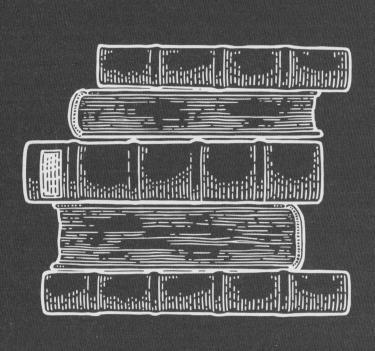

Ⅰ
100세 시대 변화와
신중년의 생애설계

01 고령화로 인한 변화물결

  1947년, 가난한 소년이 미국으로 이민을 왔습니다. 그는 집안 구석구석에 세 가지 꿈을 적어 놓았습니다.

- 나는 영화배우가 될 것이다.
- 나는 케네디가의 여인과 결혼할 것이다.
- 나는 캘리포니아 주지사가 될 것이다.

그는 목표를 이루기 위해 꾸준히 노력했습니다. 그 결과, 전 세계적으로 유명한 영화배우가 되었고, 케네디가의 조카 마리아 슈라이버와 결혼했으며, 2003년에는 캘리포니아 제38대 주지사가 되었습니다.

이 인물은 바로 아놀드 슈워제네거입니다. 그의 삶은 도전과 성취의 연속이었습니다. 하지만 이러한 결과는 우연이 아니라 철저한 계획과 꾸준한 노력의 결과였습니다. 그는 헐리우드 액션 스타가 되기 위해 보디빌딩을 시작했습니다. 5번의 미스터 유니버스와 7번의 미스터 올림피아 우승이라는 기록을 세운 뒤 연기에 도전했습니다.

1982년 《코난 더 바바리안》으로 주목받기 시작해 1984년 《터미네이터》로 SF 액션 장르의 상징적인 배우로 자리 잡았습니다. 슈워제네거의 출연작들은 총 30억 달러 이상의 흥행 수익을 기록하며 세계적인 스타로 만들었습니다. 이후 그는 정치에 도전하며 캘리포니아 주지사로 활동했습니다. 재생에너지와 환경보호 분야에서 적극적으로 정책을 추진하며 변화를 이끌었습니다.

슈워제네거는 보디빌더, 배우, 사업가, 정치인으로 활동하며 다양한 분야에서 의미 있는 성과를 이루었습니다. 새로운 기회를 찾고, 변화에 적응하며 계속해서 성장해 왔습니다. 그의 이야기는 새로운 시작을 준비하는 사람들에게 도전하는 용기의 중요성을 생각해보게 합니다.

A. 신중년, 두 번째 인생의 시작

우리는 두 번의 인생을 삽니다. 하나는 지금까지 걸어온 삶이고, 다른 하나는 길어진 수명을 고려해 새롭게 설계해야 할 미래입니다. 긴 수명은 축복처럼 보이지만, 그 이면에는 고령화와 삶의 재설계라는 큰 도전이 함께 합니다.

우리나라는 65세 이상 인구 비율이 20%를 넘어 초고령 사회에 진입했습니다. 행정안전부에 따르면, 2024년 12월 기준으로 65세 이상 주민등록 인구는 1,024만

4,550명으로, 전체 주민등록 인구의 20%를 차지합니다. 유엔(UN)은 65세 이상 인구 비율에 따라 사회를 고령화 사회(7% 이상), 고령 사회(14% 이상), 초고령 사회(20% 이상)로 구분하고 있습니다.

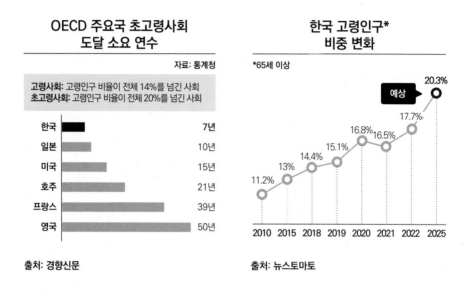

OECD 주요국 초고령사회
도달 소요 연수

자료: 통계청

고령사회: 고령인구 비율이 전체 14%를 넘긴 사회
초고령사회: 고령인구 비율이 전체 20%를 넘긴 사회

한국	7년
일본	10년
미국	15년
호주	21년
프랑스	39년
영국	50년

출처: 경향신문

한국 고령인구*
비중 변화

*65세 이상

예상 20.3%
17.7%
16.8% 16.5%
15.1%
14.4%
13%
11.2%

2010 2015 2018 2019 2020 2021 2022 2025

출처: 뉴스토마토

우리나라는 고령화 속도가 세계에서 가장 빠른 나라입니다. 고령 사회에 들어선 지 7년 만에 초고령 사회에 도달하며 영국(50년), 프랑스(39년), 미국(15년), 일본(10년)보다 빠른 속도로 초고속 노령화를 기록했습니다. 특히, 농촌 지역은 이미 '초초고령 사회'로 불릴 만큼 심각한 상황에 처해 있습니다. 인구 감소와 고령화가 가속화되면서 지역 소멸의 위협도 키웠습니다. 이러한 변화는 단순히 인구 구조의 문제가 아니라, 우리 삶 전반을 다시 구성해야 하는 중요한 과제가 되었습니다.

출산율 감소와 베이비붐 세대의 노년층 진입이 맞물리면서 사회 변화가 더욱 뚜렷해지고 있습니다. 아이들이 뛰놀던 학교들이 학생 수 감소로 폐교되고 있으며, 청년층은 더 나은 일자리를 찾아 수도권으로 이동하고 있습니다. 이로 인해 지역 간 격차는 더욱 커졌습니다. 수도권은 인구 과밀과 치열한 경쟁에서 청년들의 결혼과 출산은 늦어지고 있습니다.

이러한 변화의 중심에 새로운 세대가 주목받고 있습니다. 바로 '신중년'입니다. 신중년은 50대 초반부터 60대 중반의 세대를 가리키는 말로, 퇴직 후에도 경제 활동

과 사회 참여를 이어가며 새로운 인생을 만들어가고 있습니다. 과거의 노년층과 달리, 이들은 적극적으로 인생 2막을 준비하며 새로운 길을 찾아 나가고 있습니다.

많은 신중년이 퇴직 후 삶의 방향을 고민합니다. 직업을 잃은 상실감과 새로운 도전에 대한 막연한 두려움이 교차하기도 합니다. 하지만 중요한 것은 과거의 성취나 현재의 한계를 뛰어넘어 스스로 삶을 만들어가려는 태도입니다. 이런 맥락에서 액티브 라이프(Active Life)는 신중년의 삶에서 큰 의미를 가집니다. 액티브 라이프는 신체적 활동에 국한되지 않고 지적, 사회적, 감정적 활동을 포함해 삶을 능동적으로 설계하고 성장하는 과정을 의미합니다. 각자의 방식으로 새로운 목표를 찾고, 의미 있는 삶을 만들어가는 것이 핵심입니다.

신중년은 다양한 방법으로 액티브 라이프를 실천할 수 있습니다. 새로운 지식과 기술을 배우는 데 관심이 많으며, 평생 교육 프로그램, 온라인 강좌, 취미 활동을 통해 배우고 성장할 기회를 적극적으로 찾고 있습니다. 슈워제네거가 보디빌딩에서 시작해 배우와 정치인으로 활동 범위를 넓혀간 것처럼, 신중년도 자신만의 길을 개척할 수 있습니다. 사회적 관계를 유지하고 넓히는 것 역시 중요한 요소입니다. 동아리 활동, 자원봉사, 지역 모임에 참여하면 새로운 사람을 만나고 기존 관계를 더욱 돈독하게 만들 수 있습니다. 이는 정서적 안정감과 소속감을 주며, 삶의 활력을 높이는 데 도움이 됩니다.

길어진 인생을 어떻게 채울지 고민해야 할 때입니다. 초고령 사회로 접어든 지금, 개인과 사회 모두에게 새로운 도전이자 기회가 주어졌습니다. 남은 시간을 더 의미 있게 만들기 위해, 이제는 '두 번째 인생'을 함께 설계해야 합니다.

B. 신중년의 오늘과 내일

오팔 세대, 액티브 시니어, 앵코르 세대, WAVY 세대는 모두 중장년의 또 다른 이름입니다. 신중년은 다양하게 불리며 그들의 특징과 사회적 역할, 인생 2막을 주도적으로 살아가는 모습을 담고 있습니다.

오팔 세대는 신중년을 대표하는 용어로, 'Older People with Active Life(활기찬 삶을 사는 신노년)'를 의미합니다. 서울대학교 김난도 교수는 2020년 트렌드 키워드로 '오팔 세대'를 제시하며, 이들이 다채로운 소비를 통해 새로운 문화를 만들어가고 있음을 강조했습니다. 90년대 맥북과 2000년대 초반 아이폰의 첫 구매자였던 이들은, 과거 포털 서비스의 주역으로 디지털 전환의 시작을 이끌기도 했습니다. 가족 부양에서 벗어난 시간적, 경제적 여유를 자신에게 투자하며 여행, 취미, 학습 등 이전 세대가 꿈꾸지 못했던 활동에 아낌없이 몰입하며 새로운 소비 문화를 형성하고 있습니다.

액티브 시니어(Active Senior)는 신중년이 얼마나 주도적이고 활동적인 삶을 살아가는지를 보여줍니다. 이 용어는 미국 시카고대 심리학과 교수인 버니스 뉴가튼이 처음 사용한 말로, 경제적 기반과 사회적 경험을 갖춘 신중년이 높은 소비력을 바탕으로 사회와 문화를 주도하고 있음을 뜻합니다. 한국방송광고진흥공사가 발표한 '2024 액티브 시니어 소비 트렌드 조사'에 따르면, 액티브 시니어 10명 중 9명은 은퇴 후에도 경제활동을 지속하고 싶어한다고 응답했습니다. 특히 변화에 민감하며 새로운 것에 대한 관심과 변화를 추구하는 성향이 20~30대 젊은 세대보다 더 높은 비율로 나타났습니다. 이처럼 액티브 시니어는 적극적이고 열린 태도로 자신만의 삶을 설계하며 사회의 중심으로 자리 잡아가고 있습니다.

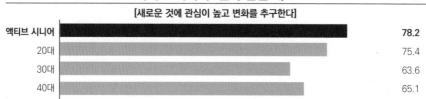

엑티브 시니어 변화 관련 태도

[새로운 것에 관심이 높고 변화를 추구한다]

액티브 시니어	**78.2**
20대	75.4
30대	63.6
40대	65.1

Base: 전체응답자 2,000명, 단위: %, TOP 2%

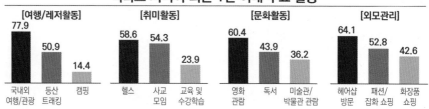

액티브 시니어 최근 1년 이내 주요 활동

[여행/레저활동]			[취미활동]			[문화활동]			[외모관리]		
77.9	50.9	14.4	58.6	54.3	23.9	60.4	43.9	36.2	64.1	52.8	42.6
국내외 여행/관광	등산 트래킹	캠핑	헬스	사교 모임	교육 및 수강학습	영화 관람	독서	미술관/ 박물관 관람	헤어샵 방문	패션/ 잡화 쇼핑	화장품 쇼핑

출처: 한국방송광고진흥공사, 「2024 액티브 시니어 소비트렌드 조사 결과」

더 나아가 'WAVY 세대'는 젊음을 단지 시간의 흐름으로 보지 않고, 적극적으로 유지하며 새로운 물결을 만들어가는 사람들을 상징합니다. 대홍기획은 '지금껏 없었던 新인류, 5060 WAVY' 리포트에서 WAVY 세대를 경제적 여유와(Wealth) 능동적인 성향을 토대

로(Active) 추구해 온 가치를 단단히 다지고(Value) 젊음을 놓치지 않으면서(Youth) 새로운 물결(흐름)을 주도해 나가는 새로운 5060이라고 설명했습니다. WAVY 세대의 특징은 브랜드와의 관계를 통해 자신의 정체성을 표현하고, 그들의 가치관과 일치하는 제품을 선택하는 경향이 있습니다. 소비와 가치관이 긴밀히 연결된 현대 사회에서 신중년 세대가 얼마나 강력한 영향력을 발휘할 수 있는지 보여주고 있습니다.

신중년은 경제적 여유와 소비 트렌드의 주도, 적극적인 삶의 태도를 통해 현대 사회에서 중요한 위치를 차지하고 있습니다. 하지만 이러한 모습이 모두에게 해당되는 것은 아닙니다. 일부는 경제적 여유를 바탕으로 여행을 즐기고 새로운 취미를 찾으며 활기찬 삶을 만들어가지만, 또 다른 이들은 여전히 생계를 위해 일해야 하는 현실에 놓여 있습니다. 노후 소득이 충분하지 않거나 국민연금만으로 생활하기 어려운 경우, 은퇴 이후에도 경제적 활동을 지속할 수밖에 없습니다. 이러한 격차는 개인의 문제가 아니라, 사회 구조적인 문제와도 맞닿아 있습니다.

고령화가 가속화되는 가운데, 신중년이 마주하는 현실은 노후 대비를 넘어 삶의 지속 가능성을 고민해야 하는 단계에 이르렀습니다. 경제적 안정뿐만 아니라, 사회적 역할과 개인적 성장도 함께 고려해야 하는 시점입니다. 이 과정에서 신중년은 도전과 극복이라는 두 가지 과제를 동시에 안고 있습니다. 신중년이 새로운 삶의 방식을 찾아 나가는 것은 개인 문제를 넘어, 사회 전체의 변화와 연결됩니다. 100세 시대의 성공은 이들이 자신의 경험을 바탕으로 삶을 재설계하고, 변화의 주체로 자리 잡을 수 있도록 사회가 얼마나 뒷받침하느냐에 달려 있습니다. 이제 신중년이 안정적이고 의미 있는 인생 2막을 열 수 있도록, 개인과 사회가 함께 고민해야 할 때입니다.

C. 고령화 사회, 일자리 변화와 신중년의 역할

고령화는 우리 일상에서 빼놓을 수 없는 화두입니다. 인구 구조의 변화는 단순히 통계적 수치를 넘어 사회, 경제, 문화 전반에 걸쳐 광범위한 영향을 미치고 있습니다. 고령층의 비중이 증가하면서 연금, 의료 등 사회복지에 대한 수요가 늘고, 젊은 세대의 부담이 가중되고 있습니다. 동시에 고령층의 고립 문제가 심화되면서 사회적 안전망 구축의 필요성이 커지고 있습니다. 이러한 변화에서 신중년 세대는 새로운 역할을 부여받고 있습니다. 은퇴 이후를 휴식의 시간으로 여겼던 과거와 달리, 경제 활동과 사회 참여를 통해 삶의 가치를 실현하려는 움직임이 점점 더 활발해지고 있습니다.

[고령화 사회의 특징]

- **인구 구조의 변화**

  고령 사회에서는 65세 이상의 인구 비율의 증가로 전체 인구에서 고령층이 차지하는 비율이 높아집니다.

- **경제적 부담 증가**

  연금, 의료비, 복지 서비스 등과 관련된 경제적 부담이 커집니다. 이는 국가와 가정의 재정에 큰 영향을 미치며, 젊은 세대의 세금 부담이 증가할 수 있습니다.

- **노동력 감소**

  고령화로 인해 노동 시장에서의 젊은 인구 비율이 줄어들면서 노동력 부족 문제가 발생합니다. 이는 기업의 생산성 저하와 경제 성장 둔화로 이어질 수 있습니다.

- **건강 및 복지 문제**

  고령층의 증가로 인해 만성 질환, 장애, 정신 건강 문제 등의 건강 문제가 증가합니다. 이에 따라 의료 서비스와 복지 시스템의 수요가 늘고 있습니다.

- **사회적 관계의 변화**

  고령 사회에서는 가족 구조와 사회적 관계가 변화합니다. 전통적인 가족 형태가 약화되고, 독거노인이나 사회적 고립을 겪는 고령층이 증가할 수 있습니다. 이는 사회적 지원과 커뮤니티의 중요성을 더욱 부각시킵니다.

- **사회적 고립과 건강 문제**

  고령층이 증가함에 따라 사회적 고립과 정신 건강 문제가 심각해집니다. 특히, 독거 노인이나 사회적 관계가 부족한 고령층은 우울증, 불안 등의 정신적 문제에 노출될 위험이 높아지며, 이는 전반적인 삶의 질 저하로 이어질 수 있습니다.

노동시장의 변화는 신중년 세대에게 기회와 도전을 동시에 제시합니다. 디지털 기술 발전으로 인해 직무 환경이 급격하게 변화하고, 새로운 기술 습득이 필수가 되었습니다. 하지만 이는 신중년이 가진 경험과 지혜를 활용할 기회이기도 합니다. 유연한 근무 형태의 확산은 신중년들이 자신의 강점을 발휘하며 다양한 분야에서 활동

할 수 있는 길을 열어주고 있습니다.

미래 사회는 고령화라는 변화에 효과적으로 대응하면서도, 신중년 세대의 역량을 최대한 활용해야 합니다. 개인은 지속적인 학습과 자기개발을 통해 변화하는 환경에 적응하며, 사회는 신중년이 사회에 기여할 수 있도록 다양한 지원 시스템을 구축해야 합니다.

신중년은 고령화 사회의 수혜자가 아니라, 사회 발전의 주역입니다. 새로운 가치를 창출하는 것은 물론, 더 나아가 미래 세대를 위한 롤모델이 될 수 있습니다. 100세 시대를 맞아 단순히 오래 사는 방법을 고민할 때는 지났습니다. 길어진 인생을 어떻게 하면 더 풍요롭고 의미 있게 만들 수 있을지 진지하게 생각해야 합니다. 안정적인 노후 소득과 건강한 삶은 물론이고, 개인의 성장을 위한 지속적인 노력 또한 중요합니다. 신중년이 만들어가는 삶의 새로운 방식은 100세 시대에 중요한 길잡이가 될 것입니다.

D. 정부의 중장년 전직 지원 방안

정부는 초고령 사회에 대응하기 위해 신중년의 전직 및 재취업 지원서비스, 직업훈련, 그리고 기업의 자율적 계속 고용 확산을 적극적으로 지원하고 있습니다. 이러한 정책은 고령자들이 안정적으로 경제활동을 이어가며 노동시장에 오래 머무르는 기반을 마련하는 데 중요한 역할을 할 것으로 기대됩니다.

중장년층의 고용 서비스 수요가 증가함에 따라, 정부는 중장년내일센터를 확충하고 전직 지원 및 생애 경력 설계 서비스를 더욱 강화하고 있습니다. 빠르게 변화하는 노동시장과 중장년층의 훈련 수요를 충족하기 위해, 한국폴리텍대학의 신중년 특화 훈련 과정과 산업 전환 대응 훈련 등 맞춤형 훈련 프로그램을 확대 중입니다. 아울러, 고령자가 노동시장에서 지속적으로 일할 수 있도록 노사가 자율적으로 운영하는 계속고용제도를 지원하고 있습니다. 이를 실천하는 중소·중견기업에는 계속고용장려금을 확대합니다. 구체적인 중장년 전직 지원 방안은 다음과 같습니다.

전국 35개 중장년내일센터에서는 40세 이상 중장년의 평생 현역 활동을 지원하기 위해 생애경력설계, 전직지원서비스, 1:1 상담 등 맞춤형 취업 지원 서비스를 제공합니다. 중장년 채용 기업을 대상으로 인재 추천 서비스도 실시하고 있습니다.

[중장년내일센터 서비스 소개]

출처: 고용노동부

또한, 고령자 계속고용장려금을 통해 정년에 도달한 근로자를 계속 고용하는 사업주에게 인건비의 일부를 지원하고 있습니다. 이 제도는 정년 이후에도 고용 안정성을 높이는 데 기여합니다. 고용노동부는 직원 수 1,000명 이상인 기업이 50세 이상의 비자발적 이직 예정자에게 재취업지원서비스를 제공하도록 의무화하고 있습니다. 이처럼 다양한 지원 방안들은 중장년이 경제활동을 안정적으로 이어가고 새로운 기회를 찾는 데 중요한 기반이 되고 있습니다.

[재취업지원서비스 개요]

① 전년도 고용보험 피보험자의 월평균 인원이 1,000인 이상인 사업의 사업주는
② 정년 등 비자발적 사유로 이직하는 50세 이상 근로자에게
③ 진로설계, 취업 알선, 취·창업 교육 등 재취업지원서비스를 의무적으로 제공하여야 하는 것을 말함

[재취업지원서비스 제공 의무화의 주요 내용]

의무 대상 사업	서비스 제공 대상 근로자	서비스 내용 등
• 고용보험 피보험자가 1,000명 이상인 사업	• 1년 이상 재직한 50세 이상 근로자로 정년, 경영상 사유 등 비자발적으로 이직	• 이직예정일 직전 3년 이내 * 경영상 이유로 퇴직 : 이직전 1년, 이직후 6개월 이내 • 생애설계 등 진로설계 직업훈련, 취업알선 제공

02 미래 사회, 기회와 도전

A. 신중년이 알아야 할 변화관리의 핵심

고령화 사회는 경제적 기회와 도전 과제를 동시에 안고 있습니다. 시니어 시장의 확대는 다양한 산업에 새로운 가능성을 제공하며, 경험과 지식을 활용한 멘토링과 컨설팅은 사회에 긍정적인 영향을 줍니다. 그러나 연금 부담, 고령자의 노동시장 경쟁력 약화, 편견과 차별 등은 여전히 해결해야 할 과제입니다. 이를 극복하려면 정부와 기업의 협력뿐만 아니라, 개인의 능동적인 준비가 필수입니다. 퇴직을 앞둔 신중년에게는 변화에 적응하고 새로운 기회를 찾는 능력이 중요합니다. 직업 변화뿐만 아니라 경제적 안정, 디지털 기술 습득, 사회적 관계 재정립 등 삶 전반에 걸쳐 가능성을 탐색하는 태도가 필요합니다. 개인이 변화에 적극적으로 대응하고 사회적 지원과 조화를 이룰 때, 고령화 사회의 도전 과제는 극복 가능합니다.

변화의 첫 단계는 스스로의 가치를 재발견하는 것입니다. 아키타현에서 활동하는 '마타기 스나이퍼스'는 평균 연령 67세의 고령자들로 구성된 일본 최초의 시니어 e스포츠 팀입니다. FPS(1인칭 슈팅) 게임인 '발로란트'를 주 종목으로 삼아, 주로 10~20대가 즐기는 e스포츠에서 젊은 선수들과 견줄 만큼 뛰어난 실력을 보여주고 있습니다. 나이로 인해 게임 실력이 제한될 것이라는 편견을 깨고, 꾸준한 연습과 학습을 통해 높은 수준의 플레이를 선보이며 많은 팬들의 지지를 받고 있습니다.

이 팀의 활동은 단순히 게임을 즐기는 것을 넘어, 지역 사회에서 세대 간 소통을 촉진하고 고령자들에게 새로운 도전의 기회를 제공하는 역할을 하고 있습니다. 트위치에서 게임 스트리밍을 하며 젊은 팬들과 소통하고, e스포츠 행사에 참여하며 고령층의 디지털 적응력을 높이는 데 기여합니다. 또한 '손자들에게 존경받는 존재'를 목표로 세대 간 교류를 강화하고, 고령자의 사회적 역할을 확대하는 데 긍정적인 영향을 주고 있습니다. 이 사례는 신중년이 과거의 경험에만 머무르지 않고, 새로운 도전을 통해 자신을 확장해 나갈 수 있다는 점에서 중요한 의미를 가집니다.

변화는 새로운 환경에 적응하는 것을 넘어, 자신을 재발견하고 확장하는 기회입니다. "나는 어떤 삶을 살고 싶은가?"라는 근본적인 질문을 던지고, 자신의 강점과 경험을 바탕으로 새로운 목표를 설정해보세요. IT 기술을 배우고 경력을 쌓거나, 기존 경험을 활용해 사회적 가치를 실현하는 활동에 참여할 수도 있습니다. 완전히 다른 분야에 도전해 새로운 직업을 찾는 과정에서 배우고 실행하며 성취감을 쌓는 것도 방법입니다.

 30년 간 제조업에 종사했던 박민수 씨는 정년을 맞이하며 IT 분야에 도전하기로 결심했습니다. 처음에는 생소한 기술에 망설였지만, 관련 교육 프로그램을 이수하며 프로그래밍을 배우기 시작했습니다. 이후 그는 IT 회사에 재취업했고, 기존의 제조업 경력과 IT 기술을 결합해 중요한 프로젝트를 성공적으로 이끌었습니다. 사무직에서 오랜 시간 일한 이상우 씨는 퇴직 후 완전히 다른 분야인 용접 기술에 도전했습니다. 3개월 가량 전문 교육을 받으며 낯선 도구와 작업 환경에 적응했고, 현재는 제조업체에 용접사로 취업해 안정적인 수입을 올리고 있습니다.

 변화는 적응에서 나아가, 스스로를 재발견하고 가능성을 실현하는 과정입니다. 중요한 것은 변화의 크기가 아니라 방향입니다. 한 걸음씩 나아가는 단계에서 작은 성취가 쌓이고, 그 성취가 도약으로 이어집니다. 모든 변화가 빠르게 이루어질 필요는 없습니다. 변화는 지속적이며, 이를 뒷받침하기 위해 신체적 건강과 정신적 안정은 필수 기반입니다. 지금 당장 작은 변화부터 시작해보세요. 작은 움직임이 당신의 내일을 새로운 방향으로 이끌어 갈 원동력입니다.

B. 신중년의 경쟁력, 세대공감력

세대갈등 악화 우려, 4년째 지속

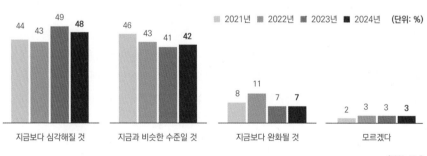

출처: 한국리서치, 「2024 세대인식조사: 세대갈등 및 다른 세대에 대한 인식」

한국리서치가 발표한 2024 세대인식조사에 따르면, 우리 사회의 83%가 세대갈등이 매우 심각하거나 심각한 편이라고 인식합니다. 연령과 상관없이 4명 중 3명은 세대차이를 문제라고 생각하며, 특히 23%는 이를 '매우 심각한 수준'으로 평가하고 있습니다. 향후 세대 갈등이 심화될 것이라는 전망도 48%에 이릅니다. 10명 중 9명은 갈등이 지속되거나 악화될 것을 우려합니다.

세대 갈등은 더 이상 사회적 현상에 그치지 않고, 직장과 가정에서 직접 마주하는 현실입니다. 신중년은 직장에서 후배와 협력하는 것은 물론 가정에서는 자녀 세대와 소통할 일이 많습니다. 이때 공감이 부족하면 세대 간 갈등이 심화되고, 차이가 더욱 두드러질 가능성이 큽니다.

과거에는 연차가 쌓이면 자연스럽게 관리직으로 올라가 젊은 직원들에게 지시하는 역할을 맡았습니다. 하지만 요즘은 수평적 조직문화가 자리 잡으면서 연령과 직급에 상관없이 협업이 필수입니다. 특히 신중년이 재취업하거나 프리랜서로 일할 경우, 젊은 상사와 함께 일하는 상황이 더욱 많아졌습니다. 이런 환경에서는 변하는 업무방식과 조직문화를 이해하고 적응하는 태도가 중요합니다.

젊은 세대는 디지털 기술을 능숙하게 활용하고, 빠른 의사결정을 선호하며, 수평적인 소통을 중요하게 생각합니다. 신중년이 기존의 방식을 고집하거나 후배들과 거리를 두면 조직에서 자연스럽게 소외될 가능성이 커집니다. 반면, 세대차이를 인정하고 유연하게 소통하는 신중년은 20~30대와 협력하며 새로운 업무방식을 배우고, 조직 내에서 신뢰를 얻을 수 있습니다. 결국, 세대공감능력은 직장에서 성공적으로 자리 잡기 위한 필수 역량 중 하나입니다.

가정에서도 세대공감은 중요합니다. 많은 신중년이 자녀 세대와의 차이에서 갈등을 경험합니다. 부모 세대는 안정적인 직업, 결혼, 내 집 마련을 중시하지만, 젊은 세대는 워라밸, 자기계발, 다양한 경험을 더 중요하게 생각합니다. 이런 차이를 이해하지 못한 채 과거의 기준을 강요하면 관계가 멀어질 수 있습니다. 반대로, 자녀 세대의 가치관을 존중하고 열린 태도를 가지면 더 깊은 유대감이 쌓입니다. 과거에는 부모가 자녀의 진로를 직접 결정하는 것이 일반적이었지만, 지금은 자녀가 스스로 자신의 길을 선택하는 것이 보편화되었습니다. 나무는 바람을 거스르지 않고 흔들리며 자랍니다. 자녀의 삶도 부모가 지켜보며 응원할 때 더 단단해집니다.

퇴직 후에는 새로운 사회적 관계를 형성하는 것이 필수입니다. 직장에서 맺었던 관계가 줄어드는 만큼, 다양한 세대와 소통하며 새로운 인연을 만들어보세요. 특히 창업이나 협업을 고려한다면, 젊은 세대와의 협력이 필요합니다. 자신의 방식만 고집하면 벽이 생기지만, 열린 태도로 상대를 이해하면 오히려 다리가 놓입니다. 인생 2막을 더욱 풍요롭게 만드는 열쇠는 바로 변화에 유연하게 적응하고, 서로의 다름을 존중하는 태도입니다.

[세대별 특징]

세대	특징
베이비붐 세대 (Baby Boomers)	• **출생 연도:** 1946-1964년 • 전후 복구 시기에 태어나 경제 성장과 사회 변화를 경험. 가족 중심적이며, 전통적 가치관 중시. 직장에서의 충성도와 안정성을 중요하게 생각 • **핵심 가치:** 근면, 책임감, 경제적 안정 • **주요 특징:** 근면과 성실이 삶의 기본 원칙, 가족과 조직에 대한 강한 책임감, 위계질서 존중, 권위와 경험을 중시
X 세대 (Generation X)	• **출생 연도:** 1965-1980년 • 디지털 혁명이 시작되기 전 성장. 독립성과 자율성을 중시하며, 경제적 불안정성을 경험. 일과 삶의 균형을 중요시하고, 개인 발전을 강조 • **핵심 가치:** 개인주의, 창의성, 실용성 • **주요 특징:** 개인의 자유와 독립 중시, 일과 삶의 균형을 중요하게 생각, 실용적이고 현실적인 태도 선호
밀레니얼 세대 (Generation Y)	• **출생 연도:** 1981-1996년 • 인터넷과 디지털 기술의 발전 속에 성장. 다양성과 포용성을 중시하며, 사회적 이슈에 대한 관심이 높음. 경험과 감정을 중시하고, 직장에서의 의미를 중요하게 생각 • **핵심 가치:** 경험, 가치 중심, 소통 • **주요 특징:** 디지털 네이티브로서 기술 활용 능숙, 물질적 소유보다 경험과 가치 중시, 수평적 관계와 개방적 소통 선호
Z 세대 (Generation Z)	• **출생 연도:** 1997-2012년 • 디지털 네이티브로 태어남. 소셜 미디어와 모바일 기술에 익숙함. 사회적 정의와 환경 문제에 대한 관심이 높고, 정신 건강과 웰빙을 중시 • **핵심 가치:** 다양성, 개성, 글로벌 의식 • **주요 특징:** 디지털 환경에서 성장, 기술에 매우 능숙하고 의존적, 다양성과 포용성 중요시, 개성과 자기표현·자아실현 중시
알파 세대 (Generation Alpha)	• **출생 연도:** 2013년 이후 • 현재 태어나고 있는 세대로, 기술과 함께 성장. 부모 세대와 함께 디지털 환경에서 자람. 미래의 사회적 가치와 기술 발전에 큰 영향을 받을 것으로 예상 • **핵심 가치:** 디지털 중심, 지속가능성, 개인화 • **주요 특징:** 태생적 디지털 네이티브, 디지털 연결 중시, AI를 활용한 빠른 정보 처리, 짧고 간결한 콘텐츠 선호

C. 디지털 시대, 신중년이 알아야 할 소통 노하우

7월 17일은 대한민국 헌법 공포를 기념하는 날이지만, 세계적으로는 '이모지의 날'이기도 합니다. 이모지의 날은 이모지피디아(Emojipedia) 창립자인 제레미 버지가 언어의 장벽을 넘어 전 세계 사람들이 소통할 수 있도록 만든 이모지를 기념하기 위해 제정한 날입니다. '그림+문자'를 뜻하는 이모지는 스마트폰의 보급과 함께 감정을 표현하는 주요 수단이 되었습니다.

이모지가 소통 방식에 미치는 영향은 여러 연구를 통해 확인되고 있습니다. 어도비가 실시한 글로벌 설문조사 결과, 응답자의 3분의 2는 문자 메시지, 전화 통화, 대면 대화보다 이모지를 활용한 소통이 더 편안하다고 응답했습니다. 특히 한국 응답자의 93%는 이모지를 사용할 때 상대방과 더 깊이 공감할 수 있다고 답했습니다. 이는 이모지가 단순한 그림을 넘어 사람들 사이의 정서적 연결을 강화하는 중요한 역할을 한다는 의미입니다.

[한국인이 많이 사용하는 이모지 TOP 5] [소통과 업무 효율을 높이는 이모지 효과]

출처: 어도비(Adobe), 「글로벌 이모지 트렌드 보고서」

디지털 기술이 발전하면서 소통 방식도 크게 변화했습니다. 과거에는 대면 대화나 전화가 주요 소통 수단이었지만 몇 년 전부터 문자, SNS, 메신저, 음성 메시지, 영상 통화 등 다양한 방식이 자리 잡았습니다. 덕분에 세대 간 소통의 기회가 넓어진 반면, 서로 익숙한 방식이 다르다 보니 오히려 갈등이 생기기도 합니다.

특히, 세대별로 선호하는 소통 채널이 다르다는 점은 원활한 대화를 위해 해결해야 할 과제입니다. 젊은 세대는 짧고 즉각적인 소통을 선호해 카카오톡, 인스타그램 DM 같은 플랫폼을 적극적으로 활용합니다. 반면, 신중년은 이메일, 전화, 문자 메시지를 더 익숙하게 사용합니다.

디지털 환경에서 이모지와 이모티콘은 '제2의 언어'로 불릴 만큼 중요한 역할을 합니다. 이모지는 그림으로 의미를 전달하는 반면, 이모티콘은 문자·기호·숫자를 조합해 감정을 표현하는 방식입니다. 이를 활용하면 글로만 전달하기 어려운 감정과 뉘앙스를 효과적으로 표현할 수 있습니다. 하지만 같은 이모지도 세대에 따라 다르게 해석될 수 있으며, 과도한 사용은 메시지의 신뢰도를 떨어뜨리거나 피로감을 줄 수 있습니다. 예를 들어, 웃는 얼굴 이모지를 젊은 세대는 친근한 표현으로 받아들이지만, 신중년 세대는 비꼬는 의미로 해석할 수도 있으니 각 이미지가 말하는 의미를 이해하는 자세가 필요합니다.

전화 소통 방식에서도 세대 간 차이가 뚜렷합니다. 신중년은 전화가 가장 빠르고 신뢰할 수 있는 소통 방법이라고 여기지만, 젊은 세대는 문자나 메신저를 선호하는 경향이 강합니다. 최근에는 '콜포비아(전화 공포증)'라는 현상까지 확산되고 있습니다. 2024년 알바천국이 MZ세대 765명을 대상으로 조사한 결과, 40.8%가 콜포비아를 겪고 있다고 답했으며, 이는 3년 전보다 30% 이상 증가한 수치입니다. 젊은 세대는 전화 통화가 즉각적인 응답을 요구해 부담스럽고, 생각을 정리할 시간이 부족하다고 느낍니다. 또한, 업무 지시나 요청을 문서로 남기는 것이 더 효율적이라고 판단하는 경우가 많습니다.

반면, 상당수 신중년은 전화가 더 직관적이고 신속한 소통 방법이라고 생각합니다. 문자보다 음성으로 직접 이야기하는 것이 신뢰를 줄 수 있다고 여기며, 중요한 업무나 예의를 갖춰야 하는 상황에서는 전화가 더 적절하다고 판단합니다.

D. 신중년이 세대 공감력을 키우는 방법

그렇다면, 신중년은 이러한 변화에서 어떻게 젊은 세대와 원활한 소통을 할 수 있을까요? 먼저 과거의 방식만을 고수하기보다, 젊은 세대가 선호하는 소통 방식에 적응해주세요. 이모지, 메시지 앱, SNS 등의 활용법을 익히고, 젊은 세대가 어떤 플랫폼을 선호하는지 파악하면 보다 자연스러운 소통이 가능합니다.

"우리 때는 말이야"라는 표현은 세대 간 거리감을 만드는 원인이 될 수 있습니다. 젊은 세대와의 소통에서는 훈계보다는 질문을 통해 그들의 생각을 듣고 존중하는 태도가 중요합니다. 기존의 방식만을 고집하기보다, 새로운 방식도 효과적일 수 있다는 가능성을 열어주세요.

젊은 세대가 고민을 이야기할 때, 바로 해결책을 제시하기보다 그들의 감정을 이해하고 공감하는 것이 중요할 때가 있습니다. 이 경우에는 조언보다는 경청하는 태도가 중요합니다. 신뢰를 쌓고 깊이 있는 대화를 나눠보세요.

각 세대가 선호하는 플랫폼이 다르기 때문에, 공통으로 활용할 수 있는 소통 채널을 찾는 것도 필요합니다. 예를 들어, 업무에서는 이메일과 협업툴을 활용하고, 가족 간에는 카카오톡이나 밴드를 사용하는 등 상대방이 편하게 느끼는 방식을 존중해야 합니다.

세대 간 소통은 서로의 경험과 관점을 이해하는 과정입니다. 신중년은 자신이 쌓아온 지혜와 경험을 공유하는 동시에, 젊은 세대의 혁신적인 사고를 수용하는 열린 자세를 가져야 합니다. 이를 통해 세대 간 가교 역할을 하며 조직과 사회에 긍정적인 변화를 만들어갈 수 있습니다.

신중년이 쌓아온 경험과 통찰력은 AI가 쉽게 대체할 수 없는 소중한 자산입니다. 디지털 기술을 효과적으로 활용할 줄 아는 신중년은 젊은 세대와 원활하게 소통하며, 협력과 조화를 이루는 중요한 연결고리가 될 수 있습니다. 세대 간 소통의 핵심은 '공감'입니다. 서로의 다름을 인정하고 배려하는 과정에서 진정한 연결이 이루어집니다.

II
신중년 맞춤형
생애설계 가이드

01 다시 그리는 인생지도

A. 당신의 생애설계는 준비되었나요?

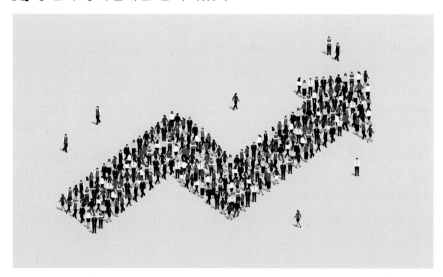

어느 날, TV에서 방영된 국제 뉴스 프로그램을 통해 인상 깊은 노년의 도전 이야기를 접한 적이 있습니다. 70대 보디빌더, 60대 프로게이머와 같은 인물들은 우리가 흔히 떠올리는 노년의 이미지와는 전혀 다른 모습이었습니다. 특히 헝가리의 최고령 의사인 이슈트반 코르멘디 씨의 이야기는 깊은 울림을 주었습니다. 1945년 의대에 입학한 후 70년이 넘는 시간 동안 현역으로 활동하며, 방송 당시 97세의 나이에도 환자를 돌보고 있었습니다. 그는 "운동선수가 훈련을 통해 건강을 유지하듯, 나는 정신을 단련하며 살아왔다."고 말하며 끊임없는 열정의 가치를 일깨워 주었습니다.

노년을 특별하게 만드는 것은 단순히 긴 수명이 아니라, 매 순간을 가치 있게 채우려는 태도입니다. 나이를 뛰어넘어 새로운 가능성을 펼치는 사람들이 주목받고 있습니다. 영국의 패션 매거진 보그에서 100세 모델 보 길버트의 이야기가 화제가 되었던 것도 그러한 흐름과 맞닿아 있습니다. 당시 보그 창간 100주년을 기념해 진행된 특별 프로젝트에서, 보 길버트는 스스로 오디션에 참가해 화보 모델로 발탁되었습니다. 그는 "내 나이에 이런 기회가 올 줄 몰랐지만, 꾸준히 나만의 스타일을 유지하기 위해 노력했다"며, 새로운 도전에 대한 기쁨과 자부심을 표현했습니다.

고령자의 모델 도전은 외국의 일만은 아닙니다. 2024년 국제 미인대회 '미스 유니버스' 최고령 참가자로 이름을 올린 사람은 최순화 씨입니다. 그는 1943년생으로, 1952년 시작된 미스 유니버스 대회보다도 10년 먼저 태어났습니다. 병원 간병인으로 일하던 그는 환자의 권유로 70대에 모델 활동을 시작했습니다. 교대 근무 중 병원 복도에서 런웨이 연습을 하며 꿈을 키웠고, 2018년 서울패션위크에서 데뷔한 이후 다수의 화보와 광고에서 활동하며 새로운 길을 개척하고 있습니다.

헝가리 의사 이슈트반 코르멘디 씨, 100세 모델 보 길버트, 간병인에서 모델로 경력을 전환한 최순화 씨의 이야기는 한계를 넘어서는 도전이야말로 삶을 풍요롭게 만든다는 점을 보여줍니다. 나이는 때때로 장벽이 되지만, 누군가는 이를 넘어 새로운 도전에 나섭니다. 삶은 열정과 의지에 따라 확장할 수 있으며, 중요한 것은 나이가 아니라 앞으로 어떻게 살아갈 것인가에 대한 선택입니다. 특히 100세 시대를 맞이한 지금, 오래 사는 것만큼이나 그 시간을 어떻게 채우느냐가 더욱 중요해졌습니다. 젊은 시절에는 직업과 가정을 꾸리는 데 집중했다면, 인생 후반부에는 자신이 진정으로 원하는 삶을 설계할 기회가 주어집니다. 신중년은 오랜 경험과 지혜를 바탕으로 새로운 기회를 모색할 수 있는 시기입니다. 하지만 단순히 시간이 흐르길 기다리는 것만으로는 원하는 변화를 이루기 어렵습니다. 이때 필요한 것이 바로 '생애설계'입니다.

생애설계는 단순한 은퇴 준비가 아닙니다. 앞으로의 삶을 자신의 가치와 능력에 맞춰 설계하고, 더 의미 있는 방향으로 나아가기 위한 과정입니다. 직업, 건강, 관계,

경제 등 삶의 여러 요소를 균형 있게 조정하며, 남은 시간을 보다 주체적으로 살아 갈 수 있도록 도와줍니다. 삶의 질을 높이는 것도 생애설계의 중요한 목표입니다. 규칙적인 운동과 건강한 식습관은 신체 건강을 유지하는 데 유용하며, 명상이나 종교 활동은 마음의 안정을 가져옵니다. 가족과 친구와의 긍정적인 관계는 정서적 만족감을 높이고, 삶에 활력을 더합니다. 경제적 안정 역시 간과할 수 없습니다. 재무계획, 저축, 투자는 미래를 더욱 든든하게 만들어주는 중요한 요소입니다. 지금이야말로 자신에게 맞는 방향으로 삶을 새롭게 정비할 수 있는 시점입니다. 생애설계를 통해 삶을 더 의미 있게 채우고, 주체적으로 미래를 만들어가는 길을 고민해 볼 때입니다.

B. 생애설계로 삶을 새롭게 디자인하다

'생애(生涯)'는 사전적으로 한 사람이 살아가는 평생의 기간, 삶을 살아가는 방식 또는 현재의 생활 형편을 뜻합니다. 이 개념을 바탕으로, '생애설계(Lifetime Design)'는 개인이 자신의 인생을 어떻게 살아갈지 계획하는 것을 의미합니다. 생애설계는 미래 준비를 넘어 과거와 현재, 그리고 앞으로의 삶을 연결하고 통합하는 총체적인 작업입니다.

학자들마다 생애설계에 대한 정의는 다소 차이가 있지만, 대부분 삶의 여러 영역에서 균형을 맞추고 변화와 성장을 조화롭게 이끄는 종합적이고 체계적인 계획으로 설명합니다. 생애설계는 개인이 과거의 경험을 돌아보고 현재를 점검하며, 앞으로의 삶에 대한 구체적이고 실현 가능한 목표를 세우도록 도와줍니다.

(사)한국생애설계협회는 생애설계를 '생애사명을 확립하여 실현하고, 생애 각 주기별 발달 과업을 수행하기 위한 목표를 설정하고, 목표 달성을 위한 시간관리 계획을 수립하여 실천하는 것'이라고 정의했습니다. 즉, 생애설계란 자신이 꿈꾸는 삶을 실현하기 위해 생활영역별로 생애 전반을 체계적이고 장기적으로 계획하는 작업이라 할 수 있습니다.

여기서 생애설계의 핵심 개념으로 등장하는 생애사명, 생애주기, 발달과업, 시간관리계획은 다소 낯설게 느껴질 수 있습니다. 생애사명은 자신의 꿈을 의미하고, 생애주기는 그 꿈을 이루기 위한 과정을 말합니다. 발달과업은 생애주기의 각 단계에서 달성해야 할 역할과 행동을 뜻하며, 각 단계의 발달과업을 성취하면 더욱 안정되고 행복한 생활이 가능합니다.

흔히 생애설계를 비유할 때 가장 많이 사용되는 표현 중 하나가 바로 '네비게이션'입니다. 네비게이션은 목적지를 입력하면 가장 효율적인 길을 안내해줍니다. 생애설계도 마찬가지입니다. 생애사명이라는 목적지를 설정하고 그곳으로 가는 방법을 알려주는 도구와 같습니다.

하지만 중요한 차이점이 있습니다. 네비게이션은 길을 안내할 뿐, 목적지를 선택한 이유나 목적지로 가야 하는 이유를 묻지 않습니다. 반면, 생애설계는 왜 그 목적지를 선택했는지, 그곳이 자신에게 어떤 의미를 가지는지 스스로 고민하게 합니다. 단순히 방향을 알려주는 것이 아니라, 나만의 길을 찾고 의미 있는 삶을 만들어갈 수 있도록 하는 과정이 바로 생애설계입니다.

[네비게이션과 생애설계의 공통점]

구분	네비게이션	생애설계
목적설정	목적지를 설정하고 이를 달성하기 위한 경로를 안내합니다.	생애사명(꿈)을 설정하고 이를 실현하기 위한 계획을 수립합니다.
경로안내	목적지로 가는 최적의 경로를 제시합니다.	목표를 달성하기 위한 단계별 계획과 실천 방안을 제공합니다.
상황적응	도로 상황(교통 체증, 사고 등)에 따라 경로를 유동적으로 변경합니다.	예상치 못한 인생의 변화에 따라 계획을 조정하거나 새로운 방향을 설정할 수 있습니다.
목표달성 지원	최적의 경로를 제시해 목적지에 도달하게 합니다.	개인이 목표를 이루는 데 필요한 도구와 방향성을 제공합니다.

[네비게이션과 생애설계의 차이점]

구분	네비게이션	생애설계
목표의미	목적지는 단순히 물리적 장소를 의미합니다.	목표는 개인의 꿈과 가치, 그리고 삶의 방향을 반영합니다.
계획깊이	경로 안내에 초점을 맞추며 단일 기능에 집중합니다.	경제, 건강, 인간관계 등 삶의 다양한 영역을 통합적으로 고려합니다.
이유,탐구	목적지를 선택한 이유나 배경을 질문하지 않습니다.	목표 선택의 이유와 삶에서의 의미를 성찰해야 합니다.
사용자 주도성	사용자는 단순히 안내를 따라가는 수동적인 역할을 합니다.	사용자는 스스로 목표를 설정하고 계획을 구체화하며 실행해야 합니다.

02 꿈을 현실로, 생애설계 실천 전략

A. 생애설계 실천을 위한 4단계

오랜 시간 동안 직업이나 가족을 중심으로 살아왔던 신중년에게 자신만의 시간과 선택이 주어집니다. 이 시점에서 생애설계는 "앞으로 어떤 삶을 살고 싶은가", "무엇을 가장 중요하게 생각하는가"라는 질문을 던지며 새로운 길을 모색할 기회를 제공합니다. 하고 싶은 일을 발견하고, 그것을 현실로 옮기기 위한 구체적인 계획을 세우는 과정은 미래뿐만 아니라 현재의 삶에도 활력을 불어넣습니다.

은퇴 이후는 단순한 쉼이 아니라, 새로운 가능성을 탐색하고 자신만의 방식으로 삶을 다시 구성하는 시기입니다. 과거의 경력을 확장하거나, 전혀 다른 분야에 도전하거나, 지역사회에 기여하는 활동을 통해 새로운 의미를 찾을 수도 있습니다. 모든 꿈을 가능하게 하는 기반은 건강이며, 활기찬 삶을 위해서는 인간관계도 함께 정비해야 합니다. 생애설계는 이러한 요소를 유기적으로 연결하여 더 나은 삶을 만드는 과정입니다.

생애설계를 실행하기 위해서는 몇 가지 중요한 원칙이 있습니다. 생애설계는 남이 대신해 줄 수 없습니다. 타인의 기준에 따라 움직이기보다 자신의 속도와 방식으로 계획해야 합니다. 스스로 삶의 방향을 결정할 때, 더욱 의미 있는 선택을 할 수 있습니다. 유연한 태도 역시 필요합니다. 계획이 예상과 나르게 진행될 수 있기에, 완벽함을 추구하기보다 조율하며 완성해가는 노력이 필요합니다.

다음 4단계를 거치면, 생애설계를 효과적으로 실천하는 데 유용합니다.

첫 번째 단계는 생애사명(인생의 꿈) 확립입니다. 자신이 어떤 삶을 살고 싶은지, 무엇을 중요하게 생각하는지를 고민하며 삶의 큰 그림을 그리는 과정입니다. 자신의 관심사와 강점, 가치관을 바탕으로 꿈과 목표를 명확히 합니다.

두 번째 단계는 생애목표 설정입니다. 꿈을 이루기 위해 필요한 목표를 장기, 중기, 단기로 나누어 설정합니다. 예를 들어, 일에서 성취하고 싶은 것, 가족과의 관계에서 이루고 싶은 일, 사회에 기여하고 싶은 부분 등을 구체적으로 정합니다.

세 번째 단계는 생애목표 달성을 위한 시간관리 계획 수립입니다. 목표를 달성하기 위해 필요한 시간과 자원을 효율적으로 배분하고, 일정을 체계적으로 관리하는 방법을 설계합니다. 어떤 일을 먼저 할지 우선순위를 정하고, 단계별로 실천 방안을 마련합니다.

네 번째 단계는 생애설계 실천·평가·수정입니다. 계획을 실행에 옮기고, 결과를 평가하며, 필요에 따라 수정하는 과정입니다. 변화하는 환경이나 개인의 상황에 맞춰 유연하게 계획을 바꾸고, 계속해서 발전을 도모합니다.

생애설계는 개인이 진정으로 원하는 삶을 실현하도록 돕는 나침반과 같습니다. 특히 신중년에게 삶의 방향을 새롭게 설정하고 새로운 목표를 향해 나아갈 용기를 북돋아주는 중요한 역할을 합니다. 생애설계를 통해 자신의 삶을 주체적으로 관리하며 더 충만하고 의미 있는 삶을 만들어갈 수 있습니다.

[생애설계 4단계 절차]

제1단계		제2단계		제3단계		제4단계
생애사명 (인생의꿈) 확립	▶	생애목표 설정	▶	생애목표 달성을 위한 시간관리 계획수립	▶	생애설계 실천·평가·수정

출처: 최성재, 「생애설계와 시간관리」, 서울대학교출판문화원

B. 조화로운 삶을 위한 생애설계 8대 영역

생애설계 8대 영역은 개인의 삶을 체계적이고 조화롭게 설계하기 위해 고려해야 할 핵심 요소입니다. 각각의 영역은 삶의 다양한 측면을 포괄하며, 신중년이 안정적이고 행복한 삶을 만들어가는 데 필수입니다. 신중년은 은퇴를 앞두거나 새로운 삶을 준비하는 시기에 있으므로, 생애설계의 8대 영역을 체계적으로 이해하고 적용하는 것이 중요합니다.

출처: 아셈노인인권정책센터, 「활기찬 노후생활 준비와 인생의 꿈 실현을 위한 생애설계」

❶ 직업/경력: 새로운 도전과 역할의 설계

직업은 생계를 유지하는 수단을 넘어, 개인의 정체성과 성취감을 형성하는 데 큰 역할을 합니다. 신중년에게 직업은 경제적 안정뿐 아니라 자아실현과 사회적 연결을 지속할 수 있는 수단입니다. 퇴직 이후에도 자신의 적성과 재능을 활용해 프리랜서, 컨설턴트, 멘토 등 새로운 직업이나 역할을 찾아보는 것을 추천합니다. 이는 신중년이 사회와 연결되고, 새로운 도전을 통해 삶에 활력을 더할 수 있는 기회를 제공합니다.

❷ 학습/자기개발: 평생 성장의 도구

신중년은 빠르게 변화하는 사회에서 새로운 환경에 적응하기 위해 지속적인 학습과 자기개발이 필수입니다. 전문성을 키우기 위한 학습뿐만 아니라, 교양을 쌓거나 새로운 기술을 익히는 활동도 포함됩니다. 이러한 학습은 개인의 경쟁력을 높이고, 새로운 가능성을 열어줍니다. 새로운 기술을 배우거나 평소 관심 있었던 분야를 탐구함으로써 자신만의 가치를 발견할 수 있습니다.

❸ 건강: 모든 활동의 기초

건강은 모든 활동을 가능하게 하는 기본 토대입니다. 신중년은 신체적, 정신적 건강 관리가 더욱 중요해지는 시기로, 정기적인 건강검진, 운동, 균형 잡힌 식단, 스트레스 관리 등을 통해 건강을 유지해야 합니다. 건강하지 않으면 다른 영역에서의 활동이나 성취가 어려워질 수 있습니다. 체계적인 건강 관리는 필수입니다. 건강은 신중년의 생산성과 행복을 위한 가장 중요한 기반입니다.

❹ 가족: 정서적 안정의 기반

가족은 개인의 삶에서 정서적 지지와 안정감을 제공하는 중요한 관계망입니다. 신중년은 자녀의 독립 이후 부부 관계를 재정립하고, 부모나 손자와의 관계를 강화하며, 친척및 친구들과의 유대를 유지하는 데 초점을 맞춰야 합니다. 가족 관계가 긍정적으로 유지되면 정서적 고립을 예방하고, 신중년의 삶에 지속적인 활력을 더할 수 있습니다.

❺ 주거: 삶의 안정성 확보

안정적이고 편안한 주거 환경은 삶의 질을 좌우하는 중요한 요소입니다. 신중년 시기에는 현재의 주거 환경이 은퇴 이후의 생활에 적합한지 검토해야 합니다. 주택의 구조를 개선하거나 필요하면 더 편리한 환경으로 이동하는 것도 고려해주세요. 주택 연금을 활용하거나 자산화를 통해 재무적 안정성을 확보하는 방안도 중요합니다.

❻ 봉사/사회참여: 삶의 의미 확장

봉사와 사회참여는 신중년이 자신의 경험과 지혜를 사회에 기여하는 좋은 기회입니다. 지역사회 활동, 봉사단체 참여, 멘토링 등을 통해 사회적 소속감과 성취감을 느낄 수 있습니다. 이는 은퇴 이후 사회적 고립을 예방하고, 신중년의 삶에 보람과 의미를 더합니다.

❼ 여가/취미: 삶의 활력소

여가와 취미는 삶의 스트레스를 해소하고 활력을 불어넣는 요소입니다. 여행, 운동, 예술 활동, 새로운 취미 개발 등은 신중년의 정서적 안정과 삶의 만족도를 높이는 데 기여합니다. 은퇴 후 시간적 여유를 활용해 평소 하고 싶었던 일을 시작하는 것도 큰 즐거움 중 하나입니다. 여가는 삶의 질을 높이고, 일상에 활력을 더하는 데 중요한 역할을 합니다.

❽ 재무: 안정적 삶의 기초

재무 관리는 은퇴 이후의 삶을 안정적으로 유지하기 위한 핵심 요소입니다. 신중년은 소득이 감소할 가능성이 높은 시기를 대비해 자산 관리와 지출 계획을 세워야 합니다. 연금, 저축, 투자 등의 방안을 통해 재무적 안정을 확보하면 여유로운 노후를 보낼 수 있습니다. 재무적 안정은 신중년이 독립적이고 주체적으로 살아갈 수 있는 기반을 제공합니다.

생애설계의 8대 영역은 독립적으로 존재하는 것이 아니라, 서로 밀접하게 연결되어 있습니다. 건강이 나빠지면 직업 활동이 어려워지고, 재무 상태나 가족 관계에도 부정적인 영향을 줄 수 있습니다. 반대로, 재무적 안정이 확보되면 여가와 취미를 더 풍요롭게 즐기고, 봉사와 사회참여 활동에도 적극적으로 나설 수 있습니다. 생애 설계는 단순히 미래를 그려보는 추상적인 과정이 아닙니다. 신중년이 은퇴 이후에도 경제적 안정, 건강한 생활, 의미 있는 사회적 연결을 지속하며 행복한 삶을 누리기 위해 구체적이고 실질적인 변화를 만들어가는 전략입니다.

[생애설계 8대 영역]

직업/경력	적성·재능에 맞는 직업활동, 선택과 발전, 직업활동과 연계된 사회참여, 사회 공헌 활동을 위한 다양한 경력 등
학습/자기개발	직업·사회참여 활동을 위한 전문성과 능력 향상을 위한 학습 및 훈련 관련 활동, 교양증진 활동 등
건강	건강증진 및 관리, 신체검사, 질병예방 및 치료 관련 활동, 운동 및 스포츠 활동 등
가족	결혼, 부부관계, 자녀 양육 및 결혼, 자녀·조부모 관계, 친척·친구 관계 등
주거	주택 임대차, 구입, 관리, 구조개선, 실내안전, 주거지역·환경, 건강 불편 시 주거 선택, 가족과의 동거·별거, 주택 자산화(주택연금) 등
봉사/사회참여	지역사회의 발전과 사회봉사를 위한 제반 활동 등
여가/영적활동	여가, 휴식, 취미·특기 활동의 개발과 참여, 영적 성장을 위한 제반 활동 등
재무	생애 전 과정에서의 목표 달성 활동과 일상생활에서 필요한 비용의 확보 방안 및 지출관리 등

출처: (사)한국생애설계협회 공식 홈페이지(https://kalp.modoo.at)

C. 88만 시간의 비밀, 시간관리 노하우

　"이 세상의 모든 사물 중에서 가장 길고도 짧고, 가장 빠르고도 느리고, 최소의 분할과 최대의 확대가 가능하고, 가장 경시되면서도 가장 아낌을 받고, 그것 없이는 아무 일도 하지 못하며, 비천한 것을 모두 삼켜버리고, 위대한 모든 것에 생명의 입

김을 불어넣어 주는 것은 과연 무엇일까요?" 프랑스의 계몽사상가 볼테르가 시간에 대해 남긴 이 질문은 시간의 본질과 중요성을 상기시켜줍니다.

우리는 흔히 '시간이 없다'는 말을 많이 합니다. 생활이 바쁘고 여러가지 일을 하다 보니, 시간에 대한 제약이나 부족함을 느끼기 때문입니다. 하지만 실제로는 시간 자체가 부족한 것이 아니라 시간을 효율적으로 활용하지 못하거나, 의미없는 일에 시간을 낭비하는 경우도 적지 않습니다. 미국의 예술가 앤디 워홀은 "시간이 해결해 준다는 말이 있지만, 실제로 일을 변화시켜야 하는 것은 시간이 아니라 바로 당신이 다."라고 말했습니다. 이처럼 시간을 관리하는 것은 단순히 효율성을 높이는 것이 아니라, 인생의 꿈과 목표를 실현하고 삶의 질을 높이는 데 필수입니다.

최성재 한국생애설계협회 회장은 시간관리를 '목표를 달성하기 위해 시간을 효과적이고 효율적으로 사용하려는 기술을 적용하는 행동관리'라고 정의했습니다. 시간관리는 일정을 짜는 것을 넘어, 생애 목표를 실현하기 위한 중요한 과정입니다. 100세까지 산다고 가정하면 약 88만 시간의 생애 시간이 주어집니다. 이를 어떻게 사용할지에 따라 우리의 삶의 질이 달라집니다.

시간관리를 습관화하기 위해서는 체계적인 훈련과정을 거쳐야 합니다. 시간관리 훈련 절차는 다음의 6단계로 구성됩니다.

❶ 현재 시간관리 현황 점검

먼저 자신의 시간관리 습관과 패턴을 분석해야 합니다. 시간을 낭비하는 요인을 파악하고, 개선이 필요한 부분을 검토합니다. 예를 들어, 반복적으로 시간을 빼앗는 활동이나 불필요한 작업을 줄이는 것이 중요합니다.

❷ 명확한 목표 설정

SMART 원칙(Specific, Measurable, Achievable, Relevant, Time-bound)에 따라 목표를 설정해야 합니다. 단기적 목표와 함께 장기적 목표를 설정해, 지속적인 성장을 위한 기반을 마련합니다. 장기적인 목표는 삶의 방향성을 제시하며, 단기적인 목표는 작은 성공 경험을 통해 동기를 부여합니다.

❸ 우선순위 결정

스티븐 코비는 "시간을 관리하기보다 우선순위를 관리하라"고 강조했습니다. 중요하고 긴급한 작업부터 덜 중요한 작업까지 체계적으로 분류해, 어떤 일에 시간을 먼저 투자할지 명확히 해야 합니다.

❹ 시간관리 계획표 작성

다이어리나 시간관리 앱과 같은 도구를 활용해 일간, 주간 계획표를 작성합니다. 하루 단위의 계획이 일주일, 한 달 단위의 계획과 연계되도록 체계적으로 설계합니다. 이러한 계획표는 시간의 흐름을 시각적으로 파악하고 목표에 집중할 수 있게 도와줍니다.

❺ 실행과 행동

구체적인 계획을 행동으로 옮기는 것이 가장 중요합니다. 아무리 잘 짜인 계획도 실행되지 않으면 의미가 없습니다. 큰 목표를 작은 단위로 나누어 실행하면 부담을 줄이고 더 쉽게 목표를 달성할 수 있습니다.

❻ 성과 평가와 피드백

마지막 단계는 설정한 목표와 실행 결과를 평가하는 것입니다. 계획이 얼마나 효과적이었는지 점검하고, 부족한 부분을 개선합니다. 이 과정은 지속적인 학습과 성장을 가능하게 합니다.

시간관리와 생애설계는 목표 달성을 위한 두 축이라고 할 수 있습니다. 생애설계는 개인의 삶에 방향성을 부여하고, 목표를 체계적으로 달성하는 로드맵을 제공합니다. 이 과정에서 시간관리는 생애설계의 실행 도구로서 작동합니다. 생애설계의 첫 단계는 SMART 원칙에 기반한 목표 설정입니다. 목표는 단순히 이루고 싶은 바람이 아니라, 구체적이고 실행 가능한 형태로 설계되어야 합니다. 예를 들어, "3개월 안에 새로운 기술을 배우기 위해 매주 2시간씩 학습하겠다"는 목표는 현실적이면서도 구체적입니다.

다음 단계는 자기 분석입니다. 자신의 강점과 약점, 흥미와 가치관을 파악함으로써 자신에게 가장 적합한 목표와 계획을 수립할 수 있습니다. 이는 단순히 시간을 효율적으로 사용하는 것을 넘어, 삶의 전반적인 방향성과 일치하는 활동에 집중하게 만듭니다.

생애설계는 또한 자원의 효율적 관리를 포함합니다. 시간, 돈, 에너지와 같은 자원은 모두 한정되어 있으므로, 이를 최대한 효과적으로 활용해야 합니다. 이 과정에서 시간관리는 가장 중요한 자원으로 작용하며, 다른 자원의 사용 효율성도 높아집니다. 생애설계는 변화하는 환경에서 자신의 목표를 지속적으로 실현할 수 있는 체계적인 접근 방식입니다. 목표를 설정하고, 실행하며, 피드백을 통해 개선하는 과정은 생애설계와 시간관리가 공유하는 핵심입니다.

시간관리는 우리가 매일같이 실천할 수 있는 행동입니다. 이를 통해 단기적인 성과를 얻는 것은 물론, 장기적인 생애 목표를 달성하는 기반을 마련할 수 있습니다. 지금 이 순간부터 자신의 시간관리 스타일을 점검하고, 생애설계의 로드맵을 그려보는 것은 어떨까요? 시간이라는 소중한 자원을 최대한 활용해 목표를 이루고, 자신만의 행복한 삶을 설계해 나가길 바랍니다. "시간을 지배하는 사람이 인생을 지배한다"는 말처럼, 오늘부터 시작하는 작은 변화가 미래를 결정짓는 커다란 원동력이 될 것입니다.

S.M.A.R.T 기법

Specific ———— 목표를 구체적으로 정의하라!

Measurable ——— 측정 가능한 기준을 설정하라!

Achievable ——— 실현 가능한 목표를 설정하라!

Relevant——— 가치나 방향과 연결하라!

Time-bound – 명확한 기한을 정하라!

III
50+세대
새로운 시작을 위한 나침반

01 중장년의 자기 탐색과 활용 방법

A. 왜 자기 이해가 중요한가?

"퇴직자의 85%가 인지적 불안정 단계를 반드시 경험합니다. 하지만 많은 퇴직자들이 자신의 마음을 들여다볼 용기를 내지 못하고 시간을 보내면서 그동안 쌓아온 전문성을 이어갈 골든타임을 놓쳐요. 이 단계를 벗어나는 데 짧게는 6개월 길게는 5~6년까지 가는 분들도 계세요. 이런 과정을 거치게 된다는 걸 미리 알았다면 조금이나마 기간을 줄일 수 있지 않을까요."

퇴직전략전문업체 '화담, 하다' 성은숙 대표는 한 일간지와의 인터뷰에서 이렇게 말했습니다. 성대표는 다양한 데이터를 분석하고 심층 인터뷰를 바탕으로 은퇴자나 퇴직예정자들의 자기 이해가 무엇보다 중요하다는 사실을 강조하고 있습니다.

자기이해는 내면을 깊이 들여다보고 자신의 정체성, 가치, 감정, 역량을 명확히 아는 과정입니다. 중장년기에 접어들면서 많은 사람들이 경력의 전환, 은퇴, 혹은 새로운 취미와 관심사를 탐색하는 등 새로운 삶의 단계에 직면합니다. 이때 자신을 정확히 이해하는 것은 변화하는 생활과 역할에 효과적으로 적응하고, 삶의 질을 향상시키는 데 필수입니다. 자기이해를 바탕으로 새로운 경력, 취미, 또는 학습 기회를 탐색하는 것은 중장년의 삶에 활력을 불어넣을 수 있습니다.

서울시50플러스재단이 펴낸 리포트 〈50+세대의 진로 전환 사례 연구〉에는 이전과 다른 직업으로 진로 전환을 이룬 신중년들의 사례가 담겨 있습니다. 진로 전환은 단순히 직장을 옮기거나 직무·직업이 바뀌는 것을 넘어, 개인이 인생을 통해 축적해 온 경력의 양상을 새롭게 바꾸는 활동으로 정의할 수 있습니다. 이 리포트에 소개된 이상담 씨의 이야기는 50+세대의 진로 전환과 내적 성찰의 중요성을 잘 보여줍니다.

이상담 씨는 30년 간 연구원과 조직장으로 근무하다가 2018년 퇴직 후 교육과 상담 분야에서 일하고 싶다는 꿈을 재발견했습니다. 심리상담 관련 지식과 자격증이 없었으나 산업카운슬러 자격증을 취득하고 상담심리대학원 석사 과정에 진학하며 역량을 키웠습니다. 이후 진로상담 관련 교육과 자격증 과정을 지속적으로 이수하며 전문성을 쌓았고, 2020년부터 신중년 사회공헌일자리와 50플러스 보람일자리 사업을 통해 사회적기업에서 진로 상담 활동을 하며 진로전문가로서 성장하고 있습니다. 그는 인터뷰에서 다음과 같은 이야기를 들려주었습니다.

[인터뷰 사례]

인생의 전반기 많은 시간을 가족과 학교, 사회에서 내게 기대하는 역할과 책임을 우선순위를 두고 살아온 것 같습니다. 사회규범과 질서에 순응하고 이타적이어야 바르고 가치 있는 삶이라는 신념이 오래 자리하고 있었습니다. 사회적 관습과 규범을 잘 따르고 내게 주어진 역할과 책임을 완벽하게 달성하기 위해 누구보다 애쓰고 성실하게 살아온 것입니다. 덕분에 세속적 성공을 목표로 애쓰지는 않았지만 적절한 사회적 지위와 경제적 보상도 얻을 수는 있었습니다. 은퇴 이후 지나온 삶을 통찰하며 자신을 보살피고 소중히 하는 데는 소홀했다는 생각이 들었습니다. 삶의 우선순위, 지나치게 높은 도덕적 가치판단에 대한 기준을 바꾸고 나니 자신과 세상을 대하는 마음이 한결 여유로워졌습니다. 내가 나를 온전히 나로서 돌볼 수 있을 때 타인의 삶도 돌볼 수 있다는 생각이 들었습니다. 이제는 나 자신을 돌보는 것, 내가 진정 좋아하는 것, 내 내면의 바람과 욕구들에 더 많이 귀를 기울이게 되었습니다. 나 자신과 대화하거나 마음을 들여다보는 것에 집중합니다.

이상담 씨는 자신의 내면을 깊이 성찰하며, 그동안 살아온 삶의 방식을 돌아보고, 앞으로는 자신의 목소리에 더욱 귀를 기울이며 자신을 보살피는 데 집중하기로 했습니다. 이러한 깨달음은 그의 진로 전환 여정과 맞물리며 새로운 삶의 방향성을 찾는 데 중요한 원동력이 되었습니다.

신중년이 자신을 이해하기 위해서는 먼저 삶을 통찰하고, 지나온 경험과 성과를 객관적으로 돌아보는 과정이 중요합니다. 어떤 순간에 가장 성취감을 느꼈는지, 어떤 환경에서 가장 만족스러웠는지를 떠올리며 스스로에게 질문해주세요. 자신의 가치관, 흥미, 강점, 약점을 깊이 고민하면 삶의 우선순위를 재조정하고, 앞으로 나아갈 방향을 설정하는 데 좋습니다. 이 과정을 통해 자신이 어떤 분야에 열정을 느끼는지, 어떤 방식으로 세상에 기여하고 싶은지를 분명히 알 수 있습니다. 이는 더 나은 인간관계를 형성하고, 삶의 만족도를 높이는 데 긍정적인 영향을 미칩니다.

자기 자신을 탐색하는 방법은 어렵지 않습니다. 잠깐 시간을 내어 나만의 성찰 노트를 써보거나, 흥미와 성격을 알아보는 간단한 검사를 활용해보세요. 주변 사람들에게 강점과 특성을 물어보는 것도 괜찮은 방법입니다. 전문가와 상담하거나 코칭을 통해 체계적으로 자신을 이해할 수 있습니다. 스스로를 이해하고 돌보는 시간은 신중년의 인생 2막을 더욱 의미 있고 풍요롭게 만들어줍니다. 지금, 나를 알아가는 여정을 시작해보세요.

B. 성격, 적성, 흥미 검사 도구 종류 및 특징

신중년은 과거의 경험과 성취를 돌아보는 동시에 앞으로의 삶에서 무엇을 중요하게 여길지 고민해야 하는 전환점입니다. 이 시기에 성격, 적성, 흥미를 객관적으로 파악하면 새로운 진로를 찾거나 기존 경력을 재해석하는 데 유용합니다. 이는 자신감과 삶의 만족도를 높이는 네노 효과적입니다. 검사 도구들은 자기 성찰 과정을 체계적으로 지원하는 역할을 합니다. 객괸적인 네이터와 결과를 통해 자신을 이해하면 주관적인 판단에서 벗어나 명확한 목표와 방향성을 설정할 수 있습니다. 본 장에서는 중장년을 위한 성격, 적성, 흥미 검사 도구를 소개하고, 각 검사의 특징과 활용 방법을 설명하고자 합니다. 신뢰성과 유용성이 입증되고 널리 활용되고 있는 대표적인 자기보고식 검사에 대해 알아보겠습니다.

C. 성격 검사

성격(personality)은 그리스 배우들이 연극에서 사용하던 가면인 페르소나 (persona)에서 유래된 단어로, 다양한 상황에서 일관되게 나타나는 행동과 사고 양식을 의미합니다. 우리는 삶에서 겪는 문제를 이해하고, 그 원인을 성격 특성에서 찾아 이를 바꾸는 방법을 알고자 성격에 관심을 가집니다. 성격 검사는 개인의 성격 유형, 강점, 약점, 선호도를 평가하여 자신을 더 깊이 이해하고, 적합한 환경에서 최상의 성과를 낼 수 있도록 돕는 도구입니다. 신중년은 성격 검사를 통해 자신의 강점과 약점을 파악하고 이를 바탕으로 경력이나 취미를 탐색할 수 있습니다. 성격 검사 결과는 개인 발전 계획 수립, 경력 전환, 또는 은퇴 후 새로운 활동 선택에 유용한 지침을 제공합니다. 새로운 취미나 자원봉사 활동을 찾는 데 도움을 주며, 자기 이해를 통해 더 나은 삶을 설계하도록 돕습니다.

- **MBTI(Myers-Briggs Type Indicator)**
  MBTI는 개인의 성격 특성을 분류하고 설명하는 심리검사입니다. 에너지방향 (Extraversion-Introversion), 정보수집방식(Sensing-iNtuition), 판단기능 (Thinking-Feeling), 생활 방식(Judging-Perceiving) 등 네 가지 기준을 기반으로, 16개 성격유형으로 세분화됩니다. MBTI는 개인과 팀의 성향을 이해하고, 직업 선택 및 대인 관계 개선에 유용합니다.

- **NEO-PI(NEO Personality Inventory)**
  NEO-PI는 성격 빅5 모델(Big Five Personality Traits)을 기반으로 개발된 성격검사 도구로, 개인의 성격을 개방성, 성실성, 외향성, 친화성, 신경증 등 다섯 가지 요인으로 평가합니다. 검사를 통해 얻은 결과는 개인의 성격 특성을 깊이 이해하고, 대인관계나 직업 선택, 심리 치료 등에 활용할 수 있습니다.

- **MMPI(Minnesota Multiphasic Personality Inventory)**
  MMPI는 광범위한 임상 및 상담 현장에서 활용되는 대표적인 자기보고식 심리검사 입니다. 1943년 미국 미네소타 대학 병원에서 개발된 이 검사는 1989년 개정되어 MMPI-2로 발전했으며, 현재까지 널리 사용되고 있습니다. 이 검사는 개인의 성격 특성과 심리적 장애를 평가하는 데 효과적이며, 임상 진단 및 치료 계획 수립에 유용합니다.

- **에니어그램(Enneagram)**
  에니어그램은 인간의 성격을 아홉 가지 유형으로 분류하며, 각 유형은 특정한 사고방식, 감정 패턴, 행동 경향을 반영합니다. 각 유형은 특정 욕구와 두려움에 기반한 행동 패턴을 가지고 있으며 기본 유형과 인접한 유형이 영향을 미쳐 성격을 형성합니다.

[성격 검사 사이트]

검사도구	무료 및 유료 검사
MBTI	www.16Personalities.com/ko kmbti.co.kr
Big Five	together.kakao.com/big-five www.truity.com
MMPI	www.idrlabs.com/kr/multiphasic-personality/test.php
에니어그램	enneagram-app.appspot.com/quest enneagram-personality.com/ko

D. 적성 검사

적성은 특정 활동이나 작업에 적합한 성질이나 적응 능력을 의미합니다. 지능이 일반적인 능력의 가능성을 나타낸다면, 적성은 특정 작업에서의 성공 가능성을 예측하는 데 초점을 둡니다. 적성은 타고난 능력의 발현 가능성뿐만 아니라, 학습과 경험의 축적으로 성숙하고 발전할 수 있는 특성입니다. 성장 과정에서 습득한 경험, 동기, 인내력, 감정의 적응력 등 환경적 요인을 반영하며, 인간과 환경의 상호작용이 적성 형성에 중요한 역할을 합니다.

신중년은 경력 전환 과정에서 자신의 깅점과 잠재력을 확인하고, 새로운 기회를 모색하는 데 적성검사를 활용할 수 있습니다. 검사 결과를 통해 직업 전환이나 추가 학습 방향을 설정하며, 적합한 활동과 직무를 구체적으로 탐색 가능합니다. 우리나라에서는 1990년대까지 미국의 일반적성검사(GATB)를 번역하여 사용했지만, 이 검사는 우리나라 상황에 맞게 표준화되지 않아 한계가 있었습니다. 1997년 외환위기를 계기로 직업 상담의 필요성이 커지면서, 중앙고용정보관리소(현재 한국고용정보원)는 우리나라 실정에 맞는 성인용 직업적성검사를 개발했습니다. 이 검사는 2000년부터 본격적으로 활용되었고, 2017년 개정을 통해 더욱 발전했습니다.

성인용 직업적성검사는 11가지 적성 요인과 16개의 하위 검사로 구성되며, 90분 동안 최대 수행 능력을 평가해 개인에게 적합한 직업을 제안합니다. 주로 20대~40

대 청년층을 대상으로 개발되었지만, 중장년층도 검사를 통해 자신의 강점을 재발견하며, 부족한 부분은 보완할 기회를 얻을 수 있습니다. 시장에서 요구하는 직무 능력을 분석하고, 검사 결과를 통해 자신의 장점과 개선이 필요한 영역을 명확히 파악하는 것도 가능합니다. 이를 기반으로 개인적인 성장 계획을 구체화하고, 은퇴 이후에는 새로운 취미나 봉사 활동을 선택하는 데 유용합니다. 고용24 홈페이지에서 무료로 검사에 참여할 수 있습니다.

[적성요인 의미]

언어력	일상생활에서 사용되는 다양한 단어의 의미를 정확히 알고 글로 표현된 문장들의 내용을 올바르게 파악하는 능력
수리력	사칙연산을 이용하여 수리적 문제들을 풀어내고 일상생활에서 접하는 통계적 자료(표와 그래프)들의 의미를 정확하게 해석하는 능력
추리력	주어진 정보를 종합해서 이들 간의 관계를 논리적으로 추론해 내는 능력
공간지각력	물체를 회전시키거나 재배열했을 때 변화된 모습을 머릿속에 그릴 수 있으며, 공간 속에서 위치나 방향을 정확히 파악하는 능력
사물지각력	서로 다른 사물들 간의 유사점이나 차이점을 빠르고 정확하게 지각하는 능력
상황판단력	실생활에서 자주 당면하는 문제나 갈등 상황에서 문제를 해결하기 위한 여러 가지 가능한 방법들 중, 보다 바람직한 대안을 판단하는 능력
기계능력	기계의 작동원리나 사물의 운동 원리를 정확히 이해하는 능력
집중력	작업을 방해하는 자극이 존재함에도 불구하고 정신을 한 곳에 집중하여 지속적으로 문제를 해결할 수 있는 능력
색채지각력	서로 다른 두 가지 색을 혼합하였을 때의 색을 유추할 수 있는 능력
문제해결능력	문제 및 장애요소를 해결하기 위해 논리적 사고와 올바른 의사결정 과정을 통해 구체적인 행동으로 연계될 수 있는 해결방안을 찾아내는 능력
사고유창력	주어진 상황에서 짧은 시간 내에 서로 다른 많은 아이디어를 개발해내는 능력

출처: 고용24 홈페이지

E. 흥미 검사

흥미는 우리가 특정 대상에 끌리는 이유를 설명하는 중요한 열쇠입니다. 단순히 관심을 두는 것을 넘어, 그 대상이 자신에게 얼마나 가치 있고 중요한지 느끼게 하는 주관적인 판단입니다. 흥미는 개인의 생애배경, 가치관, 행동양식 등 다양한 요인이 복합적으로 작용하여 형성되며, 그 방향에 따라 여러 영역으로 나뉩니다. 그 중 직업흥미는 특정 직종, 직무, 직업 환경 등 직업세계에 한정된 흥미를 의미합니다. 직업흥미는 개인의 자아인식, 가치관, 사회적 배경 등 여러 요인을 통해 직업 선택에 큰 영향을 미칩니다.

홀랜드(Holland)는 1959년 직업흥미이론을 발표하며, 우리가 왜 특정 직업에 끌리는지 흥미와 성격의 관점에서 설명했습니다. 그는 개인의 흥미와 성격이 직업 환경 선호를 결정하며, 성공적인 직업 선택은 개인과 환경 간의 적합성에서 비롯된다고 강조했습니다. RIASEC 모델(현실형, 탐구형, 예술형, 사회형, 진취형, 관습형)은 직업 세계를 여섯 가지 흥미 유형으로 분류한 것으로, 진로 상담과 직업 선택의 핵심 도구로 자리 잡았습니다.

[흥미유형별 대표분야 및 직업]

흥미유형	특성	대표분야	대표직업
현실형(R)	실행 / 사물지향	기계분야	전기기사, 소방관, 중장비 기사, 목수, 농부, 운전사
탐구형(I)	사고 / 아이디어지향	연구분야	언어학자, 심리학자, 경영분석가, 번역가
예술형(A)	창조 / 아이디어지향	예술분야	음악가, 화가, 디자이너, 시인, 카피라이터, 영화배우
사회형(S)	자선 / 사람지향	상담분야	사회사업가, 상담가, 간호사, 교사, 성직자
진취형(E)	관리 / 과제지향	경영분야	기업대표, 고위관리자, 변호사, 영업사원
관습형(C)	동조 / 자료지향	회계분야	회계사, 경리사무원, 의무기록사, 비서

직업선호도검사는 Holland의 이론을 기반으로 개인의 흥미 유형을 탐색하고, 적합한 직업을 추천하는 도구입니다. 직업선호도검사는 두 가지 유형인 S형과 L형으로 구성되어 있습니다. S형은 25분 동안 진행되며 좋아하는 활동, 관심 있는 직업, 선호하는 분야를 탐색해 개인의 직업흥미유형에 적합한 직업을 확인할 수 있습니다. L형은 60분 동안 진행되며, S형에서 다루는 항목에 더해 성격과 생활사 특성까지 함께 탐색합니다. 자신을 보다 종합적으로 이해하고 싶다면, L형 검사를 추천합니다. 두 검사 모두 고용24 홈페이지에서 무료로 이용할 수 있습니다.

중장년층에게 이러한 검사는 경력 전환이나 새로운 취미 발견에 유용합니다. 자신의 흥미와 강점을 재발견함으로써 삶의 만족도를 높이고, 삶의 질을 추구할 수 있습니다. 신중년은 기존 경력과 기술, 경험에 흥미를 결합한 현실적인 접근이 필요합니다. 예를 들어, 과거 직업에서 쌓은 전문성을 흥미 있는 분야로 확장하거나, 기존 경험을 바탕으로 새로운 직업이나 활동을 모색해보세요.

흥미 유형에서 '예술형'으로 나왔다면, 지역 커뮤니티에서 운영하는 공예나 디자인 워크숍에 참여해 자신의 창의력을 발휘하고, 소규모 창업으로 연결할 수 있습니다. 또한, '사회형' 흥미를 가진 경우라면 교육 봉사나 멘토링 프로그램에 참여해 자신이 쌓은 경험을 공유하는 동시에, 새로운 관계를 형성하고 활력을 얻을 수 있습니다. 흥미를 바탕으로 제2의 경력을 설계하거나 새로운 여가 활동을 시작해보세요. 중요한 것은 새롭게 시작할 용기입니다.

F. 신중년을 위한 〈고용24〉 직업심리검사

전직 회계사인 김 씨는 직업심리검사를 통해 교육 분야에 강한 적성과 흥미를 발견했습니다. 그는 강사로 전직을 결정하고 필요한 교육 프로그램을 이수하고 자격증을 취득했습니다. 현재 김 씨는 회계 지식을 쉽고 유용하게 알려주는 강사로 활동하며, 두 번째 경력을 성공적으로 이어가고 있습니다.

인생의 후반기를 맞이하는 중장년층에게 직업심리검사는 자신의 적성과 흥미를 재발견하고 새로운 경력 기회를 모색하는 데 중요한 도구입니다. 특히 워크넷에서 제공하는 직업심리검사는 신중년의 경력 전환과 자기개발을 지원하기 위해 맞춤형 정보를 제공합니다.

만족스러운 진로 선택은 개인의 삶의 질을 좌우하는 중요한 과제입니다. 직업이나 진로를 결정할 때는 단순히 사회적·경제적 지위를 얻는 수난을 넘어 자신의 흥미, 성격, 적성, 가치관과 얼마나 조화를 이루는지 신중히 고려해야 합니다. 이를 돕는 효과적인 도구가 바로 직업심리검사입니다.

한국고용정보원은 1983년 일반적성검사 개발을 시작으로 현재까지 22종의 직업심리검사를 개발해 청소년과 성인의 자기이해를 지원했습니다. 이 가운데 신중년에게는 흥미, 적성, 성격, 가치 등을 포함한 13개 검사가 적합합니다.

신중년은 경력 전환, 재취업, 은퇴 이후의 새로운 활동을 준비하는 시점에 직업심리검사를 통해 강점과 잠재력을 재발견할 수 있습니다. 검사 결과는 흥미와 적성에 맞는 활동을 설계하고, 자신에게 필요한 기술과 지식을 배우는 계기를 제공합니다.

예를 들어, 수십 년간 숫자와 데이터를 다뤄온 퇴직자가 검사 결과를 통해 자신에게 숨겨진 예술적 감각과 창의성을 발견하고, 그림을 배우며 새로운 삶의 활력을 찾은 사례는 이를 잘 보여줍니다. 직업심리검사는 단순히 "어떤 일을 잘할 수 있을까?"라는 질문에서 나아가 "어떤 일을 통해 더 큰 의미와 만족을 느낄 수 있을까?"라는 통찰을 가능하게 합니다.

직업심리검사는 고용24 홈페이지에서 간편하게 참여할 수 있습니다. 검사별 '안내' 버튼을 클릭해 내용을 확인한 뒤, 자신에게 적합한 검사를 선택해 진행하면 됩니다. 검사가 끝나면 '검사결과 보기'를 통해 결과를 확인할 수 있으며, 추가 상담이 필요할 경우 '검사결과 상담' 메뉴를 이용하거나 가까운 고용센터(☎1350, 유료)를 통해 전문가의 도움을 받을 수 있습니다.

직업심리검사는 신중년이 과거의 경험과 현재의 가능성을 연결해 앞으로의 삶을 재설계할 수 있는 도구입니다. 자신을 이해하고, 나아갈 방향을 명확히 하는 과정은 한계를 넘어설 수 있는 발판이 되며, 제2의 인생을 더 풍요롭고 의미 있게 만드는 나침반 역할을 합니다.

02 추천! 생애설계 액티브 자가진단

A. 인생 후반전, 생애설계 자가진단이 필요한 이유

초고령화 사회에서는 평생직업, 평생여가, 평생학습이 조화를 이루는 것이 중요합니다. 인생의 절반을 지나온 신중년에게는 지금까지의 삶을 돌아보고, 앞으로의 인생 후반전을 어떻게 설계할지 고민하는 과정이 필요합니다. 하지만 자신의 준비 상태를 객관적으로 파악하는 것은 쉽지 않습니다. 직업, 건강, 재무 등은 시간이 지날수록 더욱 중요한 요소가 되며, 미리 준비하지 않으면 후회로 남기 쉽습니다. 특히 경제 불황과 기대수명의 증가로 인해 재취업, 여가, 자산 관리 등의 문제는 더욱 현실적인 과제가 되었습니다. 그러나 바쁜 일상 속에서 인생 설계의 필요성을 알면서도 실천하지 못하는 경우가 많습니다.

생애설계 진단은 개인과 가족의 경제적·심리적 부담을 줄이고, 보다 안정적인 삶을 유지하는 데 필수적인 과정입니다. 중년기 이후에도 사회의 주체로서 적극적으로 활동하려면 미래를 체계적으로 계획하고 준비하는 능력이 필요합니다. 자가진단을 통해 자신의 현재 상태를 객관적으로 평가하고, 구체적인 목표를 설정하면 실천 가능한 계획을 수립할 수 있습니다. 예를 들어, 특정 분야에서 재취업을 원한다면, 관련 기술이나 경험이 부족한지 점검하고 필요한 교육을 받을 수 있습니다. 또한, 자신의 가치관과 목표에 맞는 활동을 선택하면 삶의 만족도가 높아지고, 더욱 풍요로운 생활을 누릴 수 있습니다.

생애설계는 일회성 활동이 아니라 지속적으로 점검하고 조정해야 하는 과정입니다. 신중년의 삶은 끊임없이 변화하기 때문에 정기적으로 자신의 상태를 평가하고 목표를 재조정하는 것이 중요합니다. 특정 활동을 시작한 후 일정 기간 동안 만족도와 성과를 분석하고, 필요할 경우 방향을 수정하는 과정이 필요합니다.

평균 10분 정도의 짧은 시간을 투자해 자가진단을 하면, 현재 자신의 상태를 객관적으로 파악하고 부족한 부분을 보완할 방법을 찾을 수 있습니다. 이를 바탕으로 평생교육, 재취업 준비, 건강관리 등을 계획하고 실천해주세요. 삶의 질을 더욱 높일 수 있습니다. 신중년의 새로운 시작은 자신을 이해하는 것에서 출발합니다. 지금부터 생애설계를 통해 더 나은 미래를 준비해 보시기 바랍니다.

B. 신중년을 위한 대표적인 생애설계 진단 서비스

그렇다면, 인생 후반전을 위해 무엇을, 어떻게 준비해야 할까요? 스스로 자신의 상태를 점검하고 미래를 준비할 수 있도록 생애설계 진단을 해보세요. 대표적인 서비스 세 가지를 소개하겠습니다.

❶ ㈜커리어컨설팅 '생애설계 액티브 자가진단'

생애 주제별 8대 영역을 아우르는 총 80문항으로 구성되어 있으며, 15페이지 분량의 심층 결과 보고서를 제공합니다. 진단 결과를 통해 자신의 경력과 관련된 강점·약점을 명확하게 파악할 수 있습니다. 또한, 현재 경력 상태를 객관적으로 점검하고 앞으로 개발해야 할 역량에 대한 구체적인 방향을 설정할 수 있습니다. 직업적 성향을 이해하고 경력 개발 목표를 수립하는 데 유용합니다. 재취업이나 경력 전환을 고민하는 신중년에게 특히 적합한 진단 도구입니다. ㈜커리어컨설팅 공식 홈페이지 (careerconsulting.kr/test)를 방문하여 참여할 수 있습니다.

❷ 서울시 50플러스재단 '생애설계 진단 도구'

서울시 50플러스재단에서 제공하는 이 진단 도구는 인생 후반기 설계를 위한 4가지 주요 영역(일, 활동, 관계, 재무)에 대한 평가를 진행합니다. 각 영역별로 8~9개의 문항이 포함되어 있으며, 진단 소요 시간은 약 3분 이내로 간단하면서도 핵심적인 평가가 가능합니다. 온라인 진단 후 추가적인 상담을 원하면 가까운 50플러스캠퍼스나 센터에서 컨설턴트와 전문 상담을 진행할 수 있습니다. 생애설계 진단은 서울시 50플러스재단 홈페이지(50plus.or.kr/selfCounsel.do)에서 참여해보세요.

❸ 공무원연금공단 '생애설계 자가진단'

공무원연금공단에서는 은퇴 공무원을 위한 맞춤형 생애설계 자가진단을 운영하고 있습니다. 참가자는 건강, 재무, 직업 등 생애설계 6대 영역에 대한 중요도를 체크한 후, 61개 문항의 설문에 응답하는 방식으로 진행됩니다. 진단 결과는 개인이 선택한 영역별 중요도를 기반으로 생애설계 종합 점수와 영역별 세부 진단 결과, 관리 방법 등을 제공합니다. 또한, 공무원의 평균 수치와 비교하여 자신의 상대적 위치를 파악할 수 있습니다. 공무원연금공단 홈페이지(www.geps.or.kr/index)에 회원 가입한 후, '은퇴공무원 사회공헌복지포털' 메인 화면의 배너를 클릭하면, 참여할 수 있습니다.

C. 추천! 생애설계 액티브 자가진단

㈜커리어컨설팅에서 개발한 '생애설계 액티브 자가진단'은 신중년이 인생 후반기를 준비하는 데 필수적인 8대 생애 영역에 대해 스스로 점검하도록 설계된 체크리스트 형태의 진단 도구입니다. 가족·사회관계, 자기개발, 건강·웰빙, 여가활동, 직업·경력, 사회공헌, 주거설계, 자산관리 등 8대 생애 영역을 스스로 점검하고, 부족한 부분을 파악하여 구체적인 개선 방향을 설정하는 데 도움을 줍니다.

짧고 간단한 질문을 체크하면서 자신의 강점과 보완이 필요한 부분을 자연스럽게 알 수 있습니다. 진단을 완료하면 8대 영역에 대한 준비 상태는 물론, 신중년 세대의 평균 수치와 비교하여 상대적 위치를 파악할 수 있습니다. 이를 통해 현재 상태를 객관적으로 평가하고, 향후 보완해야 할 부분을 구체적으로 계획할 수 있습니다.

또한, 부족한 영역에 대한 구체적인 맞춤형 정보를 함께 제공합니다. 예를 들어, 직업·경력 부분에서 보완이 필요한 경우, 추천 자격증, 관련 교육기관, 유망 직업 등의 정보를 탐색할 수 있도록 안내합니다.

[생애설계 액티브 자가진단 구성]

8대 영역 준비도	라이프플랜 Report	경력목표
• 8개 영역별 준비지수 • 나의 점수, 연령대 평균, 전체 평균 확인 • 전문가 종합의견	• 가장 보완이 필요한 영역에 대한 정보탐색과 계획수립에 필요한 맞춤정보 제공	• 본인의 경력목표에 대한 준비방향과 구체적인 실행방안 도출 가능

D. '생애설계 액티브 자가진단'에서 다루는 8대 영역

진단을 통해 신중년은 인생에서 가장 중요한 8개 영역의 준비 상태를 확인하고, 필요한 정보를 탐색할 수 있습니다.

 ❶ **가족·사회관계:** 주변 사람들과의 관계 유지 및 회복을 위한 준비도를 점검합니다. 인생 후반기를 보다 따뜻하고 안정적으로 보내기 위해 가족, 친구, 지역사회와의 관계를 어떻게 형성하고 관리할지 고민합니다.

 ❷ **자기개발:** 개인적인 성장과 자기 비전 달성을 위한 학습과 배움의 필요성을 파악합니다. 새로운 기술을 익히거나, 평생교육을 통해 꾸준히 자기계발을 하는 것은 신중년의 삶의 질을 높이는 중요한 요소입니다.

 ❸ **건강·웰빙:** 신체적 건강뿐만 아니라 정신건강, 생활습관 등을 종합적으로 점검합니다. 건강한 삶을 유지하기 위해 얼마나 체계적으로 관리하고 있는지 확인하고, 필요한 조치를 계획할 수 있습니다.

 ❹ **여가활동:** 취미, 휴식, 여행 등 인생을 즐길 수 있는 여가활동을 얼마나 잘 준비하고 있는지 점검합니다. 단순한 시간 보내기가 아닌, 적극적인 여가 생활을 통해 삶의 만족도를 높이는 것이 중요합니다.

❺ **직업·경력:** 재취업, 창업, 프리랜서 활동 등을 고려할 때 필요한 역량과 준비 상태를 확인합니다. 신중년이 새로운 직무에 도전하거나, 기존의 경력을 살려 새로운 기회를 찾는 데 필요한 방향을 설정할 수 있습니다.

 ❻ **사회공헌:** 봉사활동, 멘토링, 지역사회 활동 등 사회 참여에 대한 인식과 준비도를 파악합니다. 적극적인 사회공헌 활동은 신중년이 더욱 의미 있는 삶을 만들어가는 데 중요한 요소가 될 수 있습니다.

 ❼ **주거설계:** 현재 거주 환경의 안정성과 미래 주거 계획을 점검합니다. 은퇴후 보다 안전하고 쾌적한 주거 환경을 구축하기 위한 대비가 되어 있는지 확인합니다.

 ❽ **자산관리:** 노후에 필요한 자산을 얼마나 확보하고 있는지, 현재 재무 상태가 충분한지를 점검합니다. 안정적인 경제적 기반을 마련하기 위한 계획이 필요한지 확인하고, 재무 전문가의 조언이 필요한 경우인지도 함께 고려합니다.

더 오래 행복한 삶을 위해서는 재산과 건강뿐만 아니라 대인관계, 자기개발, 사회공헌 등 비재무적 요소까지 균형 있게 관리하는 것이 중요합니다. '생애설계 액티브 자가진단'을 활용하면 현재 삶을 점검하고, 안정적이고 의미 있는 미래를 설계하는 데 도움이 될 것입니다. 미래는 준비하는 사람의 몫입니다. 지금 스스로를 돌아보고, 더 의미 있는 내일을 위한 첫 걸음을 내디뎌 보세요.

[생애설계 액티브 자가진단]

(주)커리어컨설팅

신중년
꿈 을
이루다

Part

—

02

커리어 메이커들과 함께 하는
환승 경력

I
긱 이코노미 시대,
새로운 기회를 잡다

01 신중년, 평생 직업의 시대를 준비하다

A. 신중년을 위한 환승 경력의 시대

"95세에 이르렀을 때 비로소 몸이 늙었다는 것을 느꼈습니다. 이때부터는 늙은 몸을 어떻게 건강한 정신으로 끌어올릴 것인지 고민하기 시작했습니다. 많은 사람이 50세쯤 되면 정신이 노화됐다고 생각하지만, 기억력은 떨어져도 사고력은 올라갑니다. 사회에서 활발하게 일할수록 생각의 폭이 넓어지고 성찰의 힘이 강해집니다. 건강이 허락하는 한 사회에서 활발히 활동하면서 정신건강을 유지할 것입니다."

대한민국 1세대 철학자이자 105세(2025년 기준)를 맞이한 연세대학교 김형석 명예교수는 한 심포지엄에서 '100년을 살아보니'를 주제로 강연하며, 나이는 사고력과 성장의 걸림돌이 아니라는 점을 강조했습니다. 그는 정년퇴임 후에도 강연, 저서 집필 등을 통해 사회적 활동을 이어가며 평생 학습과 평생 직업의 중요성을 몸소 실천하고 있습니다.

기대수명이 증가하며 노동시장과 경제 환경이 빠르게 변화하고 있습니다. 과거에는 한 직장에서 은퇴할 때까지 근무하는 것이 일반적이었지만, 이제는 한 사람이 생애 동안 여러 번 직업을 전환하는 '평생 직업'의 시대로 접어들었습니다. 우리나라의 기대수명은 2023년 기준 83.6년으로 OECD 평균(80.3세)을 초과하며 전 세계에서 가장 빠르게 증가했습니다. 법정 은퇴 나이인 60세를 기준으로 남성은 평균 23년, 여성은 28년을 더 살아가야 합니다. 단순한 노후 대비를 넘어, 삶의 질을 유지하기 위한 새로운 경력 설계가 필수입니다.

한경협중장년내일센터가 발표한 '2023년 중장년 구직활동 실태조사'에 따르면, 중장년이 주된 직장에서 퇴직하는 평균 나이는 50.5세로 나타났습니다. 또한, 중장년 구직자의 53.5%는 재취업을 위해 직업을 변경한 경험이 있다고 응답했습니다. 신중년에게 재취업은 단순히 생계를 위한 것이 아니라, 변화하는 환경 속에서 자아실현과 삶의 만족도를 높이기 위한 필수 과정임을 의미합니다.

기술 발전과 산업 구조의 변화도 새로운 경력 설계를 요구합니다. 자동화와 디지털 경제는 일부 직업을 사라지게 하는 동시에, 창의성과 전문성이 요구되는 새로운 직업을 만들어내고 있습니다. 이러한 변화 속에서 업종 전환과 재취업을 위한 학습과 훈련은 선택이 아닌 필수입니다.

퇴직 이후에도 사회에서 활발히 활동하며 새로운 기회를 찾는 신중년의 사례는 점점 늘었습니다. 30년간 영업 및 생산 총괄자로 근무했던 최 씨는 퇴직 후 공공기관의 전문위원으로 활동하다가 최근 시니어 컨설턴트로 새로운 경력을 시작했습니다. 현재는 강사 및 상담사로도 활동하며 1인 기업을 창업해 도전의 범위를 넓혀가고 있습니다.

신중년에 있어 일은 단순한 소득 이상의 의미를 가집니다. 기대수명이 늘면서 연금과 저축만으로는 부족한 노후 자금을 보완할 필요가 커졌습니다. 지속적인 소득원을 확보하는 것은 안정적인 삶을 유지하는 데 필수입니다. 축적된 경험과 경력을 바탕으로 흥미와 열정을 가진 분야에서 활동하거나, 새로운 경력을 통해 자신을 재발견하는 과정은 삶의 만족도를 높이는 데 중요한 요소입니다. 새로운 경력은 은퇴 후 느낄 수 있는 상실감과 고독을 극복하고, 공동체와의 연결을 통해 개인의 행복을 넘어 사회적 기여로 이어집니다.

기대수명의 증가와 기술 발전은 신중년이 기존 직무에 안주하지 않고 새로운 길을 모색하도록 요구합니다. 이제는 평생 직업의 개념을 받아들이고, 환승 경력을 통해 인생 2막을 준비해야 할 때입니다. 환승 경력은 신중년에게 경제적 안정성, 자아실현, 그리고 사회적 참여를 통해 새로운 삶을 설계할 기회를 제공합니다.

B. 종착역일까? 새로운 여정의 시작일까?

인생은 마치 기차 여행과도 같습니다. 익숙한 노선을 따라 달려오던 기차가 어느 순간 멈출 때가 있습니다. 어떤 이는 종착역에 도착했다고 생각하며 기차에서 내리지만, 또 다른 이는 새로운 노선을 찾아 다음 목적지를 향해 나아갑니다. 신중년에게 퇴직은 끝이 아니라 출발점이 될 수 있습니다. 직업을 찾는 과정에서도 이와 같은 선택이 필요합니다. 기존의 일을 계속할 수 없다면, 변화에 맞춰 새로운 기회를 찾아 나서야 합니다.

57세의 김 씨는 재취업을 위해 적극적으로 정보를 찾고 배움을 이어갔습니다. 그는 영어학원 강사로 일했지만, 코로나19로 인해 학원을 떠나야 했습니다. 이후 고용센터를 방문해 고용노동부의 지원 프로그램을 활용하며 자신에게 적합한 직업을 탐색했습니다. 관련 직군의 회사 견학을 통해 실제 작업 현장을 경험하고, 환경 분야 자격증을 취득하며 새로운 길을 개척했습니다. 그의 노력은 환경 인허가 관련 회사 입사로 이어졌습니다.

60대 중반의 박 씨도 퇴직 후 새로운 도전을 선택했습니다. 운수 관련 회사에서 관리자로 일했던 그는 퇴사 후 고용노동부의 직업훈련과 자동차정비연합회의 교육을 이수하며 정비 기술을 익혔습니다. 기존 경력을 바탕으로 새로운 기술을 습득한 그는 자동차 검사원으로 재취업하며 경력을 확장했습니다.

김 씨와 박 씨의 이야기는 한국고용정보원의 취업 지원 동영상 〈신중년들의 취업 가이드〉에 담겨 있습니다. 이 가이드는 재취업에 성공한 신중년들의 생생한 경험과 취업 정보를 제공하며, 새로운 직업을 찾고자 하는 이들에게 유용한 길잡이가 되고 있습니다.

"종착역일까, 새로운 여정의 시작일까?" 이 질문에 대한 답은 우리 자신의 선택에 달려 있습니다. 기차가 멈추었다고 해서 여정이 끝난 것은 아닙니다. 오히려 그 순간은 새로운 목적지를 향한 첫걸음을 내딛는 기회가 될 수 있습니다. 김 씨와 박 씨의 이야기처럼, 변화를 두려워하지 않고 새로운 길을 모색할 때 우리는 더 풍요롭고 의미 있는 인생을 설계할 수 있습니다. 신중년의 삶은 끝이 아니라, 새로운 가능성으로 가득한 시작입니다. 기차가 멈춘 그곳에서 내려, 다음 여정을 준비해 보는 것은 어떨까요?

재취업을 결심했다고 해서 무조건 새로운 직업을 선택하는 것이 능사는 아닙니다. 자신의 강점과 경험을 어떻게 활용할지, 어떤 분야가 적합한지 신중하게 고민해야 합니다. 그렇다면 신중년이 환승 경력을 선택할 때 어떤 점을 고려해야 할까요? 이제 그 핵심 요소를 살펴보겠습니다.

첫째, 신중년은 축적된 경력과 기술을 기반으로 새로운 분야에 도전할 수 있습니다. 관리직 경험이 있다면 컨설팅, 직무 강사, 또는 N잡러로의 전환도 가능합니다.

둘째, 자신이 좋아하고 가치를 느끼는 일을 할 때 장기적인 만족감과 지속 가능성을 확보할 수 있습니다. 예를 들어, 스포츠에 관심이 있다면 생활스포츠지도사가 되고, 숲과 자연에 흥미가 있다면 숲해설사로 활동 가능합니다.

셋째, 새로운 경력이 수입을 안정적으로 제공할 수 있는지, 노후 자금 마련에 도움이 되는지 검토해야 합니다. 건강 상태, 가족 구성원, 생활 패턴 등을 고려해 정규직, 프리랜서, 창업 등 다양한 옵션 중 적합한 방식을 선택해 주세요. 선택한 직업의 성장 가능성과 안정성을 분석하는 것도 중요합니다. 디지털화와 고령화 사회의 변화에서 유망한 직업을 선택하는 것이 성공의 열쇠입니다.

C. 환승 경력! 신중년이 알아야 할 핵심 요소

신중년에게 환승 경력은 새로운 직업을 찾는 것을 넘어 삶의 질과 의미를 재정립하는 중요한 여정입니다. 변화는 때로 두려움을 동반하지만, 그 너머에는 새로운 기회가 기다리고 있습니다. 환승 경력의 첫걸음은 스스로를 객관적으로 진단하는 것입니다. 자신이 가진 강점, 약점, 흥미와 적성을 분석해 보세요. "나는 어떤 일을 잘했는가?", "무엇이 나를 흥미롭게 했는가?"와 같은 질문은 미래를 설계하는 데 도움이 됩니다. 혼자만의 고민이 어려울 때는 정부 지원 프로그램을 활용하는 것을 추천합니다. 자기 탐색 워크숍, 직업 세계 이해 교육, 변화 관리 세션 등을 통해 체계적으로 자신을 돌아볼 수 있습니다. 목표를 설계할 때는 구체적이고 실행 가능한 계획을 세우는 것이 좋습니다. 단기적으로는 직업체험과 네트워킹, 중기적으로는 교육과 자격증 취득, 장기적으로는 구직 활동과 새로운 직업에 적응하는 과정을 포함해야 합니다.

성공적인 환승 경력을 위해서는 기술과 지식 습득이 필수입니다. 전문 기술, 데이터 분석, 디지털 마케딩 등 시상에서 경쟁력을 가질 수 있는 분야를 적극적으로 배우고 익혀야 합니다. 국민내일배움카드, 한국폴리텍대학, 온라인 교육 플랫폼 등 다양한 학습 기회를 적극적으로 활용하기 바랍니다. 네트워킹은 취업과 경력 전환의 핵심 요소입니다. 직업 관련 세미나와 포럼, 온라인 커뮤니티에 참여해 업계 동향을 파악하고 전문가와 인맥을 형성하세요. 예를 들어 한 신중년은 재취업 포럼에서 디지털 강사로 활동하는 60대를 만나 새로운 기회를 발견하기도 했습니다. 네트워킹은 정보 교환을 넘어 동기부여로 작용합니다. 긱워커(N잡러)를 꿈꾼다면 동료 프리랜서들과의 교류는 실질적인 조언과 새로운 기회를 제공합니다.

환승 경력을 성공적으로 알리기 위해 자신만의 브랜드를 구축하는 것도 중요합니다. 과거 경력을 체계적으로 정리한 포트폴리오를 준비하고, 링크드인과 같은 플랫폼을 활용해 전문성과 신뢰를 보여주세요. SNS를 통한 홍보도 새로운 기회를 얻는 데 효과적입니다. 이 과정에서 초기 실패는 자연스러운 부분입니다. 실패를 통해 얻은 교훈은 성장과 도약의 발판이 됩니다. 환승 경력은 삶을 재설계하는 도전입니다. 실패를 두려워하지 말고, 도전을 시작할 시간입니다. 새로운 기회가 당신을 기다리고 있습니다.

02 신중년을 위한 유망분야 트렌드

A. 신중년이 주목해야 할 유망분야 5가지

고령화와 기술혁신이 직업 시장의 판도를 바꾸고 있습니다. 2024년 한국고용정보원이 발표한 〈중장기 인력수급 전망 2022~2032〉에 따르면, 보건업과 사회복지서비스업에서는 고령화로 인해 일자리가 크게 증가할 전망이며, 디지털 경제 성장은 ICT 제조업, 정보통신업, 전문 과학기술 서비스업에서 새로운 기회를 열고 있습니다. 환경 분야에서도 저탄소 전환과 산업폐기물 증가로 관련 직군의 수요가 급증하고 있습니다. 하수처리장치 조작원, 소각조작원, 재활용품 수거원 등은 앞으로 고용이 확대될 것으로 보입니다.

반면, 전자상거래의 확산으로 전통적인 도소매업과 금융보험업의 판매직은 감소 추세에 있으며, 온라인 쇼핑 판매원과 같은 새로운 직업군은 일정 기간 수요를 유지할 것으로 예상됩니다. 이 변화의 중심에서 신중년에게 중요한 것은 장기적이고 지속 가능한 경력을 설계하는 것입니다. 다음은 환승 경력에서 신중년이 주목할 유망분야입니다.

- **돌봄 및 복지 서비스업**
  고령 인구 증가로 돌봄과 복지 서비스 분야의 수요가 지속적으로 늘고 있습니다. 사회복지사, 요양보호사, 간호조무사와 같은 직업은 신중년이 경험과 공감을 바탕으로 기여할 수 있는 분야입니다.

- **컨설팅 및 교육 분야**
  퇴직 전 경험을 살려 온라인 강의나 컨설팅, 멘토링 활동을 통해 전문성을 발휘할 수 있습니다. ESG 전문가, 기업재난관리사, 디지털 금융 강사, 재취업 컨설턴트와 같은 직업은 신중년의 노하우를 살릴 수 있는 기회를 제공합니다.

- **헬스케어 및 웰니스 산업**

  건강과 웰빙에 대한 관심이 높아지면서 시니어 건강운동 지도사, 치매 예방 관리사, 숲 해설가와 같은 직업이 떠오르고 있습니다. 취미와 건강을 결합한 직업은 만족도 높은 삶을 위한 선택이 될 수 있습니다.

- **ICT 및 디지털 경제**

  기존 경험과 지식에 디지털 기술을 접목하여 새로운 기회를 창출하거나 신기술을 학습하고 자격증을 취득하여 진입할 수 있는 분야입니다. 빅데이터전문가, 데이터거래전문가, CCTV관리지도사, 디지털 마케팅전문가, 스마트헬스케어지도사, 디지털 강사 등이 있습니다.

- **환경 및 안전 산업**

  환경 문제와 안전에 관한 관심이 높아지면서 수요가 증가하고 있습니다. 재활용코디네이터, 대기환경기사, 폐기물처리기사, 소방·방제 기술자 및 안전관리원, 에너지어드바이저, 산업안전기사 등이 있습니다. 이 분야는 사회적 가치를 실현하며 동시에 안정적인 경력을 쌓을 수 있는 기회를 제공합니다.

삶의 새로운 장을 여는 환승 경력은 신중년에게 도전과 기회의 무대입니다. 발걸음을 내딛고, 스스로 가능성을 탐색해 보세요. 새로운 경로를 선택할 때는 자신의 경험과 흥미를 고려해야 합니다. 프리랜서 활동이나 긱워커(N잡러)로 유연하게 일하거나, 소규모 창업을 통해 경제적 안정과 자아실현을 동시에 이룰 수 있습니다.

II
신중년 환승
경력 도전 스토리

 세계적인 전자상거래 기업 알리바바의 창업자인 마윈은 55세에 회장직에서 물러나며 새로운 시작을 알렸습니다. 은퇴를 한 시대의 끝이 아닌 시작으로 보고, 교육과 자선 분야에 전념할 계획이라고 밝혔습니다. 그는 자신이 사랑하는 일을 하게 된 것에 설레고 행복하다고 말했습니다. 마윈의 결정은 많은 사람에게 영감을 주고, 인생 2막을 어떻게 살아가야 하는지에 대한 고민을 던져줍니다. 인생의 하프타임 지점에서 삶을 더욱 풍요롭게 만들기 위해서는 어떤 선택을 해야 할까요? 나만의 두 번째 무대를 만들어야 합니다. 새로운 시작을 위한 환승 경력이 그 답이 될 수 있습니다.

01 취미로 시작하는 인생 2막

퇴직 후 새로운 취미를 통해 삶의 방향을 바꾸는 신중년이 늘고 있습니다. 40년간 공무원으로 일했던 김 씨는 퇴직 후 사진 촬영을 취미로 시작하며 소도시의 숨은 장소와 역사를 기록하기 시작했습니다. 부모님의 자서전 출간을 계기로 어르신들의 삶과 지역 역사를 담는 데 관심을 가지게 되었고, 이는 그를 미디어 기록 작가로 이끌었습니다. 지역 영상 자서전 프로젝트에서 수상하며 다양한 프로젝트를 진행 중인 그는 공직 생활보다 더 큰 만족을 느끼고 있습니다. 서예를 취미로 시작한 최 씨의 이야기도 눈길을 끕니다. 그는 20년간 서예를 꾸준히 연습하며 공모전에서 상을 받는 등 성취감을 얻었습니다. 퇴직 후에는 서예 지도사 자격증과 다양한 전문 자격을 취득해 서예실을 열고, 작가와 강사로 활동하며 행복한 노후를 만들어가고 있습니다.

취미를 통해 새로운 경력을 쌓아가는 신중년들의 사례는 다양합니다. 문화센터에서 배운 아로마 DIY로 천연비누 강사가 되어 공방을 운영하는 50대 여성, 건강을 위해 시작한 운동이 적성에 맞아 스포츠지도사가 된 60대 남성, 그림을 배워 작가가 된 61세의 전직 요리사, 우연히 목공을 시작해 창업한 60대 남성 등 이들은 모두 자신의 관심을 새로운 경력으로 발전시켰습니다.

이들은 '호큐페이션(Hoccupation)' 또는 '하비프러너(Hobby-preneur)'로 불립니다. 호큐페이션은 취미(Hobby)와 직업(Occupation)의 합성어이며, 하비프러너는 취미를 기반으로 창업하거나 직업으로 발전시키는 사람을 뜻합니다. 이러한 흐름은 일과 삶의 균형을 중시하는 워라밸 문화와 인터넷 기술의 발달로 더 빨라지고 있습니다. 온라인 여가 플랫폼 '프립', '솜씨당' 등을 통해 누구나 쉽게 취미를 발전시키고 창업하기 쉬운 환경이 마련되었습니다.

출처: 데일리팝

출처: 팁스터뉴스레터

취미와 여가를 통한 새로운 경력 전환은 여러 장점을 제공합니다. 성취감을 느끼고, 스트레스를 줄이며, 자신감을 키울 수 있습니다. 취미를 통해 만난 사람들과 교류하면서 새로운 인맥을 만들고, 자아실현의 기쁨을 누릴 수도 있습니다. 적성과 흥미에 맞는 취미를 꾸준히 즐기면 자기 효능감이 높아지고, 새로운 길을 열어가는 데 큰 힘이 됩니다.

이러한 트렌드를 뒷받침하는 플랫폼도 주목받고 있습니다. '큐리어스'(curious-500.com)는 중장년층을 위한 지식공유 및 교육 플랫폼으로, 전자책 거래와 온·오프라인 모임 서비스를 제공합니다. '오뉴'(www.onew.life)는 시니어 취미 커뮤니티로 미술, 음악, 사진 등 다양한 클래스를 운영하며 새로운 경험을 제공합니다. 또한 '시놀'(시니어 놀이터, sinor.co.kr)은 시니어의 모임과 만남을 주선하며, 문화 여가 취미 활동을 함께 할 친구를 만드는 소셜 커뮤니티 앱입니다.

신중년에게 자아실현은 자신이 좋아하고 행복을 느낄 수 있는 활동에서 시작됩니다. 이를 지원하는 다양한 플랫폼들은 신중년이 자신의 흥미를 발견하고, 새로운 도전에 나설 기회를 제공합니다. 마틴 셀리그만은 "진정한 행복은 개인의 강점을 파악하고 계발하여 일, 사랑, 자녀 양육, 여가 활동이라는 삶의 현장에서 활용함으로써 실현된다"고 말했습니다. 여기서 여가 활동은 개인의 관심사와 강점을 활용할 수 있는 중요한 영역 중 하나입니다. 마음의 목소리를 귀 기울여 들어보세요. 이를 반영한 취미를 꾸준히 즐기기 위해 시간과 노력을 아끼지 않는 것이 행복을 추구하는 데 중요한 역할을 합니다. 의미 있는 성취는 꾸준한 연습과 집중을 통해서만 가능하듯, 취미도 마찬가지입니다. 작은 시간이라도 매일 투자하며 꾸준히 이어갈 때, 단순한 흥미를 넘어 인생의 중요한 전환점이 될 수 있습니다.

A. 여가와 취미를 환승 경력으로 전환하는 방법

자신이 좋아하는 활동을 즐기는 데서 나아가 이를 새로운 경력으로 전환하는 일은 매우 의미 있고 멋진 변화가 될 수 있습니다. 사진 촬영 취미를 살려 미디어기록 작가로, 오랜 서예 경험을 활용해 서예·캘리그래피 작가로 새로운 길을 열 수 있습니다. 그러나 이러한 전환은 우연이 아니라, 체계적인 준비와 노력이 뒷받침될 때 가능합니다. 자신만의 취미와 여가를 환승 경력으로 발전시키고 싶다면, 다음의 세 가지 단계를 참고하세요.

❶ 흥미와 강점 파악

자신이 어떤 활동에서 흥미와 즐거움을 느끼고 잘할 수 있는지를 탐구해야 합니다. 현재 즐기고 있는 취미나 여가활동이 있다면, 이를 분석해 강점을 파악하고, 새로운 경력으로 연결할 가능성을 평가합니다. 만약 특별한 취미가 없다면, 관심 있는 분야를 탐색하고 작은 것부터 시작하는 것도 좋은 방법입니다.

❷ 시장 조사와 전문성 강화

취미를 경력으로 전환하려면 해당 분야의 시장 트렌드와 수요를 파악해야 합니다. 관련 전문가와의 네트워크를 형성하고 커뮤니티에 참여하여 경험과 조언을 얻으세요. 또한 필요한 자격증을 취득하고, 교육을 받고 콘텐츠를 제작하며 전문성을 강화해야 합니다. 이를 통해 신뢰를 얻고 자신을 브랜딩하는 기반을 마련할 수 있습니다.

❸ 실현 가능한 계획과 경제적 준비

구체적이고 실현 가능한 목표를 설정하고, 이를 실행하기 위한 계획을 세워야 합니다. 환승 경력을 시도할 때는 초기 비용과 경제적 여건도 고려하며, 재정 전문가의 조언을 받는 것도 좋습니다. 기존 직장에서 파트타임으로 전환하거나 프리랜서로 경력을 시작하며 유연하게 진행하는 방법도 현실적인 대안입니다. 작은 프로젝트부터 시작해 경험을 쌓고, 진행 상황을 주기적으로 점검하면서 목표를 조정해 나가야 합니다.

`02` 배움의 즐거움이 직업으로!

"모든 인간은 본성상 알기를 갈망한다(All men by nature desire to know.)"
2,500년 전, 고대 그리스 철학자 아리스토텔레스는 저서 『형이상학』에서 인간이 학습하는 존재임을 강조했습니다. 그는 학습이 유용한 도구를 넘어서 우리에게 기쁨과 의미를 준다고 말했습니다. 이런 관점에서 보면, 나이가 들수록 중장년층이 평생학습에 꾸준히 참여하는 것은 삶을 풍요롭게 만드는 필수 조건이라 할 수 있습니다.

신중년에게 경력 전환은 새로운 도전을 통해 인생 2막을 설계하는 중요한 기회입니다. 과거의 경력을 활용해 새로운 분야에 성공적으로 도전한 사례들은 학습과 준비가 얼마나 중요한지 잘 보여줍니다.

은행 IT 분야에서 근무하던 이 씨는 50대 중반에 명예퇴직을 선택했습니다. 이후 한국폴리텍대학의 '신중년 특화과정'에 참여해 승강기기능사, 소방안전관리자, 전기기능사 자격증을 취득하며 새로운 직무를 준비했습니다. 자격증을 기반으로 대형 병원 전기 설비 관리직에 재취업한 그는 전기기사 자격증을 추가로 취득하며 대기업 전기안전부서 팀장으로 이직했습니다.

철도 업계에서 40년간 근무했던 박 씨는 요리에 대한 열정을 품고 퇴직 전부터 한식조리사와 양식조리사 자격증을 준비했습니다. 정년을 앞두고 명예퇴직 후 이탈리아로 건너가 1년간 요리를 배우며 이탈리아 정부가 인증한 요리 자격증을 취득했습니다. 그는 귀국 후 이탈리아 레스토랑을 오픈하며 꿈을 현실로 만들었습니다.

대기업 연구직과 중견기업에서 30년간 품질보증 및 식약청 허가 업무를 담당했던 김 씨는 퇴직 6년 전부터 경영지도사와 품질관리기술사 자격증을 취득하며 미래를 준비했습니다. 과거의 경력을 바탕으로 R&D 기획기관에서 외부 전문가로 활동하며 컨설턴트로서의 새로운 직무를 성공적으로 수행하고 있습니다. 이처럼 관심과 열정을 기반으로 학습과 준비를 꾸준히 이어갈 때 경력 전환이 성공적으로 이뤄질 수 있습니다. 하지만 학습에만 의존해서는 원하는 결과를 얻기 어렵습니다. 성공적인 경력 전환을 위해서는 현실적인 목표 설정, 실무 경험, 시간과 비용 관리가 함께 이뤄져야 합니다.

현실적이고 구체적인 목표는 환승 경력을 준비할 때 먼저 해야 할 일입니다. 단순히 인기 있는 자격증을 따거나 유행하는 분야를 쫓기보다는, 자신의 강점과 경험에 맞는 분야를 선택해야 합니다. 예를 들어, 품질보증 업무를 해왔던 경력을 바탕으로 품질관리기술사 자격증을 취득하고 컨설턴트로 활동하게 된 사례처럼 기존 경력을 살릴 수 있는 목표를 세워주세요.

학습과 실무를 연결하는 시도는 중요합니다. 학습 초기 단계에서부터 배운 지식을 어떻게 실무에 적용할지 고민해야 합니다. 자격증 취득만으로는 충분하지 않을 수 있습니다. 예를 들어, 경영지도사 자격증을 취득했더라도 컨설팅 실무 경험이 없다면 해당 자격증의 가치를 발휘하기 어렵습니다. 인턴십, 자원봉사, 현장 실습 등 실무 경험을 병행하며 학습 내용을 현실에 연결해야 합니다.

학습에는 시간과 비용이 소요됩니다. 신중년의 경우 은퇴 이후 경제적 여건이 안정적이지 않거나 시간 관리가 어려울 수 있습니다. 교육비와 생활비, 학습에 투자해야 하는 시간을 현실적으로 계획하고, 무리한 투자나 비효율적인 학습 방법을 피해야 합니다. 정부와 지역사회에서 제공하는 저비용 또는 무료 교육 프로그램을 적극 활용해 주세요.

경력 전환을 위해 필요한 중요 요소는 바로 '역량'입니다. 역량은 단순한 지식이나 기술을 넘어, 변화하는 상황에 유연하게 대처하고 문제를 해결하는 능력을 말합니다. 사회가 어떤 역량을 요구하는지 파악하고 대비하는 노력이 중요합니다. 한정란, 전수경, 김은상(2024)은 선행연구와 전문가 의견을 종합하여 신노년층에게 필요한 8가지 핵심 역량을 제안했습니다. 이 역량들은 신중년이 인생 2막을 설계하는 데 꼭 필요한 자질로, 평생학습을 통해 더욱 강화될 수 있습니다.

[신노년 평생교육 핵심역량]

핵심 역량	역량의 정의	하위 역량
노화적응 역량	노년기 특징과 노화를 이해하고, 노화과정에 긍정적으로 적용함으로써 신체적·심리적·사회적 건강을 유지하는 데 필요한 지식, 기술, 태도	신체적, 인지·정서적, 사회적 노화적응 역량 등
사회 변화 적응 역량	정치, 경제, 사회적 변화에 대응하고 새로운 사회 변화 및 기술 발전에 적용함으로써 실생활의 문제들을 해결해 나가는 데 필요한 지식, 기술, 태도	새로운 지식과 기술의 수용 역량 등
자기계발 역량	다양한 활동과 학습을 통하여 여가를 활용하고 잠재력을 계발함으로써 노년기 삶의 질을 제고하는 데 필요한 지식, 기술, 태도	생애설계, 시간관리, 취미 개발 역량 등
대인관계 역량	타인의 관점을 이해하고 공감하며, 원활한 의사소통을 통하여 원만한 인간관계를 형성·관리·유지·발전시키는 데 필요한 지식, 기술, 태도	타인 이해 및 공감, 대인 관계 관리, 의사소통 역량 등
문해 역량	문자적 문해뿐 아니라 기술 진보에 따른 새로운 정보 수단들을 이해하고 해석하는 실용적 문해력을 통하여 원하는 정보를 생활에 활용하는 데 필요한 지식, 기술, 태도	읽기, 쓰기, 말하기, 생활 문해 역량 등
시민 역량	시민으로서 사회적 책임감 및 주인의식을 가지고 후배 시민들과 연대하여 사회에 참여하고 사회와 후세대에 공헌하는 데 필요한 지식, 기술, 태도	시민의식, 지역사회 이해, 세계시민의식 역량 등
문화예술 역량	인문학적 소양과 문화예술 이해를 통하여 미적 가치를 표현·향유·감상·비평하고 감수성과 정서적 안정을 증진시키는 데 필요한 지식, 기술, 태도	인문학, 문화예술 향유 및 감상 역량 등

영성 역량	육체와 영혼, 이성과 감정 등 이분법적인 구분에서 초월하여 총체적인 인생의 의미를 통합하고, 삶의 근원적 가치를 추구함으로써 영적 성장을 이루는 데 필요한 지식, 기술, 태도	자아정체성, 자아통합, 죽음준비 역량 등

출처: 서울특별시평생교육진흥원, 「2024 이슈포커스 Vol.6: 신노년 평생학습의 새로운 패러다임」

신중년이 새로운 인생을 준비하면서 목표를 세우고, 배운 것을 실무에 연결하며, 현실적인 계획을 세우는 것은 중요합니다. 궁극적으로는 변화에 적응하고 문제를 해결할 수 있는 역량을 키우는 것이 성공의 핵심입니다.

03 나눔으로 새 출발 하다

나눔은 자원봉사와 사회공헌활동으로 나눕니다. 자원봉사는 개인이 자발적으로 시간과 노력을 기부하며, 노인 식사 배달, 동네 청소, 무료 급식 배분 등 지역사회에서 이루어지는 활동이 대표적입니다. 반면, 사회공헌활동은 기업, 비영리 단체, 정부기관 등이 자원을 활용해 환경 보호, 노인 일자리 창출, 사회적기업 설립 등 더 큰 범위의 공익적 목표를 추구합니다.

정부는 인생 3모작을 준비하는 신중년을 위해 사회공헌형 일자리를 확대하고 있습니다. 2025년에는 관련 예산을 2조 1,847억 원으로 확대하고, 109만 8,000개의 일자리를 제공할 예정입니다. 노인 일자리는 공익활동형, 사회서비스형, 민간형으로 구분합니다.

- **공익활동형**
  '24년 65만 4,000명→ '25년 69만 2,000명으로 약 3만 8,000명 증가하여, 노인 일자리 사업의 약 70%를 차지합니다. 하루에 3시간 이내 월 30시간 이상 활동하고 활동비로 월 29만 원을 받습니다. 만 65세 이상 기초연금 또는 직역연금 수급자만 가능합니다.

- **사회 서비스형**
  경력과 전문성을 활용한 사회 서비스로 교육 시설 보조, 돌봄 서비스 등이 주요 활동입니다. 일자리는 15만 1,000명→17만 1,000명으로 확대되며, 만 65세 이상이면 누구나 신청 가능합니다. 근무시간은 월 60시간, 76만 원의 급여를 받을 수 있습니다.

- **민간형**

  민간사업체와 연결해 진행하는 일자리로, 22만 5,000명 → 23만 5,000명으로 확대됩니다. 만 60세부터 신청 가능합니다.

사회공헌은 단순히 참여에 그치지 않고 개인의 삶을 풍요롭게 하고, 새로운 경력을 창출하는 기회로 이어질 수 있습니다.

도시농업 전문가로 성장한 이 씨는 퇴직 후 텃밭 가꾸기를 시작으로 초보 농사꾼을 돕는 봉사활동을 하며 도시농업의 매력을 발견했습니다. 도시농업전문가 교육을 이수한 후, 도시농업관리사, 유기농업기능사, 조경기능사 자격증을 취득해 '텃밭 멘토'로 활동 중입니다. 이 씨는 텃밭 분양자들에게 작물 관리 요령과 텃밭 예절 등을 가르치며, 도시농업을 통해 사람들에게 치유와 변화를 선사하고 있습니다.

금융 관련 공공기관에서 일하던 김 씨는 60세 정년퇴직 후에도 경력을 살려 일하기 위해 퇴직 전부터 '교육·상담 전문 훈련과정'을 수강하며 준비했습니다. 퇴직 후에는 금융 강사로 활동하며, 더 많은 경험이 필요하다고 판단해 서울시 50+재단의 보람 일자리 사업에 참여했습니다. 현재 그는 50+컨설턴트로서 50대와 60대의 인생 재설계를 돕고 있습니다. 보람을 많이 느끼는 김 씨는 중장년을 위한 교육• 컨설팅 전문 1인 기업을 설립해야겠다는 새로운 목표도 세웠습니다.

15년간 방역 회사에서 근무했던 도 씨는 퇴직 후 방역 업계의 고용 불안정을 개선하기 위해 사회적기업을 설립했습니다. 이 기업은 취약계층에게 안정적인 일자리를 제공하며, 지역사회의 방역 서비스를 지원합니다. 직원 중 절반 이상이 취약계층으로 구성된 이 기업은 방역 소독 업계의 고용구조를 개선하는 데 앞장서고 있습니다. 현재 그는 사회적협동조합 설립을 준비하며 더 나은 지역사회를 만들기 위해 노력하고 있습니다.

사회공헌을 활용한 경력 전환은 사회적 기여와 자아실현, 새로운 경력 기회 창출, 인맥 형성 등 다양한 장점을 제공합니다. 지역사회의 발전과 취약계층 지원에 이바지하는 활동은 더 나은 사회를 만드는 데 기여하며, 참여자에게도 성취감을 안겨줍니다. 예를 들어, 취약계층의 주거 환경을 개선하거나, 노인의 치매 예방 활동, 저소득층 아이들에게 학습 지원을 제공하는 일은 소외된 이들에게 실질적인 도움을 주며 긍정적인 변화를 촉진합니다.

사회공헌활동은 자아실현의 기회도 열어줍니다. 심리학자 매슬로는 자아실현을 인간의 최상의 욕구로 정의하며, 사회공헌은 개인이 자신을 성장시키고 목표를 이룰수 있는 기회를 제공합니다. 새로운 사람들과의 협력은 자신을 발전시키는 계기가되고, 이를 통해 삶의 만족도가 높아집니다.

사회공헌은 새로운 경력을 열어주는 데도 효과적입니다. 컴퓨터 수리 봉사를 하며협동조합을 설립하거나, 중국어 통역 봉사 경험을 기반으로 초등학교 중국어 강사로활동하게 된 사례는 사회공헌이 새로운 직업 기회를 열어줄 수 있음을 보여줍니다.

사회공헌활동은 인맥 형성과 소속감 유지에도 긍정적인 영향을 미칩니다. 퇴직 후에도 자원봉사나 사회공헌단 활동을 통해 고립감을 예방하고 건강한 삶을 유지할수 있습니다. 특히 프로보노 활동은 자신의 전문성을 지속해서 발휘하며 자기효능감을 높이는 데 좋습니다.

A. 사회공헌을 환승 경력으로 전환하는 방법

퇴직을 앞둔 신중년에게는 두 가지 일이 필요합니다. 하나는 노후 생활에 보탬이되는 경제활동이고, 다른 하나는 자아실현을 위한 사회공헌활동입니다. 특히 사회공헌활동은 자아실현과 더불어 경력을 전환하는 징검다리입니다.

먼저, 사회공헌활동의 가치와 의미를 이해하는 것이 중요합니다. 아무리 가치 있는활동이라도 자신과 맞지 않으면 지속하기 어렵기 때문에, 관심사와 적성에 부합하는 분야를 선택해야 합니다. 예를 들어, 노인, 취약계층, 어린이, 새터민, 장애인, 다문화 가정 등 봉사 대상을 선정하고, 교육 및 상담, 취약계층 보호, 재난 관리 및 구제 등 자신이 잘할 수 있는 활동을 찾는 것이 좋습니다. 1365 자원봉사 종합 포털, 사회복지 자원봉사 인증관리, 한국중앙자원봉사센터, KOICA 국제봉사단 등 다양한 플랫폼에서 국내외 봉사 기회를 찾고, 네트워크를 형성할 수 있습니다.

사회공헌활동이 새로운 경력으로 이어지길 원한다면, 관련 분야의 지식과 기술을습득해야 합니다. 사전 학습과 준비는 사회공헌활동을 경력 전환의 기회로 활용하는 데 도움을 줍니다. 사회공헌활동은 봉사를 주된 목적으로 하기에 생활자금을 확보하는 데는 적합하지 않지만, 새로운 경력과 기회를 만드는 데 중요한 역할을 합니다. 자신의 경제적 상황과 재능을 고려해 현실적인 목표를 정하고, 재능 나눔이나 사회공헌형 일자리 참여 등 적합한 방안을 찾는 것이 중요합니다.

사회공헌형 일자리는 지역사회 활동과 경력 활용을 결합한 기회를 제공합니다. 이러한 일자리에 참여하기 위해서는 가까운 행정복지센터와 노인복지관, 대한노인회, 시니어클럽 등 수행기관을 방문하거나, '노인 일자리 여기'와 '복지로', '정부24'와 같은 사이트를 통해 신청이 가능합니다. 더 자세한 상담은 대표전화(1544-3388)로 문의할 수도 있습니다. 사회공헌 일자리를 제공하는 다른 기관으로는 서울시 50플러스포털, 경기도 일자리재단, 한국사회적기업진흥원, 지방자치단체 참여기관 등이 있습니다. 다만, 일부 사업은 취약계층 우선 지원이나 나이 제한이 있을 수 있으니 사전에 확인을 해주세요.

사회공헌은 단순한 참여를 넘어, 기술과 지식을 발전시키고 경력을 확장할 기회를 제공합니다. 활동 중 형성된 네트워크를 통해 협동조합이나 사회적기업 설립, 혹은 1인 기업가로 새로운 도전을 이어갈 수도 있습니다.

영화 버킷리스트에서 주인공이 한 유명한 말이 있습니다. "천국에 들어가려면 두 가지 질문에 답해야 한다는군, 하나는 인생에서 기쁨을 찾았는가? 다른 하나는 당신의 인생이 다른 사람들을 기쁘게 해 주었는가?"

사회공헌은 이 두 질문에 긍정적으로 답할 수 있는 길입니다. 자신의 경험과 역량을 나누고, 타인에게 기쁨을 주며 인생 N막을 의미 있는 삶으로 만들어가는 것은 신중년에게 큰 축복이자 새로운 기회입니다.

B. 자원봉사 정보 한 곳에! 1365·VMS부터 월드프렌즈까지

- **1365 자원봉사 종합 포털 (www.1365.go.kr)**
  한국중앙자원봉사센터와 지역자원봉사센터, 자원봉사 수요기관에 대한 정보를 제공하며, 봉사 참여와 봉사 정보 등 다양한 자원봉사 정보를 제공합니다.

- **사회복지 자원봉사인증관리(www.vms.or.kr)**
  보건복지부에서 운영하는 자원봉사 관리 시스템으로 봉사활동처 조회, 봉사자 모집과 신청, 봉사 인증서 발급 등 다양한 자원봉사 정보를 제공합니다. 회원 가입 후에는 관심 있는 자원봉사 활동을 검색하고, 원하는 자원봉사 활동을 신청한 뒤 정해진 일정에 따라 봉사활동에 참여할 수 있습니다.

• **재단법인 한국중앙자원봉사센터(www.v1365.or.kr)**
자원봉사와 관련된 정보를 제공하고, 자원봉사 활동 관리 지원, 자원봉사 관리자 역량 강화, 자원봉사 아카이브 운영 등의 사업을 진행합니다.

• **KOICA 국제봉사단(kov.koica.go.kr)**
다양한 분야에서 해외봉사 활동을 펼칠 수 있는 기회를 제공합니다. 봉사 활동 유형은 크게 현장 참여형·교육 지도형·연구 사무형·연계 업무형으로 나뉘며, 전문성을 요구하는 분야도 있습니다. 지원을 위해서는 전공·자격증·경력 등 일부 요건을 갖추어야 하지만, 전문성이 없어도 일반 단기 봉사에 참여할 수 있습니다. 모집 분야는 보건·교육·공공행정·산업 에너지·농림 수산 등입니다.

그 외 해외 봉사단체로는 월드프랜즈 코리아가 있습니다. 해당 분야의 경력을 가진 민간 또는 공공기관 출신의 전문가를 대상으로 퇴직자, 퇴직예정자를 모집해 일정 교육을 거친 뒤 1년 동안 활동을 합니다. 사회공헌 공익활동과 사회공헌일자리 사업은 한국노인인력개발원이 관리하고 있으며, '노인일자리여기'(seniorro.or.kr:4431) 포털에서 확인할 수 있습니다.

04 긱워커와 N잡러로 미래를 열다

최근 일자리 시장에서 '긱 이코노미(Gig Economy)'가 주목받고 있습니다. '긱(Gig)'은 '일시적인 일'을 뜻하며, 기업이 필요할 때 단기 계약을 맺고 업무를 맡기는 방식입니다. 1920년대 미국 재즈 공연장에서 즉석으로 섭외한 연주자를 '긱(gig)'이라고 부르던 것에서 유래했습니다. 오늘날 긱 이코노미는 특정 고용주에 속하지 않고 필요할 때만 일하는 방식을 의미하며, 디지털 기술이 발달하면서 공유경제와 플랫폼 경제를 기반으로 더욱 확대되고 있습니다. 과거에는 배달이나 대리운전 같은 서비스가 주를 이뤘지만, 최근에는 컨설팅과 전문직으로도 넓어졌습니다.

국내 긱 워커(긱 경제에서 일하는 사람)의 수는 빠르게 증가하고 있습니다. 고용노동부와 고용정보원이 2021년에 발표한 자료에 따르면, 국내 긱 워커는 약 220만 명이며, 한국노동사회연구소는 2025년까지 449만 명으로 늘어날 것으로 예측했습니다. 또한 2022년 보스턴 컨설팅 그룹과 자비스 앤빌런즈가 발표한 보고서에서는 국내 긱 워커가 전체 취업자의 39%로 추산되었습니다.

긱 이코노미는 기업과 개인 모두에게 이점이 많아 빠르게 성장하고 있습니다. 기업은 필요한 인력을 단기간만 고용할 수 있어 인건비 부담을 줄일 수 있고, 개인은 시간과 장소의 제약 없이 자유롭게 일할 수 있습니다. 사람인이 국내 기업 458곳을 조사한 결과, 36%가 긱 워커를 활용한 적이 있다고 답했습니다. 그 이유로 '비정기적이고 단건으로 발생하는 업무여서', '급한 업무여서', '정기적인 업무지만 상시 직원 고용이 부담돼서' 등이 꼽혔습니다. 또한 긱 워커를 활용한 경험이 있는 기업의 94.5%는 앞으로도 긱 워커를 계속 활용할 계획이라고 응답했습니다.

긱 이코노미의 성장과 함께 N잡러(여러 직업을 가진 사람)도 증가하고 있습니다. N잡러는 한 사람이 두 가지 이상의 일을 하며 소득을 다각화하는 형태를 의미합니다. 주중에는 사무직으로 일하고, 주말에는 강사나 스포츠 트레이너로 활동하는 것이 이에 해당합니다.

비대면 업무와 재택근무가 확산하면서 N잡러들이 긱 워커로 활동하는 사례가 늘고 있으며, 긱 이코노미 시장의 확장과 맞물려 더욱 증가하는 추세입니다. 긱 워커와 N잡러의 증가는 노동 시장의 불안정성, 추가 수익 창출 필요, 사아실현 욕구 등이 복합적으로 작용한 결과입니다.

긱 워커가 증가하는 가장 큰 이유는 일하는 방식이 자유롭기 때문입니다. 원하는 시간과 장소에서 일할 수 있어, 시간적 여유와 경제적 독립을 추구하는 사람들이 많아지고 있습니다. 이제 안정적인 직장을 떠나 긱 워커, 단기 계약직, 프리랜서로 일하는 사람들이 점점 늘고 있습니다. 긱 워커의 장점은 자유로운 근무 환경과 인간관계에서 오는 스트레스를 줄일 수 있다는 점입니다. 하지만 고용이 불안정하고 복지 혜택이 부족하다는 단점도 있습니다. 따라서 이런 단점을 보완할 대책이 필요합니다.

A. 긱워커와 N잡러를 활용한 환승 경력

긱 워커와 N잡러의 공통점은 고정적인 직업 개념에서 벗어나 다양한 방식으로 소득을 창출한다는 점입니다. 긱 워커는 단기 계약 위주로 일하는 반면, N잡러는 여러 직업을 유지하며 장기적인 수익을 창출하는 차이가 있습니다. 둘 다 자율성과 경제적 기회를 추구하는 현대인의 새로운 일자리 형태입니다.

서비스 유형별 국내외 디지털 노동 플랫폼의 몇 가지 예시를 살펴보면, 재능마켓으로는 크몽, 숨고, 탈잉, 탤런트뱅크, 업워크, 파이버와 같은 플랫폼이 있습니다. 음식 배달 서비스 분야에서는 배달의민족, 쿠팡이츠, 우버이츠 등이 활발하며, 운전 서비스는 카카오T대리, 티맵대리, 우버와 같은 플랫폼이 대표적입니다. 이러한 플랫폼은 각각의 서비스에 특화되어 있어 사용자에게 편리한 선택지를 제공합니다.

긱 이코노미의 확산과 함께 다양한 디지털 플랫폼이 등장하며 새로운 일자리 기회를 제공하고 있습니다. 클래스101은 자신의 재능이나 전문 지식을 강의 형태로 판매할 수 있는 플랫폼이며, 미소(Miso)는 청소, 가사 도우미, 이사 등의 서비스를 제공합니다.

이 외에도 테크 기반 서비스, 디자인 서비스, 운송 및 물류 서비스 등 다양한 신규 플랫폼이 등장하고 있습니다. 지적창작물 긱 워커로 블로그를 '수익형 블로그'로 전환하거나, 카카오 브런치에서 글을 공유하고 전자책 플랫폼과 협업해 책을 출판할 수 있습니다. 이러한 다양한 디지털 노동 플랫폼의 성장은 한국의 긱 이코노미 시장을 더욱 확장시킬 전망입니다.

맥킨지 글로벌 연구소는 긱워커를 행동 성향과 숙련도에 따라 네 가지로 구분했습니다.

- **프리에이전트**: 정규직으로 일할 능력이 있지만, 스스로 프리랜서를 선택한 사람

- **시간제 긱워커**: 정규직으로 일하면서 추가 수입이나 자기계발을 위해 긱 워크를 하는 사람

- **비자발적 긱워커**: 정규직을 구하지 못해 어쩔 수 없이 긱 워크를 하는 사람

- **저소득 긱워커**: 본업의 수입이 부족해 생계유지를 위해 긱 워크를 선택한 사람

비자발적 긱 워커와 저소득 긱 워커는 긱 워크를 주된 직업으로 여기지 않으며, 더 나은 정규직을 찾으면 그만두려는 경향이 있습니다. 반면 프리에이전트와 시간제 긱 워커는 긱 워크에서 성취감을 느끼며, 여러 직업을 병행하는 데 긍정적인 태도를 보이는 경우가 많습니다.

최근에는 긱 워커와 N잡러에 대한 사회적 인식도 변화하고 있습니다. 시장조사기업 엠브레인이 전국 성인 남녀 1,000명을 대상으로 조사한 결과, 사람들이 N잡러에 대해 '부지런한, 열정적인, 적극적인, 재능이 있는, 자유로운, 자발적인' 등의 긍정적인 이미지를 떠올리는 것으로 나타났습니다. 이러한 인식 변화는 더 많은 사람들이 긱 워커나 N잡러로 활동하는 데 심리적인 장벽을 낮추는 역할을 하고 있습니다.

특히, 생성형 AI 기술이 발전하면서 긱 워커들이 새로운 기회를 얻을 가능성이 더욱 커졌습니다. AI를 활용하면 콘텐츠 제작, 데이터 분석, 디자인 등 다양한 분야에서 업무 효율성을 높일 수 있고, 개인이 자신의 전문성을 살려 더 다양한 방식으로 수익을 창출할 수 있습니다. 긱 워크가 생계 수단을 넘어, 자율성과 가능성을 확장하는 직업 형태로 자리 잡고 있는 이유입니다.

B. 긱워커와 N잡러로서 신중년이 맞이하는 기회

많은 신중년이 여전히 안정적인 정규직 일자리를 원하지만, 현실적으로 취업의 문턱은 높습니다. 이러한 환경에서 긱 이코노미는 새로운 기회의 장입니다. 디지털 플랫폼과 긱 이코노미의 발전으로 신중년이 자신의 경험과 역량을 다양한 방식으로 활용할 수 있는 환경이 마련되었기 때문입니다.

신중년은 단기 프로젝트나 자율적인 일자리에서 그동안 쌓아온 전문성을 발휘할 수 있습니다. 예를 들어, 국내 대기업에서 20년간 마케팅 업무를 해온 한 사람은 퇴직 후 프리랜서 컨설턴트로 전환해 재능마켓에서 활동하고 있습니다.

그는 온라인 강의 플랫폼에서 자신의 강의를 개설하고, 오프라인 강의도 병행하며 원하는 일정에 맞춰 유연하게 일하고 있습니다. 이처럼 신중년은 디지털 플랫폼을 활용해 자신만의 방식으로 일하며, 새로운 커리어를 만들어갈 수 있습니다.

과거에는 고용 안정이 가장 중요한 가치였지만, 요즘은 전문성을 유지하면서도 유연하게 일하려는 신중년이 늘고 있습니다. 특히 다양한 소득원을 통해 경제적 안정과 삶의 균형을 동시에 추구하는 'N잡러' 신중년이 많아지는 추세입니다. 예를 들어, 전문직에 종사하는 한 사람은 평일에는 본업을 유지하면서, 주말에는 목공을 활용한 취미 수업을 진행하며 즐거움을 찾고 있습니다. 소규모 창업에 도전하거나, 자신의 관심사를 수익으로 연결하는 사례가 증가하고 있습니다. 이러한 활동은 경제적 여유뿐만 아니라 새로운 도전과 성취감을 통해 삶의 만족도를 높이는 데 기여합니다. 긱 워커와 N잡러의 방식은 신중년에게 단순한 생계 수단을 넘어 삶의 활력을 제공하는 새로운 길이 되고 있습니다.

C. 신중년이 긱 경제에서 성공하기 위한 전략

긱 이코노미는 풍요로운 바다와 같습니다. 튼튼한 어망을 준비하면 원하는 물고기를 잡을 수 있지만, 아무 준비 없이 나선다면 빈손으로 돌아올 수도 있습니다. 신중년이 긱 이코노미라는 넓은 바다에서 안정적으로 기회를 잡기 위해 어떤 역량을 갖춰야 할까요?

긱 이코노미에서 성공하려면 단순히 과거 직무를 나열하는 것이 아니라, 자신의 강점을 분석하고 효과적으로 표현하는 것이 중요합니다. 이를 위해 전문성과 기술, 성과를 체계적으로 정리한 '포트폴리오 경력'을 구축해야 합니다. 포트폴리오는 변화하는 일자리 환경에서 자신의 가치를 돋보이게 하는 중요한 도구입니다. 가장 쉬운 방법은 링크드인(LinkedIn)과 같은 온라인 플랫폼을 활용하는 것입니다. 진로에 대해 고민 중이라면, 중요하게 생각하는 일과 좋아하는 일이 무엇인지, 그리고 향후 10년 뒤에 어떤 모습으로 성장하고 싶은지를 깊이 생각해 보세요. 현재 가진 기술과 열정을 어떻게 결합할지 고민하고, 부족한 부분은 추가 교육이나 훈련을 통해 보완하는 노력이 필요합니다.

디지털 환경에서 능숙하게 일하려면 디지털 기술을 이해하고 효과적으로 활용하는 능력(디지털 리터러시)이 필요합니다. 이는 정보 검색, 콘텐츠 제작, 온라인 협업, 올바른 인터넷 사용 등을 포함합니다. 젊은 세대는 디지털에 익숙하지만, 신중년은 디지털 기술이 부족해 긱 이코노미에서 기회를 찾거나 활용하는 데 어려움을 겪을 수 있습니다. 이를 극복하기 위해 재능마켓, 온라인 강의, 배달 앱 등 주요 플랫폼 사용법을 익히고, 이미지 편집, 동영상 제작 등 콘텐츠 제작 기술을 익혀 자신을 효과적으로 홍보할 수 있어야 합니다. 줌(Zoom)이나 구글 미트(Google Meet) 와 같은 온라인 협업 도구를 활용하면 빠르고 원활한 소통이 가능하며, 디지털 기술과 협업 역량을 강화할 수 있습니다.

좋은 네트워크는 긱 이코노미에서 성공적인 커리어를 쌓고 꾸준히 성장하는 데 필수 요소입니다. 비슷한 일을 하는 긱 워커들과 온·오프라인에서 교류하면 정보와 기회를 공유하고 협업 가능성을 높일 수 있습니다. 전문가와의 네트워킹은 더 큰 프로젝트로 이어져 경력 발전에 유용합니다.

긱 워커는 소득이 일정하지 않기 때문에 체계적인 재정 관리가 필수입니다. 매월 예산을 세워 지출을 조절하고, 최소 6개월간 생활할 수 있는 비상금을 마련해야 합니다. 개인 계좌와 업무용 계좌를 분리하면 관리가 쉬워집니다. 월별 소득과 지출을 기록하며, 불필요한 비용을 줄이고 수입을 늘려주세요. 노후 대비를 위해 꾸준히 저축하고, 장·단기 투자를 적절히 조합하는 것이 중요합니다. 안정적인 투자와 비과세 통장 활용을 고려하면 긱 워커로서 더욱 안정적인 생활을 이어갈 수 있습니다.

긱 워커에게 가장 중요한 자원은 시간입니다. 노력만으로 생산성이 오르지 않으므로 체계적인 시간 관리가 필수입니다. 업무 시간을 정해두고, 체크리스트를 활용해 일정과 업무를 관리하면 불필요한 시간 낭비를 줄일 수 있습니다. 자기 계발을 우선순위에 두어 새로운 기술을 익히고, 업무 목표를 효과적으로 달성할 수 있도록 해야 합니다. 하루 계획을 세울 때 휴식 시간을 포함해 체력을 유지하는 것도 중요합니다. 긱 워커의 삶은 재즈 연주와 유사합니다. 정해진 악보 없이도 즉흥적으로 연주할 수 있는 능력이 곧 성공의 열쇠입니다.

III
신중년의 성공적인
환승 경력 전략

01 스킬 이코노미 시대, 신중년의 배움은 계속된다

"몇 살까지 살 수 있을까?"라는 질문은 인류가 오랫동안 고민해 온 주제입니다. 오늘날 100세 시대가 현실이 되면서, 길어진 인생을 어떻게 설계할 것인지가 중요한 이슈가 되고 있습니다. 영국 주간지 《이코노미스트》는 "100세 시대가 표준이 되고, 120세까지의 삶도 가능하다"고 보도했습니다. 이는 60세에 은퇴하더라도 살아온 시간만큼 더 살아야 한다는 의미입니다.

길어진 인생을 대비하기 위해 세계경제포럼(WEF)은 재정적 안정, 금융 교육, 건강한 노화, 평생 직업 교육, 사회적 연결 확대, 장수로 인한 불평등 해소라는 6가지 원칙을 제안했습니다. 이 중에서도 '평생 직업 교육'은 신중년이 변화에 적응하고 은퇴 후에도 삶의 질을 유지하는 데 중요한 요소로 꼽힙니다. 과거에는 한 번 배운 지식이 오랫동안 유효했지만, 오늘날에는 기술 발전 속도가 빨라지면서 지속적인 학습이 필수적인 시대가 되었습니다.

평생학습을 통해 새로운 기회를 만들어가는 사례도 늘고 있습니다. 대전시립중고등학교는 배움의 시기를 놓친 시민들을 위해 설립된 전국 최초의 공공형 학력인정 평생교육시설로, 신중년에게 학습의 기회를 제공합니다. 이 학교의 재학생 평균 나이는 60대이지만, 최근 2년 연속 대학 진학률이 86%인 것으로 나타났습니다. 졸업생들은 각 대학의 지역소상공비즈니스과, 스포츠건강학과, 국어국문창작학과 등 다양한 전공을 선택하며, 수석 합격이나 장학금 수혜 등 우수한 성과도 거두었습니다. 대전시립중고등학교의 높은 대학 진학률은 배움이 인생 후반전에서도 새로운 가능성을 열어줄 수 있음을 보여주는 사례입니다.

오늘날의 노동 시장은 과거와 크게 달라졌습니다. 학위나 경력보다 실질적인 실무 능력과 기술을 더 중시하는 스킬 이코노미(Skill Economy)로 전환되고 있습니다. 스킬 이코노미는 학력보다 실제 기술을 중시하는 경제 환경을 뜻합니다. 과거에는 한 번 배운 지식이나 경험이 오랜 시간 유효했지만, 이제는 다릅니다.

물리학자 새뮤얼 아브스만은 그의 저서 『지식의 반감기』에서, 20세기 초반에는 지식의 유효기간이 약 40년이었지만 현재는 10년이 채 되지 않는다고 강조했습니다. 기술 발전이 빠르게 진행되면서 과거의 지식은 낡은 것이 되고, 새로운 기술과 트렌드를 배워야만 변화에 적응할 수 있는 시대가 온 것입니다.

스킬 이코노미에서는 기술을 크게 코모디티(Commodity), 마켓터블(Marketable), 니치(Niche) 기술로 나눕니다. 코모디티 기술은 워드, 엑셀, 이메일 같은 기본적인 업무 능력으로, 과거에는 이러한 기술만으로도 경쟁력을 가질 수 있었습니다. 하지만 지금은 기본 중의 기본이 되어, 이를 익히지 못하면 협업은 물론 원활한 소통도 어렵습니다. 예를 들어, 보고서를 작성하거나 데이터를 정리하고, 팀원과 실시간으로 협업하는 과정에서 코모디티 기술이 없다면 기본적인 업무조차 수행하기 어렵습니다. 신중년이 코모디티 기술을 익히는 것은 새로운 트렌드와 기술을 배우기 위한 준비 단계이자, 재취업과 직무 전환의 첫걸음입니다.

마켓터블 기술은 회계, 전기, 기계설비처럼 특정 직무에서 요구되는 실무 능력으로, 수요가 많고 비교적 쉽게 교육을 받을 수 있습니다. 이러한 기술은 기존 경력과 결합해 부가가치를 높이며, 공식적인 교육이나 자격 인증을 통해 새로운 경력으로 전환할 수 있습니다. 예를 들어, 30년간 카지노 딜러로 일한 최 씨는 퇴직 후 건설 기술교육원에서 도배와 미장 기술을 배워 임대용 빌라를 수리·관리하는 새로운 일을 시작했습니다. 또한, 경비보안업에 종사하던 한 씨는 교대근무로 인한 피로감으로 기술직으로 전직을 결심한 후, 공조냉동설비 기술을 배워 공기업의 기계설비 유지관리자로 재취업에 성공했습니다. 이처럼 마켓터블 기술은 기존 경력을 새롭게 전환하고 더 나은 기회를 찾는 데 중요한 역할을 합니다.

니치 기술은 특정 분야에서만 활용되는 희소성과 경쟁력을 가진 기술입니다. 특히, 한 분야에서 오랜 경험을 쌓은 중장년은 자신의 전문성을 최신 기술과 결합해 경쟁력을 높일 수 있습니다. 30년간 제조업에서 생산 관리 및 품질 개선 업무를 담당한 이 씨는 퇴직 후 스마트 팩토리 관련 교육을 이수하고, IoT 기술을 활용한 생산 공정 최적화 컨설팅을 시작했습니다. 그는 현재 여러 중소기업의 스마트 제조 시스템 구축을 지원하고 있습니다.

또한 25년간 소프트웨어 개발 및 시스템 통합 업무를 수행한 박 씨는 퇴직 후 데이터 분석 및 인공지능 관련 자격증을 취득했습니다. 기존의 IT 경험을 바탕으로 중소기업의 데이터 기반 의사결정 지원 컨설팅을 시작했으며, 현재 여러 기업의 데이터 전략 수립에 기여하고 있습니다. 이 씨와 박 씨의 사례는 기존 경력을 활용해 니치 기술을 개발한 성공 사례입니다.

코모디티 기술로 기본을 다지고, 마켓터블 기술로 새로운 직업을 탐색하며, 니치 기술로 차별화된 경쟁력을 갖춘다면, 신중년도 변화하는 시내 속에서 더욱 주체적으로 미래를 설계할 수 있습니다. 성공적인 경력 전환을 위해서는 현재 노동 시장에서 중장년이 가진 강점과 약점을 객관적으로 분석하고, 이를 기반으로 전략을 수립하는 것이 중요합니다. 기업이 중장년층의 어떤 점을 강점으로 평가하는지, 또 어떤 부분에서 우려하는지를 파악한다면, 보다 효과적인 재취업 전략을 세울 수 있습니다.

다음은 신중년의 재취업 환경을 SWOT 분석을 통해 정리한 표입니다. 이를 통해 신중년이 변화하는 노동 시장에서 어떻게 자신의 가치를 극대화하고, 새로운 기회를 찾을 수 있을지 살펴보겠습니다.

[신중년 재취업 환경 SWOT 분석]

Strength(강점)	Weakness(약점)
• 높은 업무 이해도와 직무 경험 • 경영에 도움이 되는 인적 네트워크 • 낮은 이직률과 장기 근속 가능성 • 팀 리더십 및 후배 양성 경험	• 체력 및 생산성 저하 • 기업 및 직무 이해도 부족 • 디지털 역량 및 최신 기술 부족 • 희망 연봉과 기업 기대치의 불일치
Opportunity(기회)	**Threat(위기)**
• 스킬 이코노미로 전환되는 시장 환경 • 정부 주도 재취업 교육 및 고용지원금 확대 • 숙련된 노동력 수요 증가 • 프리랜서 일자리 확대	• 기술 변화와 디지털 전환 가속화 • 젊은 관리자의 관리 부담 • 조직 내 세대 갈등 심화 • 퇴직 후 적절한 재취업 기회 부족

[신중년 강점과 약점을 활용한 재취업 전략]

SO 전략 (강점을 기회에 활용하는 전략)	WO 전략 (기회를 활용한 약점 극복 전략)
• 직무 경험과 네트워크를 활용해 정부 지원 재취업 프로그램 참여 • 숙련된 노동력 수요가 높은 분야에 경력 맞춤형 지원 • 리더십 경험을 바탕으로 중소기업 성장 프로젝트나 신사업에 참여	• 디지털 역량 강화를 위해 IT 및 기술 교육 프로그램 활용 • 경력과 기술을 결합한 맞춤 전략으로 재취업 준비 • 정부 지원 교육을 통해 최신 트렌드에 적응
ST 전략 (강점으로 위기를 극복하는 전략)	**WT 전략 (약점과 위기를 극복하는 전략)**
• 업무 경험과 네트워크로 세대 갈등 완화 및 조직 기여 • 장기근속 가능성, 책임감 등을 강조해 기업의 젊은 관리자 부담 해소 • 리더십 및 관리 경험을 바탕으로 후배 양성과 멘토링 역할 수행	• 체력 및 생산성 저하를 고려해 유연 근무제 활용 기회 탐색 • 희망 연봉 조정을 통해 기업과 기대 차이 완화 • 직업 훈련으로 기술 변화에 대응하고 역량 강화

02 교육이 열어주는 기회

정 씨는 20년간 학원을 운영하다가 2년 전 학원 문을 닫았습니다. 이후 1년여간 적합한 일을 고민하다 직업훈련에 눈을 돌려, 3개월간 한국폴리텍대학의 '항공기 기체 제작' 신중년특화과정에 참여했습니다. 3개월간 하루 6시간씩 교육을 받은 그는 현재 항공기 부품 표면처리 기업의 품질관리 부서에서 검사직으로 재취업에 성공했습니다.

이 씨는 군 복무 경험을 활용해 새로운 경력을 쌓았습니다. 육군 특수전학교에서 근무했던 그는 한국기술교육대학교 능력개발교육원의 신중년 교직훈련과정을 수료하며 직업능력개발훈련교사 3급 자격증을 취득했습니다. 이후 군에서 쌓은 잠수기능사 과정평가형 국가직무능력표준(NCS) 강사 경험을 살려 현재 특수교육처 해상과 선임 교관으로 활동하고 있습니다.

이처럼 신중년이 기존 경험을 살리거나 완전히 새로운 분야로 전환하려는 경우 체계적인 학습과 준비가 필수입니다. 정부와 지자체는 중장년층이 변화에 적응하고 새로운 길을 찾을 수 있도록 다양한 교육과 지원 프로그램을 운영하고 있습니다. 내일배움카드와 중장년 인턴십 같은 프로그램은 자격증 취득은 물론, 재취업에 필요한 실질적인 기술과 자신감을 키우는 데 효과적입니다.

관련 교육은 전문기술 분야에만 한정되지 않습니다. 약국사무원, 스마트폰 활용지도사, 웨딩플래너, 역사문화체험강사, 파파크루 드라이버, 디지털 금융교육 강사 등 실생활에 밀접한 직무훈련 과정도 운영되고 있습니다. 서울시50플러스재단의 '4050 직무훈련'은 중장년층이 재취업 의지를 갖고 직업 역량을 강화하도록 돕는 프로그램입니다. 방위사업체, 중고차 진단평가, 돌봄교사 등 신중년의 관심 분야를 중심으로 새로운 직무훈련 과정이 꾸준히 확대되고 있습니다.

경기도일자리재단은 베이비부머 세대를 대상으로 4060 맞춤형 재취업지원사업을 펼치고 있습니다. 이 사업은 직업훈련, 취업지원, 사후관리 등 3단계 원스톱 지원체계를 갖추고 있으며, 전기(내선)공사, 드론 방역·방제 및 유지보수, 스마트물류, 스마트조경 등 다양한 직업 훈련 기회를 제공합니다.

신중년이 재취업에 성공하기 위해서는 정부와 지자체의 지원 프로그램을 적극 활용하는 것이 좋습니다. 최신 기술을 배우고 강점과 관심사를 바탕으로 새로운 경력 경로를 찾아보세요. 지금이야말로 배움과 도전으로 더 나은 미래를 준비할 가장 좋은 시기입니다.

[신중년특화과정 모집 포스터]

출처: 한국폴리텍대학 홈페이지

A. 중장년 재취업과 직무능력 강화를 위한 프로그램

❶ 중장년내일센터

전국 31개 중장년내일센터에서는 중장년층을 위한 구직활동 지원과 기업 맞춤 채용 서비스를 무료로 제공합니다. 온라인 및 오프라인 교육을 통해 재취업에 필요한 정보를 지원하며, 구인 정보 탐색과 일자리 정보를 알려주는 '재도약 프로그램', 퇴직을 앞둔 이들을 위한 '전직스쿨 프로그램' 등을 운영하고 있습니다. 이곳에서는 직업체험 기회도 제공하여 진로 설정에 실질적인 도움을 받을 수 있습니다.

항목	세부내용
교육대상	전국에 거주하는 만 40세 이상 중장년
신청방법	고용24(work24.go.kr)에서 신청, 각 지역 중장년내일센터 문의
교육비	무료(식사 및 수료증 제공)
지원내용	• 재직근로자: 생애경력개발서비스 (자가진단을 통한 경력자산 확인 및 다양한 진로 모색) • 퇴직예정 근로자: 전직스쿨 프로그램(경력목표 수립 및 전직 준비 교육) • 퇴직 근로자: 재도약 프로그램(면접 등 구직스킬 향상 교육, 취업동아리 연계)
모집시기	프로그램별로 상이하지만 일반적으로 연 2회 모집
사이트	elifeplan.or.kr

❷ 한국폴리텍대학 신중년 특화과정

한국폴리텍대학은 전국 13개 캠퍼스에서 만 40세 이상 중장년층을 위한 맞춤형 직업
훈련 프로그램인 신중년 특화과정을 운영합니다. 이 과정은 장기와 단기로 나뉘며 기
계, 전기, 정보통신, 자동차, 산업설비, 섬유패션, 건축, 조리, 보건의료 등 다양한 분야
에서 직업훈련을 제공합니다. 개설학과는 캠퍼스별로 다르니 확인해야 합니다. 교육
비, 실습재료비, 기숙사비는 전액 국가가 지원하고, 수료 후 재취업률도 높습니다. 고
용노동부와 한국폴리텍대학은 신중년 특화과정의 훈련 인원을 2024년 2,500명에서
2026년까지 1만 5,000명 수준으로 늘릴 계획입니다. 중장년층의 취업 성과가 높은
전기, 산업설비 등 전통산업 분야에도 디지털 전환을 반영해 정보통신기술(ICT) 융합
기반 시설을 순차로 확대할 방침입니다.

항목	세부내용
교육대상	만 40세 이상의 미취업자, 영세자영업자(학력제한 없음)
선발방법	원서접수 〉 면접전형 〉 합격발표
교육과정	지능형에너지설비과(공조냉동) / 의료정보학과 전기학과(IT융합 전기설비시공관리) / 실내건축디자인학과 미래형자동차학과(자율주행자동차) / 시니어헬스케어 외식조리학과 /패션디자인학과 등(전국캠퍼스별로 상이함)
지원내용	• 교육비, 실습재료비, 기숙사비 등 전액 국가 지원 • 교내 중식 무료 • 훈련장려금, 교통비 지급(해당자에 한함) • 국가기술자격증 취득 지원 • 첨단 실험실습장 및 신기술 장비가 확보된 교육환경 • 수료 후 취업알선 및 사후지도 실시
훈련기간	단기과정(2~3개월) / 장기과정(6개월)
모집시기	단기과정: 상시모집 / 장기과정: 매년 6월 및 12월
사이트	www.kopo.ac.kr

❸ 한국기술교육대학교 능력개발교육원

40세 이상 만 70세 미만 신중년을 대상으로 특화 교사양성 과정을 운영합니다. 경력 7
년 이상이거나 국가기술자격(기술사, 기능장 등)을 보유한 전문가가 대상이며, 해당 직
종의 지식과 기술을 효과적으로 지도할 수 있는 교수능력 향상을 목표로 합니다. 이 과
정은 신중년이 보유한 숙련된 기술과 경험을 후배 양성에 활용할 수 있도록 돕습니다.

항목	세부내용
교육대상	• 신중년 교직훈련과정: 만 40세 이상 70세 미만 고숙련자 (국가기술자격 기술사 · 기능장 또는 경력 7년 이상) • K-디지털 분야 교직훈련과정: 최근 5년 내 K-디지털 분야 경력을 보유한 자
선발방법	원서접수(HRD-Net 홈페이지) 〉 자격증 또는 실무경력 기준 (교육과정별로 선발기준 상이)
교육과정	• 신중년 교직훈련과정 • K-디지털 분야 교직훈련과정
지원내용	• 교육비 무료(천안 과정은 기숙사 지원)
훈련기간	• 신중년 교직훈련과정: 총 200시간 • K-디지털 분야 교직훈련과정 : 총 164시간
모집시기	3개월 과정: 상시모집 / 6개월 과정: 매년 6월 및 12월
사이트	hrdi.koreatech.ac.kr

❹ 서울특별시 기술교육원

서울시가 운영하는 무료 직업교육기관으로 동부·중부·북부·남부 등 4개 기술교육원이
있습니다. 수강료, 교재비, 실습비 등 교육훈련비는 무료입니다. 건축, 기계, 전기, 조경,
IT, 에너지, 자동차, 패션, 미용 등 산업 전반에 걸쳐 다양한 학과를 운영합니다. 특히 정
보통신, 기계·자동차, 전기전자, 가구공예, 건설·건축, 영상·디자인 등 전문기술 교육과
정이 취업 준비에 효과적입니다. 수료 후에는 취업 지원 프로그램도 제공됩니다.

항목	세부내용
교육대상	모집공고일 기준 서울특별시에 주민등록을 두고 있는 만 15세 이상 서울시민
지원내용	• 수강료, 교재비, 실습비 등 교육훈련비 무료(일부 재료비 제외) • 기술교육원 재학 중 국가기술자격시험 기능검정료 지원 • 1일 5교시(월 100시간) 이상 훈련과정 식사 제공 • 수료 후 사후관리를 통한 취업 연계
모집시기	매년 1월 초~2월 중순(상반기), 7월 초~8월 중순(하반기)
선발방법	서류평가 + 면접평가
사이트	• 동부기술교육원(서울시 강동구) www.dbedu.or.kr • 중부기술교육원(서울시 용산구) www.jbedu.or.kr • 북부기술교육원(서울시 노원구) www.bukedu.or.kr • 남부기술교육원(경기도 군포시) www.nbedu.or.kr

❺ 대한상공회의소 인력개발사업단

서울, 부산, 인천, 광주 등 전국 7개 인력개발원에서 지역 산업과 기업의 수요를 반영한 현장 중심의 기술 인력과 4차 산업혁명 융·복합 전문 인력을 양성하고 있습니다.

항목	세부내용
교육대상	구직신청을 한 만 15세 이상의 실업자(교육과정별로 상이)
교육과정	• 디지털 핵심 실무인재 양성훈련(빅데이터, 사물인터넷(IoT), 스마트 팩토리 등) • 국가기간·전략산업직종 훈련 • 지역·산업 맞춤형 인력양성훈련 • 수요자 맞춤식 직업훈련(지자체 주관)
지원내용	• 교육훈련비 전액 정부에서 지원 • 기숙사 및 식사 무료 제공 • 국가기술자격시험 취득 지원 • 수료생 적성과 능력에 맞춰 취업알선 및 사후지도 매년 1월 초~2월 중순 (상반기), 7월 초~8월 중순(하반기)
훈련기간	3~10개월(연간 수시모집)
사이트	www.korchamhrd.net

❻ 매치업

4차 산업혁명 시대의 직무 능력 향상을 위한 6개월 미만의 단기 직무 인증 과정을 운영합니다. 드론, 가상·증강현실, 지능형 자동차, 빅데이터, 스마트팜 등 신산업 분야에서 핵심 직무를 학습할 수 있습니다. 온라인 과정으로 진행되며, 교육 수료 후 대표기업이 직무능력 인증 평가를 실시하여 합격자에게 인증서를 발급합니다. 기초 과정을 이수한 뒤 현장 기반 심화 프로젝트를 통해 실무 능력을 키울 수 있는 것이 특징입니다.

항목	세부내용
교육대상	구직자, 재직자 등 신산업 분야 직무능력 향상을 희망하는 학습자
운영과정	교육과정 학습〉직무능력 인증평가 응시〉인증서 발급
교육과정	스마트팜, 신에너지자동차, 드론 등 17개 신산업분야에서 해당 분야 대표기업이 제시한 핵심직무능력(기초학습 + 심화학습)
지원내용	• 교육비 무료 • 재직자의 경우, 해당 기업의 교육훈련 실적으로 활용 • 대표기업 및 관련 산업체 취업 시 인증서 활용 • 대학 및 학점은행제 학점 인정, 취업 연계 등 다양하게 활용
사이트	www.matchup.kr

B. 신중년의 꿈, 국민내일배움카드로 이루다!

취업과 재취업을 꿈꾸는 사람들에게 새로운 출발의 기회, 취업 준비의 시작과 끝, 그리고 인생 2막을 여는 열쇠가 있다면 무엇일까요? 바로 국민내일배움카드입니다. 이 카드를 통해 새로운 길을 찾은 많은 사람들이 "국민내일배움카드 덕분에 자신감을 얻고 다시 도전할 수 있었다"고 말합니다.

20년 동안 인터넷 광고 영업과 기획을 해온 A 씨는 50세가 되면서 업계에서 살아남기 어려워졌습니다. 젊은 세대와의 경쟁에 지쳐가던 그는 ChatGPT를 접하며 AI의 가능성에 눈을 떴습니다. 비전공자로 AI 개발자가 되는 것이 쉽지 않다고 생각했지만, 국민내일배움카드로 6개월간 AI 개발자 과정을 수강하며 도전을 시작했습니다. 120명 중 최고령자인 그는 하루도 빠지지 않고 출석하며 저녁과 주말까지 공부했습니다. 그 결과, 마이크로소프트(MS)의 AI 자격증 2개를 취득했고, AI 기술과 광고 경험을 결합해 새로운 직장에 취업했습니다. 현재도 직장을 다니며 데이터 관련 국가공인자격증을 취득하는 등 성장을 이어가고 있습니다.

프리랜서로 방송 다큐멘터리를 제작하던 B 씨는 40대에 새로운 길을 찾고자 했습니다. 물류센터, 배달 등 다양한 일을 했지만 만족스럽지 않았고, 개업한 피자 가게도 코로나로 문을 닫았습니다. 그를 지켜보던 아내는 전기 기술을 배우길 권유했지만, 학원비 부담과 생활비 걱정이 컸습니다. 그때 국민내일배움카드를 소개받아 무료로 전기학원에 등록했고, 전기기능사 자격증을 취득했습니다. 전기학원 교수의 조언으로 전기산업기사와 전기기사 자격증에도 도전했습니다. 취업이 늦어질까 망설였지만, 고용복지플러스센터의 국민취업지원제도 상담사의 도움으로 추가 지원금과 취업보류 6개월 연장 혜택을 받아 공부를 이어갔습니다. 그렇게 1년 만에 전기 자격증 3개를 취득했고, 아파트 시설관리 업무로 취업에 성공했습니다.

이 사례들은 〈국민내일배움카드 우수사례 수기·콘텐츠 공모전〉 수상작에 담긴 이야기입니다. 국민내일배움카드를 활용하면 취업이나 직무능력 향상을 위한 교육훈련 비용을 지원받아 새로운 도전에 한 걸음 더 나아갈 수 있습니다. 인생 2막을 준비하고 있다면, 국민내일배움카드를 활용해 보는 것은 어떨까요?

최근 5060세대의 직업훈련 참여가 크게 증가하고 있습니다. 새로운 기술을 배우고

경력을 확장하려는 적극적인 움직임입니다. 국민내일배움카드는 재직자들에게도 유용합니다. 퇴직 후를 대비하거나 현재 직무에 필요한 역량을 강화할 수 있는 기회를 제공하기 때문입니다.

한국직업능력연구원의 '인구 고령화와 직업훈련' 연구에 따르면, 재직자의 '국민내일배움카드' 훈련 참여에서 50대가 차지하는 비율은 2015년 10.7%에서 2023년 25.4%로 2.5배 높아졌습니다. 60대 이상 비율도 2.2%에서 10.2%로 5배 이상 증가하며, 고령층의 학습 의지가 높아지고 있습니다.

국민내일배움카드는 일자리 변화에 맞춰 국민이 스스로 직업 능력을 키울 수 있도록 지원하는 제도입니다. 계좌 발급일로부터 5년간 정부 승인 훈련비의 45~100%를 최대 500만원까지 지원하며, 출석률이 80% 이상이면 훈련장려금도 받을 수 있습니다.

그렇다면, 신중년은 어떤 교육 과정을 가장 많이 선택했을까요? 고용노동부가 2024년 10월까지 국민내일배움카드 훈련 데이터를 분석한 결과, 5060세대가 가장 많이 수강한 과정은 '의료기술지원'(14.4%)으로 나타났습니다. 이어 일반사무, 음식조리, 식음료 서비스, 정보기술 순으로 수강 비율이 높았습니다. 고령화 사회에서 의료와 서비스업 일자리가 늘면서, 신중년의 재취업 기회가 증가하고 있음을 반영하는 결과입니다.

고학력의 베이비붐 세대에게 적합한 직업훈련 과정이 부족하다는 지적도 나오고 있습니다. 이들은 대학 진학률이 증가해 학력 수준이 높은 세대입니다. 빠르게 변화하는 산업 환경에서 중장년이 기존 경력을 살리면서도 새로운 기술을 익힐 수 있도록 맞춤형 훈련이 필요하다는 의견이 많습니다.

이러한 흐름에 맞춰 정부도 국민내일배움카드 제도를 개선하며, 직업 훈련 기회를 늘리고 있습니다. 고용노동부는 2025년부터 기간제·일용근로자 등 취업이 어려운 계층에게 더 많은 훈련 기회를 제공하기 위해 취업·직무 훈련비를 200만 원 추가 지원합니다. 기존에는 국민내일배움카드 한도(300만 원)를 모두 사용한 경우 100만 원을 추가 지원했지만, 2025년부터는 200만 원을 추가로 지원해 더 많은 훈련 기회를 보장합니다. 뿐만 아니라, 구직자가 수강할 수 있는 원격훈련 과정의 제한을 완화하고 교육 기회를 확대했습니다. 기존에는 실업자 원격훈련 과정만 수강 가능했지만, 앞으로는 다양한 과정이 제공됩니다. 정부는 이러한 변화를 통해 중장년이 일자리 환경에 적응하고, 재취업이나 직무 능력을 높이는 데, 도움이 될 수 있도록 적극 지원할 계획입니다. 정책 내용은 변경될 수 있으므로, 최신 정보를 꾸준히 확인하는 것이 중요합니다.

[국민내일배움카드 신청 절차]

국민내일배움카드 발급부터 훈련 과정 수강 신청까지 모두 온라인으로 가능합니다. 고용24 사이트(www.work24.go.kr)에 접속한 후, 홈페이지에서 '직업 능력 개발' 메뉴를 선택하면 국민내일배움카드를 발급받고, 다양한 직업 훈련 프로그램을 찾아 신청 가능합니다.

❶ 구직신청

일자리가 없는 상태에서 카드를 신청하려면 사전에 구직 신청이 필요합니다. 재직자(육아휴직 등 휴직자 포함), 자영업자, 특수형태근로종사자 등 이미 일을 하고 있는 사람은 구직 신청이 필요하지 않습니다. 거주지 관할 고용복지플러스센터에 직접 방문해서 신청할 수도 있습니다.

❷ 카드발급신청

PC나 휴대폰을 이용하여 고용24 사이트에서 온라인으로 신청서를 작성합니다. 거주지 관할 고용센터에 직접 방문·신청도 가능합니다.

❸ 실물 카드 수령

심사 결과 국민내일배움카드 발급이 결정되면, 선택한 방법(우편 또는 은행 방문)에 따라 실물 카드를 수령합니다.

❹ 수강신청

고용24 홈페이지에서 받고 싶은 교육·훈련을 직접 찾아보고, 수강 신청까지 할 수 있습니다. 고용복지플러스센터를 방문해도 수강 신청이 가능합니다. 나에게 맞는 교육을 찾기 어렵다면, 진단 상담을 통해 직무능력을 진단하고, 필요한 교육과 자격증을 추천받을 수 있습니다.

03 변화를 기회로, 중장년의 재취업 성공 비법

재취업은 새로운 직장을 찾는 것에서 나아가 자신의 경력과 강점을 기업의 필요와 연결하는 과정입니다. 기존 경력을 살리고 싶다면, 전문성과 경험을 즉시 활용할 수 있는 기업을 찾는 것이 중요합니다.

이전에 근무했던 업계와 유사한 기업은 중장년층의 실무 경험과 노하우를 높이 평가합니다. 대기업 출신의 경우, 중소기업이 대기업의 조직 문화를 배우고 싶어 하는 경우도 많습니다. 한 IT 스타트업은 대기업 출신 프로젝트 매니저를 채용하며 "조직의 강점을 빠르게 도입할 수 있었다"고 평가했습니다. 과거 협력했던 회사나 경쟁사도 신뢰를 기반으로 한 긍정적 채용 가능성이 높습니다. 하지만 과거 회사의 기밀 정보나 영업비밀을 활용하는 것은 법적, 윤리적 문제를 초래할 수 있으니 주의가 필요합니다.

신사업을 준비하거나 성장 중인 기업은 실무 경험이 풍부한 중장년 인재를 선호합니다. 한 스타트업은 해외 진출을 준비하며 국제 프로젝트 경험이 풍부한 중장년 전문가를 채용해 성공적으로 시장에 진입했습니다. 이처럼 신사업 관련 정보를 탐색하고, '즉시 투입 가능', '경력 우대' 같은 키워드가 포함된 채용 공고를 눈여겨보는 것이 좋습니다.

기존 업종에서 재취업이 어려운 상황이라면, 자신의 경험을 새로운 업종으로 연결해보세요. 예를 들어, 식품 유통업체에서 영업 담당으로 일했던 50대가 식자재 공급 플랫폼 회사로 전환한 사례가 있습니다. 기존 고객에 대한 이해와 네트워크는 새로운 분야에서도 강점으로 작용할 수 있습니다. 이러한 방식으로 고객층과 시장에 대한 이해를 바탕으로 업종을 전환하면 성공적인 적응과 성과를 기대할 수 있습니다.

생산직, 교대근무, 제조업, 건설업 등은 젊은 세대가 꺼리는 분야로, 성실하고 책임감 있는 중장년층이 선호됩니다. 도심 외곽이나 교통이 불편한 지역의 기업도 장기 근속 가능한 인재를 찾고 있으며, 단순 반복 작업인 조립, 품질 검사, 포장 등의 직무는 경력이 없어도 시작하기 쉽습니다. 한 물류센터는 야간 근무를 기피하는 젊은 층 대신 중장년 인재를 채용해 안정적인 업무 능력을 인정받았으며, 자동차 부품 조립라인에서 근무를 시작한 중장년 지원자가 성실성을 인정받아 품질 검사직으로 승진한 사례도 있습니다.

신중년이 재취업을 준비하면서 직무 전환이나 경력 확장을 고려할 때 가장 필요한 것은 체계적인 학습과 준비입니다. 기존 경험을 기반으로 새로운 기회를 모색하거나, 전혀 새로운 분야에 도전하려면 지속적인 학습이 필수입니다. 교육은 변화하는 환경에 적응하기 위해 꼭 필요한 과정입니다. 특히, 온라인 교육은 시간과 장소의 제약 없이 역량 강화를 돕는 유용한 방법으로 자리 잡고 있습니다. 많은 교육 플랫폼이 40~60대 재취업 준비자들을 위한 맞춤형 학습 기회를 제공합니다.

[신중년에게 추천하는 주요 온라인 교육 사이트]

❶ 평생학습포털 온국민평생배움터(www.all.go.kr)
국가평생교육진흥원이 운영하는 사이트로, 전국의 평생학습 관련 정보를 한곳에 모아 제공합니다. 자격증 취득, 실무 능력 향상, 앱 개발 같은 기술 교육 등 직업능력교육 프로그램을 비롯해 다양한 강의를 만날 수 있습니다. 온라인 강의뿐만 아니라, 지역별 오프라인 교육 정보도 검색할 수 있어 학습의 폭을 넓힐 수 있습니다.

❷ 고용24(www.work24.go.kr)
고용24 홈페이지 직업능력개발 카테고리에서 훈련 찾기·신청을 클릭하면 다양한 교육과정 정보를 찾을 수 있습니다. 국민내일배움카드 훈련과정, 유관기관 훈련과정, 정부부처별 훈련과정, STEP 이러닝 등 다양한 정보를 한자리에서 확인 가능합니다.

❸ GSEEK(www.gseek.kr)
경기도와 31개 시·군이 함께 운영하는 평생학습 포털 서비스입니다. 취업 및 창업, 자격증 등 다양한 교육 과정을 제공합니다. 지역별 특화된 교육 프로그램을 통해 자신에게 맞는 맞춤형 학습이 가능합니다.

❹ KMOOC(www.kmooc.kr)
교육부와 국가평생교육진흥원이 운영하는 KMOOC는 직무능력 향상을 위한 다양한 강좌를 무료로 제공합니다. 수강 인원 제한 없이 누구나 이용할 수 있으며, 매치업 프로그램과 취업역량 강화 강좌를 통해 체계적인 학습이 가능합니다. 일부 강좌는 학점은행제와 연계되어 학점을 인정받을 수도 있어 유용합니다.

❺ 국민평생직업능력개발 STEP(www.step.or.kr)

한국기술교육대학교가 운영하는 STEP은 4차 산업혁명 시대를 대비해 신산업과 신기술 중심의 교육을 제공합니다. 기술공학, 디지털, 신기술, 건설, 기계 등 다양한 분야에서 교육 과정을 제공하며, 중장년층이 새로운 기술을 습득하고 변화하는 환경에 적응할 수 있도록 돕습니다.

❻ 서울런4050(sll.seoul.go.kr)

서울시가 운영하는 서울런4050은 중장년층 채용 수요가 있는 기업과 협력해 실제 직무에 필요한 맞춤형 교육을 제공합니다. 약국사무원, 스마트폰 활용지도사, 웨딩 플래너, 병원행정 사무원 등 다양한 직무훈련 과정이 준비되어 있으며, 수료 후 교육비 전액 환급 혜택이 주어집니다. 지역에 상관없이 누구나 참여할 수 있는 이 프로그램은 실질적인 취업 준비와 연결되는 큰 장점이 있습니다.

04 취업사이트를 활용해 나에게 맞는 일자리 찾기

재취업을 준비할 때 가장 효과적으로 일자리를 찾는 방법 중 하나는 취업사이트를 활용하는 것입니다. 취업사이트는 다양한 기업의 채용 정보를 한곳에 모아놓아, 원하는 조건에 맞는 일자리를 쉽게 검색할 수 있도록 돕습니다. 특히 업종이나 직종별로 특화된 사이트를 활용하면, 자신에게 적합한 일자리와 기업을 더 빠르게 찾을 수 있습니다.

먼저, 원하는 직종에 특화된 취업사이트에 가입하고, 경력과 기술 정보를 꼼꼼히 작성하세요. 기업은 직종별 사이트를 통해 인재를 직접 검색하는 경우가 많기 때문에, 상세한 이력서 작성은 필수입니다. 관심 직종을 등록하면 새로운 채용공고를 알림으로 받아볼 수 있습니다. 이를 통해 실시간으로 채용 정보를 확인하고, 적합한 공고에 신속히 지원할 수 있습니다. 검색 조건을 세부적으로 설정하면 경력, 기술, 근무 조건 등 자신의 상황에 맞는 일자리를 더욱 효율적으로 찾을 수 있습니다.

취업을 준비하는 과정에서는 사기성 공고에 대한 주의도 필요합니다. 비현실적인 고소득을 내세우거나 초기 투자금을 요구하는 다단계 회사나 의심스러운 요구를 하는 공고는 피해야 합니다. 꼼꼼한 확인과 신중한 판단이 안전한 재취업의 시작입니다.

❶ 믿을 수 있는 공공취업 정보사이트

재취업을 준비하는 40~60대 중장년층에게 가장 믿을 수 있고 유용한 지원을 받을 수 있는 곳은 바로 정부의 중장년 일자리 사업입니다. 정부는 신중년을 위해 다양한 일자리 프로그램과 지원 정책을 마련하고 있으며, 이를 통해 많은 참여자들이 안정적인 직장을 찾고 새로운 경력을 시작하고 있습니다. 정부에서 제공하는 중장년층 대상 주요 사이트는 다음과 같습니다.

사이트명	주소	특징
고용24	www.work24.go.kr	온라인 고용서비스를 한곳에서 신청하고, 결과를 확인할 수 있는 통합포털
중장년내일센터	elifeplan.or.kr	생애경력설계, 전직 및 재취업 지원 서비스 제공
서울시 50플러스 포털	50plus.or.kr	4050인턴십, 중장년 이직지원
서울시니어 일자리지원센터	50plus.or.kr/sjc/notification.do	시니어 적합 일자리 매칭
잡알리오	job.alio.go.kr	전국 공공기관 채용정보
클린아이 잡플러스	job.cleaneye.go.kr	지방 공공기관 채용정보
나라일터	www.gojobs.go.kr	공무원 인사채용센터
참괜찮은중소기업	www.smes.go.kr/gsmb	우수 중소기업 우수일자리
노인일자리여기	https://www.seniorro.or.kr:4431	만 60~65세 이상 시니어 대상 지역별 일자리 정보 제공
잡아바	www.jobaba.net	경기도일자리재단 운영
알앤디잡	www.rndjob.or.kr	이공계 기술직 취업지원
위셋	www.wiset.or.kr	여성과학기술인 취업지원
여성새로일하기센터	saeil.mogef.go.kr	경력단절여성 및 미취업 여성 취업지원, 직업교육 및 인턴 지원
여성기업 일자리허브	www.iljarihub.or.kr	여성기업 전문인력 매칭서비스
서울우먼업	www.seoulwomanup.or.kr	3040 여성취업지원 인턴십, 직업훈련 지원

❷ 맞춤형 채용공고를 제공하는 민간 취업정보 사이트

사람인, 잡코리아 등의 취업정보 플랫폼에서는 지역, 직무, 전공, 학력, 근무형태, 기업 형태 등 자신이 원하는 조건으로 일자리를 검색할 수 있습니다. 또한 나의 경력과 희망 조건에 부합하는 채용공고를 이메일로 받을 수 있습니다. 이력서 작성 팁, 면접 후기, 현직자 인터뷰, 기업 리뷰 등 취업에 도움이 되는 정보도 함께 제공하고 있습니다.

사이트명	주소	특징
잡코리아	www.jobkorea.co.kr	지역/직무별 일자리 검색, 기업리뷰
사람인	www.saramin.co.kr	개인화 맞춤형 추천 및 알림 서비스
인크루트	www.incruit.com	이력서 자동 작성, AI 맞춤형 공고 추천, 경력직 및 신입 채용
스카우트	www.scout.co.kr	전문직/경력직 중심, 헤드헌팅 서비스, 이직 컨설팅
커리어	www.career.co.kr	구인, 구직, 취업, 채용, 취업가이드, 경력관리, 커리어
피플앤잡	www.peoplenjob.com	외국계기업 채용정보
원티드	www.wanted.co.kr	취업, 이직, 커리어 성장, 커리어조회
리멤버	career.rememberapp.co.kr	네트워킹 기반, 경력직 채용, 헤드헌팅 서비스
올워크	www.allwork.co.kr	중장년 특화 취업 포털 맞춤형 재취업 강의
워크위즈	workwiz.co.kr	중장년 특화 취업 포털 맞춤형 재취업 강의

❸ 직종별 사이트, 나만의 전문 분야로 취업하기

경력과 전문성을 살릴 수 있는 일자리를 찾는 것이 가장 중요합니다. 이를 위해 추천하는 방법은 직종별 취업사이트를 활용하는 것입니다. 직종별 취업사이트는 특정 직업군에 특화된 채용 정보를 제공하는 플랫폼으로 일반 취업사이트보다 훨씬 효율적으로 나에게 적합한 공고를 찾을 수 있습니다. IT 직군, 제조업, 영업직 등 특정 분야에서 일자리를 찾고 있다면, 해당 직종에 특화된 취업사이트를 이용하는 것이 효과적입니다.

분야	사이트명	주소	채용정보
연구	하이브레인넷	www.hibrain.net	연구직, 교수직
운송	잡카	www.jobcar.co.kr	운전직, 자동차 정비직
시설관리	시설잡	www.sisuljob.com	시설관리직
미디어	미디어잡	www.mediajob.co.kr	매스컴 분야 채용정보
조경	라펜트	www.lafent.com	조경 관련 채용정보

사회복지	사회복지사협회	www.welfare.net	사회복지 관련 채용
	복지넷	bokji.net	사회복지, 상담, 봉사
	서울특별시 사회복지사협회	sasw.or.kr	사회복지사, 조리원
주택 관리	대한주택관리사협회	www.khma.org	주택관리사 채용정보
의료	파마메디잡	pharmamedjob.co.kr	제약, 의료기기 기업정보
	메디컬잡	medicaljob.co.kr	의료관련 채용정보
건설	건설워커	worker.co.kr	건설, 건축, 토목, 인테리어
	건설워크넷	cworknet.kocea.or.kr	채용정보, 멘토링 프로그램
	콘잡	conjob.co.kr	건설 관련 채용 정보
유통	샵마넷	shopma.net	유통, 샵마스터, 판매직
	텔레잡	telejob.co.kr	텔레마케팅
기술직	이엔지잡	engjob.co.kr	기계, 전기 등 기술직
디자인	디자이너잡	designerjob.co.kr	웹, 편집, 제품디자인
	패션워크	fashionwork.co.kr	패션 분야
교사	훈장마을	hunjang.com	교사, 강사
관광호텔	관광인	academy.visitkorea.or.kr	한국관광공사 운영 관광분야 채용정보, 교육, 멘토링 제공
	한국호텔업협회	www.hotelskorea.or.kr	호텔, 관광, 외식 분야
	호텔인네트워크	www.hotelinnetwork.com	호텔, 리조트 채용 플랫폼
무역해외	잡투게더	www.jobtogether.net	한국무역협회 운영 무역 전문 채용사이트
	월드잡플러스	www.worldjob.or.kr	국가별 해외취업지원
	국제개발협력 좋은 일자리	www.koica.go.kr	홈〉국민참여일자리〉 개발협력 좋은 일자리
인사(HR)	인사쟁이가 보는 실무까페	cafe.naver.com/ak573	HR트렌드, 채용정보
	기고만장	ggmj.kr	HR컨텐츠, HR커뮤니티
사회적경제/ 비영리단체	한국사회적기업 진흥원	socialenterprise.or.kr	홈〉소식.자료〉사회적경제 구인구직
	서울특별시 사회적 경제지원센터	sehub.net	홈〉 알림마당 〉 구인 사회적경제 분야 채용정보
문화예술	아트모아	artmore.kr	문화, 예술분야 채용정보
	문화잡행	www.cha.go.kr	문화재청 계약직 채용정보
농어촌일자리	도농인력중개 플랫폼	www.agriwork.kr	농어촌일자리 채용정보

05 내 경험, 내 능력이 소득이 되는 재능마켓

 일의 패러다임이 변화하고 있습니다. 미국에서는 50세 이상 중장년 프리랜서가 30% 이상을 차지하며, 이들의 일 만족도는 90%로 매우 높습니다. 우리나라에서도 고령화로 인해 시니어 시장이 주목받고 있으며, 신중년의 전문성과 경험을 활용하려는 플랫폼이 늘고 있습니다. 재능이 돈이 되는 시대에 중장년의 전문성과 지식의 가치는 더욱 커지고 있습니다. 원하는 시간에 일하는 긱워커는 정년이 없어 지속적으로 활동하는 장점이 있습니다. 재능마켓 플랫폼은 크게 4가지 유형으로 나뉩니다. 각 플랫폼의 특징과 선택 가이드를 참고하여, 자신의 경험과 능력을 발휘할 수 있는 플랫폼을 선택해 보세요.

❶ 신중년 인재 매칭 플랫폼

 신중년을 위한 일자리 플랫폼은 전문직부터 단순노무직까지 폭넓게 구성되어 있습니다. 특히, 오랜 경험과 전문성을 가진 시니어 전문가들을 기업과 연결해 주는 플랫폼은 주목할 만합니다. 이 플랫폼은 기업의 특정 요구에 맞춰 전문가를 매칭하고, 일정 기간 프로젝트를 수행하도록 돕습니다. 예를 들어, 신상품 출시를 준비 중인 중소기업이 마케팅 인력을 단기적으로 필요로 할 때, 해당 분야에서 수십 년 경력을 가진 전문가를 일정 기간 고용할 수 있습니다. 이는 은퇴자, 프리랜서, 사업자 등 다양한 배경을 가진 전문가들에게 새로운 기회를 제공합니다. 실제로, 한 회계·재무 전문가가 단기 자문을 통해 기업의 매출을 크게 끌어올린 뒤 임원으로 채용된 사례도 있습니다. 이러한 플랫폼에서 활동하기 위해서는 자신의 전문성과 경험을 명확히 정리해 제출해야 합니다. 프로필을 작성한 후에는 서류 심사와 대면 인터뷰 과정을 거쳐 전문가로 등록됩니다.

[기업컨설팅 및 전문직 매칭 서비스]

사이트명	주소	인력매칭 서비스
기업인력애로센터 일자리매칭플랫폼	job.kosmes.or.kr	• 중소벤처기업부 운영 • 분야별 전용 채용관 운영(우수중소기업, 반도체산업, 스마트공장도입기업, 연구개발인력 등)
어테일워크	www.attalework.com	• 고경력 중장년 인재채용 서비스 • 스타트업, 중소기업과 프로젝트 단위로 매칭
탤런트뱅크	www.talentbank.co.kr	• 전문가 자문 플랫폼 • 기업수요에 따라 중·장기 프로젝트 단위로 매칭

워크위즈 채용관	www.workwiz.co.kr/employ	• 4050 전문 커리어매칭 플랫폼 • 기획, 재무회계, 영업마케팅, IT/인사노무, 판매유통, 교육상담 등
시니어의사 지원센터	www.edunmc.or.kr/senior	• 보건복지부 운영 • 시니어의사 인력 매칭 플랫폼
사회적기업포털	www.seis.or.kr	• (예비)사회적기업 경영컨설팅 • 통합사업관리시스템〉컨설턴트(기관)〉 컨설턴트 등록
하이브레인넷	www.hibrain.net	• 공공기관 컨설턴트, 심사평가위원 • 홈페이지〉학술연구정보〉평가심사 게시판
경영기술지도사 컨설턴트 활동 정보공유 모임	cafe.naver.com/cmcinfo	• 공공기관 컨설턴트, 심사평가위원 • 홈페이지〉 위원, 멘토 모집공고

특별한 기술이 없이도 원하는 시간에 일할 수 있는 일자리를 찾고 있다면, 청소나 가사 서비스 같은 맞춤형 플랫폼을 고려할 수 있습니다. 예를 들어, '청소연구소'는 사용자가 앱에 희망 시간과 지역을 입력하면, 해당 지역의 청소 매니저와 매칭해 설거지, 빨래, 청소 같은 서비스를 제공합니다. 청소 매니저의 평균 근무시간은 주당 20시간 정도로, 자유롭게 일정을 조정할 수 있어 부업이나 'N잡'을 병행하는 비율도 35%에 이릅니다. 플랫폼을 통해 일자리를 찾는 방식은 다양한 장점을 제공합니다. 시간과 체력을 효율적으로 활용하고, 규칙적인 활동으로 건강 관리에도 유용합니다. 소통을 통해 돌봄이나 서비스 제공에서 보람을 느끼는 이들에게 적합합니다.

[다양한 일자리 맞춤형 플랫폼]

사이트명	주소	제공 서비스
실버워크	coreshinun.wixsite.com/silverwork	단순노무직, 상담, 교육, 서비스 등 다양한 일자리 연계
시큐인	secuin.co.kr	경비, 보안 서비스
청소연구소	www.cleaninglab.co.kr/manager_apply	청소·가사노동 서비스
옹고잉	www.onggoing.co.kr	시니어 정기배송 서비스
어딜	www.urbandelivery.kr	대중교통 배송서비스
포페런츠	www.forparents.co.kr	어르신 전문 돌봄 서비스
케어파트너	www.carepartner.kr	요양보호사 연계 서비스

❷ 재능마켓

'재능마켓'은 자신의 재능을 판매하고, 필요한 재능을 구매할 수 있는 온라인 플랫폼입니다. 판매자는 프로필과 포트폴리오를 등록한 뒤, 의뢰를 받아 수익을 창출하며, 중개 사이트에 수수료를 지불하는 구조입니다. 강의, 번역, 글쓰기, 컨설팅 같은 전문 서비스부터 IT 기술, 데이터 분석, 디자인 등 특정 기술, 그리고 사진 촬영, 음악 작곡, DIY 공예와 같은 취미 활동까지 다양한 재능이 거래됩니다. 자신의 강점과 관심사를 활용해 부업이나 새로운 도전을 시작하기에 적합합니다.

분야	사이트명	주소
종합 재능마켓	크몽	kmong.com
	퀵잡	quickjob.co.kr
	숨고	soomgo.com
	재능넷	www.jaenung.net
	피움마켓	pioommarket.com
	재능아지트	www.skillagit.com
	긱몬	gigmon.albamon.com
IT 재능마켓	이랜서	www.elancer.co.kr
	프리모아	www.freemoa.net
디자인 재능마켓	라우드소싱	www.loud.kr
	오마이브랜드	www.omybrand.com

❸ 온라인 강의 플랫폼

온라인 강의 플랫폼을 활용해 수익을 창출하는 방법도 주목받고 있습니다. 실용적인 IT 기술 강의, 자격증 취득 과정은 꾸준한 인기를 얻고 있으며, 요리법, 정리 정돈 팁, DIY 공예 같은 취미 강좌도 수요가 높습니다. 한 분야에서의 전문성을 살려 다른 사람을 가르치거나, 취미를 강의로 발전시키고 싶은 이들에게 유용합니다. 유연한 근무 환경과 추가 소득이라는 두 가지 장점을 제공하고, 지식과 노하우를 공유하며 성취감도 느낄 수 있습니다.

사이트명	주소	제공 서비스
클래스 101	class101.net	취미부터 전문성까지 다양한 강의 제공
탈잉	www.taling.me	실무 및 취미 강의 플랫폼
프립	www.frip.co.kr	취미 여가 탐색 플랫폼
남의 집	naamezip.com	공간 체험 플랫폼, 소규모 강좌 및 모임

❹ 창작활동을 통한 수익 창출

수제품 판매나 디지털 콘텐츠 제작은 개인의 재능을 활용해 수익을 창출하는 대표적인 방법입니다. 예를 들어, 가죽 공예나 수공예품을 제작해 온라인 플랫폼에 등록하면 꾸준히 주문을 받을 수 있습니다. 디지털 템플릿 제작이나 전자책 발행도 인기 있는 방식

입니다. 전자책은 제작 원가가 거의 들지 않아, 플랫폼 수수료를 제외한 대부분의 금액
이 수익으로 이어집니다. 재고 관리나 배송의 번거로움도 없어 중장년층의 도전이 활
발해지고 있습니다.

사이트명	주소	제공 서비스
아이디어스	www.idus.com	수제품 판매
마플	www.marpple.com	판매용 제품을 소량 주문해 제작해서 판매가능
이페이지	epage.co.kr	무료 전자책 제작 및 대형서점 유통서비스 판매수익금의 70% 지급
유페이퍼	upaper.kr	전자책을 만들어 사고팔 수 있는 컨텐츠 플랫폼
부크크	bookk.co.kr	주문이 들어오면 인쇄를 하는 맞춤형 소량 출판사
탈잉	www.taling.me	전자책을 만들어 사고 팔 수 있는 컨텐츠 마켓

　재능마켓은 자신의 재능과 경험을 활용해 수익을 창출하는 무대입니다. 강의, 디자
인, 글쓰기, 컨설팅 등 다양한 서비스를 제공하며, 중장년층이 새로운 도전을 시작하기
에 좋은 환경을 제공합니다. 하지만 여기서 성공하려면 전략적으로 접근해야 합니다.

　시장의 수요를 파악하는 것은 재능마켓에서 성공하기 위한 중요한 방법입니다. 능
력이 뛰어나도 고객의 관심을 끌지 못하면 성과를 내기 어렵습니다. 인기 있는 서비
스와 고객 리뷰를 분석해 자신이 제공할 서비스를 시장에 맞게 조정하고, 적정한 가
격을 설정하세요. 초기에는 합리적인 가격으로 시작해 신뢰를 쌓고, 후기와 평점을
기반으로 점차 가격을 올리는 방식이 효과적입니다. 거래가 성사되면 진행 상황을
자주 공유하고, 고객의 요구를 빠르게 반영해 만족도를 높여주세요. 작업 조건과 기
한, 수정 횟수 등은 거래 초기에 명확히 설정해 불필요한 오해를 예방해야 합니다.
작업이 끝난 후에는 정중히 후기를 요청해 긍정적인 평가를 쌓는 것도 중요합니다.

　재능마켓은 수익을 얻는 공간이자, 자신의 경험과 노하우를 확장할 수 있는 기회의
장입니다. 다만, 플랫폼의 수수료와 가격 구조를 꼼꼼히 확인해 작업 대비 수익을
유지해주세요. 첫 거래에서는 수익보다 고객 만족을 우선시하고, 이를 바탕으로 장
기적인 성과를 이끌어내야 합니다.

재능마켓에서 자주 발생하는 문제는 작업물에 대한 기대 차이나 무리한 추가 요청입니다. 이를 방지하려면 거래 조건을 명확히 정하고, 모든 대화 내용을 기록으로 남기는 습관을 들이세요. 작업 중간중간 진행 상황을 공유하면 고객과의 신뢰를 쌓는 데 좋습니다.

좋은 재능마켓 활동은 요리를 준비하는 것과 같습니다. 신선한 재료를 준비하고, 적절한 양념을 더해, 고객의 입맛에 맞추면 자연스럽게 찾는 사람이 늘어날 것입니다.

06 멘토링과 네트워킹으로 경력 전환하기

20세기 사회비평가이자 교육이론가 앨버트 제이 녹은 "한 사람이 다른 사람을 변화시킨다. 당신 인생에서 가장 중요한 과업은 이전보다 나아진 한 명의 개체가 되는 것"이라고 말했습니다. 그의 말처럼, 자신이 성장함으로써 사회에 긍정적인 영향을 미치는 것은 모든 개인의 책임이자 가능성이라고 할 수 있습니다. 이 메시지는 퇴직 후 재취업을 준비하는 과정에서도 의미가 있습니다. 재취업은 새로운 직장을 구하는 것에서 나아가, 자신의 역량과 가치를 재발견하고 이를 통해 성장한 자신을 다시 사회에 선보이는 과정이라고 할 수 있습니다.

퇴직 이후 재취업은 많은 이들에게 도전적인 과업으로 느껴질 수 있습니다. 하지만 재취업을 성공적으로 이루어낸 많은 사례를 보면, 핵심에는 네트워킹이 자리하고 있습니다. 미래에셋은퇴연구소의 조사에 따르면, 재취업 성공의 약 70%가 인맥을 통해 이루어졌다고 합니다. 특히 비공개 채용의 경우 네트워크가 없다면 접근하기 어렵기에, 기존 관계를 활용하거나 새로운 네트워크를 형성하는 것이 매우 중요합니다. 한 대기업에서 오랫동안 공장장으로 근무했던 K 씨는 기업 매각으로 퇴직 후 어려움을 겪었습니다. 하지만 대학 동문회에서 얻은 정보를 통해 중소기업 컨설팅 기회를 발견했고, 이는 그의 커리어를 새롭게 이어가는 계기가 되었습니다. 그는 "평소에 참석하지 않던 모임이 저를 다시 일어서게 해주었습니다"라고 말하며 네트워크의 중요성을 강조했습니다.

네트워킹은 일자리를 찾는 것뿐 아니라, 정보를 얻는 데도 유용합니다. 직접 취업을 부탁하기보다 관심 있는 기업의 분위기나 요구 역량에 대해 물어보는 방식은 상대방에게 부담을 줄이면서 실질적인 도움을 받을 수 있습니다. 공무원으로 20년 이상 근무한 L 씨는 민간 기업으로의 전환을 시도하며 많은 시행착오를 겪었습니다. 하지만 지인의 소개로 해당 기업의 퇴사자를 만나게 되면서 기업이 요구하는 역량과 기대를 명확히 알 수 있었고, 이를 자기소개서와 면접 준비에 반영해 내부 감사팀에 합류할 수 있었습니다.

퇴직 후 재취업 과정에서 발생하는 고립감과 심리적 불안을 줄이는 데도 네트워킹은 큰 역할을 합니다. IT 업계에서 오랜 경력을 쌓은 A 씨는 퇴사 후 IT 전문가 스터디 그룹에 참여했습니다. 이 모임을 통해 특정 기업의 내부 채용 정보를 얻었고, 모의 면접을 통해 부족한 점을 보완하여 데이터 분석팀장으로 재취업에 성공했습니다. 이처럼 사람들과의 교류는 단순히 실질적인 정보를 얻는 것을 넘어 심리적인 안정 감을 제공하며, 재취업의 전 과정을 보다 의미 있고 긍정적으로 만들어 줍니다.

온라인 커뮤니티 역시 네트워킹과 정보 수집의 좋은 도구입니다. 네이버 카페나 오픈 카톡방에서 관련 키워드를 검색해 가입하면 다양한 정보를 얻을 수 있으며, 오프라인 모임에 참여하면 멘토를 만나고 인맥을 넓힐 기회도 생깁니다. 소규모 스터디나 독 서모임을 통해 깊이 있는 논의와 네트워크 형성이 가능하며, 업계 관련 세미나와 박 람회는 비슷한 목표를 가진 사람들과 자연스럽게 연결될 기회를 제공합니다. 세미 나 후에는 참가자와 이메일로 인사를 나누며 관계를 이어가는 것도 좋습니다. 링크 드인 같은 플랫폼에 경력을 정리하고, 관심 직무와 관련된 전문가 그룹에 가입하는 것도 새로운 기회를 찾는 데 효과적입니다.

재취업에서 또 하나 중요한 요소는 평판 관리입니다. 기업은 경력직 채용 시 지원 자의 전 직장에서 평판조회를 통해 업무 능력, 태도, 대인관계를 확인합니다. 뛰어 난 경력을 가지고 있더라도 과거의 갈등으로 인해 평판이 나쁘다면 채용에서 불리 한 위치에 놓일 수 있습니다. 반대로, 평소 성실하고 협조적인 태도를 유지했던 P 씨는 부족한 스펙에도 불구하고 긍정적인 평판 덕분에 재취업에 성공할 수 있었습 니다. 그는 "퇴사 후에도 직장 선후배와 꾸준히 연락을 유지한 것이 이직에 큰 도움 이 됐다"고 말했습니다.

좋은 관계는 오래된 찻잔과 같습니다. 오랜 시간이 지나도 잘 관리하면 다시 따 뜻한 차를 함께 나눌 수 있습니다. 재취업은 자신의 가치를 재발견하고 성장한 모

습을 사회에 다시 보여주는 기회입니다. 네트워크는 이러한 성장을 돕는 중요한
방법입니다.

[네트워킹 및 전문 멘토링 사이트]

사이트명	주소	특징
중장년내일센터	elifeplan.or.kr	40세 이상 중장년층을 대상으로 생애경력설계, 1:1 맞춤형 취업지원 서비스 제공
서울시 50플러스포털	50plus.or.kr	40~50대 중장년 대상 경력설계, 직무훈련, 보람일자리, 인턴십 서비스 지원
리멤버	community. rememberapp.co.kr	다양한 분야의 현직자들과 질의응답을 통해 멘토링을 받을 수 있는 플랫폼
상상우리	sangsangwoori.com	중장년 플랫폼, 중장년 카운셀링
잇다	www.itdaa.net	다양한 분야와 기업의 현직자와 1:1 멘토링 서비스 제공
에프랩	f-lab.kr	IT 개발자를 위한 멘토링 서비스 제공
인프런	www.inflearn.com	다양한 분야의 현직자 멘토링 서비스 및 온라인 강의 서비스 운영
링크드인	linkedin.com	전 세계 네트워크를 활용해 멘토 탐색, 그룹 활동으로 전문 분야 이해 향상

[국내 서치펌 사이트]

서치펌(search firm): 기업의 최고경영자, 임원, 기술자 등 고급 전문인력을 필요로 하
는 업체에 적합한 인재를 소개하는 전문 회사

사이트명	홈페이지
커리어케어	www.careercare.co.kr
유니코서치	www.unicosearch.com
벤처피플	www.vpeople.co.kr
스카우트	www.scoutcorp.co.kr
프로매치코리아	www.promatch.co.kr
유앤파트너즈	www.younpartners.com
엔터웨이파트너스	www.nterway.co.kr
HR코리아	www.hrkorea.co.kr
브리스캥영	www.briskyoung.com
HR맨파워	www.hrman.co.kr
아데코코리아	www.adecco.co.kr

Part

03

전직과 재취업을 위한
실전 플랜

I
자격증으로 여는 새로운 미래

01 자격증, 미래의 나에게 보내는 선물

젊은 날 우리는 정상에 오르기 위해 쉼 없이 달려왔습니다. 하지만 중장년이 되면 문득 산 너머 펼쳐진 새로운 풍경이 보입니다. 바로 인생 후반기라는 또 다른 여정입니다. 이제 우리는 새로운 도전을 어떻게 준비해야 할까요? 성공적인 인생 후반기를 위해서는 변화된 환경과 자신의 가능성에 맞는 준비가 필요합니다.

중장년이 성공적인 인생 후반기를 보내기 위해서는 조화로운 대비가 필요합니다. 특히 다양한 생애영역 중에서도 '일/경제활동'은 매우 중요한 요소로 꼽힙니다. 서울시50플러스는 중장년 생애설계 준비지표 중 일(경제활동) 설계 관리를 위해 다음의 4가지 질문을 꼽았습니다.

- 일(경제활동)에 대한 목표가 있나요?
- 일(경제활동)을 위한 구체적인 계획(자격증 취득, 교육훈련 참여, 교류 활동 등)이 있나요?
- 이러한 계획을 실행하고 있나요?
- 일(경제활동)을 위한 구직 과정을 점검하고 관리하나요?

위 질문은 중장년이 성공적인 인생 후반기를 준비하는 과정에서 자격증 취득이 일/경제활동 영역을 강화하는 핵심 요소임을 보여줍니다. 새로운 역할이나 직업을 목표로 설정할 때, 자격증은 이를 실현하기 위한 구체적이고 실질적인 첫걸음입니다.

통계청의 조사에 따르면, 고령층의 68.5%가 계속 일하기를 원하며, 평균 근로 희망 연령은 73세에 달합니다. 특히 75세 이상에서도 많은 이들이 계속 일하기를 희망하고 있습니다. 하지만 현실적으로 이들이 가장 오래 근무한 일자리를 그만둔 평균 연령은 49.3세로, 은퇴와 기대수명 간의 격차는 점점 커지고 있습니다. 이러한 차이는 중장년이 새로운 경로를 모색하고, 경제활동을 통해 자신의 삶을 재구성해야 하는 이유를 나타냅니다. 정부와 사회도 고령층의 경제활동을 활성화하려는 노력을 기울이고 있습니다. 정년연장과 정년폐지, 재고용제도 같은 방안들이 논의되고 있지만, 청년층의 반발과 기업의 부담 등 현실적인 한계도 존재합니다. 결국 중요한 것은, 변화하는 환경 속에서 자신이 통제할 수 있는 일에 집중하는 태도입니다.

미국의 26대 대통령 시어도어 루스벨트는 말했습니다.
"당신이 있는 곳에서, 당신이 가진 것으로, 당신이 할 수 있는 일을 하라."
이 명언처럼 정책 변화만을 기다리기보다, 스스로 할 수 있는 것부터 시작하는 용기가 필요합니다. 자격증 취득은 중장년층이 경제활동에 재참여하고 자신감을 되찾는 가장 효과적인 방법 중 하나입니다.

A. 도전하는 신중년, 자격증이 이끄는 새로운 기회

한국산업인력공단이 발표한 '2024년 국가기술자격 통계'에 따르면, 50대 이상의 자격증 응시자 수가 전년 대비 22.2% 증가하며 역대 최고치를 기록했습니다. 이는 중장년층이 자격증 취득을 통해 자신감을 회복하고 경쟁력을 유지하려는 적극적인 노력이 반영된 결과입니다. 단순한 계획을 넘어 실제 행동으로 이어지는 과정이라는 점에서 의미가 큽니다. 특히 IT, 요양보호, 사회복지 분야의 자격증은 꾸준한 수요가 있어, 중장년층이 경력을 전환하고 새로운 기회를 찾는 데 중요한 역할을 합니다.

Goodman의 경력전환이론은 이를 잘 설명합니다. 새로운 경력으로 나아가기 위해서는 상황을 인식하고, 필요한 자원을 확보하며, 이를 강화하는 과정이 필요합니다. 자격증 취득은 이러한 과정을 포함하는 활동으로, 중장년층이 과거 경력의 한계를 넘어 새로운 방향으로 나아가는 데 도움을 줍니다.

신중년이 자격증을 취득하는 과정은 기술을 배우는 것을 넘어 자신에게 투자하는 일입니다. "나무를 심기에 가장 좋은 시기는 20년 전이었고, 두 번째로 좋은 시기는 지금이다"라는 말처럼, 도전은 결코 늦지 않았습니다. 자격증 취득은 새로운 직업을 얻기 위한 준비일 뿐만 아니라, 여전히 성장하고 배우며 도전할 수 있다는 의지의 표현입니다.

물론 모든 도전이 쉬운 길은 아닙니다. 자격증을 준비하는 과정에서 예상보다 긴 시간이 걸릴 수도 있고, 기대했던 결과가 바로 나오지 않을 수도 있습니다. 때로는 '내가 이 길을 제대로 가고 있는 걸까?' 하는 의문이 들 수도 있고 힘들게 취득한 자격증이 취업을 보장하지 않을 때도 있습니다. 새로운 시작에는 항상 시행착오가 따르지만, 그 과정에서 배우는 것이 더 큰 성장으로 이어집니다. 중요한 것은 포기하지 않고 꾸준히 나아가는 태도입니다.

누구나 불안한 미래 앞에서 망설일 수 있습니다. 특히 익숙했던 환경에서 벗어나 새로운 길을 찾는 과정은 막막하게 느껴집니다. 미래가 막연하고 두렵게 느껴질 때는 한 가지 질문을 떠올려 보세요. "지금의 내가 미래의 나에게 어떤 선물을 줄 수 있을까?" 자격증은 단순히 종이 한 장이 아니라, 미래의 나에게 보내는 든든한 응원의 메시지입니다.

[신중년의 성공적인 경력 전환과 자격증 취득을 위한 단계별 가이드]

단계	세부단계	구체적인 활동
경력 전환의 필요성과 목표 인식	현재 경력 분석	• 기존 경력을 돌아보고 강점과 약점을 파악하기
	경력 전환 필요성 확인	• 경력 전환이 필요한 이유를 명확히 하고, 구체적인 목표 설정
	산업/직업 트렌드 및 채용 시장 파악	• 관심 있는 분야의 채용공고를 확인하고 필요한 자격증과 요구사항 조사 • 정부나 지자체에서 제공하는 교육 및 지원 프로 그램 확인
자원 확보 및 활용	자원 활용	• 지인, 멘토, 전문가 등 네트워크를 통해 필요한 정보와 조언 얻기 • 학습에 필요한 예산과 시간을 현실적으로 계획하고 준비
	사회적 지지 활용	• 가족에게 경력 전환 계획을 설명하고 심리적 지지 확보 관련 커뮤니티에서 정보를 얻고 유사한 경험 공유
자원 강화 및 경력관리	전문성 강화	• 자격증 취득을 위한 교육 및 스터디에 적극 참여 • 경력을 바꾼 유사 사례를 학습하며 동기를 얻고 실행 계획 구체화
	지속적인 경력자원 보완	• 취득한 자격증을 기반으로 심화 과정을 학습하거나 추가 자격증 준비 • 실무 경험을 통해 경력을 단계적으로 확장
	새로운 경력 정체성 확립	• 자격증 취득 후 새로운 경력에서의 성과를 기록하고 스스로 평가 • 경력 방향성과 목표를 재검토하고 필요 시 조정

출처: Goodman의 경력전환이론을 기반으로 커리어컨설팅 연구진이 개발

B. 신중년, 자격증 선택과 취득 전략

중장년층에게 자격증은 경력을 강화하고 새로운 기회를 모색하는 데 유용합니다. 기존의 전문성을 보완하거나 새로운 직업에 도전하려는 경우, 자격증은 중요한 역할을 합니다. 하지만 구체적인 계획 없이 막연한 불안감에 자격증 취득에 나선다면 시간과 비용을 낭비할 위험이 큽니다. 성공적인 자격증 활용을 위해 중장년층이 고려해야 할 점과 사례를 살펴보겠습니다.

미래에셋은퇴연구소 조사에 따르면, 50~60대는 재취업에 성공한 주요 요인으로 기존 경력 활용하기(40.6%)와 눈높이 낮추기(22.5%)를 꼽았습니다. 이는 중장년층

이 과거의 경험과 전문성을 살리는 것이 재취업에서 유리하다는 점을 보여줍니다. 예를 들어 고등학교에서 전기를 전공했던 박 씨는 퇴직 후 전기 관련 자격증을 새롭게 취득하고, 추가로 안전 관련 자격증도 확보했습니다. 그는 이를 통해 신뢰도를 높이고, 관련 분야로 재취업에 성공했습니다. 이처럼 기존의 전문성을 강화하는 자격증은 중장년층의 경쟁력을 높이는 데 효과적입니다.

새로운 직업에 도전할 때도 자격증은 중요한 역할을 합니다. 최근 고용24 홈페이지에는 산림치유지도사, 주변환경정리전문가, 노년플래너 등 103개의 신직업에 대한 직업정보가 소개됐습니다. 이는 중장년층이 변화하는 시대의 흐름에 맞춰 새로운 기회를 탐색할 수 있음을 나타냅니다. 50대 김 씨는 산림치유지도사 자격증을 취득하고, 산림 공공기관에서 치유 프로그램을 운영하는 강사로 활동하고 있습니다. 건강과 자연을 중시하는 사회적 흐름을 반영한 선택으로, 안정적인 소득과 보람을 동시에 얻고 있습니다.

C. 중장년을 위한 맞춤형 자격증 가이드

물론 자격증 취득 자체만으로는 성공적인 변화를 보장할 수는 없습니다. 무계획적으로 자격증을 취득하거나, 시장 수요와 맞지 않는 자격증을 선택하면, 자격증은 '장롱 자격증'으로 전락할 가능성이 큽니다. 일부 민간 자격증은 공신력이 부족하거나 실무와 연계성이 떨어져 취업에 직접적인 도움이 되지 않는 경우도 있습니다. 따라서 자격증 취득 전에 해당 자격증의 실질적인 활용 가능성과 시장에서의 수요를 철저히 검토하는 것이 필수입니다.

❶ 자기 이해와 목표 수립
자신이 보유한 기존 경력과 강점을 분석하고 이를 활용할 수 있는 분야를 명확히 설정합니다. 예를 들어, 관리직 경험이 많다면 직업상담사나 인사 관련 자격증을 추천합니다. 자신의 적성과 흥미를 고려하고, 개인적 성장과 만족을 가져다줄 분야를 탐색해야 합니다.

❷ 수요 조사와 자격증 가치 평가
고용24, 잡코리아, 사람인 등 구인구직 플랫폼을 활용해 관심 직업군의 채용 공고를 살펴보고 필수 자격증과 우대 자격증을 파악합니다. 또한, 현직자와 소통하며 자격증의 실질적인 가치와 활용도를 확인하세요. 국가 공인 자격증이나 실무와 연계된 자격

증을 우선적으로 고려하며, 민간 자격증은 신뢰도와 시장에서의 인정도를 확인해야 합니다. '고용24' 사이트 채용정보-일자리 찾기-'자격증 선택'에서 희망하는 자격증을 입력하고 검색을 누르면 해당 자격증을 요구하는 채용공고가 비교 검색되어 나옵니다. 2025년 1월 기준으로 요양보호사로 검색했을 때, 현재 모집 중인 채용건수가 5,783건으로 높았으며 지게차운전기능사는 951건, 한식조리기능사는 894건으로 나타났습니다.

❸ 자격증 활용과 실제 계획 수립

자격증 취득 후 이를 어떻게 활용할지에 대한 구체적인 계획을 세우는 것이 중요합니다. 관련 직업군으로의 취업, 창업, 커뮤니티 활동 등을 통해 경험을 쌓고 실질적인 역량을 강화해야 합니다. 자격증을 기반으로 커뮤니티 활동에 참여하거나 새로운 네트워크를 형성하는 것도 자격증 활용도를 높이는 방법입니다.

[구인공고에서 자격증 확인방법]

[1단계] 고용24, 잡코리아, 사람인 등 취업포털사이트 접속
[2단계] 구인공고 및 일자리 정보 검색
[3단계] 각 공고의 상세정보에서 신청자격 및 우대사항 확인

[예시1] 신중년 경력형 일자리사업 참여자 모집 공고 신청 자격
가. 당해 연도 중 만 50세 이상 70세 미만인 미취업자로 사업 참여 제외 사유가 없는 자
나. 직업상담 분야 응시 자격
• 「국가기술자격법」에 따른 직업상담사 자격증 소지자
• 직업상담, 인사, 노무 관련 경력 3년 이상인 자

[예시2] 아동복지교사 모집 공고 우대조건
• 초등 또는 중등 학습지도 가능자
• 지역아동센터 실무 경력자
• 근무 시작일 기준 실업자
• 관련학과 학위 소지자 및 관련 자격증 소지자
• 사회복지사 2급 이상, 보육교사, 청소년지도사, 독서지도사, 교원 자격증 소지자

02 경력 전환의 열쇠! 자격증이 답이다

 축산기사, 용접산업기사, 화훼장식기능사의 공통점은 무엇일까요? 전기기능사와 공인중개사, 인터넷정보관리사는 어떤 차이가 있을까요? 이 질문에 답하기 위해서는 자격증 시험 제도를 이해해야 합니다. 자격은 직무를 수행하는 데 필요한 지식·기술·소양 등을 인정해 주는 지표로, 관리·운영 및 발급 주체에 따라 국가자격과 민간자격으로 나뉩니다. '제5차 국가기술자격 기본계획 보고서'에 따르면, 국가자격 및 민간자격 현황은 다음과 같습니다.

[국가자격 및 민간자격 현황]

'23.10월 말 기준

구분		종목 수	관련 법령	예시
국가자격	국가기술자격	548	국가기술자격법	기술·기능 분야(기술사, 기능장, 기사, 산업기사, 기능사) 및 서비스 분야 자격
	국가전문자격	202	개별 법령 (28개 부처)	변호사, 공인중개사, 청소년상담사 등
민간자격	등록자격	52,166	자격기본법	IoT/스마트홈전문가, 곤충관리사 등
	공인자격	95	자격기본법	인터넷정보관리사, TEPS 등
	사업주자격	244	국민평생직업능력 개발법	식스시그마 전문가, 발전정비사 등

 국가자격은 법적 공신력이 높고 특정 직무를 수행하기 위해 반드시 요구되는 경우가 많습니다. 민간자격은 다양한 분야에서 제공되지만, 공신력과 활용도는 자격증마다 차이가 큽니다. 예를 들어, 공인중개사는 국토교통부가 소관하는 국가전문자격으로, 한국산업인력공단에서 시험을 시행합니다. 부동산 매매와 임대 중개 업무에서 전문성을 인정받습니다.

 반면, 민간자격은 단기간 학습으로 쉽게 취득할 수 있으나 활용이 제한적이기 때문에, 자격증 선택 전에 목적과 효용성을 꼼꼼하게 검토해야 합니다. 상담, 요가, 바리스타, 코딩 등과 관련된 민간자격증은 분야별로 수백 개에서 수천 개에 이릅니다.

동일한 이름의 자격증도 많기 때문에 자격증을 발급하는 기관의 신뢰도와 공신력을 확인해야 합니다.

자격증은 새로운 기회를 열어주는 열쇠가 될 수 있습니다. 하지만 모든 자격증이 같은 가치를 가지는 것은 아니므로, 국가자격과 민간자격의 차이를 명확히 이해하고 자신의 목표와 시장 수요를 기반으로 신중히 선택해야 합니다.

A. 자격증 탐험, 나에게 맞는 자격증 유형 찾기

❶ 국가기술자격증

국가기술자격은 국가기술자격법에 의해 규정된 자격으로 주로 산업과 관련이 있는 기술, 기능 및 서비스 분야의 자격을 말합니다. 자격등급은 기술사·기능장·기사·산업기사·기능사 5단계로 나뉘며 각 등급별로 응시자격이 다릅니다. 최상위 등급인 기술사는 최고 수준의 기술 역량을 인증하며, 기사·산업기사는 실무와 이론이 조화를 이루는 중급 자격증입니다. 실무 중심의 기초 기능을 인증하는 기능사 자격증은 별도의 응시 자격이 없어 새로운 분야의 기술을 익히고자 할 때 비교적 쉽게 취득할 수 있습니다. 국가기술자격 종목별 상세정보와 연간 국가기술자격 시험일정은 큐넷 홈페이지에서 확인 가능합니다.

[기술·기능 분야 국가기술자격 검정기준]

자격등급	검정기준
기술사	해당 국가기술자격의 종목에 관한 고도의 전문지식과 실무경험에 입각한 계획·연구·설계·분석·조사·시험·시공·감리·평가·진단·사업관리·기술관리 등의 업무를 수행할 수 있는 능력 보유
기능장	해당 국가기술자격의 종목에 관한 최상급 숙련기능을 가지고 산업현장에서 작업관리, 소속 기능인력의 지도 및 감독, 현장훈련, 경영자와 기능인력을 유기적으로 연계시켜 주는 현장관리 등의 업무를 수행할 수 있는 능력 보유
기사	해당 국가기술자격의 종목에 관한 공학적 기술이론 지식을 가지고 설계·시공·분석 등의 업무를 수행할 수 있는 능력 보유
산업기사	해당 국가기술자격의 종목에 관한 기술기초이론 지식 또는 숙련기능을 바탕으로 복합적인 기초기술 및 기능업무를 수행할 수 있는 능력 보유
기능사	해당 국가기술자격의 종목에 관한 숙련기능을 가지고 제작·제조·조작·운전·보수·정비·채취·검사 또는 작업관리 및 이에 관련되는 업무를 수행할 수 있는 능력 보유

출처: Q-Net 홈페이지

❷ 국가전문자격증

국가전문자격증은 의료, 법률 등 특정 전문 분야에서 높은 지식과 법적 권한이 요구되는 자격을 인증하기 위해 국가에서 제정한 자격증으로 관련 법령에 따라 다양한 정부 부처 및 기관에서 관리합니다. 대부분 면허적 성격을 지니고 있습니다. 한국산업인력공단은 변리사, 공인노무사 등 변리사법이나 공인노무사법에 따라 17개 부처에서 37개 자격을 위탁받아 시행하고 있습니다. 가맹거래사, 사회복지사 1급, 세무사, 소방안전지도사, 변호사, 공인중개사, 회계사 등이 그 예입니다.

[국가기술자격 등급별 응시자격]

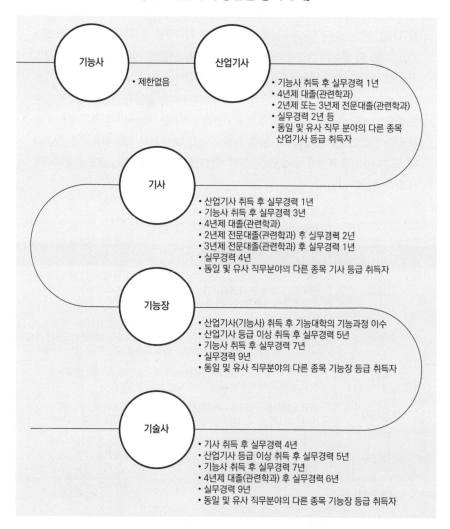

기능사
• 제한없음

산업기사
• 기능사 취득 후 실무경력 1년
• 4년제 대졸(관련학과)
• 2제제 또는 3년제 전문대졸(관련학과)
• 실무경력 2년 등
• 동일 및 유사 직무 분야의 다른 종목 산업기사 등급 취득자

기사
• 산업기사 취득 후 실무경력 1년
• 기능사 취득 후 실무경력 3년
• 4년제 대졸(관련학과)
• 2년제 전문대졸(관련학과) 후 실무경력 2년
• 3년제 전문대졸(관련학과) 후 실무경력 1년
• 실무경력 4년
• 동일 및 유사 직무분야의 다른 종목 기사 등급 취득자

기능장
• 산업기사(기능사) 취득 후 기능대학의 기능과정 이수
• 산업기사 등급 이상 취득 후 실무경력 5년
• 기능사 취득 후 실무경력 7년
• 실무경력 9년
• 동일 및 유사 직무분야의 다른 종목 기능장 등급 취득자

기술사
• 기사 취득 후 실무경력 4년
• 산업기사 등급 이상 취득 후 실무경력 5년
• 기능사 취득 후 실무경력 7년
• 4년제 대졸(관련학과) 후 실무경력 6년
• 실무경력 9년
• 동일 및 유사 직무분야의 다른 종목 기능장 등급 취득자

[한국산업인력공단 국가전문자격증 위탁 시행 종목]

소관부처	자격명
공정거래위원회	가맹거래사
해양수산부	검수사, 검량사, 감정사, 수산물품질관리사
농림축산식품부	농산물품질관리사, 경매사, 손해평가사
행정안전부(경찰청)	경비지도사
행정안전부	행정사
중소벤처기업부	경영지도사, 기술지도사
산업통상자원부(특허청)	변리사
고용노동부	공인노무사, 산업안전지도사, 산업보건지도사
국토교통부	감정평가사, 물류관리사, 공인중개사, 주택관리사보
기획재정부(관세청)	관세사
기획재정부(국세청)	세무사
문화체육관광부(국가유산청)	국가유산수리기술자, 국가유산수리기능자
문화체육관광부	한국어교육능력검정, 박물관 및 미술관 준학예사, 호텔경영사, 호텔관리사, 호텔서비스사, 국내여행안내사, 관광통역안내사
보건복지부	사회복지사 1급
여성가족부	청소년상담사, 청소년지도사
소방청	소방시설관리사, 소방안전교육사
환경부	정수시설운영관리사

[정부 부처별 국가전문자격증 시행 종목]

구분	자격명
행정안전부	기록물관리전문요원, 기업재난관리사
산림청	산림치유지도사(1급, 2급), 나무의사, 목구조시공기술자, 목재교육전문가, 산림교육전문가, 수목치료기술자 등
농촌진흥청	치유농업사
보건복지부	장애인재활상담사(1급, 2급, 3급), 간호사, 간호조무사, 물리치료사, 방사선사, 보건교육사, 보건의료정보관리사, 보육교사, 보조공학사, 안경사, 안마사, 언어재활사, 영양사, 요양보호사, 위생사, 응급구조사, 의지보조기기사, 임상병리사, 작업치료사, 장례지도사, 조산사, 정신건강간호사, 정신건강사회복지사, 정신보건임상심리사, 의사, 치과기공사, 치과위생사, 치과의사, 한약사, 한약조제사, 한의사, 약사
환경부	사회환경교육지도사(2급, 3급), 환경영향평가사, 환경측정분석사
고용노동부	직업능력개발훈련교사
해양수산부	고속구조정조종사, 구명정조종사, 기관사, 도선사, 소형선박조종사, 수면비행선박조종사, 수산질병관리사, 운항사, 통신사, 항해사
국방부	국방무인기조작사, 국방보안관리사, 국방사업관리사, 헬기정비사, 낙하산전문포장사, 수중무인기조종사, 수중발파사, 심해잠수사, 영상판독사, 폭발물처리사, 함정손상통제사, 항공장구관리사
경찰청	자동차운전기능검정원, 자동차운전면허, 자동차운전전문강사
문화체육관광부	유소년스포츠지도사, 노인스포츠지도사, 생활스포츠지도사(1급, 2급), 장애인스포츠지도사(1급, 2급), 전문스포츠지도사(1급, 2급), 건강운동관리사, 경주심판, 무대예술전문인, 문화예술교육사, 사서, 한국어교원(1급, 2급, 3급)
방송통신위원회	무선통신사, 아마추어무선기사
관세청	보세사
과학기술정보통신부	방사선취급감독자면허, 방사성동위원소취급자일반/특수면허, 연구실안전관리사, 원자로조종감독자면허, 원자로조종사면허, 핵연료물질취급면허(감독자), 핵연료물질취급면허(취급자)
농림축산식품부	가축인공수정사, 농산물검사원, 말조련사, 수의사, 장제사, 재활승마지도사
산업통상자원부	유통관리사
국토교통부	건축물에너지평가사, 건축사, 버스운전자, 택시운전자격, 교통안전관리사, 운송용조종사, 자가용조종사, 철도차량운전면허, 초경량비행장치조종사, 항공교통관제사, 항공기관사, 항공사, 운항관리사, 항공정비사, 화물운송종사자 등
교육부	사서교사, 실기교사, 영양교사, 전문상담교사, 준교사, 평생교육사 등
소방청	소방안전관리자(1급, 2급, 3급), 특급소방안전관리
국세청	주류제조관리사
해양경찰청	동력수상레저기구조종면허, 수상구조사
법무부	변호사
법원행정처	법무사
금융위원회	공인회계사, 보험계리사, 보험중개사, 손해사정사

❸ 민간자격증

민간자격증은 국가가 아닌 개인, 법인, 단체 등이 새롭게 만들어 관리하고 운영하는 자격입니다. 산업이 발전하면서 사람들이 다양한 직업을 원하고 자격증 수요도 늘어나자, 이를 충족하기 위해 생겨났습니다. 민간에서 주도적으로 자격증을 만들어 현장에서 바로 활용할 수 있도록 돕고, 이를 통해 개인이 자신의 전문성을 인정받아 직업적·경제적 위치를 높이는 데 도움을 주고자 도입된 제도입니다. 2024년 12월 기준으로 등록된 민간자격만 해도 약 55,880개에 이르며, 이를 관리하는 법인과 단체는 15,793개에 달합니다.

이처럼 종류가 많고 운영 기관도 다양하다 보니, 민간자격증의 신뢰성과 활용도가 자격증마다 크게 차이가 납니다. 취득이 까다롭지 않다는 점은 민간자격의 장점이지만, 수요 감소나 발급 단체의 폐업으로 매년 약 2천 개의 자격증이 폐지되기도 합니다. 신중년이 민간자격증 취득을 고려한다면 몇 가지 중요한 점을 신경 써야 합니다. 먼저 등록민간자격과 공인민간자격의 차이를 이해하세요. 민간자격증은 등록민간자격과 공인민간자격으로 나뉩니다. 등록민간자격은 민간자격 등록관리기관에 신고하여 관리되는 자격으로, 단순히 등록만 하면 자격증 발급이 가능합니다.

반면, 공인민간자격은 정부가 민간자격의 신뢰도를 높이기 위해 시행하는 제도로, 공인민간자격으로 지정되기 위해서는 1년 이상 운영 경험, 3회 이상의 검정 실적, 그리고 법인이 관리·운영해야 한다는 조건을 충족해야 하며, 자격정책심의회 심의를 통과해야 합니다. 2025년 1월 기준, 공인된 민간자격 종목은 97개로, 공신력과 희소성이 높습니다. 공인민간자격은 정부 심의를 거친 만큼 활용도가 높고, 취업이나 창업 시 더 신뢰받을 가능성이 큽니다. 자격증 선택 전, 한국직업능력연구원이 운영하는 민간자격 정보서비스(www.pqi.or.kr)를 통해 자격증과 발급 기관의 신뢰성을 확인하세요.

자격증 관련 과장된 광고에도 주의가 필요합니다. '자격증 취득 후 고수익 보장' 등의 표현은 마케팅 전략일 가능성이 큽니다. 비슷한 자격증을 발급하는 다른 기관의 교육 커리큘럼, 강의료, 발급비 등을 꼼꼼히 비교하고, 과도하게 높은 비용을 요구하는 경우 신중하게 판단해야 합니다. 국민내일배움카드 등을 활용하면 저비용으로 직업 훈련 프로그램에 참여할 수 있으며, 지자체에서 운영하는 자격증 취득 프로그램도 유용합니다. 또한, 유튜브나 도서를 활용해 자격증 준비에 필요한 기초 지식을 먼저 익히면 학습 효과를 높이면서도 비용을 줄일 수 있습니다.

B. 신중년, 나에게 맞는 자격증 준비 방법이 따로 있다?

청년 시절, 두꺼운 교재를 펼쳐 들고 필기시험을 준비하며 기술 자격증 취득에 도전했던 기억이 있으신가요? 하지만 이제 자격증 취득의 방식도 달라졌습니다. 단순히 시험을 치르는 검정형 방식에서 벗어나, 체계적인 교육과 실무 학습을 통해 자격증을 취득하는 과정평가형 방식이 주목받고 있습니다. 자격증을 준비하는 방법에도 변화가 생겼습니다. 전통적인 시험 중심의 검정형 방식과 실무 학습을 결합한 과정평가형 방식 중, 자신의 상황과 목표에 맞는 방법을 선택한다면 자격증은 단순한 증명이 아니라 경력 전환과 새로운 도약을 위한 든든한 발판이 될 수 있습니다.

검정형 자격은 오랜 기간 국가기술자격제도의 중심으로 자리 잡아온 전통적인 방식입니다. 정해진 시험을 통해 응시자의 직무 능력을 평가하며, 누구나 동일한 시험을 치르기 때문에 평가 기준이 명확하고 공정합니다. 이 방식은 학습 경로의 자유로움이 크다는 점에서 장점을 가집니다. 시험 준비를 위해 특정 교육 과정을 필수적으로 이수할 필요가 없고, 독학, 온라인 강의, 학원 수강 등 자신에게 맞는 학습 방법을 선택할 수 있습니다. 이미 실무 경험이 충분하고 시험 준비에만 집중할 여건이 되는 사람에게는 검정형 자격이 효율적인 선택입니다.

자율적으로 공부하는 환경을 선호하는 사람들에게 적합하며, 경제적 부담을 줄이는 데도 유리합니다. 검정형 국가기술자격의 검정기관은 한국산업인력공단, 대한상공회의소, 한국원자력안전기술원, 영화진흥위원회, 한국방송통신전파진흥원, 한국콘텐츠진흥원, 한국광해광업공단, 한국디자인진흥원, 한국데이터산업진흥원, 한국산업안전보건공단 등 10개입니다.

과정평가형 자격은 2015년 도입된 새로운 방식으로, 기존의 필기시험 중심인 검정형과는 다른 접근 방식을 제공합니다. 이 제도는 국가직무능력표준(NCS)을 기반으로 설계된 교육·훈련 과정을 이수한 후, 내·외부 평가를 통해 자격증을 취득합니다. 과정평가형 자격은 학력이나 경력에 관계없이 누구나 참여할 수 있으며, 산업 현장에서 필요한 실무 중심의 능력을 키우도록 설계되었습니다. 자격증을 따는 데 그치지 않고, 실제 현장에서 요구되는 기술을 배우고 적용할 기회를 제공합니다. 이 방식은 신중년이 새로운 기술을 배우고 경력을 전환하는 데 실질적인 도움을 줄 수 있습니다. 특히 과정평가형 자격은 훈련비용을 지원받을 수 있는 경우가 많아 경제적 부담을 줄여줍니다. 국민내일배움카드 등 정부 지원 프로그램을 활용하면 비용 부담 없이 체계적인 교육을 받을 수 있습니다. 경제적 여유가 부족하더라도 새로운 도전을 시작할 수 있는 환경을 제공합니다.

과정평가형 자격의 효과는 수치로도 확인할 수 있습니다. 고용노동부와 한국산업인력공단이 2022년 과정평가형 자격 취득자와 검정형 자격 취득자를 비교 분석한 결과, 과정평가형 자격 취득자의 취업률은 43.4%로, 검정형 자격 취득자의 29.1%보다 높게 나타났습니다. 또한, 취업까지 걸리는 시간도 과정평가형이 검정형보다 짧은 것으로 조사되었습니다. 이는 과정평가형 자격이 현장에서 빠르게 업무를 수행할 수 있는 실무 능력을 키우는 데 효과적임을 보여줍니다. 정부는 과정평가형 자격의 확산을 위해 매년 새로운 종목을 추가하고 있습니다. 로봇기구개발기사, 신재생에너지발전설비산업기사(태양광), 방사선비파괴검사 등 첨단 기술 분야의 과정평가형 자격도 새롭게 개설되었습니다. 이러한 변화는 신중년에게 더 다양한 경력 전환의 기회를 제공합니다.

검정형과 과정평가형 자격은 각각의 강점을 가지고 있습니다. 검정형은 자율적으로 공부할 수 있는 환경을 선호하거나, 이미 실무 경험이 충분한 사람에게 적합합니다. 반면, 과정평가형은 체계적인 교육을 통해 실무 능력을 쌓고자 하는 사람에게 더 큰 도움이 됩니다. 신중년이 새로운 경력이나 기술을 준비하려 한다면, 자신의 상황과 목표에 맞는 방식을 선택하는 것이 중요합니다.

구분	검정형 국가기술자격	과정평가형 국가기술자격
평가방법	필기시험 + 실기시험	교육과정 이수 + 중간·최종 평가
합격기준	필기: 평균 60점 이상 실기: 60점 이상	내부평가(출석률)와 외부평가를 1:1 반영하여 평균 80점 이상
발급 자격증 기재내용	자격종목, 인적사항	검정형 기재내용 + 교육, 훈련기관명 교육·훈련기간 및 이수시간, NCS능력단위명
장점	유연한 준비 가능, 반복응시 가능	체계적인 학습 과정과 실무 연계 학습 가능
단점	스스로 학습 계획 필요	교육과정 의무 이수, 시간·비용 소요 (단, 국비지원 교육기관 多)
관련 사이트	www.q-net.or.kr	c.q-net.or.kr

C. 재취업을 위한 자격증 선택의 모든 것

높은 산을 오를 때는 지도와 나침반은 물론 튼튼한 등산화와 방수 재킷 같은 장비가 필요합니다. 준비가 부족하면 예상치 못한 날씨 변화나 거친 지형에서 어려움을 겪을 수 있습니다.

신중년이 취업이라는 산을 오를 때도 마찬가지입니다. 방향을 정하지 않은 채 자격증 공부부터 시작하는 것은 비효율적입니다. 정부에서 제공하는 자료를 활용하면 보다 실질적인 도움을 받을 수 있습니다. 특히, 고용노동부의 신중년 적합직무 안내서와 한국산업인력공단의 국가기술자격 채용시장 활용현황은 유용한 정보입니다.

고용노동부의 신중년 적합직무 안내서는 신중년에게 적합한 직무와 자격증을 체계적으로 분류해 제시합니다. 이를 통해 신중년은 자신의 경험과 능력, 그리고 관심사를 토대로 진입 가능한 직무와 필요한 자격증을 탐색할 수 있습니다. 예를 들어, 기존 경력을 확장한다면 전기기능사나 건설안전기사처럼 경력 관련 자격증을 선택해 보세요. 새로운 분야로 전환을 고려하는 경우에는 조리기능사, 직업상담사 등 창업이나 유연한 근무 환경을 제공하는 자격증이 적합합니다.

한국산업인력공단은 매년 고용24 플랫폼의 채용공고를 분석해 국가기술자격의 채용시장 활용현황을 발표합니다. 2023년 데이터를 보면, 전체 채용공고(1,674,560건) 중 7.6%가 국가기술사격을 채용 요건이나 우대 조건으로 명시하고 있습니다. 특히, 기능사 자격증(47%)이 가장 많이 활용되었으며, 기사(28.9%), 산업기사(15.5%)가 그 뒤를 이었습니다. 구체적으로는 지게차운전기능사(13.4%), 한식조리기능사(10.5%), 전기기사(5.4%)가 채용 공고에서 가장 많이 요구된 자격증으로 나타났습니다. 분야별로는 건설(30.2%), 전기·전자(18.3%), 음식서비스(10.9%) 분야에서 높은 채용 수요를 보였는데, 이는 신중년에게 매우 유의미한 데이터입니다.

이러한 자료를 활용하면, 신중년은 자신의 상황에 맞는 자격증을 전략적으로 선택하고 취업 준비를 효율적으로 진행할 수 있습니다. 분야별 채용 수요를 반영해 보다 명확한 방향을 설정하고, 유연한 근무 환경과 창업 기회를 모색하는 데 좋습니다. 기존 경력을 확장하거나 새로운 분야로 전환하는 데도 유용합니다. 지게차운전기능사는 제조업과 물류 분야에서 꾸준히 수요가 높은 자격증으로, 비교적 짧은 학습 기

간으로 취득해 실용적입니다. 건설, 전기·전자, 음식서비스 분야는 높은 채용 수요를 보이는 만큼 신중년에게 실질적인 기회를 제공합니다. 건설 분야에서는 건설안전기사와 같은 자격증이, 음식서비스 분야에서는 한식조리기능사와 제과기능사가 취업 및 창업에 적합한 선택지가 될 수 있습니다.

기존 경력을 살려 안정적인 경로를 유지하거나, 새로운 기술을 습득해 도전하는 두 가지 전략을 균형 있게 세울 수 있습니다. 전기기사나 산업안전기사는 기술 직군에서 경력을 확장하며, 조리기능사나 직업상담사는 새로운 분야로 전환하려는 분들에게 추천합니다. 창업을 고려하는 신중년에게 한식조리기능사나 제과기능사는 좋은 선택입니다. 직업상담사와 같은 자격증은 유연한 근무 환경과 함께 고령화 사회에서 중요한 역할을 합니다.

고용노동부의 신중년 적합직무 안내서와 한국산업인력공단의 채용시장 활용현황은 신중년이 보다 객관적인 기준으로 직업과 자격증을 선택하는 데 도움을 줍니다. 주변에서 들은 이야기나 막연한 기대만으로 결정을 내리기보다, 공신력 있는 자료를 참고해 실제 채용 수요와 자신의 강점을 꼼꼼히 따져보는 것이 중요합니다.

[직무별 자격증 분류]

영업/서비스/음식 분야	건설/기계/금속/전기 분야	
국내여행안내사 미용사(일반·네일·피부) 실내건축기능사 조리기능사 웹디자인기능사 제과·제빵기능사 화훼장식기능사	가스기능사 거푸집기능사 건설기계정비기능사 건설안전산업기사 건축도장기능사 건축목공기능사 공조냉동기계기능사 굴착기운전기능사 도배기능사 로더운전기능사 방수기능사 배관기능사 산업안전산업기사 소방설비산업기사(기계 분야) 소방설비산업기사(전기 분야)	수질환경산업기사 승강기기능사 에너지관리기능사 용접기능사 위험물기능사 자동차정비기능사 전기공사산업기사 전기기능사 조경기능사 지게차운전기능사 천장크레인운전기능사 측량기능사 타일기능사 특수용접기능사
의료/보건/사회복지 분야		
간호조무사 사회복지사 2급 영양사 요양보호사 직업상담사 2급 청소년상담사		
경영/사무 분야	**관심 분야 및 신직업**	
주택관리사보 컴퓨터활용능력 2급	3D프린터운용기능사 대기환경산업기사 빅데이터분석기사 초경량비행장치조종사	산림기사 신재생에너지발전설비기능사 (태양광) 환경기능사

D. 채용공고를 통해 살펴본 국가기술자격

[2023년도 국가기술자격 종목별 채용공고 건수 TOP 20]

순위	종목	채용공고 건수(건)	비중	순위	종목	채용공고 건수(건)	비중
1	지게차운전기능사	17,108	13.4%	11	정보처리기사	2,025	1.6%
2	한식조리기능사	13,361	10.5%	12	산업안전기사	1,993	1.6%
3	전기기사	6,910	5.4%	13	공조냉동기계기능사	1,952	1.5%
4	건축기사	6,820	5.3%	14	건설안전기사	1,908	1.5%
5	전기산업기사	6,270	4.9%	15	건축산업기사	1,531	1.2%
6	전기기능사	6,190	4.9%	16	전자캐드기능사	1,476	1.2%
7	토목기사	4,769	3.7%	17	대기환경기사	1,426	1.1%
8	직업상담사 2급	3,565	2.8%	18	에너지관리기능사	1,242	1%
9	컴퓨터활용능력 2급	3,049	2.4%	19	워드프로세서	1,226	1%
10	자동차정비기능사	2,369	1.9%	20	가스기능사	1,134	0.9%

[2023년도 국가기술자격 분야별 채용공고 건수 TOP 20]

순위	종목	채용공고 건수(건)	비중	순위	종목	채용공고 건수(건)	비중
1	건설	38,483	30.2%	11	식품·가공	1,377	1.1%
2	전기·전자	23,400	18.3%	12	이용·숙박 여행	1,111	0.9%
3	음식서비스	13,907	10.9%	13	화학	1,035	0.8%
4	기계	12,553	9.8%	14	재료	984	0.8%
5	안전관리	10,979	8.6%	15	농림어업	609	0.5%
6	경영·회계·사무	6,331	5%	16	보건·의료	246	0.2%
7	환경·에너지	6,253	4.9%	17	인쇄·목재·가구	140	0.1%
8	정보통신	4,631	3.6%	18	광업자원	106	0.1%
9	사회복지	3,605	2.8%	19	섬유·의복	81	0.1%
10	문화·예술·디자인	1,729	1.4%	20	영업·판매	36	0.1%

[2023년도 국가기술자격 등급별 채용공고 TOP 5]

순위	등급	채용공고 건수(건)	주요종목(순위별)				
			1순위	2순위	3순위	4순위	5순위
1	기능사	59,976	지게차운전	한식조리	전기	자동차정비	공조냉동기계
2	기사	36,847	전기	건축	토목	정보처리	산업안전
3	산업기사	19,773	전기	건축	전기공사	토목	산업안전
4	서비스	9,434	직업상담사 2급	컴퓨터 활용능력 2급	워드프로세서	컴퓨터 활용능력 1급	임상심리사 2급
5	기술사	1,369	품질관리	토목시공	정보통신	건축시공	건설안전
6	기능장	213	조리	기계가공, 용접	전기	건설기계정비	배관

E. 신중년 인기 자격증 분석

신중년이 가장 많이 취득한 자격증은 무엇일까요? 40~60대 남성과 여성이 가장 많이 취득한 자격증은 단순히 인기 있는 자격증이 아니라, 현실적 고민과 선택이 담긴 결과물입니다.

한국산업인력공단이 발표한 국가기술자격의 채용시장 활용현황 분석에 따르면, 2023년 채용공고에서 가장 많이 요구된 자격증은 지게차운전기능사, 한식조리기능사, 그리고 전기기사로 나타났습니다. 신중년이 취득한 자격증 순위에서도 동일한 자격증이 상위권을 차지하며, 이들의 선택이 취업 시장의 수요를 직접 반영하고 있음을 알 수 있습니다.

한국산업인력공단이 운영하는 자격증 중에서 40~60대 신중년이 2024년 가장 많이 취득한 자격증을 성별에 따라 각각 1위부터 10위까지 살펴보겠습니다. 자격증 취득 현황을 통해 신중년이 새로운 기회를 모색하고 구체적인 경력을 설계하는 데 필요한 통찰을 제공합니다.

40대에서는 체력과 기술이 요구되는 현장 중심의 자격증이 강세를 보입니다. 예를 들어, 지게차운전기능사, 굴착기운전기능사, 전기기능사와 같은 자격증은 제조업과 물류 산업에서 실질적으로 활용할 수 있는 기술을 증명하는 데 유리합니다. 지게차운전기능사는 상대적으로 짧은 학습 기간으로 자격을 취득할 수 있고, 안정적인 일자리를 제공한다는 점에서 40대 남성에게 특히 매력적인 선택지입니다. 반면 여성은 한식조리기능사, 미용사, 제빵기능사와 같은 기술 기반 서비스업 자격증이 상위를 차지하고 있습니다. 이는 체력적 부담이 적으면서도 취업과 창업이 모두 가능한 실용적인 선택으로 보입니다.

50대는 경력 전환을 고려하는 연령대로, 자격증 선택에서도 새로운 분야에 도전하려는 경향이 나타납니다. 남성은 여전히 기술 중심 자격증을 선호하지만, 조경기능사나 방수기능사처럼 체력 부담이 덜한 직종으로 관심을 넓히는 모습이 눈에 띕니다. 여성은 조리기능사, 제과기능사, 직업상담사 등 유연한 근무 환경을 고려하거나 창업 가능성이 높은 자격증을 선택하는 경우가 많습니다. 특히 직업상담사는 고령화 사회에서 재취업 및 경력 전환을 돕는 역할을 할 수 있어 경제적 안정과 사회적 기여를 동시에 추구할 수 있는 매력적인 선택으로 평가받고 있습니다.

60대에서는 체력적 부담을 최소화하면서도 자율성과 창업 가능성을 제공하는 자격증이 주로 선택되었습니다. 남성은 여전히 지게차운전기능사와 조경기능사 같은 자격증을 선호하며, 여성은 떡제조기능사, 중식조리기능사, 제과기능사와 같은 요리 관련 자격증을 많이 취득하고 있습니다. 이러한 자격증은 창업의 가능성이 크고, 자신의 경험과 전문성을 살려 유연하게 일할 수 있는 기회를 제공합니다.

연령별·성별 자격증 취득 현황은 신중년이 처한 사회적·경제적 상황과 자격증의 필요성을 잘 보여줍니다. 때로는 작은 정보 하나가 새로운 길의 시작을 열어줍니다. 진로 목표가 뚜렷하다면, 데이터를 참고해 자신에게 적합한 자격증을 선택하고 차근차근 준비해 가세요. 아직 방향이 정해지지 않았다면, 많은 사람이 선택한 자격증이 주목받는 이유를 살펴보며 자신의 적성과 목표를 탐색하는 데 활용할 수 있습니다.

자격증 취득 순위는 또한 실질적인 학습 자원과 커뮤니티의 활용 가능성을 시사합니다. 많은 신중년이 선택한 자격증은 대체로 관련 자료나 교육 과정이 잘 구축되어 있어 학습 효과를 높이는 데 도움이 됩니다. 이는 새로운 학습 환경에 익숙하지 않은 신중년에게 특히 유용할 수 있습니다.

다만, 많이 선택한 자격증이라고 해서 모든 사람에게 적합하다고 볼 수는 없습니다. 자격증을 선택할 때는 자신의 경력 목표와 체력적·기술적 조건을 고려하고, 취득 후 이를 어떻게 활용할지에 대한 구체적인 계획도 필요합니다. 조리기능사를 취득한 경우 지역 특산물을 활용한 창업이나 소규모 요식업 운영을 생각해 볼 수 있고, 직업상담사는 지역 사회에서 상담 활동이나 교육 프로그램 운영을 통해 경력을 이어갈 수 있습니다.

 자신에게 맞는 자격증을 전략적으로 선택하면, 시간과 비용을 아끼면서도 원하는 방향으로 커리어를 설계할 수 있습니다. 결국, 중요한 것은 어떤 자격증을 취득하느냐가 아니라, 이를 어떻게 활용하느냐입니다.

[2024년도 자격증 취득 현황]

구분	순위	(남)자격증명	취득자 수	(여)자격증명	취득자 수
40대	1	지게차운전기능사	12,677	한식조리기능사	3,313
	2	산업안전기사	4,527	건축도장기능사	2,134
	3	굴착기운전기능사	4,411	제빵기능사	1,709
	4	전기기능사	2,424	미용사(피부)	1,594
	5	건설안전기사	2,142	미용사(일반)	1,561
	6	온수온돌기능사	1,930	제과기능사	1,451
	7	소방설비기사(전기)	1,757	직업상담사 2급	1,446
	8	건축도장기능사	1,696	양식조리기능사	871
	9	방수기능사	1,658	방수기능사	855
	10	설비보전기사	1,086	임상심리사 2급	782

구분	순위	(남)자격증명	취득자 수	(여)자격증명	취득자 수
50대	1	지게차운전기능사	12,405	한식조리기능사	4,470
	2	산업안전기사	5,513	건축도장기능사	1,871
	3	굴착기운전기능사	5,250	제빵기능사	1,049
	4	전기기능사	4,425	조경기능사	852
	5	건설안전기사	3,016	방수기능사	837
	6	소방설비기사(전기)	2,571	양식조리기능사	828
	7	방수기능사	2,218	미용사(일반)	806
	8	온수온돌기능사	2,202	제과기능사	804
	9	전기기사	1,819	직업상담사 2급	775
	10	건축도장기능사	1,797	떡제조기능사	751

구분	순위	(남)자격증명	취득자 수	(여)자격증명	취득자 수
60대	1	지게차운전기능사	4,546	한식조리기능사	1,234
	2	전기기능사	2,972	건축도장기능사	322
	3	굴착기운전기능사	2,334	조경기능사	285
	4	조경기능사	1,920	제빵기능사	203
	5	산업안전기사	1,720	떡제조기능사	192
	6	건설안전기사	1,224	양식조리기능사	186
	7	소방설비기사(전기)	1,048	유기농업기능사	151
	8	산림기능사	1,016	제과기능사	137
	9	설비보전기사	1,012	중식조리기능사	128
	10	방수기능사	969	미용사(일반)	125

출처: Q-Net 홈페이지

03 실전! 성공적인 자격증 취득 전략

"개인 문제로 과정평가형 시험에 떨어지고 못 보게 되는 상황이 3회 발생하였습니다. 문제는 검정형과는 다르게 시험장소가 많이 없다 보니 본부에 연락을 해서 시험장소를 선택해야 하는 번거로움과 인원이 다 채워져 버리면 시험을 볼 수 없는 어려움이 매우 컸습니다. (생략) 산업인력공단 대리님께서 여러 차례 전화를 통해 어렵게 시험을 칠 수 있게 도움을 주셨고 저는 90.1점이라는 좋은 결과로 합격하였습니다. 지난 1년은 개인사로 인해 모든 것을 포기하고 살았는데 과정평가형 자격증 합격소식으로 다시 삶에 대한 희망과 힘이 납니다."

한국산업인력공단에 접수된 고객칭찬 사례 중 일부입니다. 자격증 준비 과정에서 이렇게 생각하지 않은 일이 생길 수 있고, 이를 해결하는 노력이 필요합니다. 자격증 취득은 새로운 도전을 시작하는 중요한 과정이며, 자신의 가능성을 확인하는 기회이기도 합니다. 그러나 이 과정이 항상 순조롭지만은 않습니다. 시험 준비 과정에서 예상지 못한 문제를 만나기도 하고, 막막함에 부딪히기도 합니다. 특히 신중년에게는 새로운 분야에 도전하는 과정 자체가 더 큰 부담으로 다가올 수 있습니다. 한국산업인력공단에 올라온 사례를 바탕으로 자격증 준비 과정에서 겪을 수 있는 생생한 사례를 살펴보겠습니다.

철도운송산업기사 자격증을 준비하던 응시자는 학점은행제를 통해 자격 요건을 맞추려 했지만, 뒤늦게 학점이 부족하다는 사실을 알게 되었습니다. 공단 직원은 부족한 학점을 충족할 수 있는 다른 방법을 제안하며 서류를 다시 제출하도록 도왔습니다. 비록 서류는 최종적으로 반려되었지만, 고객은 끝까지 자신을 돕고자 한 직원의 태도에 큰 감명을 받았습니다. 시험 준비 과정에서 필요한 정보를 적극적으로 확인하고, 문제가 생겼을 때 전문가의 도움을 받는 것이 필요합니다.

자격증 시험 준비 과정에서 정보 부족은 큰 걸림돌이 될 수 있습니다. 지원 자격, 시험 명칭, 시험 방식 등이 변경되거나, 자격증이 폐지·통합·신설되는 경우도 있어 혼란을 겪기 쉽습니다. 항공 관련 기능사 시험을 준비하던 한 응시자는 공개된 자료가 부족해 답답함을 느꼈습니다. 하지만 시험 관계자와의 문의를 통해 출제 기준과 준비 방향에 대한 조언을 받으면서 혼란을 줄일 수 있었습니다. 그는 "담당자가 세부 내용을 알려줄 수는 없었지만, 방향을 잡는 데 큰 도움이 되었다"고 전했습니다. 자격증 준비 과정에서 불확실성이 클 때는 혼자 해결하려 하기보다는 주관 기관이나 커뮤니티의 도움을 받아 문제를 해결하는 것도 좋습니다.

시험 준비와 응시를 성공적으로 마치기 위해서는 시험 전, 시험 당일, 시험 후 단계별로 체계적인 계획이 필요합니다. 시험 전에는 시험 일정과 장소를 확인하고, 필요한 준비물을 철저히 챙겨야 합니다. 신분증, 수험표, 필기구와 같은 필수 준비물은 물론, 계산기가 허용되는 시험이라면 규정에 맞는 기기를 준비하는 것도 중요합니다. 또한, 시험의 출제 기준과 규정을 충분히 숙지하여 학습 계획을 체계적으로 세우는 것이 필요합니다.

시험 당일에는 충분한 시간을 두고 시험장에 도착해야 돌발 상황에 대처할 여유가 생깁니다. 교통 상황이나 기타 변수로 인해 늦어질 가능성을 고려해 최소 30분에서 1시간 정도 여유 있게 이동해야 합니다. 시험장에 도착한 후에는 준비물을 다시 확인하고, 시험 시작 전 긴장감을 완화할 수 있는 방법을 활용하는 것도 도움이 됩니다.

시험 당일에도 돌발 상황은 종종 발생합니다. 소방시설관리사 시험을 준비하던 한 응시자는 신분증을 집에 두고 오는 실수를 했습니다. 그는 순간 당황했지만, 시험장 관계자가 대체 인증 방법을 안내해준 덕분에 무사히 시험을 볼 수 있었습니다. "불안한 마음에 정신이 없었는데, 차분히 도움을 주신 덕분에 문제를 해결할 수 있었다"고 그는 말했습니다. 시험 전날 필요한 물품을 미리 준비하고, 시험장 규정을 숙지하는 것은 필수적인 준비 과정입니다.

시험 후에는 결과에만 집착하기보다 자신의 준비 과정을 돌아보는 것이 중요합니다. 합격했다면 자격증을 어떻게 활용할 것인지 구체적인 계획을 세우고, 불합격했다면 부족했던 부분을 보완하여 다시 도전하는 자세를 가져야 합니다. 시험 과정에서 불편했던 점이나 개선이 필요한 사항은 주관 기관에 피드백을 제공하여 다음 수험생들에게 더 나은 환경을 제공할 수 있도록 기여하는 것도 의미 있는 일입니다.

A. 신중년을 위한 자격증 취득 7가지 실천 전략

이점동 소방기술사의 삶은 끊임없는 도전과 배움의 여정이었습니다. 그는 소방공무원이 된 이후 배움에 대한 아쉬움으로 대학과 석사 과정을 거쳐 박사 학위까지 받으며 자신의 한계를 넘어섰습니다. 소방설비기사 자격증(기계, 전기)을 취득하고 소방기술사 자격증에도 도전했습니다. 당시 정년까지 20년이 남아 20년 계획을 세우고 도전을 시작했지만, 첫 시험에서는 30점대라는 성적을 받았습니다. 공부가 매너리즘에 빠질 때는 학원을 옮기고 스터디 그룹을 결성해 새로운 환경에서 동기부여를 얻었습니다.

9년간 밤낮으로 공부하며 11번의 불합격을 경험했지만, 그는 "자전거 페달을 멈추지 않으면 앞으로 나아간다"는 신념으로 계속 도전했습니다. 마침내 12번째 도전에서 필기시험을 통과하고, 면접까지 합격하며 소방기술사가 되었습니다. 자격증 취득 이후 그의 삶은 새로운 전환점을 맞았습니다. 경기도 소방 성능 위주 설계 평가단 위원장으로 활동하며 대형 건물과 시설의 안전성을 평가하고, 정년퇴임 후에는 종합 소방·방재 전문기업의 임원으로 취업하며 사회적 역할을 이어갔습니다. 또한, 소방청, 소방학교, 지자체에서 자문과 심의 활동을 하며 자신의 경험과 지식을 사회에 환원하고 있습니다.

중년에 들어서면 "이제 새로운 도전을 시작하기엔 너무 늦지 않았을까?"라는 고민을 하는 분들이 많습니다. 하지만 배움에는 나이가 중요한 기준이 아닙니다. 언제든 시작할 수 있고, 그 과정에서 새로운 기회를 만들어 갈 수 있습니다. 이점동 기술사의 사례처럼, 끊임없는 배움과 도전은 인생의 새로운 전환점을 마련해 줍니다. 물론 자격증 취득은 쉽지 않은 과정입니다. 오랜 시간과 노력이 필요하기 때문에, 얼마나 효과적으로 준비하느냐에 따라 결과가 달라질 수 있습니다. 그렇다면 신중년이 자격증을 통해 성공적인 커리어 전환을 이루기 위해 어떤 전략이 필요할까요? 효과적인 자격증 취득을 위한 7가지 핵심 실천 전략을 소개하겠습니다.

❶ 목표를 분명히 설정하고 동기를 강화하기

자격증을 취득하려는 이유와 목표를 구체적으로 설정하는 것이 가장 먼저입니다. 단순히 자격증을 따기 위한 목적보다는, 취득 후 이를 통해 무엇을 이루고 싶은지 고민해야 합니다. 예를 들어, 새로운 기술을 습득해 재취업하거나 경력을 확장하고자 하는 목표를 설정하면 동기부여가 훨씬 강해집니다. 명확한 목표는 학습 과정에서 흔들리지 않게 해줍니다.

❷ 적합한 자격증과 학습 방법을 선택하기

검정형과 과정평가형 자격증의 차이를 이해하고, 자신에게 맞는 방식을 선택하는 것이 중요합니다. 검정형은 시험 중심으로 빠르게 준비할 수 있지만, 과정평가형은 체계적인 교육과 실습 과정을 포함해 실무 능력을 쌓는 데 적합합니다. 자신의 경험과 학습 스타일, 목표를 고려해 최적의 자격증과 학습 방법을 선택해야 합니다.

❸ 현실적이고 유연한 학습 계획을 수립하기

학습 계획은 일상과 조화를 이루어야 합니다. 매일 학습할 분량을 정하고, 주말에는 복습과 모의고사로 준비 상태를 점검하는 등 체계적으로 진행해야 합니다. 지나치게 빡빡한 계획보다는 현실적으로 실천 가능한 목표를 설정하고, 필요시 조정할 수 있는 유연성을 갖추는 것이 중요합니다.

❹ 필기시험은 전략적으로 준비하기

필기시험은 출제 범위와 문제 유형을 충분히 이해하고, 기출문제를 중심으로 학습해야 합니다. 반복적으로 문제를 풀어 출제 경향을 파악하고, 오답노트를 통해 약점을 보완하는 방식이 효과적입니다. 신중년이라면 중요한 개념을 간단히 요약해 정리하거나, 눈에 익히는 학습 자료를 적극 활용하는 것도 좋은 방법입니다.

❺ 실기시험은 반복 학습과 실습에 집중하기

실기시험은 단순히 이론을 아는 것 이상으로, 실제로 기술을 수행할 수 있는 능력이 필요합니다. 실습 환경을 최대한 활용하고, 반복 훈련을 통해 숙련도를 높이는 것이 핵심입니다. 필요한 경우 현직 전문가나 스터디 그룹의 도움을 받아 피드백을 얻어야 합니다. 실수를 줄이기 위해 실습 과정을 체계적으로 기록하고 분석하는 것도 유용합니다.

❻ 시험 당일에는 침착하게 대처하기

시험 당일에는 철저히 준비된 상태로 시험장에 도착해야 합니다. 준비물은 전날 미리 점검하고, 시험 시작 전에 여유를 가지고 긴장감을 풀어야 합니다. 예상치 못한 상황이 발생하더라도 침착하게 대응하는 자세가 필요합니다. 예를 들어, 준비물을 잊거나 문제를 잘못 이해했다면 시험 관계자에게 도움을 요청해 해결할 수 있습니다.

❼ 시험 후에는 결과를 바탕으로 다음 단계를 계획하기

자격증을 따는 것이 목표가 아니라, 어떻게 활용할 것인지 구체적인 계획을 세우는 것이 더 중요합니다. 재취업을 할지, 창업에 도전할지, 아니면 새로운 분야로 경력을 전환할지 미리 고민해 두면, 자격증이 단순한 자격이 아니라 실질적인 변화로 이어질 수 있습니다. 재취업을 원한다면, 희망 직무나 산업에서 자격증이 어떻게 활용될 수 있는지 조사하고, 관련된 채용 공고를 살펴보세요. 자격증이 창업에 도움이 되는 분야라면, 시장 조사와 사업 계획을 세워 실질적인 실행 방안을 마련해야 합니다. 현재 직업에서 자격증을 활용할 수 있는 방법을 찾거나, 새로운 분야로의 진입 가능성을 모색해보세요.

만약 불합격했다면, 좌절하기보다 부족했던 부분을 점검하고 보완하는 기회로 삼는 것이 중요합니다. 시험 중 어떤 부분에서 실수가 있었는지 점검하고, 보완해야 할 내용을 정리하세요. 공부 방법을 다시 설계하고, 부족했던 부분을 보강할 수 있는 추가 자료나 강의를 찾아보는 것도 방법입니다. 합격이든 불합격이든, 중요한 것은 앞으로의 방향을 명확히 설정하고 꾸준히 나아가는 것입니다.

B. 유용한 자격증 취득 관련 사이트

신중년이 실무 능력을 강화하거나 재취업을 위한 자격증 정보를 체계적으로 탐색할 수 있는 주요 사이드를 정리했습니다. 신중년이 공신력 있는 국가공인 자격증 정보(Q-Net), 민간자격증 정보 등 다양한 플랫폼에서 자격증 정보를 탐색하고 활용 방안을 모색할 수 있습니다. QR코드를 스캔하면 편하게 해당 홈페이지에 접속 가능합니다.

구분	홈페이지	특징 소개	QR코드
큐넷 (Q-net)	www.q-net.or.kr	한국산업인력공단에서 운영하는 국가기술자격증(검정형) 시험 정보 및 자격증 발급 서비스를 제공하는 웹사이트입니다. 큐넷에서는 국가기술자격증 시험 일정, 시험 과목, 합격 기준 등의 정보를 확인할 수 있으며, 자격증 발급 신청이 가능합니다. 국가기술자격과 국가전문자격 서비스를 제공합니다.	
씨큐넷 (CQ-net)	c.q-net.or.kr	씨큐넷은 과정평가형·일학습병행자격 포털입니다. 씨큐넷에서는 원서접수, 과정평가형 자격 종목과 시험일정 등이 포함된 교육·훈련기관 안내, 맞춤형 과정 검색, 과정평가형 자격지정 절차, 과정평가형 자격·일학습병행제 외부평가 정보, 합격자 확인과 자격증 발급까지 원스톱으로 해결할 수 있습니다.	
민간자격 정보서비스	www.pqi.or.kr	한국직업능력연구원에서 운영하고 있으며, 해당 플랫폼에서는 국가 및 민간에서 운영하는 자격증 관련 정보를 통합적으로 제공하고 있습니다. 자격증 검색 및 정보 제공, 민간자격증의 명칭, 등록번호, 발급기관 등 기본정보 조회 및 등록여부 검증이가능합니다. 자격증 취득 절차와 필요 요건에 대한 정보를 상세히 제공하며, 자신에게 적합한 자격증을 찾을 수 있도록 지원합니다.	
대한상공회의소 자격평가사업단	license.korcham.net	대한상공회의소 자격평가사업단은 국가기술자격시험 수탁기관으로 국가를 대신하여 검정업무 수행하고 있으며 컴퓨터활용능력, 워드프로세서, 유통관리사, 전산회계운용사 등 실무 능력을 강화하는 자격시험을 주관하고 있습니다. 홈페이지에서는 종목 별 특징, 시험일정, 관련자료, 자격활용사례 등의 정보를 얻을 수 있습니다.	
한국보건의료인 국가시험원	www.kuksiwon.or.kr	한국보건의료인국가시험원은 보건의료인국가시험 시행 및 신규 면허발급을 위한 관련 제반 사업을 수행하고 있습니다. 특히 신중년이 선호하는 요양보호사, 간호조무사 시험은 별도 홈페이지(www.kuksiwon.or.kr)를 마련하고 시험안내, 원서접수, 자격증 발급 등의 서비스를 진행하고 있습니다.	

C. 자격증 커뮤니티, 준비 과정의 든든한 동반자

 자격증 커뮤니티는 같은 목표를 가진 사람들이 모여 경험과 정보를 나누고 서로를 응원하는 소통의 공간입니다. 자격증 준비 과정에서 커뮤니티를 활용하면 학습의 질을 높이고, 준비 단계부터 자격증 취득 후 활용까지 다양한 도움을 받을 수 있습니다.

 '산준모(산업안전(산업)기사, 위험물산업기사를 준비하는 사람들의 모임)' 커뮤니티에서 주목을 받은 85학번의 자격증 합격 후기도 이러한 커뮤니티의 가치를 잘 보여줍니다. 85년생이 아닌 85학번, 즉 신중년이 자격증 취득에 도전해 합격한 이야기는 많은 사람들에게 깊은 인상을 주었습니다. 이 글에는 1,200개가 넘는 댓글이 달리며, 축하와 조언이 이어졌습니다. 많은 신중년은 "내 나이에 자격증을 준비해도 될까?"라는 고민을 하기도 합니다. 하지만 커뮤니티에서 비슷한 경험을 공유하는 사람들의 이야기를 접하면 "나도 할 수 있다"는 마음과 용기를 얻습니다. 자격증 준비는 쉬운 과정이 아니며, 중간에 포기하고 싶을 때도 있습니다. 이럴 때 커뮤니티에서 받는 응원과 격려는 큰 힘이 됩니다. 실패했을 때에도 함께 아쉬움을 나누고 다시 도전할 수 있는 분위기가 조성되기 때문에 혼자 공부할 때보다 심리적인 부담을 덜 수 있습니다.

 자격증 준비를 처음 시작하면 무엇부터 해야 할지 막막할 때가 많습니다. 공부 방법, 시험 준비 요령, 최신 출제 경향 등은 혼자서 파악하기 어려울 수 있습니다. 커뮤니티에는 실제 시험을 통과한 사람들이 자신의 성공 사례와 노하우를 공유하고, 기출문제나 예상문제도 제공하는 경우가 있어 효과적입니다. 같은 목표를 가진 사람들이 모이다 보면 자연스럽게 네트워크가 형성되고, 관련 분야에서의 새로운 기회나 정보를 얻을 수도 있습니다. 현업에서 근무하는 사람들과의 교류는 실질적인 기술과 노하우를 배우는 데 유용합니다.

 하지만 모든 커뮤니티가 유익한 것은 아닙니다. 진정성 있는 정보나 격려보다 상업적 목적이 우선인 커뮤니디도 있습니다. 특정 교재나 강의를 구매하도록 유도하거나 광고가 지나치게 많은 커뮤니티는 피해야 합니다. 여러 커뮤니티를 둘러보며 분위기와 활동 내용을 비교해 보세요. 회원들 간에 활발히 의견을 나누고 서로를 응원하고 공식 시험 일정, 최신 출제 경향, 학습 방법 등이 잘 정리되어 있고, 경험 많은 회원들이 적극적으로 답변하는 커뮤니티를 선택하는 것이 좋습니다. 검색엔진이나 추천 글을 통해 신뢰받는 커뮤니티를 찾고, 가입 후 일정 기간 활동하면서 정보가 유용한지 판단하는 것도 필요합니다.

포털사이트에서 선정한 대표 커뮤니티는 좋은 선택지가 될 수 있습니다. 예를 들어 네이버에서는 매년 활동 점수와 콘텐츠의 품질을 기준으로 인기 카페, 알찬 카페, 루키 카페 등 3가지 부문에서 대표 카페를 선정합니다. 이러한 카페들은 신뢰할 만한 정보와 활발한 활동을 바탕으로 운영되므로, 자격증 준비에 도움이 됩니다. 자격증 응시자격 등 세부 내용은 변경될 수 있으니 커뮤니티 게시글을 참고하되, 국가자격정보 플랫폼인 큐넷은 물론 각 자격증의 시행기관 홈페이지에서 확인하기 바랍니다.

[자격증 취득을 도와줄 네이버 추천 커뮤니티]

조리모(조리기능사 자격증의 모든 것)

조리모(조리기능사 자격증의 모든 것)는 조리기능사 자격증을 준비하는 사람들을 위한 카페로, 조리 자격증 취득 과정에서 필요한 학습 자료와 실무 정보를 제공하는 커뮤니티입니다. 한식, 양식, 중식, 일식, 제과제빵 등 다양한 조리기능사 자격증 시험 준비를 지원하며, 조리 분야로의 진출을 목표로 하는 이들에게 실질적인 도움을 제공합니다.

- 한식, 양식, 중식, 일식, 제과제빵 등 각종 조리기능사 자격증 시험의 필기 및 실기 대비 자료 제공
- 시험에서 요구되는 실기 과제의 요리법과 조리 순서를 상세히 설명
- 조리 실습 과정을 도와줄 수 있는 동영상 강의와 레시피 자료 제공
  ‣ 바로가기: https://cafe.naver.com/koreancook

산준모(산업안전(산업)기사, 위험물산업기사를 준비하는 사람들의 모임)

산준모는 산업안전(산업)기사, 위험물산업기사 자격증 취득을 목표로 하는 사람들이 모인 네이버 카페입니다. 자격증 준비 과정에서 필요한 다양한 정보를 공유하고, 회원들 간의 소통을 통해 학습 효율을 높이는 공간입니다.

- 기출문제와 모의고사 자료 공유
- 시험 난이도와 출제 경향에 대한 분석 확인
- 효과적인 학습 방법과 요약 자료 제공
  ‣ 바로가기: https://cafe.naver.com/anjun

전국 간호조무사들의 모임

간호조무사 자격증 취득 및 현업 종사자들을 위한 정보를 공유하는 네이버 카페입니다. 간호조무사를 준비하는 수험생분만 아니라, 현업에서 활동 중인 간호조무사들의 소통과 정보 교류의 장으로 활용됩니다.

- 간호조무사 자격증 필기 및 실기 시험 대비 자료 제공
- 간호조무사 관련 교육기관 및 학습 자료에 대한 정보 공유
- 다양한 의료기관에서의 근무 환경과 조건에 대한 정보 제공
- 바로가기: https://cafe.naver.com/rksghwhantk

좋은 직업상담사를 꿈꾸는 사람들

직업상담사 자격증 취득을 목표로 하는 수험생들과 현직 직업상담사들이 모여 정보를 공유하는 네이버 카페입니다. 이 커뮤니티는 직업상담사 자격증 준비, 실무 지식 강화, 그리고 관련 분야 네트워킹을 위한 대표적인 공간으로 자리 잡고 있습니다.

- 직업상담사 2급과 1급 시험 준비를 위한 자료와 정보 공유
- 현장에서의 상담 사례와 직업 적성 검사, 경력 설계 기법 등 실무에 필요한 정보 제공
- 공공기관, 고용센터, 직업훈련기관 등 직업상담사 관련 직종의 채용 정보 제공
- 바로가기: https://cafe.naver.com/jikup2

학은모: 네이버 학점은행제 전문 카페(사회복지, 보육교사)

학은모(학점은행제를 준비하는 사람들의 모임)는 학점은행제를 통해 자격증 취득과 학위 취득을 준비하는 사람들을 위한 커뮤니티입니다. 특히 사회복지사, 보육교사 자격증을 준비하는 수험생들에게 필요한 정보를 체계적으로 제공하며, 학습 자료와 실무 정보, 그리고 학점은행제 관련 최신 소식을 공유합니다.

- 학점은행제를 처음 접하는 회원들을 위한 기초 안내와 상세 설명 제공
- 사회복지사, 보육교사 등 자격증 취득에 필요한 학습 자료와 과목별 필수 성보 제공
- 필수 이수 과목 및 자격증 취득 절차를 상세히 안내
- 바로가기: https://cafe.naver.com/20080302

보안인닷컴(정보보안자격증, 개인정보보호자격증)

정보보안과 개인정보보호 관련 자격증을 준비하는 사람들과 현업 전문가들이 모인 커뮤니티입니다. 정보보안기사, 정보보안관리사, 개인정보보호 자격증 등 다양한 보안 관련 자격증 준비와 실무 정보를 공유하며, 보안 분야 종사자들이 전문성을 강화할 수 있도록 지원합니다.

- 정보보안기사, 정보보안관리사, 개인정보보호 등 보안 자격증에 대한 학습 자료 제공
- 정보보안 및 개인정보보호 현장에서 필요한 실무 노하우와 사례 공유
- 정보보안 및 개인정보보호 관련 채용 공고와 구인구직 정보 제공
- ▸ 바로가기: https://cafe.naver.com/nsis

국가유산수리기술자 공부방

국가유산수리기술자 자격증을 준비하거나 관련 분야에서 활동하는 사람들을 위한 커뮤니티입니다. 국가유산 수리에 필요한 전문 지식을 공유하고, 자격증 취득을 위한 학습 자료와 실무 경험을 나누는 공간으로, 국가유산수리기술자 시험 준비와 현업 종사자들에게 실질적인 도움을 제공합니다.

- 국가유산수리기술자 자격증 필기 및 실기시험 대비 자료 제공
- 전통건축, 보수기술, 단청, 보존과학 등 국가유산 수리·복원에 필요한 기술, 지식 공유
- 국가유산수리기술자 양성을 위한 교육기관 정보와 추천 강좌 안내
- ▸ 바로가기: https://cafe.naver.com/munwhajae

기사마스터(산업안전, 소방설비, 전기, 건축, 토목)

산업안전, 소방설비, 전기, 건축, 토목 등 다양한 기술 자격증을 준비하는 사람들을 위한 커뮤니티입니다. 기술사, 기사, 산업기사 자격증 시험 준비와 실무 정보 공유를 중심으로 운영되며, 관련 분야의 전문가 및 수험생들이 함께 성장할 수 있는 공간을 제공합니다.

- 산업안전, 소방설비, 전기, 건축, 토목 등 다양한 기술 자격증에 대한 학습 자료 제공
- 각 기술 분야별 시험 준비에 필요한 기본 이론과 실무 정보를 체계적 공유
- 회원 간 스터디 그룹을 형성하여 공동 학습 지원
- ▸ 바로가기: https://cafe.naver.com/empirecity

위험물 자격증의 모든 것

위험물기능사, 위험물산업기사, 위험물기능장 등 위험물 관련 자격증을 준비하는 사람들과 현업 종사자들이 모인 커뮤니티입니다. 위험물 자격증 시험 대비부터 실무 활용까지 전반적인 정보를 제공하며, 자격증 취득 및 경력 개발을 돕는 공간으로 자리 잡고 있습니다.

- 위험물기능사, 산업기사, 기능장 등 자격증 시험 준비를 위한 학습 자료 제공
- 위험물의 종류, 성질, 관리 방법 등 기본 개념을 체계적으로 학습 자료 제공
- 위험물 관련 직종의 구인구직 정보 제공
- 바로가기: https://cafe.naver.com/dangerousmaterial

조경모(조경기능사를 준비하는 사람들의 모임)

조경모(조경기능사를 준비하는 사람들의 모임)는 조경기능사 자격증을 준비하는 수험생들과 관련 분야 종사자들이 모여 학습 자료를 공유하고 정보를 나누는 커뮤니티입니다. 조경기능사 시험 대비분만 아니라, 조경 설계와 시공 등 실무에 대한 심도 있는 논의와 자료 제공으로 조경 분야에 관심 있는 사람들에게 유용한 플랫폼으로 자리 잡고 있습니다.

- 필기 및 실기 시험 준비를 위한 학습 자료와 정보 공유
- 조경 설계, 시공, 유지관리 등 기본 개념과 실무 지식을 학습할 수 있는 자료 제공
- 회원 간 질문과 답변을 통해 학습 중 느끼는 고민과 궁금증 해결 지원
- 바로가기: https://cafe.naver.com/jepkcom

D. 국가자격포털 큐넷(Q-net) 활용 방법 마스터

자격증을 준비할 때 가장 중요한 것은 시험 일정 확인, 원서 접수, 시험 과목 학습, 그리고 합격 후 자격증 발급까지 철저한 계획을 세우는 것입니다. 하지만 시험 일정이 변경되거나 접수 마감일을 놓쳐 당황하는 경우가 종종 발생합니다. 자격증 취득 과정을 체계적으로 챙기고 싶다면, 국가자격포털 큐넷(Q-Net)을 추천합니다. 큐넷은 한국산업인력공단에서 운영하는 공식 플랫폼으로, 시험 일정 확인부터 원서 접수, 기출 문제 열람, 자격증 발급까지 한 곳에서 관리할 수 있습니다. 연간 6,000만

명 이상이 방문하는 큐넷은 기사, 기능사 등 493종목의 국가기술자격과 공인중개
사 등 37종목의 국가전문자격을 포함해 다양한 자격증 정보를 제공합니다.

[국가기술자격증 응시절차(검정형 기준)]

※ 국가전문자격증, 민간자격증의 응시절차는 각 시행처 홈페이지 참조

[큐넷 통합민원 안내]

한국산업인력공단 고객센터 **1644-8000** 월 ~ 금 9:00 ~ 8:00 (토, 일, 공휴일 제외)	합격자 발표 안내 **1666-0100** 필기(합격자 발표일로부터 4일간) 실기(합격자 발표일로부터 7일간)

큐넷을 통한 원서 접수는 자격증 취득의 첫걸음입니다. 국가기술자격증 원서접수
는 큐넷 홈페이지에서만 가능하며, 원활한 접수를 위해 사전에 필요한 준비를 해야
합니다. 사이트를 이용하기 위해서는 회원가입과 실명인증이 필수이며, 자격증 발
급에 사용할 증명사진도 미리 등록해야 합니다. 사진은 규정된 사이즈와 배경 색상
등의 기준을 준수해야 하므로, 접수 전에 반드시 확인해야 합니다.

큐넷은 '사전 정보 입력 서비스'를 제공하여 자격, 종목, 응시 유형 등의 필수 정보
를 미리 입력할 수 있도록 돕습니다. 이를 활용하면 접수 당일에는 시험 장소 선택
과 결제만 하면 되어 보다 빠르고 수월한 접수가 가능합니다. 사전 정보 입력은 원
서접수 시작 4일 전 오후 2시부터 접수 전날 자정까지 가능합니다. 다만, 이 과정만
으로 접수가 완료되는 것은 아니므로 원서 접수 기간 내에 반드시 최종 접수를 완
료해야 합니다. 접수가 정상적으로 완료되었는지는 큐넷 홈페이지의 [마이페이지 〉
진행 중인 접수 내역]에서 '접수 완료' 상태로 변경되었는지 확인해야 합니다. 접수
상태가 변경되지 않았다면 시험에 응시할 수 없으므로 반드시 확인하세요.

국가기술자격 시험을 응시하려면 국가기술자격법 시행령 제14조 제7항에 따라 각 등급별로 정해진 학력이나 경력을 충족해야 합니다. 특히 기술사, 기능장, 기사, 산업기사, 일부 서비스 직종의 경우 응시자격을 사전에 제출해야 필기시험 합격 후 실기시험에 응시할 수 있습니다. 각 시험 종목과 등급별 응시자격은 큐넷 홈페이지의 [Q-Net 〉 국가기술자격시험 〉 필기시험안내 〉 응시자격안내] 메뉴에서 확인 가능합니다.

자격증을 취득한 후에는 어떤 형태로 받을지 결정해야 합니다. 자격증은 상장형과 수첩형 두 가지가 있으며, 장점과 단점이 다릅니다. 사용 목적과 필요 시기 등을 고려해 적합한 방식을 선택하세요. 신중년은 재취업, 창업, 프리랜서 활동 등을 준비하면서 자격증을 활용하는 경우가 많으므로 두 가지 자격증 발급 방식의 차이점을 정리한 표를 참고하여 적절한 형태를 선택하는 것이 중요합니다.

[자격증 상장형 vs 수첩형 선택하기]

구분	상장형	수첩형
내용	합격자 발표일 이후 자격취득자가 인증과정을 거친 후 즉시 출력하여 발급	합격자 발표일 이후 자격취득자가 인터넷 배송신청을 하여 발급
발급 형태		
발급 수수료	무료	6,120원 (수수료: 3,100원 + 배송료: 3,020원)
발급 신청	자가 프린터를 통해 즉시 발급(출력) 가능	인터넷 신청 및 우편배송 (통상 2주 이상 소요)
사진 변경	사진변경 신청은 6개월에 1회만 가능	상장형 사진변경 신청일로부터 2일~7일 이내 변경된 사진으로 자격증 발급 가능

※ 상장형 자격증 사진변경과 수첩형 자격증 우편배송은 동시 신청 불가

큐넷의 'CBT 체험하기' 서비스도 컴퓨터 기반 시험(CBT)에 익숙하지 않은 응시자들에게 유용한 기능입니다. 기존의 지필시험(PBT)과 달리 CBT는 문제 풀이와 답안 입력이 컴퓨터로 진행되므로, 시험 환경에 미리 익숙해지면 실수를 줄이고 시험에 대한 긴장감을 덜 수 있습니다. 큐넷의 [개인서비스 > CBT 체험하기] 메뉴를 활용하면, 시험 진행 방식을 사전에 연습할 수 있어 유용합니다. 자격증 취득뿐만 아니라 취업과 진로 탐색에도 유용한 정보를 제공합니다. 자격증을 취득한 후 어떤 직업을 선택할지 고민된다면, 큐넷의 '자격정보'에서 자격 종목을 검색하고 '일자리 정보' 탭을 확인하면 고용24와 연계된 취업 정보를 찾을 수 있습니다. 자격증 취득 후의 진로를 보다 체계적으로 계획할 수 있습니다.

[큐넷(Q-NET) 서비스의 특징]

❶ 원스톱 서비스 제공

큐넷은 자격증 준비 과정의 모든 단계를 한 플랫폼에서 처리할 수 있도록 지원합니다. 자격증 시험 일정 확인, 응시 자격 조회, 원서 접수, 합격자 발표, 자격증 발급까지 모든 과정이 체계적으로 이루어집니다.

❷ 다양한 자격증 정보

국가기술자격, 국가전문자격, 공인 민간자격 등 다양한 자격증 정보를 한눈에 확인 가능합니다.

❸ 모바일과 웹 연동

큐넷은 모바일 애플리케이션과 웹사이트 모두 지원하며, 언제 어디서나 편리하게 정보에 접근할 수 있습니다.

❹ 자격 관련 정보 제공

종목별 시험일정, 출제기준, 우대현황 등 일반정보와 합격률, 자격취득자 현황 등 통계정보를 제공합니다.

한국산업인력공단은 2024년부터 모바일 큐넷 앱(Q-NET 모바일)을 통해 디지털배지와 전자지갑 기능을 제공하고 있습니다. 기존 종이 자격증의 분실 위험과 제출의 번거로움을 줄이기 위해 디지털배지를 활용하면 카카오톡 같은 SNS를 통해 간편하게 자격을 증명하고, 전자지갑과 연계된 취업 플랫폼에서 빠르게 제출할 수 있습니다.

[신규 모바일 큐넷 서비스 소개]

큐넷은 국가자격증 준비의 든든한 동반자입니다. 시험 일정 관리부터 원서 접수, 취업 연계, 디지털 자격증 발급까지 모든 과정을 체계적으로 관리할 수 있습니다. 모바일 앱을 통해 실시간으로 시험 정보를 확인하고, 디지털배지로 자격을 쉽게 증명하세요. 큐넷은 '일취월장(日就月將)'의 길을 제시합니다. 하루하루 발전하며 자격증 취득의 목표를 이루세요.

II

50+ 재도약,
직종별 자격증 핵심 정보

01 꼭 알아야 할 사무직 자격증 가이드

A. 사무 자격증으로 신중년 커리어 업그레이드

컴퓨터 활용능력 자격증, 사무역량 강화를 위한 대표적인 자격증으로 꼽힙니다. 신중년은 이와 같은 사무 관련 자격증을 얼마나 취득하고 있을까요? '2024년 국가기술자격통계연보'에 따르면, 신중년이 가장 많이 취득한 자격증은 주로 서비스업과 기술 기반 직업군에 집중되어 있습니다. 반면, 사무 관련 자격증을 취득하는 비율은 전체의 5% 미만에 그쳐 상대적으로 낮은 수준에 머물러 있습니다.

특히, 컴퓨터 활용능력 1급과 2급은 전체 자격증 접수에서 1위와 2위를 차지할 만큼 인기가 높지만, 50세 이상 응시율은 전체 응시자 대비 5.65%에 그쳐 다른 연령대에 비해 현저히 낮았습니다. 이는 신중년이 디지털 기술 활용에 아직 익숙하지 않거나, 접근이 쉽지 않은 현실을 반영합니다. 디지털 기술을 배우는 데 대한 막연한 두려움이나 "나이가 많아 배워도 소용이 있을까?"라는 회의적인 태도도 걸림돌로 작용하고 있습니다.

신중년에게 사무 관련 자격증이 인기가 낮은 이유 중 하나는 사무 관련 자격증이 재취업의 필수 조건이 아닌 보완적 도구로 여겨지기 때문입니다. 자격증이 취업을 보장하지 못한다는 인식이 영향을 미치는 것입니다. 한국고용정보원이 발간한 '신중년 노동시장 특징과 시사점'에 따르면 신중년의 사무직 종사 비율은 10.7%로, 다른 연령대에 비해 가장 낮습니다. 이는 사무직 분야로 재취업을 희망할 경우 극복해야 할 제약이 많다는 점을 보여줍니다.

디지털 기술 활용 능력은 사무직 진입의 주요 장벽 중 하나로 꼽힙니다. 젊은 세대에 비해 디지털 환경에 대한 경험이 적은 신중년은 경쟁에서 불리할 수 있습니다. 더불어 연령에 따른 편견과 제한적인 채용 기회도 사무직 취업을 어렵게 만드는 요인으로 작용합니다.

그러나 사무 관련 자격증을 간과하기엔 여전히 그 활용도가 큽니다. 문서 작성과 데이터 관리는 거의 모든 직종에서 필수적인 기술이며, 업무 환경이 디지털화될수록 그 중요성은 더욱 커지고 있습니다. 엑셀을 활용한 데이터 분석, 발표 자료 제작, 문서 정리 등의 역량은 신중년이 실무에서 경쟁력을 갖추는 데 큰 도움이 됩니다.

사무 관련 자격증을 취득할 때는 시야를 넓히고 종합적으로 접근하는 것을 추천합니다. 자격증을 취득해 사무직으로 취업하겠다는 목표를 넘어, 다양한 직업에 활용할 역량을 키우는 데 초점을 맞춰보세요. 자격증을 취득한 이후에는 이를 실무에서 어떻게 적용할지 고민하고, 실무 경험을 쌓으며 디지털 기술을 꾸준히 익히는 것이 중요합니다. 이러한 노력을 통해 신중년은 사무직뿐만 아니라 다양한 분야에서 경쟁력을 갖출 수 있으며, 변화하는 일자리 시장에서 새로운 기회를 찾아갈 수 있습니다.

B. 사무 자격증의 두 날개, 범용성과 확장성

같은 망치라도 목수가 사용하면 정교한 가구를 만들고, 건축가가 활용하면 튼튼한 건물을 세울 수 있습니다. 자격증도 마찬가지입니다. 어떻게 활용하느냐에 따라 가치가 달라집니다. 사무 관련 자격증은 크게 두 가지 특성으로 요약할 수 있습니다.

첫째, 다양한 직무와 산업에 적용할 수 있는 범용성을 제공합니다. 사무 관련 자격증 중 기본적인 사무 역량 강화를 위한 자격증들은 의료, 교육, 물류, 유통, 제조 등 다양한 산업에서 폭넓게 활용될 수 있는 범용성을 가지고 있습니다. 그러나 이러한 특성이 오히려 특정 산업이나 직무에서 요구하는 특화된 역량으로 인정받는 데는 한계로 작용합니다. 이를 극복하기 위해서는 같은 자격증이라도 산업과 직무에 따라 요구되는 역량을 명확히 이해하고 부족한 기술을 추가적으로 학습해야 합니다. 이를 통해 자격증의 활용도를 높이고 자신만의 경쟁력을 만들어낼 수 있습니다.

예를 들어 취득한 컴퓨터활용능력 자격증을 실무에 적용할 경우 유통산업에서는 매출 데이터를 체계적으로 분석하고 재고를 효율적으로 관리하는 것이 핵심입니다. 엑셀의 피벗테이블이나 조건부 서식 같은 고급 기능을 익혀 업무에 활용하면 재고 부족이나 과잉을 방지하고, 발주 시점을 예측하여 매장 운영 효율성을 높일 수 있습니다. 서비스업의 경우, 고객 데이터를 체계적으로 관리하고 맞춤형 서비스를 제공하는 것이 중요합니다. CRM 소프트웨어 활용 기술을 추가로 습득하여 업무에 적용하면 고객 예약 관리를 체계화하고, 고객 만족도를 높여 재방문율 증가에 기여합니다.

결론적으로 범용적인 성격을 가진 자격증은 목표로 하는 직무와 산업의 요구에 맞춰 구체적으로 활용될 때 가장 큰 가치를 발휘합니다. 희망하는 직무에서 사용하는 소프트웨어나 도구를 학습하고 실습을 통해 실무 감각을 익히는 것이 중요합니다.

이를 위해 관련 업계 사람들과 교류하고, 현직자들의 조언을 구하는 것이 실질적인 정보를 얻고 취업 기회를 넓히는 데 유용합니다. 목표가 아직 막연하다면 취득하려는 자격증이 다양한 산업에서 어떻게 활용되는지 사례를 조사해 보고 자신에게 적합한 방향을 탐색하는 것부터 시작해 보세요.

둘째, 기존 경력과 결합하여 부가적인 경쟁력을 창출하는 확장성입니다. 신중년은 대체로 풍부한 직무 경험과 경력을 보유하고 있으며, 사무 관련 자격증은 이러한 경험을 보완하고 새로운 방향으로 발전시키는 데 활용 가능합니다. 예를 들어, 기술직 종사자가 전산회계 관련 자격증을 취득하는 경우 기술적 전문성과 회계 관리 능력을 융합해 경력의 폭을 넓힐 수 있습니다.

20년 동안 제조업 기술직으로 근무한 김 씨는 퇴직 후 전산회계 자격증을 취득하여 새로운 경력을 쌓았습니다. 그는 생산 설비 유지보수와 공정 개선에 능숙했지만, 재취업을 준비하며 생산 원가 관리와 예산 편성을 이해할 수 있는 역량의 필요성을 느꼈습니다. 전산회계 자격증 취득 후 김 씨는 중소 제조업체의 원가 관리 담당자로 재취업에 성공했습니다. 자격증을 통해 회계 데이터를 분석하고 설비 유지보수 비용과 원가 절감을 위한 방안을 제시하면서 회사의 경영 효율성을 높이는 데 기여했습니다.

김 씨의 사례는 기술적 경험과 사무역량을 결합해 경력의 폭을 넓힌 성공적인 예라고 할 수 있습니다. 경력이 사무 직무와 직접적 연관이 없더라도 사무 관련 자격증은 이를 확장하거나 새로운 분야로 전환하는 데 중요한 역할을 할 수 있습니다. 따라서 자격증을 선택할 때는 현재 보유한 경력과 결합해 시너지를 발휘할 수 있는 자격증이 무엇인지 신중히 고려해야 합니다. 취득하려는 자격증이 필수 조건은 아니더라도, 경력과 연계되면 우대 요건으로 작용할 가능성이 있습니다.

C. 기본부터 특화까지, 사무직 자격증 4가지 유형

"사무직으로 취업하고 싶은데, 어떤 자격증이 필요할까요?" 신중년이 자주 하는 질문 중 하나입니다. 하지만 정답은 한 가지가 아닙니다. 목표하는 직무와 경력 방향에 따라 적절한 자격증이 달라지기 때문입니다. 사무 관련 자격증은 활용 목적과 특성에 따라 크게 기본 역량 강화형, 전문 기술형, 데이터 활용형, 직무 특화형의 네 가지로 분류할 수 있습니다. 각 유형의 특성과 취득 전략은 다음과 같습니다.

❶ 기본 역량 강화형

기본 역량 강화형 자격증으로는 워드프로세서, 컴퓨터활용능력, MOS(Microsoft Office Specialist), ITQ(Information Technology Qualification) 등이 있습니다. 이러한 자격증들은 사무업무에 필요한 기본 기술을 다루며, 신중년이 디지털 문서 작성과 데이터 관리 기술을 체계적으로 학습하는 데 유용합니다. 대부분 준비 과정이 간단하고 학습 난이도가 낮아 디지털 환경에 익숙하지 않은 신중년에게 적합합니다. 특히 사무직에 처음 도전하는 이들에게 추천합니다. 이 자격증들은 학습 부담이 비슷하지만, 평가 방식과 활용 분야가 다르므로 경력 목표에 맞는 자격증을 선택하는 것이 중요합니다.

컴퓨터활용능력 자격증은 데이터를 체계적으로 관리하고 분석하는 역량이 요구되는 신중년에게 적합합니다. 예를 들어, 경리 업무로 재취업을 준비하는 신중년이라면 엑셀을 활용한 데이터 집계, 비용 분석, 보고서 작성 능력이 필요합니다. 이 자격증을 통해 데이터베이스와 매크로 같은 고급 기능까지 익혀 실무에 적용할 수 있습니다. 이와 달리, 학교 행정지원직으로의 취업을 준비하는 경우 학교 행사 홍보 자료 작성, 각종 공문서 및 보고서 작성 등 다양한 소프트웨어 응용 능력이 중요합니다.

ITQ 자격증을 준비하며 한글(HWP)과 파워포인트(PPT) 등 여러 소프트웨어 활용 능력을 학습함으로써 실무에 즉시 적용 가능한 기술을 효과적으로 습득할 수 있습니다. 그러나 기본 역량 강화형 자격증을 소지한 것만으로 취업 시장에서 경쟁력을 확보하기에는 한계가 따릅니다. 전문 기술형 자격증을 추가로 취득하거나 학습한 기술을 실제 업무에 적용하여 성과를 입증하는 방식으로 경쟁력을 강화해야 합니다.

❷ 전문 기술형

전문 기술형 자격증은 전산회계운용사, ERP정보관리사, 비서 자격증 등 특정 분야의 실무 역량을 검증합니다. 이러한 자격증은 목표하는 직무나 산업이 명확한 신중년에게 적합합니다. 새로운 분야로의 전환이나 동일 직무에 재도전할 때 최신 기술 습득을 통해 경쟁력을 높일 수 있습니다.

물류 분야에서 일한 경험이 있는 신중년이 재취업을 원한다면, ERP정보관리사 자격증을 취득하여 강점을 키울 수 있습니다. ERP 시스템의 물류 모듈을 활용하여 재고 데이터를 실시간으로 관리하고, 주문량과 납품 일정을 자동으로 처리하여 운영 비용을 줄이고 정확한 납품 실현이 가능합니다. 회계 모듈과 연계하여 물류비 데이터를 분석하고 비용 절감 방안을 찾아 회사의 비용 구조 개선에도 기여할 수 있습니다.

전문 기술형 자격증은 실제 업무에서의 문제해결 능력을 평가하는 자격 특성상 준비 과정에서 상당한 시간과 노력이 필요합니다. 예를 들어 전산회계운용사는 회계 이론과 소프트웨어 활용 능력을, ERP정보관리사는 시스템의 구조와 실무 운영 사례를 깊이 이해해야 합니다. 국비 지원 교육에 참여하거나 온라인 강의를 수강하며 이론과 실습을 함께 익히고, 모의시험으로 실전 감각을 키우는 것이 좋습니다.

❸ 데이터 활용형

데이터 활용형 자격증은 빅데이터분석기사와 사회조사분석사처럼 데이터 관리 및 분석 역량을 검증하고 강화하는 데 중점을 둔 자격증으로, 디지털 전환이 가속화된 현대 사회에서 중요한 역할을 합니다. 빅데이터분석기사는 대규모 데이터를 분석해 비즈니스 전략 수립이나 정책 의사결정을 지원하는 기술을 다루며, 사회조사분석사는 데이터를 수집하고 통계 기법을 접목해 사회 현상을 분석하여 전략과 정책을 제안하는 전문성을 검증합니다. 이러한 데이터 활용형 자격증은 데이터 기반 역량을 요구하는 다양한 산업과 직무에서 폭넓게 활용될 수 있는 강점이 있습니다.

유통업계에서 매장 운영과 판매 데이터를 관리하던 50대 최 씨는 기존의 매출 관리와 재고 분석만으로는 한계를 느끼고, 빅데이터분석기사 자격증에 도전했습니다. 그는 국비지원 교육과 온라인 강의를 통해 Python과 R 같은 데이터 분석 도구를 익히며 시각화와 분석 기술을 체계적으로 학습했습니다. 자격증 취득 후 유통업체 데이터 분석팀으로 재취업한 그는 시장 동향을 예측하고 고객 구매 패턴을 분석해 맞춤형 마케팅 전략을 제안하며 회사 매출 증대에 기여했습니다.

데이터 활용형 자격증은 기술 변화의 속도가 빠르기 때문에 자격증을 취득한 후에도 꾸준히 학습해야 합니다. 데이터 분석 도구나 통계 소프트웨어는 지속적으로 업데이트되며 새로운 기능과 분석 기법이 추가됩니다. 변화를 따라가지 못하면 최신 기술 활용에 어려움을 느낄 수 있습니다. 예를 들어 Python이나 R과 같은 프로그램은 주기적으로 업데이트되므로 새로운 기능을 익히고 실습해야 합니다. 유튜브 강좌나 K-MOOC 같은 온라인 학습 플랫폼을 활용하거나 지역 교육 센터에서 제공하는 강좌를 수강하는 것이 좋습니다. 가계부나 매출 데이터와 같은 실생활 데이터를 분석해 보는 것도 기술 습득에 유용합니다.

❹ 직무 특화형

직무 특화형 자격증은 특정 산업이나 직무에 필요한 전문성과 실무 능력을 동시에 인증하는 자격증입니다. 주택관리사보, 경영지도사, 공인중개사, 물류관리사, 직업상담사 등이 포함됩니다. 이러한 자격증은 시험 단계부터 실무에서 요구되는 구체적이고 전문적인 역량을 중심으로 설계되어 있어, 취득 후 실무에서 빠르게 전문성을 발휘할 수 있는 것이 강점입니다. 일부 직무 특화형 자격증은 특정 직무를 수행하기 위한 법적 필수 요건으로 요구되기도 합니다.

공인중개사는 부동산 거래를 중개하기 위해, 주택관리사보는 공동주택의 유지·보수와 시설 관리를 위해 반드시 필요한 자격입니다. 이와 같은 요인으로 인해 직무 특화형 자격증은 타 자격증에 비해 취업을 직접적으로 보장하는 성격이 강하며 재취업을 희망하는 신중년에게 전문성과 고용 안정성을 열어주는 현실적인 선택지로 자리 잡고 있습니다. 다만, 시험이 어렵고 준비 기간이 길어 자격증 취득이 확실하지 않아 신중히 고려해야 합니다. 공인중개사는 1·2차 시험을 통틀어 최종 합격률이 약 10%에 불과하며 경영지도사 역시 평균 1년 이상의 학습 기간과 약 1,000시간 이상의 집중적인 학습이 필요할 만큼 어렵습니다. 이 특성은 자격증의 신뢰성과 가치를 높이는 요인이지만 빠른 재취업을 희망하는 신중년에게는 부담으로 작용합니다.

직무 전문 자격증은 심화된 이론과 실무 중심의 응용 능력을 요구하기 때문에 혼자 학습하기가 어렵습니다. 장기간의 체계적인 학습 계획을 세우고, 이론과 실무를 병행할 수 있는 교육 프로그램이나 스터디 그룹을 활용하는 것이 효과적입니다. 50대 초반의 강 씨는 소규모 사업체를 운영한 경험이 있었지만, 치열한 경쟁과 경영 환경 변화로 어려움을 느껴 경영지도사 자격증에 도전하며 중소기업 컨설팅에 관심을 두었습니다. 국비지원 교육과정을 통해 시험 준비와 실무 사례 분석을 병행하며 자격증을 취득한 그는 중소기업 지원기관에 컨설턴트로 취업했습니다. 과거 사업 운영 경험을 바탕으로 소상공인들의 경영전략 수립과 재무관리 개선을 돕는 역할을 하고 있습니다.

직업상담사 자격증도 고용센터에서 제공하는 교육 프로그램을 통해 실무 능력을 기르고 시험 준비를 병행할 수 있습니다. 특히, 직업상담기법 같은 실습 중심 학습은 시험 대비에 효과적입니다. 자격증 취득 과정을 단축하는 제도를 적극 반영하는 것도 중요합니다. 일부 자격증은 관련 학위나 실무 경력이 있는 경우 과목 면제 또는 1차 시험 면제 혜택을 제공하므로, 조건을 검토하고 혜택을 최대한 활용해주세요.

사무 관련 자격증은 업무를 수행하는 데 필요한 기술을 익히는 출발점입니다. 자격증 취득이 목표가 아니라, 이를 통해 경력을 확장하고 기회를 만들어가는 것이 더 중요합니다. 특히, 신중년이 정규직으로 재취업하는 것은 쉽지 않기에, 다양한 방식으로 기회를 넓혀야 합니다. 정규직 일자리뿐만 아니라, 프로젝트 단위로 일하는 긱워커(gig worker) 형태의 업무도 고려해볼 만합니다. 데이터 분석, 문서 작성 등 사무 자격증을 활용할 수 있는 프로젝트에 참여하면 실무 경험을 쌓을 수 있습니다. 기존 동료나 업계 관계자와의 연결을 통해 추천받거나, 커뮤니티에서 정보를 교류하는 노력도 취업 기회로 이어질 수 있습니다. 자격증은 실무에서 빛을 발할 때 비로소 의미를 가집니다. 어떻게 활용할지 고민하는 순간, 새로운 기회가 열립니다.

[사무 분야 ❶ 컴퓨터활용능력 2급]

대한상공회의소가 주관하는 국가기술자격증으로, 스프레드시트와 데이터베이스 활용 능력을 검증함. 1급과 2급으로 나뉘며, 2급은 초급 데이터 처리와 분석이 필요한 입문자에게 적합하고, 1급은 고급 데이터 관리와 실무를 요구하는 전문가에게 적합함

응시자격	제한없음	시험일정	연간 약 6회 실시
응시방법	1차: 필기 2차: 실기	응시료	필기: 19,000원 실기: 22,500원

구분	필기	실기
시험과목	1) 컴퓨터 일반 (컴퓨터 시스템의 개요, 하드웨어, PC운영 체제 등) 2) 스프레드시트 일반 (워크시트 기본 및 편집, 수식과 함수 등) 3) 데이터베이스 일반 (데이터의 관리와 분석 등)	1) 스프레드시트 실무 (입력 및 편집, 수식 활용, 차트작성, 출력) 2) 데이터베이스 실무 (데이터 관리, 데이터 분석, 매크로 작성)
검정방법	객관식 50문제(40분)	작업형 주관식 5문제 이내(40분)
합격기준	100점 만점 기준 과목당 40점 이상 전과목 평균 60점 이상	100점 만점 기준 70점 이상
수행직무	사무환경에서 스프레드시트 응용 프로그램(엑셀)을 이용하여 필요한 정보를 수집, 분석, 활용하는 업무를 수행함	
진로 및 전망	기획, 인사, 총무, 마케팅 등 다양한 사무직 외에도 데이터 처리와 문서 작업이 요구되는 직군 전반에서 활용될 수 있음. 디지털 활용 능력은 산업 전반에서 업무 효율성을 높이는 필수적인 기술로 자리 잡고 있어, 사무직에 국한되지 않고 다양한 분야에서 수요가 지속될 것으로 전망되며, 디지털화가 가속화됨에 따라 기업의 효율성 강화 요구와 맞물려 꾸준히 활용될 수 있는 역량으로 평가받고 있음	

[사무 분야 ❷ ITQ(국가정보기술자격)]

한국생산성본부가 주관하는 국가공인자격증으로, 사무용 소프트웨어(한글, 엑셀, 파워
포인트 등)의 활용 능력을 검증. 응시자가 원하는 과목을 선택해 시험에 응시할 수 있으
며, 문서 작성, 데이터 처리, 발표 자료 제작 등 다양한 사무 업무 수행 능력을 평가함

응시자격	제한없음	시험일정	매월 둘째주 토요일
응시방법	실기	응시료	22,000원(과목 선택에 따라 추가될 수 있음)

구분	실기
시험과목	한글: 문서 작성, 편집, 서식 활용 등 엑셀: 데이터 정리, 함수 활용, 차트 작성 등 파워포인트: 슬라이드 제작, 애니메이션 설정, 발표자료 구성 등 기타 과목(액세스, 인터넷 등)이 추가 제공되기도 함
검정방법	선택 과목별로 주어진 작업을 컴퓨터에서 직접 수행
합격기준	A등급: 80점 이상 B등급: 70~79점 C등급: 60~69점(60점 미만은 불합격)
수행직무	매출 집계 및 함수, 차트를 활용한 보고서 작성, 발표 자료 제작, 데이터베이스 및 인터넷 자료 활용을 통한 업무자동화 지원을 통해 반복적인 처리작업을 자동화하고 업무 효율을 제고하는 업무를 수행함
진로 및 전망	한글, 엑셀, 파워포인트는 거의 모든 사무 환경에서 요구되는 핵심 소프트웨어이기 때문에 중소기업, 공공기관, 교육기관 등에서 사무직 초급 역량을 증명하는 데 유용함. 업무환경의 디지털화에 따라 기본 사무 소프트웨어 활용 능력은 필수적인 역량으로 자리 잡고 있으며, 데이터를 정리하고 시각화하는 능력은 앞으로 더욱 중요해질 것으로 보임

[사무 분야 ❸ 전산회계운용사 3급]

한국세무사회가 주관하는 국가공인자격증으로, 기초적인 회계 및 세무 지식을 전산회계 소프트웨어를 활용해 실무에 적용할 수 있는 능력을 검증. 초급 수준의 회계 처리와 기초 재무제표 작성, 간단한 세무 신고 등의 기본 역량을 평가하며, 회계 및 경리 업무의 입문 자격으로 적합함

응시자격	제한없음	시험일정	연간 3회 실시
응시방법	1차: 필기 2차: 실기	응시료	필기: 19,400원 실기: 34,600원

구분	필기	실기
시험과목	회계원리 (회계의 기본원리, 거래의 기장, 결산, 회사회계, 본지점회계, 연결 및 결합회계, 기업의 세무)	회계 S/W의 운용 (등록업무, 거래입력, 장부관리, 결산 및 재무제표, 고정자산관리, 원가관리, 세무관리)
검정방법	객관식 50문제(60분)	주관식 5문제 이내(80분)
합격기준	100점 만점 기준 60점 이상	100점 만점 기준 70점 이상
수행직무	전표 입력, 거래 내역 기록 및 정리, 기초 회계 처리, 간단한 재무제표 작성 보조, 부가가치세 신고 지원, 세금 관련 자료 준비 등을 담당함. 또한 더존, 세무사랑 등 전산회계 프로그램을 사용하여 회계 데이터 입력 및 관리 업무를 수행함	
진로 및 전망	전산회계 자격증은 중소기업 경리직, 회계법인, 금융기관 등에서 회계 관리 직무로 진출하는 데 유리함. 특히, 급여 계산, 세무 신고, 자금 흐름 관리 등 실무 중심의 역할을 요구하는 중소기업과 스타트업에서 실질적인 수요가 높음	

[사무 분야 ❹ ERP정보관리사 2급]

한국생산성본부가 주관하는 민간자격증으로 회계, 인사, 생산, 물류의 4개 모듈로 구성되어 있음. 각 모듈은 1급과 2급으로 나뉘어져 있어 선택하여 응시 가능함. ERP 시스템을 활용한 회계 처리, 인사 관리, 생산 계획, 물류 운영 등 기업의 핵심 기능을 통합적으로 관리하는 실무 역량을 평가함

응시자격	제한없음	시험일정	연간 약 6회 실시
응시방법	이론+실무	응시료	1과목: 28,000원 2과목: 50,000원

구분	이론	실무
시험과목 *최대 2개 모듈 접수가능	1) 경영혁신과 ERP(20점/4문항) 2) 생산계획/통제(30점/6문항) 3) 공정관리(30점/6문항) 4) 자재소요/생산능력계획 　(20점/4문항)	1) ERP생산기본정보관리 　(15점/3문항) 2) ERP생산관리(85점/17문항)
	생산모듈에 해당하며 과목은 모듈별로 상이	
검정방법	이론 20문항 실무 20문항(객관식 각 5점) 제한 시간: 이론 40분, 실무 40분	
합격기준	이론형, 실무형 100점 만점 기준 평균 60점 이상 (이론형, 실무형 각 40점 미만 시 과락)	
수행직무	기업의 경영활동 전반을 지원하기 위해 데이터를 체계적으로 관리하며 경영, 회계, 생산, 물류 등의 업무 프로세스를 설계하고 최적화하는 업무를 담당함. ERP 시스템 관련 IT 기술을 활용하여 데이터를 효율적으로 처리하고 분석하여 특정 산업이나 부서의 요구에 맞춘 맞춤형 솔루션을 설계하고 실행하는 역할을 수행함	
진로 및 전망	중소기업에서 ERP 시스템 운영을 담당하거나, 제조·유통업에서 재고관리 및 생산공정 지원 업무를 수행할 수 있음. 다양한 산업에서 ERP 도입이 확대되며 중소기업과 스타트업에서 활용이 늘어나 관련 인력 수요가 꾸준히 증가함. 실무 중심 역량을 검증하는 자격이므로 현장에 바로 적용 가능함	

[사무 분야 ❺ 사회조사분석사 2급]

한국산업인력공단이 주관하는 국가기술자격증으로, 데이터를 수집, 분석, 해석하여 사회 현상을 이해하고 정책 및 전략 수립에 기여할 수 있는 능력을 검증. 설문조사 설계, 통계적 분석, 보고서 작성 등 조사 및 분석 전문성을 평가함

응시자격	제한없음	시험일정	연간 3회 실시
응시방법	1차: 필기 2차: 실기	응시료	필기: 19,400원 실기: 33,900원

구분	필기	실기
시험과목	1) 조사방법과 설계(30문항) 2) 조사관리와 자료처리(30문항) 3) 통계분석과 활용(40문항)	사회조사실무 (설문작성, 단순통계처리 및 분석)
검정방법	객관식 4지 택일형 100문제(150분)	통합형 작업형 2시간(40점) 필답형 2시간(60점)
합격기준	100점 만점 기준 과목당 40점 이상 전과목 평균 60점 이상	100점 만점 기준 60점 이상
수행직무	데이터의 수집, 분석, 해석을 통해 사회 현상을 파악하고, 이를 기반으로 정책 수립이나 전략을 제안함. 설문조사 설계, 데이터 정리 및 통계 분석, 결과 보고서 작성과 같은 업무를 수행하며, 조사 결과를 통해 조직의 의사결정을 지원함	
진로 및 전망	공공기관에서 정책 평가 및 사회 현상 분석을 담당하거나, 민간 기업에서 시장 조사와 고객 분석을 수행하는 직무로 진출 가능함. 데이터 중심 업무가 증가하는 현대 사회에서 조사·분석 역량의 중요성이 커지고 있으며, 해당 자격증 필요성도 높아짐. 디지털화와 데이터 분석 기술의 확산으로 사회조사분석사 자격증이 더욱 유망한 선택지가 될 전망임	

[사무 분야 ❻ 빅데이터분석기사]

한국데이터산업진흥원이 주관하는 국가기술자격증으로, 대규모 데이터를 수집, 처리, 분석하여 비즈니스 및 정책 의사결정에 활용할 수 있는 전문 역량을 검증함

응시자격	기사 응시자격 참고	시험일정	연간 약 2회 실시
응시방법	1차: 필기 2차: 실기	응시료	필기: 17,800원 실기: 40,800원

구분	필기	실기
시험과목	1) 빅데이터 분석 기획 2) 빅데이터 탐색 3) 빅데이터 모델링 4) 빅데이터 결과해석	빅데이터분석실무 (데이터 수집 작업, 데이터 전처리 작업, 데이터 모형 구축 작업, 데이터 모형 평가 작업)
검정방법	객관식(4지 택일형) 과목당 20문항(총 80문항) 제한 시간: 120분	통합형(필답형,작업형) 제한 시간: 180분
합격기준	100점 만점 기준 과목당 40점 이상 전과목 평균 60점 이상	100점 만점 기준 60점 이상
수행직무	대용량의 정형 및 비정형 데이터를 수집하고, 목적에 맞게 정리 및 처리한 후, 분석 기술과 방법론을 활용해 유용한 정보를 도출함. 데이터의 패턴과 트렌드를 탐색하고, 통계 분석 결과를 시각화하여 의사결정에 활용할 수 있도록 지원함. 데이터베이스 관리, 데이터 전처리, 분석 결과 보고서 작성 등의 세부 업무를 포함	
진로 및 전망	빅데이터 분석은 마케팅, 금융, 의료, 공공정책 등 다양한 산업에서 필수 역할을 하며 수요가 증가하고 있지만, 인력 공급이 부족한 상황임. 신중년은 풍부한 경력을 바탕으로 전문 인력으로 자리 잡을 가능성이 크며, 정부도 빅데이터분석기사 자격증을 통해 전문가 양성을 지원함. 신중년이 재취업 시장에서 경쟁력을 갖출 기회가 더욱 확대되고 있음	

[사무 분야 ❼ 물류관리사]

한국산업인력공단이 주관하는 국가공인자격증으로 물류 프로세스 설계와 운영, 재고 관리, 공급망 관리(SCM), 물류 정보 시스템 활용 등 물류 분야 전반에 걸친 전문 지식을 검증하며 효율적인 물류 운영과 최적화된 공급망 구축을 위한 전문성을 다룸

응시자격	제한없음	시험일정	연간 1회 실시
응시방법	필기	응시료	20,000원

구분	필기
시험과목	1교시-1) 물류관리론 2) 화물운송론 3) 국제물류론 2교시-4) 보관하역론 5) 물류관련법규(물류정책 기본법, 물류시설의 개발 및 운영에 관한 법률, 유통산업발전법 등) *관련 과목이 개설되어 있는 대학원에서 해당 과목을 모두 이수하고 석사학위 이상의 학위를 받은 자는 시험과목 중 물류관련법규를 제외한 과목의 시험을 면제
검정방법	객관식(5지 선택형) 과목당 40문항(총 200문항, 200분)
합격기준	100점 만점 기준 매 과목 40점 이상 전 과목 평균 60점 이상
수행직무	물류관리에 대한 전문적인 지식을 가지고 원자재의 조달에서부터 물품의 생산, 보관, 포장, 가공, 유통에 이르기까지 물류가 이동되는 전체 영역을 관리. 물류센터, 유통업체, 제조업체 등에서 물류 관리와 효율적인 공급망 운영을 담당하며, 국제 물류와 관련된 업무에도 활용이 가능함
진로 및 전망	물류센터 운영 관리자, 유통·물류 기획자, 국제 물류 담당자, 재고 관리자 등으로 활동할 수 있으며, 물류업체뿐 아니라 대형 유통·제조업체의 물류 부서에도 진출 가능. 전자상거래와 글로벌화로 물류 산업이 성장하면서 물류 전문가 수요가 증가하고 있음

[사무 분야 ❽ 주택관리사보]

국토교통부가 관할하고, 한국산업인력공단이 시행하는 국가전문자격으로 공동주택
(아파트, 빌라 등)의 시설 관리, 재무 관리, 운영, 유지보수 등 전반적인 관리 능력과 함
께 법적 준수 사항과 안전 관리 역량을 검증함

응시자격	제한없음	시험일정	연간 1회 실시
응시방법	1차: 필기 2차: 실기	응시료	필기: 21,000원 실기: 14,000원

구분	필기	실기
시험과목	1교시-1) 회계원리 　　　2) 공동주택시설개론 2교시-3) 민법	1) 주택관리 관계법규 2) 공동주택관리실
검정방법	과목별 40문항(총 120문항) 제한 시간: 과목당 50분	과목별 40문항(총 80문항) (객관식 24,주관식 16) 제한 시간: 과목당 50분
합격기준	100점 만점 기준 과목당 40점 이상 전 과목 평균 50점 이상	선발예정인원*의 범위 내에서 합격자 결정 점수 이상을 얻은 사람 중 고득점자 순으로 결정 *연간 선발 예정 인원 수 제한 有
수행직무	공동주택의 시설 유지보수, 재무 관리, 민원 처리, 안전 관리 등을 담당하며, 건물과 설비 운영을 지원함. 관리비 예산 편성·정산, 공동시설 유지보수 계획 수립, 법적 준수 관리 등의 업무를 수행함	
진로 및 전망	아파트빌딩의 관리소장, 건설업체 또는 공사현장 등에 관리사무소장, 경비원으로 취업 가능. 300가구 이상 또는 승강기 설치 150가구 이상 공동주택은 주택관리사 채용이 의무화되어 있어 유지보수와 안전관리에 필수적. 신규 공동주택 증가로 수요도 꾸준히 늘어날 전망임	

[사무 분야 ❾ 경영지도사]

중소벤처기업부가 관할하는 국가공인자격증으로 중소기업의 경영 전략, 조직 운영, 마케팅, 생산관리 등 전반적인 경영 활동을 진단하고 개선하기 위한 전문 지식을 검증함. 인적자원관리, 재무관리, 생산관리, 마케팅 등 네 개 분야로 구분됨

응시자격	제한없음	시험일정	연간 1회 실시
응시방법	1차: 필기 2차: 실기	응시료	1차: 40,000원 2차: 40,000원

구분	1차	2차
시험과목	1) 중소기업관계법령 2) 회계학 개론 3) 경영학 4) 기업진단론 5) 조사방법론 6) 영어(공인어학성적 제출로 대체)	1) 인적자원관리: 인사관리, 　조직행동론, 노사관계론 2) 재무관리: 재무관리, 회계학, 　세법 3) 생산관리: 생산관리, 품질경영, 　경영과학 4) 마케팅: 마케팅관리론, 　시장조사론, 소비자행동론
	*네 개 분야 공통	*네 개 분야 중　한 가지 선택하여 응시 가능
검정방법	객관식(5지 택일형) 과목당 25문항(5과목) 제한 시간: 125분	논술형 및 약술형 논술형 2문항, 약술형 2문항 제한 시간: 90분
합격기준	100점 만점 기준 과목당 40점 이상 전 과목 평균 60점 이상(1, 2차 공통)	
수행직무	중소기업의 경영 환경을 분석하고, 경영 전략을 수립하며, 조직 운영, 마케팅, 생산 관리 등에서 개선 방안을 제시하는 역할을 수행함	
진로 및 전망	컨설팅회사, 공공기관, 일반기업 등에서 경영 컨설팅, 기획, 재무·생산 관리 업무를 수행함. 창업이나 프리랜서로 개인 컨설팅 사업을 운영하거나 강의 활동도 가능함. 중소기업 지원 정책 강화와 디지털 전환 가속화로 전문적인 경영지도사 수요가 증가함	

[사무 분야 ❿ 직업상담사 2급]

고용노동부가 관할하고 한국산업인력공단이 시행하는 국가공인자격증으로, 구직자와
구인자를 연결하고, 직업 상담 및 진로 설계를 지원하는 전문성을 검증함

응시자격	제한없음	시험일정	연간 약 3회 실시
응시방법	1차: 필기 2차: 실기	응시료	필기: 19,400원 실기: 20,800원

구분	필기	실기
시험과목	1) 직업상담학 2) 직업심리학 3) 직업정보론 4) 노동시장론 5) 노동관계법규	직업상담실무
검정방법	객관식(4지 택일형) 과목당 20문항(총 100문항) 제한 시간: 2시간 30분	필답형(100점) 제한 시간: 2시간 30분
합격기준	100점 만점 기준 과목당 40점 이상, 전 과목 평균 60점 이상	100점 만점 기준 60점 이상
수행직무	구인·구직, 취업 알선, 진학 및 직업 적응 상담 등 노동법규와 관련된 상담을 수행함. 노동시장과 직업 세계에 대한 정보를 수집·분석하여 상담자에게 제공하며, 직업적성검사와 흥미검사를 실시하고 그 결과를 해석하는 역할을 담당함	
진로 및 전망	고용센터, 취업지원센터, 대학, 기업 인사·채용 부서 등에서 구직자 상담, 진로 설계, 취업 알선 업무를 수행할 수 있으며, 프리랜서로 경력 컨설팅도 가능함. 고용 안정 정책과 노동시장 변화로 직업상담사 수요가 증가하고 있으며, 경력 전환·재취업 상담 확대, 데이터 기반 채용 및 직업 매칭 시스템 발전으로 전문성이 중요해짐	

02 꼭 알아야 할 기술직 자격증 가이드

A. 국가기술자격, 신중년의 새로운 기회를 열다

기계설비와 시공관리 분야에서 35년 경력을 보유한 임 씨는 현장에서 국가기술자격 취득자를 우대하는 것을 경험했습니다. 정년퇴직 후 그는 한국폴리텍대학 신중년특화과정에 입학해 공조냉동산업기사 자격을 취득했으며 과정을 수료한 다음에는 기능계 최고 수준 자격인 배관기능장에도 합격했습니다. 그는 재취업에 성공해 최고층 빌딩의 에너지센터 기계설비 파트장으로 근무 중입니다.

임 씨의 사례에서 볼 수 있듯이, 국가기술자격은 퇴직 이후에도 새로운 직무로 진출할 수 있는 유용한 도구입니다. 경력과 기술을 체계적으로 평가받아 새로운 기회를 열 수 있게 해주며 경력이 단절되었거나 새로운 기술 습득을 원하는 이들에게 중요한 길잡이 역할을 합니다.

2023년 국가기술자격 시험에는 약 232만 명이 응시하여, 75만여 명이 자격증을 취득했습니다. 1973년 국가기술자격법 제정 이후, 국가기술자격은 산업 현장에서 필수적인 기술·기능 인력을 양성하며 국민의 직업능력 향상을 이끌어 왔습니다. 현재 한국산업인력공단을 포함한 10개 기관에서 548종목의 국가기술자격을 운영하고 있습니다.

기술·기능 분야의 자격증은 기술사, 기능장, 기사, 산업기사, 기능사 등으로 등급이 나뉘며, 직무 수행 능력에 따라 세분화되어 있습니다. 기술사는 고도의 전문 지식과 실무 경험이 필요한 최고 수준의 자격으로 계획·연구·설계·분석·감리·사업관리 등 고급 업무를 수행할 수 있는 능력을 평가합니다. 해당 분야에서 오랜 경력을 보유한 신중년이 기술사 자격을 취득하면, 재취업뿐만 아니라 컨설팅, 교육 등 새로운 직무로의 전환 기회를 모색할 수 있습니다.

기능장은 숙련된 기술과 현장 관리 능력을 갖춘 전문가를 대상으로 하며 작업관리, 기능인력지도, 현장훈련 등의 업무를 수행할 수 있는 능력을 평가합니다. 다년간의 실무 경험을 쌓아온 신중년이 기능장 자격을 취득하면, 관리자로서의 역량을 발휘하거나 후배를 양성하는 데 강점이 생깁니다.

기사와 산업기사는 실무 중심의 기술과 이론을 평가받을 수 있는 자격입니다. 기사 자격증은 공학적 지식과 기술 이론을 바탕으로 설계·시공·분석 등의 업무를 수행할 수 있는 능력을 갖추고자 하는 사람들에게 적합합니다. 산업기사 자격증은 기초적인 기술과 기능 업무를 수행하기 위한 실무 중심의 자격으로, 신중년이 새롭게 도전하기에 비교적 접근이 쉽습니다.

기능사는 해당 종목에 숙련기능을 가지고 제조·조작·점검 등의 실무 중심 기술을 다룹니다. 진입 장벽이 낮고, 짧은 학습 기간으로 자격증을 취득해, 기술 분야를 처음 접하는 신중년에게 적합합니다. 제조업이나 설비 유지보수 같은 일자리로 연결될 가능성이 높습니다. 기능사 자격증은 응시자격 제한이 따로 없고, 다양한 분야에서 기본적인 기술 인력을 충원하는 데 필수 역할을 하기 때문에 응시인원이 많고 기술직 자격증 중에서도 꾸준히 관심을 받고 있습니다.

기술직 자격증은 여러가지 장점으로 인해 꾸준히 많은 사람들의 관심을 받고 있습니다. 특히 산업 전반에서 지속적으로 활용되고, 다양한 분야에 즉시 적용할 수 있는 자격증에 응시 인원이 집중되는 경향이 있습니다. 비교적 취득이 쉬우면서도 재취업과 경력 전환에 실질적인 도움을 줄 수 있다는 점에서 신중년에게도 유용합니다.

한국산업인력공단이 발간한 '2024년 국가기술자격 통계연보'에 따르면, 등급별로 역대 최고 응시인원을 기록한 종목은 다음과 같습니다.

- **기술사:** 소방기술사(2,964명), 건설안전기술사(2,934명)

- **기능장:** 위험물기능장(7,531명), 가스기능장(2,414명)

- **기사:** 산업안전기사(80,253명), 건설안전기사(34,908명)

- **산업기사:** 산업안전산업기사(38,901명), 위험물산업기사(31,065명)

- **기능사:** 지게차운전기능사(110,279명), 전기기능사(60,239명)

이 통계는 어떤 자격증이 실제로 취업 시장에서 활용도가 높고 신중년에게 도움을 줄 수 있는지를 잘 보여줍니다. 예를 들어, 지게차운전기능사와 전기기능사는 상대적으로 취득 과정이 간단하고 학습 기간이 짧아 빠르게 실무에 적용할 수 있다는 점

에서 주목받고 있습니다. 물류, 전기 설비 유지보수 등 실질적인 일자리로 바로 연결될 수 있는 장점도 있습니다. 또한 산업안전기사나 건설안전기사처럼 안전과 관련된 자격증은 모든 산업에서 기본적으로 필요로 하는 분야로, 수요가 꾸준히 존재합니다. 이처럼 자신의 상황에 맞게 사회적 수요와 연결된 자격증을 선택하면, 새로운 기회를 열어갈 가능성이 높습니다.

B. 퇴직 후에도 경쟁력 UP! 유망 기술 자격증

신중년은 기술직 자격증을 준비할 때 무엇을 고려해야 할까요? 취업 시장의 수요와 자신의 경험을 고려해 실질적으로 활용 가능한 자격증을 선택하는 것이 중요합니다. 최근 신중년들 사이에서 인기를 얻고 있는 지게차운전기능사, 산업안전기사, 굴착기운전기능사는 물류, 건설, 안전관리 분야에서 높은 수요를 보이는 실무 중심의 자격증입니다. 지게차운전기능사와 전기기능사는 비교적 취득 난이도가 낮아 신중년이 쉽게 도전할 수 있으며, 물류와 전기 시설 유지보수와 같은 실무에 바로 활용할 수 있는 장점이 있습니다.

'2023년 국가기술자격 채용공고 데이터'에서도 이러한 경향이 뚜렷합니다. 지게차운전기능사, 전기기사, 건축기사, 전기산업기사, 토목기사, 자동차정비기능사 등이 높은 채용 수요를 기록했습니다. 종목별 채용공고 건수 Top 20 중에서 한식조리기능사, 직업상담사, 컴퓨터활용능력, 워드프로세서 자격증을 제외한 대부분이 기술직 자격증으로, 해당 자격증을 취득했을 때 재취업에 유리하다는 것을 쉽게 알 수 있습니다.

산업별로도 기술직 자격증의 중요성은 명확히 드러납니다. 국가기술자격 분야별 채용공고 비중을 살펴보면, 자격증을 취득했을 때 진출할 수 있는 산업 분야와 활용 범위를 파악할 수 있습니다. 채용이 가장 많은 기술직 분야는 건설, 전기·전자, 기계, 안전관리, 환경·에너지 등의 순으로, 이 분야는 전체 채용공고에서 70% 이상을 차지합니다.

건설 산업은 2023년 채용공고에서 가장 높은 비중을 차지한 분야로, 전체 공고의 약 30%에 해당합니다. 건축기사, 토목기사, 건축산업기사 등 관련 자격증은 공공 인프라 사업 및 민간 건설 프로젝트에서 요구되며, 해당 자격증은 재취업 경쟁력을 높여줍니다.

전기·전자는 건설에 이어 두 번째로 높은 비중을 차지한 분야입니다. 스마트 제조업, 신재생에너지, IT 기반 인프라의 성장과 밀접하게 연관되어 있습니다. 전기기사, 전기산업기사, 전기기능사와 같은 자격증은 전력 설비 설치·유지보수 및 전자 설계·생산 업무에 유용합니다.

기계 분야는 제조업과 중공업의 핵심으로, 자동화 설비와 기계 유지보수에 대한 수요가 증가하고 있습니다. 기계설계산업기사, 건설기계정비산업기사, 공조냉동기계기능사 등의 자격증은 해당 분야에서 필수 자격으로 인정받고 있습니다.

산업현장에서의 안전 규제 강화와 더불어, 안전관리 분야도 떠올랐습니다. 산업안전기사와 건설안전기사는 각 산업의 안전 규정을 준수하고 관리하는 데 핵심적인 역할을 하며, 신중년에게 안정적인 취업 기회를 제공합니다.

환경과 에너지 분야도 친환경 기술과 신재생에너지 산업의 성장에 따라 중요성이 커졌습니다. 대기환경기사, 에너지관리기능사 등의 자격증은 지속 가능한 개발과 환경 규제 강화로 인해 활용도가 높아지고 있습니다.

결론적으로, 신중년이 기술직 자격증을 선택할 때는 자신의 강점과 경험을 살리면서도 채용 수요가 높은 분야를 중심으로 고민하는 것이 중요합니다. 현실적으로 접근 가능한 자격증부터 시작해 경력을 점진적으로 확장해 나가는 것이 바람직합니다. 기술직 자격증은 단순히 새로운 기술을 배우는 것을 넘어, 안정적인 취업과 경력 전환, 나아가 미래의 새로운 기회를 열어가는 데 큰 도움을 줄 것입니다.

C. 기술을 배우고 나누고 성장하다!

동서열처리(주) 구문서 회장은 열처리 분야의 전문가로 한국산업인력공단이 선정한 숙련기술전수자입니다. 그는 저온침탄질화열처리 등 대학 및 연구기관과 협력해 다양한 기술 개발에 기여하며, 제조업의 기반이 되는 뿌리산업 발전을 위해 노력하고 있습니다. 또한, 금속재료기능장 자격을 취득하며 꾸준히 자기계발을 이어오고 있습니다. 구 회장은 "금속 침탄, 질화 열처리 등 열처리 기술을 전수해 산업 전반의 경쟁력을 강화하고, 숙련된 기술인을 양성하는 데 힘쓰겠다"고 밝혔습니다.

김영진 (주)배터리 솔루션즈 이사는 40년 넘게 전기설비 유지보수 분야에서 활동하며, 103개의 자격증을 취득한 기술 전문가입니다. 그는 공장자동화 생산설비와 전기시스템을 융합하여 스마트공장 구축 전문가로 자리 잡았으며, 중소벤처기업부 스마트공장 구축 전문위원으로도 활동하고 있습니다. 다양한 책을 저술하고, 대한민국 산업현장교수로 활동하며 후배 양성에 힘쓰고 있으며, 우수 숙련기술자로 선정되고 직업능력개발유공 동탑산업훈장을 수상하며 사회적 기여와 전문성을 인정받았습니다.

고용노동부와 한국산업인력공단은 매년 대한민국 명장, 우수 숙련기술자, 숙련기술전수자 및 숙련기술장려 모범사업체를 선정하고 있습니다. 2024년 기준으로 대한민국 명장은 708명, 우수 숙련기술자는 759명, 숙련기술전수자는 149명에 달합니다. 정부는 숙련기술에 대한 사회적 인식을 높이고 숙련기술인의 지위를 강화하기 위해 숙련기술인을 선정하고 있습니다. 숙련기술은 산업 현장에서 필요한 기술로, 지속적인 경험과 학습을 통해 얻어지는 능력을 의미합니다. 신중년 중에는 이처럼 숙련된 기술을 바탕으로 새로운 경력을 만들어가는 사례가 많습니다.

모든 기술 전문가가 처음부터 높은 경력과 성취를 이룬 것은 아닙니다. 꾸준한 자기계발과 현실적인 첫걸음이 중요합니다. 예를 들어, 현장 근무 경력은 풍부하지만 자격증이 없던 한 60대는 정부지원 교육 프로그램을 통해 기능사 자격증을 처음 취득했습니다. 이후 프로그램 교수의 추천으로 기사 자격증까지 취득하며 전문성을 쌓아갔습니다. 이처럼 작은 성공의 경험이 쌓여 큰 성취로 이어질 수 있습니다.

대한민국 명장이나 우수 숙련기술자, 숙련기술전수자로 선정된 기술 전문가들의 인터뷰나 강연은 커리어 관리에 유용합니다. 이들은 자격증 취득에 그치지 않고, 책을 쓰거나 특허를 출원하며 자신의 전문성을 인정받고 사회에 기여하는 데도 힘쓰고 있습니다. 신중년은 오랜 현장 경험과 인내심이라는 강점을 가지고 있습니다. 새로운 도전은 언제나 가능성의 시작입니다. 기술직 자격증을 통해 강점을 살리고, 새로운 가능성의 문을 활짝 열어보세요.

[숙련기술인 선정제도 개요]

구분	자격요건 및 선정기준	
	자격요건	선정기준
대한민국 명장	다음 각 호의 요건을 모두 갖춘 사람 1. 산업현장 동일분야(고시 직종)에서 15년 이상 직접 종사한 사람 2. 제1호에 따른 직종에서 최고의 숙련 기술을 보유하였다고 인정되는 사람 3. 숙련기술의 발전이나 숙련기술의 지위 향상에 크게 기여하였다고 인정되는 사람	• 기능경기대회 입상 및 자격취득 실적 • 업무개선, 서적 및 논문, 매뉴얼 개발 실적 • 대외 활동 실적 • 사회봉사 활동 실적 • 면접 등 종합평가
우수 숙련 기술자	고용노동부장관이 정하는 분야의 생산 업무에 7년 이상 종사한 사람 * 대한민국 명장 선정 직중에서 숙련기술장려 사업의 취지 및 산업동향을 고려하여 선정 * 중소기업과 대기업 구분하여 선정	• 기능경기대회 입상 및 자격취득 실적 • 업무개선, 서적 및 논문, 매뉴얼 개발 실적 등 • 면접 등 종합평가
숙련 기술 장려 모범 사업체	숙련기술의 향상을 위하여 다음 각 호의 사업을 하는 사업체 중에서 선정 • 임금체계 개편 및 직무 재설계 • 인사제도 개선, 학습조직 구축 • 그 밖에 제안제도 개선, 현장발명 촉진 등 * 소기업, 중기업과 그 외의 대기업 구분 선정 가능	• 숙련기술인 우대제도 • 숙련기술 사회 환원도 • 기능경기대회 입상자 배출실적 등
숙련 기술 전수자	다음 각 호의 어느 하나에 해당하는 분야에서 15년 이상 종사한 숙련기술자로서 숙련기술을 전수하려는 사람 1. 제조업의 기반이 되는 수소, 금형 및 용접 등의 분야 2. 산업현장에 적합하게 창의적으로 응용·발전시킬 필요가 있는 분야 3. 세대 간에 단절될 우려가 있어 전수가 필요한 분야 4. 그 밖에 숙련기술 전수를 위한 지원이 필요한 분	• 전수자 및 전수대상자 평가 (숙련기술 보유 정도) • 전수환경의 적정성 및 전수교육 계획의 타당성 • 기술전수의 필요성 • 전수대상자의 전수여건 • 면접 등 종합평가

출처: 고용노동부 홈페이지, 보도자료

[기술 분야 ❶ 전기기능사]

전기 관련 분야의 전문 인력을 양성하기 위한 국가기술 자격증. 전기 설비의 설치, 유지보수, 점검 및 안전관리에 필요한 이론적 지식과 실무 능력을 평가함

응시자격	학력 및 경력 제한 없음	시험일정	연간 약 3회 실시
응시방법	1차: 필기 2차: 실기	응시료	필기: 14,500원 실기: 19,500원

구분	필기	실기
시험과목	1) 전기이론 2) 전기기기 3) 전기설비	전기설비 작업 실무 도면 이해 및 시공
검정방법	객관식 4지 택일형 –각 과목당 20문항, 총 60문항 *시험시간: 90분	작업형 시험 *시험시간: 약 4시간 30분
합격기준	과목당 40점 이상(100점 만점) 전 과목 평균 60점 이상	100점 만점 기준 60점 이상
수행직무	소방설비 설치 및 유지보수, 화재에 대한 안전 점검, 소방설비 설계 및 검토, 소방안전 컨설팅의 업무를 수행함	
진로 및 전망	아파트, 공공시설, 상업용 건물의 전기설비 유지보수부터 공장 내 전력 공급 관리, 생산 장비의 전기설비 점검까지 다양한 업무를 수행함. 전력 시스템의 안정적 운영과 안전 관리에서 핵심 역할을 맡음. 전기설비의 안전 관리와 노후 인프라 점검 수요가 증가하며, 신재생 에너지 확산과 탄소 중립 정책에 따라 태양광·풍력 설비 유지보수 전문가의 필요성이 확대됨. 관련 법규 강화로 자격증 소지자의 고용 안정성이 높아지고 있으며, 자동화와 스마트 전력 관리 시스템의 확산으로 전문 인력 수요가 증가하는 추세임	

[기술 분야 ❷ 소방설비산업기사]

건축물의 화재 예방과 안전 관리에 필요한 소방 설비의 설치, 점검, 유지보수를 수행하는 중급기술 자격증. 전기 및 기계 설비로 분류되며, 소방 관련 설비의 기술력을 평가함

응시자격	관련 학과 전문대 졸업 가능사 취득 후 동일 직무 분야 1년 이상 실무 경력	시험일정	연간 약 3회 실시
응시방법	1차: 필기 2차: 실기	응시료	필기: 19,400원 실기: 91,000원

구분	필기	실기
시험과목	1) 소방원론 2) 소방관계법규 3) 소방기계설비(기계분야) 또는 소방전기시설(전기분야)	소방 설비 실무(기계 또는 전기)
검정방법	객관식 4지 선다형(100문항) *시험시간: 90분	작업형 및 서술형 평가
합격기준	과목당 40점 이상(100점 만점) 평균 60점 이상	100점 만점 기준 60점 이상
수행직무	소방 설비의 설계, 설치, 유지보수를 수행하며, 건축물의 화재 안전성을 평가하고 설비 개선 방안을 마련함. 화재 예방 교육과 소방 훈련 계획을 수립하고 소방 감지기, 경보 시스템, 소화 설비 등의 운영 및 관리를 담당함	
진로 및 전망	소방 설비 점검, 유지보수, 화재 예방 관리 업무를 수행하며 공공기관과 민간 건설사에서 활동 가능함. 신규 건축물의 소방 설비 설치와 기존 설비 유지보수에 참여하며, 소방 설비 제조업체에서 기기 제작과 유지보수 기술 지원 역할을 맡음. 화재 예방 및 비상 대응 교육을 기획하거나 현장 관리자로도 활동함. 소방 안전 규정 강화와 스마트 소방 설비 기술 도입, 기존 건축물의 노후화로 인해 소방 설비 교체 및 유지보수 인력 수요가 지속적으로 증가함	

[기술 분야 ❸ 용접기능사]

제조업, 조선업, 플랜트 유지보수 등에서 용접 작업을 수행하는 기술 인력을 양성하기 위한 자격. 다양한 금속재료의 용접 및 절단 작업에 필요한 기초 기술과 지식을 평가함

응시자격	학력 및 경력 제한 없음	시험일정	연간 약 4회 실시
응시방법	1차: 필기 2차: 실기	응시료	필기: 14,500원 실기: 65,500원

구분	필기	실기
시험과목	1) 금속재료: 금속의 성질, 　용접 특성 2) 용접일반: 용접 공정 작업원리 3) 기계제도: 제도법 및 도면 해석	용접 실무: 가스 용접, 전기 용접 등 실제 용접 작업 수행
검정방법	객관식 4지 택일형 -총 60문항 *시험시간: 60분	작업형(실습), 용접 기술 평가 *시험시간: 약 4~6시간
합격기준	60점 이상	100점 만점 기준 60점 이상
수행직무	금속재료를 용접, 절단, 연결하며, 산업 현장에서 용접 설비를 활용해 기계 및 구조물의 조립과 제작을 수행함. 용접 품질을 검사하고 용접 기기의 유지보수 및 안전 점검을 담당하며, 건설, 제조, 조선, 철강 플랜트 등 다양한 산업 분야에서 용접 작업을 담당함	
진로 및 전망	용접기능사는 제조업, 조선업, 건설업, 플랜트 산업에서 금속 가공, 기계 제작, 철골 구조물 및 공장 설비 용접을 맡음. 조선업에서는 선박을 제작하고 유지보수하며, 건설업에서는 철골 구조물을 시공하고, 플랜트 산업에서는 공장 설비를 제작하고 유지보수함. 조선업과 플랜트 산업이 회복되면서 기업들이 용접 기술자를 적극적으로 채용하며, 풍력 발전기와 태양광 패널 제작 등 친환경 에너지 설비에서도 용접 기술이 필수적으로 활용됨. 다양한 산업에서 지속적으로 안정적인 일자리를 확보할 수 있음	

[기술 분야 ❹ 공조냉동기계기능사]

생산 제품의 냉각·가열 공정, 위생 관리, 물류를 위해 냉동·냉장 설비를 적절한 조건으로 유지하며, 건축물·산업 공장의 공조 냉동 및 유틸리티 설비를 조작·관리하는 능력을 평가함

응시자격	학력 및 경력 제한 없음	시험일정	연간 약 4회 실시
응시방법	1차: 필기 2차: 실기	응시료	필기: 14,500원 실기: 65,500원

구분	필기	실기
시험과목	공조냉동, 자동제어, 안전관리	공조냉동기계 실무 1) 냉동설비설치 2) 보일러설비설치 3) 공조장치제작설치 4) 공조배관설치 5) 덕트설비설치 6) 급배수설비설치 7) 자재관리
검정방법	객관식 4지 택일형(총 60문항) *시험시간: 60분	복합형 – 동관작업: 1시간55분, 50점 – 필답형(10문제): 1시간, 50점
합격기준	100점 만점 기준 60점 이상	100점 만점 기준 60점 이상
수행직무	공조냉동기계를 설치 운전하고, 냉매를 교환·보충하며 압축기, 응축기, 증발기, 펌프, 모터, 밸브 등과 같은 부속설비를 관리하고 보수하며 점검하는 업무를 수행함	
진로 및 전망	공조냉동 기술은 제빙, 식품 저장·가공분만 아니라 경공업, 중화학공업, 의학, 축산업, 원자력공업, 대형 건물 냉난방시설 등 광범위하게 응용되고 있음. 생활 수준 향상으로 냉난방 설비 수요가 증가함에 따라 냉동공조 기계의 설치·관리, 보수, 점검을 담당할 전문 인력의 수요도 늘어날 전망임	

[기술 분야 ❺ 가스기능사]

가스 제조·저장·충전·공급 및 사용 시설과 관련 장비의 시공, 조작, 검사 기술을 관리하며, 생산 공정에서 가스 생산 기계와 장비를 운전하고 충전할 때 필요한 예방 조치 수행 능력을 평가함

응시자격	학력 및 경력 제한 없음	시험일정	연간 약 4회 실시
응시방법	1차: 필기 2차: 실기	응시료	필기: 14,500원 실기: 32,800원

구분	필기	실기
시험과목	1) 가스 법령 활용 2) 가스 사고 예방, 관리 3) 가스시설 유지 관리 4) 가스 특성 활용	가스 안전 실무 1) 가스 특성 활용 2) 가스시설 유지관리 3) 가스 법령 활용 4) 가스사고 예방, 관리
검정방법	전과목 혼합 객관식 60문항 *시험시간: 60분	복합형 : 필답형(1시간) + 동영상(1시간)
합격기준	100점 만점 기준 60점 이상	100점 만점 기준 60점 이상
수행직무	고압가스 제조·저장·공급 시설 및 관련 장비의 시공, 조작, 검사 업무를 수행하며 기술적 사항을 관리함. 생산 공정에서 가스 생산 기계와 장비를 운전·충전하고, 예방 조치 점검, 고압가스 충전 용기 운반·관리, 용기 부속품 교체 등의 업무를 담당함	
진로 및 전망	고압가스 제조·저장·판매업체뿐만 아니라 도시가스 사업소, 용기 제조업체, 냉동 기계 제조업체 등 다양한 고압가스 관련 분야로 진출 가능함. 생활 수준 향상과 산업 발전으로 연료용·산업용 가스 수급이 대형화되고, 가스 시설이 복잡·다양해지면서 가스기능사 인력 수요도 증가할 전망임	

[기술 분야 ❻ 정보처리기능사]

정보처리기능사는 소프트웨어 개발, 데이터베이스 관리, 시스템 운영 등 IT 기초 기술을 검증하는 국가기술자격증으로, 소프트웨어 개발 및 데이터 처리 업무의 입문 자격으로 자리 잡고 있음

응시자격	제한없음	시험일정	연간 약 4회 실시
응시방법	1차: 필기 2차: 실기	응시료	필기: 14,500원 실기: 17,200원

구분	필기	실기
시험과목	1) 소프트웨어 개발 2) 데이터베이스 활용 3) 운영체제 4) 네트워크 기초 5) 정보보호 기초	소프트웨어 구현 및 데이터베이스 관리 실무
검정방법	객관식(4지 택일형)	작업형 (코딩 및 데이터처리 실무)
합격기준	과목당 40점 이상 평균 60점 이상	100점 만점 기준 60점 이상
수행직무	소프트웨어 개발 보조, 데이터 입력·관리, 시스템 운영 지원을 수행함. 기업의 IT 환경이 원활히 운영되도록 기술 지원을 담당함	
진로 및 전망	디지털 전환이 가속화되면서 IT 인력 수요가 증가하며, 실무형 인력에 대한 필요성이 높아지고 있음. 상위 자격증인 정보처리산업기사나 정보처리기사로의 도약을 위한 기초 단계로 활용될 수 있어 향후 소프트웨어 개발, 네트워크 운영, 정보보안 분야로 경력을 확장할 수 있는 기반을 제공함	

[기술 분야 ❼ 에너지관리기사]

에너지 설비의 효율적 운영과 관리 능력을 평가하는 자격증으로, 신재생 에너지 설비 및 기존 설비 관리에 필요한 기술을 인증함

응시자격	관련 학과 전문대 이상 졸업, 산업기사 취득 후 1년 이상 실무 경력	시험일정	연간 약 3회 실시
응시방법	1차: 필기 2차: 실기	응시료	필기: 19,400원 실기: 76,200원

구분	필기	실기
시험과목	1) 에너지 관리학 2) 열역학 3) 연소공학	설비 실무 작업
검정방법	객관식(4지 택일형)	작업형 및 서술형
합격기준	100점 만점 기준 60점 이상	100점 만점 기준 60점 이상
수행직무	에너지 설비 운영 및 유지보수를 담당하며, 효율적인 에너지 절감 계획을 수립하고 실행함. 설비의 성능을 점검하고 최적화하여 에너지 사용을 최적화하며, 법규에 따른 안전 관리와 점검을 수행함	
진로 및 전망	에너지관리기사는 에너지 관리와 설비 효율화를 담당하는 기술직으로, 대형 설비와 공장의 에너지 효율성을 개선하고 유지보수 작업을 수행함. 태양광, 풍력, 바이오에너지 등 신재생 에너지 설비의 관리와 운영 업무를 맡으며, 에너지 절약과 효율화 작업에서 중요한 역할을 담당함. 정부 정책과 기업의 에너지 절약 요구가 지속적으로 증가하고 있으며, 신재생 에너지 설비 보급 확대에 따라 관련 기술 인력의 수요가 늘고 있음	

[기술 분야 ❽ 폐기물처리기사]

폐기물 관리와 처리 기술을 평가하는 자격증으로, 환경오염 방지와 자원 활용을 목표로 함. 폐기물의 수집, 운반, 처리, 재활용 기술을 검증하며, 친환경적 폐기물 관리 계획 수립과 설비 운영 능력을 요구함

응시자격	관련 학과 전문대 이상 졸업, 산업기사 취득 후 1년 이상 실무 경력	시험일정	연간 약 3회 실시
응시방법	1차: 필기 2차: 실기	응시료	필기: 19,400원 실기: 76,200원

구분	필기	실기
시험과목	1) 폐기물처리공학 2) 환경공학개론 3) 폐기물자원화 4) 공업화학 5) 환경 관련 법규	폐기물 처리 실무 작업
검정방법	객관식 100문항으로 구성	작업형 및 서술형
합격기준	총점 60점 이상	100점 만점 기준 60점 이상
수행직무	폐기물 처리 설비의 운영 및 관리를 담당하며, 환경오염 방지 대책을 수립함. 폐기물 관리 계획과 설계를 수행하고, 재활용 및 자원화를 통해 순환 경제 구축에 기여함	
진로 및 전망	폐기물처리기사는 지방자치단체나 환경부 산하 기관에서 폐기물 관리와 처리 업무를 담당하며, 공장과 제조업체에서 폐기물 처리와 재활용 공정을 관리함. 환경 컨설팅과 기술 지원 역할을 수행하며, 폐기물 자원화와 환경 공학 연구 및 교육 분야에서도 활동 가능함. 폐기물 관리와 재활용 관련 법규가 강화됨에 따라 기술 인력의 수요가 증가하고 있음	

[기술 분야 ❾ 건축설비기사]

건축물의 설비 시스템을 설계, 설치, 유지보수할 수 있는 기술을 검증하는 자격증으로 냉난방, 환기, 위생, 급수·배수 설비 등 건축물 내 각종 설비의 효율적 운영과 안전 관리를 평가함

응시자격	관련 학과 전문대 이상 졸업, 산업기사 취득 후 1년 이상 실무 경력	시험일정	연간 약 4회 실시
응시방법	1차: 필기 2차: 실기	응시료	필기: 19,400원 실기: 76,200원

구분	필기	실기
시험과목	1) 건축설비학 2) 건축환경 3) 유체역학 4) 열역학 5) 설비재료 및 시공	설비 설계 및 유지보수
검정방법	객관식 100문항(과목별 20문항)	작업형 및 서술형 (설계, 유지보수 작업 수행 평가)
합격기준	과목당 40점 이상, 평균 60점 이상	100점 만점 기준 60점 이상
수행직무	건축물의 냉난방, 공조, 위생설비 등 설비 시스템의 설계, 시공, 유지보수를 담당함. 설비재료 선정, 시공 및 품질관리 감독을 수행하며, 에너지 효율화와 친환경 설비개선 계획을 수립하고 적용함	
진로 및 전망	건축설비기사는 건축설비의 설계와 시공 관리를 담당하며, 설비 유지보수와 에너지 효율화 프로젝트를 진행함. 공조 설비와 급배수 설비의 개발 및 유지보수를 수행하며, 친환경 설비 설계와 효율화 자문 역할도 맡음. IoT 기술과 자동화 설비의 도입으로 건축설비 설계자의 역할이 강화되고 있음. 에너지 효율화와 탄소중립정책이 확산되서 설비 기술자 수요가 증가함. 대규모 건축 프로젝트에서도 건축설비 기술자는 필수 인력으로 고용 안정성을 기대할 수 있음	

[기술 분야 ⑩ 신재생에너지발전설비기능사(태양광)]

신재생에너지설비에 대한 공학적 기초이론 및 숙련기능 등을 가지고 태양광 발전설비를 시공, 운영, 유지 및 보수하는 수행 능력을 평가함

응시자격	학력 및 경력 제한 없음	시험일정	연간 약 3회 실시
응시방법	1차: 필기 2차: 실기	응시료	필기: 14,500원 실기: 17,200원

구분	필기	실기
교과목	태양광 발전 구성, 시공, 운영및 보수	태양광 발전 설비 실무
검정방법	객관식 4지 택일형(60문항)	필답형
합격기준	100점 만점 기준 60점 이상	100점 만점 기준 60점 이상
수행직무	신재생에너지 발전소 및 다양한 건물·시설에서 신재생에너지 발전 시스템의 인허가, 설비 시공 및 감독, 시스템 구축을 담당함. 설비의 효율적인 운영을 위해 유지보수 업무를 수행함	
진로 및 전망	국내외 신재생에너지 시장이 급속히 성장하면서, 신재생에너지 발전 사업의 경쟁력을 높이기 위한 전문 인력의 필요성이 커지고 있음. 태양광 발전을 비롯한 신재생에너지 분야의 취업을 위한 첫 단계로 중요하게 자리 잡고 있음. 정부의 친환경 정책 확대와 기업의 ESG 경영 강화로 인해 태양광, 풍력, 수소 에너지 등 다양한 분야에서 관련 기술 인력의 수요가 증가할 전망임	

03 꼭 알아야 할 서비스직 자격증 가이드

 고용노동부의 '고용행정 통계로 본 노동시장 동향'에 따르면, 2024년 12월 말 기준 고용보험 상시 가입자는 1,531만 1천 명으로, 전년 동월 대비 15만 9천 명 증가했습니다. 세부적으로 보면 서비스업과 제조업에서는 가입자가 늘었지만, 건설업에서는 감소세를 보였습니다. 특히 서비스업의 증가세는 보건복지, 숙박음식, 전문과학, 사업서비스, 교육서비스 분야에서 두드러졌습니다. 이는 고령화 사회로 인한 노인 돌봄 수요 증가, 정부 복지정책 강화, 맞벌이 가구의 증가, 그리고 디지털 전환과 같은 사회적 변화와 밀접하게 연관되어 있습니다. 이러한 변화는 서비스직에서 신중년이 가진 강점이 빛을 발할 기회를 제공합니다.

 신중년은 오랜 직장 생활과 다양한 사회 경험을 통해 대인관계 능력과 문제 해결력을 갖추고 있습니다. 이러한 강점은 고객 응대, 교육 서비스, 상담 직무 등에서 높은 경쟁력으로 작용합니다. 정부지원 교육 프로그램을 활용해 요양보호사 자격증을 취득하거나 CS 실무 과정을 수료한 후 바로 현장에서 활동하는 사례도 늘고 있습니다.

A. 서비스직 자격증 분야별 특징

❶ 보건복지 분야: 돌봄과 사회적 가치 실현
행정직에서 퇴직한 50대 박 씨는 새로운 도전을 위해 요양보호사 자격증 취득에 나섰습니다. 부모님을 간병하며 돌봄 서비스의 중요성을 절실히 느꼈고, 노인 돌봄의 질을 높이고 싶다는 개인적인 목표가 동기가 되었습니다. 자격증 취득 과정에서 지역 복지센터의 무료 실습 교육과 고용노동부의 국민내일배움카드 지원을 활용해 교육비 부담을 줄일 수 있었습니다. 자격증 취득 후 박 씨는 재가요양서비스 기관에서 일을 시작했지만, 처음에는 체력적인 어려움과 어르신들과의 소통에서 부족함을 느끼기도 했습니다. 그러나 복지센터에서 제공한 추가 교육과 동료 요양보호사들의 조언을 통해 점차 적응했고, 현재는 프리랜서로 활동하며 안정적인 수익을 올리고 있습니다. 박 씨의 사례는 신중년이 돌봄이나 보건 분야에서 가진 강점을 발휘하며 새로운 직업적 가능성을 탐색할 수 있음을 잘 보여줍니다. 요양보호사, 간호조무사, 사회복지사는 보건복지 분야에서 신중년이 도전할 수 있는 대표 자격증입니다. 돌봄에 관심이 많고, 환자나 노인과의 소통 경험이 있거나 가족 간호 경험이 있는 신중년에게 유리합니다. 요양보호사와 간호조무사의 경우 여성 근로자가 많은 편이지만, 최근에는 남성 요양보호사와 간호조무사에 대한 수요가 점점 증가하고 있습니다. 이는 남성 환자를 대상으로 한 신체 보조 및 관리 직무에서 남성 요양보호사가 선호되기 때문입니다.

건강보험연구원의 '요양보호사 수급전망과 확보방안'에 따르면, 2028년까지 약 11만 6천 명의 요양보호사가 부족할 것으로 예상됩니다. 이는 요양보호사 취업 기회가 꾸준히 확대될 가능성을 보여줍니다. 실버산업의 성장으로 요양보호사의 활동 영역이 넓어지고 있습니다. 자격증 취득이 비교적 쉽고 퇴직 준비자가 진입하기 유리하지만, 낮은 임금과 높은 노동강도로 인해 자격증을 취득한 후 직업으로 선택하는 비율은 높지 않은 편입니다. 이에 따라, 초고령화 사회를 대비하기 위해서는 요양보호사의 처우를 개선하고 복지 사각지대를 줄이기 위한 정책적 노력이 필요하다는 지적이 나오고 있습니다.

간호조무사는 보건의료 분야에서 필수 인력으로 자리 잡고 있으며, 요양병원 및 지역사회 의료기관에서 간호 보조 인력에 대한 수요가 꾸준히 증가하고 있습니다. 지방 병원과 중소형 의료기관에서는 간호조무사를 주요 인력으로 활용해 운영 효율성을 높이고 있으며, 지역별 수요에 따라 취업 기회가 늘고 있습니다. 사회복지사는 복지관과 비영리 단체(NGO)에서 복지서비스를 설계하고 운영합니다. 복지에 대한 사회적 관심이 높아지면서, 사회복지사는 다양한 활동 기회를 제공받는 유망한 분야로 주목받고 있습니다.

❷ 교육서비스 분야: 성인 학습과 방과후 교육의 성장

교육서비스 분야는 신중년이 진출하기에 매우 적합한 분야입니다. 특히 학생 지도나 교육 프로그램 기획, 운영 등에서는 신중년의 경험과 안정감이 중요한 강점으로 작용합니다. 교육서비스 업종의 고용보험 가입자는 서비스업 전체 평균 증가율과 유사하며 지속 가능한 고용 환경을 보여주고 있습니다.

신중년에게 추천하는 대표 자격증으로는 평생교육사, 방과후지도사, 청소년상담사가 있습니다. 자녀 양육 경험이나 학습 지도 및 상담 경험이 있는 경우 더욱 유리합니다. 교직 경력과 지역사회 활동 경험이 있다면 교육서비스 직종에서 경쟁력을 갖추기 쉽고, 빠르게 적응할 수 있습니다. 전통적으로 여성의 비중이 높은 분야지만, 최근 STEM(과학·기술·공학·수학) 교육과 체육·스포츠 프로그램에서는 남성 방과후지도사에 대한 수요가 증가하고 있습니다.

평생교육사는 지역사회에서 다양한 교육 프로그램을 설계하고 운영하며 주민들의 평

생 학습을 지원하는 역할을 합니다. 방과후지도사는 초·중등학교에서 학생들에게 창의력을 키워 주는 학습 프로그램이나 특화된 수업을 진행하며 성장에 기여합니다. 청소년상담사는 학업, 진로 고민은 물론 정서적 안정 지원에 있어 중요한 역할을 하며, 청소년의 발달 단계에 맞는 상담을 제공하고, 가정이나 학교에서의 갈등 해결을 돕습니다. 심리학과 상담학 같은 전문 지식을 활용해 청소년들이 건강하게 성장할 수 있도록 지원합니다.

❸ 음식조리 분야: 기술을 통한 창업과 재취업의 가능성

50대 김 씨는 호텔 관리자로 근무하며 익힌 품질관리와 고객응대 경험을 살릴 수 있는 분야를 고민하다가 평소 관심이 많았던 제과제빵 기능사 자격증에 도전했습니다. 빵과 디저트를 만드는 데 흥미를 느꼈던 그는, 고객과 직접 소통하며 제품을 판매하는 일이 매력적으로 다가왔습니다. 창업 준비 과정에서는 소상공인시장진흥공단의 창업 지원금과 스마트 스토어 플랫폼 입점 지원 프로그램을 활용해 초기 자금을 마련했습니다. 현재는 SNS와 정기 배송 시스템을 적극적으로 활용해 홈베이킹 사업을 운영하며 안정적인 월 매출을 기록하고 있습니다. 특히, 시험 준비 중 제작한 작품을 SNS에 게시한 것이 초기 고객을 확보하는 데 큰 도움이 되었습니다.

음식조리 분야는 신중년에게 매우 인기를 끄는 분야입니다. 대표적인 자격증으로 한식조리기능사, 제과제빵기능사 등이 있습니다. 요리에 관심이 많거나 가사 경험이 풍부하고 창업을 꿈꾸는 사람들에게 적합합니다. 여성은 홈베이킹과 소규모 음식점 창업에 강점을 보이는 데 비해, 남성은 대형 주방이나 호텔 조리 분야에서 두각을 나타내고 있습니다. 한국산업인력공단에 따르면 제과·제빵과 조리 분야 18개 종목 전체의 2022~2023년 연평균 필기시험 응시자는 총 24만 9천 741명으로 나타났습니다. 한식조리기능사(6만 8천 243명), 제과기능사(5만 5천 213명), 제빵기능사(5만 2천 640명) 순으로 응시자가 많았습니다. 특히, 제과·제빵 산업기사 자격시험은 2022년 신설된 이후 1년 만에 응시자가 3배 이상 증가하며 높은 관심을 받고 있습니다.

코로나 이후 비대면 서비스와 배달 음식의 수요가 급증하면서 조리 업계는 새로운 방식의 메뉴개발, 위생관리, 건강식 트렌드에 발맞춘 메뉴개발이 요구되고 있습니다. 이러한 변화에 따른 대응력은 경쟁력을 확보하기 위한 필수 요소입니다. 자격증을 취득한 후 활용 가능성도 다양합니다. 한식조리기능사 자격증 취득 후 한식당 창업이나 단체 급식소 근무가 가능하며, 제과제빵기능사 자격증을 취득한 후 개인 베이커리를 운영하거나 맞춤형 디저트를 제작해 온라인으로 판매할 수도 있습니다. 음식조리 분야는 기술을 배우는 것을 넘어, 성장 가능성이 높은 기회를 제공하며 신중년이 자신의 강점을 살려 새로운 경력을 쌓기에 적합합니다.

❹ 고객서비스 분야: 소통과 신뢰를 기반

고객서비스 분야는 디지털 시대에 신중년이 새로운 기술과 역량으로 활약할 수 있는 직종으로 발전하고 있습니다. 고객서비스 관련 자격증으로는 CS Leaders(관리사)와 콜센터 전문상담사가 있습니다. 이 분야는 대인관계 경험이 많고 고객 응대와 문제 해결 능력을 갖춘 사람에게 적합합니다. 판매, 상담, 관리 경력이 있는 신중년이라면 업무를 수행하는 데 유리합니다. 여성은 콜센터 상담과 고객 응대 분야에서 강점을 발휘하며, 남성은 기술 지원 상담사나 고객 데이터 분석 등의 직무에서 활발히 활동하고 있습니다.

특히 디지털 전환과 소비자 경험 중심 트렌드 확산으로 인해 고용 수요가 꾸준히 증가하고 있습니다. 비대면 서비스와 온라인 플랫폼의 확대에 따라 데이터 분석과 문제 해결 능력을 요구하는 고부가가치 직업으로 발전하고 있습니다. CS Leaders(관리사)는 고객센터를 총괄하며 서비스 품질을 향상시키기 위한 전략을 수립하고, 콜센터 전문상담사는 고객 문의를 비대면으로 처리하거나 기술 지원을 제공하며, 기업과 소비자 간의 원활한 소통을 돕는 중요한 역할을 합니다.

B. 서비스직 자격증 취득부터 활용까지

서비스직 자격증을 통해 재취업이나 창업을 준비하기 위해서는, 단순히 시험에 합격하는 것을 넘어, 전략적 접근이 필요합니다. 자신의 강점과 경험을 분석해 서비스 분야에서 실질적인 경력 전환으로 연결할 수 있는 직무와의 연관성을 찾아야 합니다. 예를 들어, 대인관계 능력이 뛰어나고 인내심이 강한 사람은 요양보호사나 CS Leaders(관리사) 자격증을, 맛과 디자인에 민감하고 새로운 레시피를 개발하는데 흥미가 있다면 제과제빵기능사를 선택할 수 있습니다. 서비스직은 고객과의 소통이 중요하고 다양한 상황에 익숙해지기 위해 실무 경험을 쌓아야 합니다. 요양보호사나 간호조무사 자격증을 준비할 때는 지역 복지센터에서 자원봉사를 하고, 방과후 지도사는 실습 프로그램에 참여해 현장 경험을 쌓는 것이 중요합니다. 제과제빵기능사는 단기 인턴십을 통해 실무 기술을 익히는 것이 효과적입니다.

또한 서비스직은 AI와 디지털 플랫폼의 영향을 받는 분야로, 콜센터 상담사는 AI 상담도구 활용 방법을 익혀 경쟁력을 높일 수 있습니다. 서비스직은 급변하는 사회 변화에 맞춰 더욱 전문적이고 효율적인 방향으로 발전하고 있습니다. 로봇과 자동화 기술이 단순 업무를 대체하는 가운데, 인간은 감성적 케어와 맞춤형 서비스에 집중하며 중요한 역할을 담당하게 됩니다. 특히 디지털 플랫폼의 확산은 신중년이 적은 자본으로도 창업할 수 있는 기회를 열어줍니다. 신중년은 자신의 경험과 강점을 기반으로 디지털 기술과 트렌드를 적극 활용해 새로운 경력과 기회를 만들어갈 수 있습니다.

❶ 보건복지 분야

요양보호사는 노인요양시설, 재가요양센터, 주간보호센터에서 활동하며, 경력을 쌓아 관리자로 승진하거나 프리랜서로 전환할 수 있습니다. 심리상담사 자격증을 추가해 정서적 돌봄 서비스를 강화하거나 헬스케어 매니저로 확장 가능하며, 웨어러블 기기를 활용해 건강 상태를 원격으로 모니터링하고, 맞춤형 건강 상담을 할 수 있습니다. 간호조무사는 병원 및 요양병원에서 간호사 보조 업무를 수행하며, 교육 경력이 있으면 간호교육 강사로, 외국어 능력이 있으면 의료관광코디네이터로 외국인 환자 지원 업무를 맡을 수 있습니다. 사회복지사는 지역복지관, 비영리단체, 기업복지팀에서 근무합니다. 인사관리나 CSR 업무를 수행한 경우 복지 프로그램 기획과 운영에 유리합니다. 교육·상담 경력자는 심리치료사나 놀이치료사 자격증과 연계해 복지 서비스를 확장하거나, ESG 기반 복지 프로그램 기획자로 활동할 수 있습니다.

❷ 교육서비스 분야

기업 인사팀에서 퇴직한 이 씨는 자녀의 방과후 학습을 돕던 경험을 살려 방과후지도사 자격증을 취득했습니다. 지역 평생교육센터에서 과정을 수료한 후 초등학교에서 코딩과 독서 프로그램을 운영하며 호응을 얻었고, 현재는 학습센터에서 20명 이상의 학생을 대상으로 교육 서비스를 제공하고 있습니다. 이 씨와 같이 방과후지도사는 초·중등학교나 사설 교육기관에서 창의적인 학습 프로그램을 운영하거나 학습센터를 창업하는 등 다양한 경로로 활동할 수 있습니다. 특히 예술, 음악, 체육 등 특정 분야의 전문성을 가진 경우 차별화된 수업을 제공하며, 코딩교육지도사나 로봇교육지도사 같은 IT 및 과학 교육 자격증을 추가로 취득해 창의융합 교육 프로그램 운영으로 경쟁력을 높일 수 있습니다.

평생교육사는 지역 평생교육센터, 온라인 교육 플랫폼, 도서관 등에서 학습 프로그램을 기획하고 운영하며 디지털 학습 큐레이터로 활동 가능합니다. 학습심리상담사나 청소년상담사 자격증을 추가로 취득하면 상담 및 교육 컨설팅으로 영역을 확장할 수 있습니다. 노년층을 대상으로 스마트폰이나 컴퓨터 활용법을 가르치며 지역사회 강사로 활동하는 것도 유망합니다. 청소년상담사는 학업, 진로, 정서적 안정과 관련된 상담을 통해 학교와 지역사회에서 중요한 역할을 합니다. 진로지도사, 부모교육지도사 자격증과 연계하면 청소년의 진로 탐색과 목표 설정을 지원하고, 가정 내 청소년 문제 해결에도 기여할 수 있습니다.

❸ 음식조리 분야

한식조리기능사 취득 후 주로 한식당, 호텔, 단체 급식소에서 근무하며, 외식업체의 매니저, 영업직, 마케팅 경력자는 외식업 창업 컨설턴트나 외식 프랜차이즈 기획자로 진출할 수 있습니다. 바리스타 자격증을 취득해 한식과 퓨전 음료를 결합한 카페를 창업하거나 외국인 대상 한식 쿠킹 클래스와 연계한 관광 패키지를 제공할 수 있고, 조리기술지도사나 외식창업컨설턴트 자격증을 추가로 취득해 컨설팅 서비스나 창업 지원 분야로도 확장할 수 있습니다. 제과제빵기능사 취득 후 맞춤형 건강 디저트를 전문으로 하거나 친환경 베이커리 창업에 도전 할 수 있고, 콘텐츠 제작 및 디자인 경력자는 푸드스타일리스트 자격증을 연계해 고급 디저트 디자인, 음식 콘텐츠 제작, 광고 촬영 현장, 요리책 출판 등 다양한 방식으로 자신만의 브랜드를 구축할 수 있습니다. 마케팅 및 영업 경력자는 베이커리 제품의 온라인 판매와 브랜드 개발에 강점을 살려 맞춤형 디저트 구독 서비스를 운영하거나, 지역 특산물을 활용한 디저트로 차별화된 경쟁력을 가질 수 있습니다. 음식조리 분야는 조리 기술뿐만 아니라 기존의 외식업 경력, 마케팅 능력, 또는 가정 요리 경험 등을 기반으로 활용 가능하며 창업 및 확장 기회가 다양합니다.

❹ 고객서비스 분야

최 씨는 고객지원 부서에서의 경험을 살려 CS Leaders(관리사) 자격증을 취득하고, 대형마트 고객센터 매니저로 재취업했습니다. 업무 중 감정 노동으로 인한 스트레스를 겪기도 했지만, 심리상담 교육을 통해 이를 극복하며, 고객 불만 관리와 서비스 개선 프로젝트를 주도해 회사의 핵심 인재로 자리 잡았습니다. 최 씨의 사례처럼 CS Leaders(관리사) 자격증은 대기업 고객센터, 서비스 컨설팅 회사, 서비스 품질 관리팀 등 다양한 분야에서 경력 확장에 유용합니다. 고객센터, 호텔 리셉션, 판매직 등 서비스 경험이 있다면, 서비스 품질 관리 전문가로 성장 가능합니다.

고객서비스 강의나 교육 경력이 있는 경우, 기업 맞춤형 고객서비스 강사로 활동하거나 서비스 교육 프로그램을 개발하며 활동 영역을 넓힐 수 있습니다. 콜센터 전문상담사 자격증 취득자는 금융기관, 공공기관의 고객센터에서 근무하거나 멀티채널 상담 매니저로 전환이 가능합니다. 데이터 관리나 분석 경험이 있다면, 빅데이터 분석 자격증을 추가로 취득해 고객 데이터를 기반으로 맞춤형 서비스 전략 개발에 참여할 수 있습니다. 또한, 심리상담사 자격증과 연계해 감정 노동자를 위한 상담 전문가로 활동하거나, 비대면 고객 응대 트렌드에 맞춰 AI 챗봇과 연계한 상담 프로세스 기획 및 운영 전문가로 경력을 확장할 수 있습니다.

[서비스 분야 ❶ 요양보호사]

요양보호 관련 전문지식과 신체활동 지원기술, 일상생활 지원기술, 특수요양 보호기술 등의 수행능력을 평가함

응시자격	**표준교육과정 이수자** (자세한 응시자격은 한국 보건의료인국가시험원 홈 페이지 참고)	시험일정	상시 접수
응시방법	필기, 실기 통합	응시료	32,000원

구분	필기	실기
시험과목	요양보호론 (요양보호와 인권, 노화와 건강증진, 요양보호와 생활지원 및 상황별 요 양보호기술)	요양보호실무
검정방법	객관식 5지선다형 35문항(총점 35점)	객관식 5지선다형 45문항(총점 45점)
합격기준	필기/실기시험 각각 만점의 60% 이상 득점	
수행직무	요양시설 및 재가 요양센터에서 노인의 신체적 돌봄과 정서적 지원을 제공함. 일상생활 보조, 건강 상태 모니터링, 간단한 응급처치, 재활 보조와 같은 업무를 수행하며, 대상자와의 신뢰를 바탕으로 맞춤형 돌봄 서비스를 제공함. 가정 방문 시, 환자 가족과의 원활한 소통을 통해 돌봄 계획을 체계적으로 관리함	
진로 및 전망	고령화 사회로 인해 요양보호사는 지속적으로 수요가 증가하는 직종임. 재가 요양서비스 확대 및 정부의 복지 정책 강화로 일자리 기회가 풍부하며, 노인 돌봄에 대한 인식이 개선됨에 따라 전문성을 갖춘 요양보호사의 중요성이 더욱 부각되고 있음. 장기적으로는 소규모 요양센터를 창업하거나 전문 돌봄 컨설턴트로 활동할 수 있음	

[서비스 분야 ❷ 간호조무사]

의료기관에서 간호사와 함께 환자 돌봄 및 보조 업무를 수행할 수 있는지 인증하는 자격. 환자의 기본 간호, 진료 보조, 간호사 업무 지원 등을 수행함

응시자격	의료법 제80조에 해당하는 자 (자세한 응시자격은 한국보건의료인국가시험원 홈페이지 참고)	시험일정	연간 상하반기 2회
응시방법	필기, 실기 통합	응시료	37,000원

구분	필기	실기
시험과목	1) 기초간호학 개요(35문제) 　(치의학기초개론 및 한의학기초 　개론 포함) 2) 보건간호학 개요(15문제) 3) 공중보건학개론(20문제)	실기(35문제)
검정방법	객관식 5지선다형 70문항(총점 70점)	객관식 5지선다형 35문항(총점 35점)
합격기준	매 과목 만점의 40% 이상, 전과목 총점의 60% 이상 득점	
수행직무	병원, 요양병원, 지역사회 보건센터에서 간호사 보조 업무 수행. 환자의 상태 모니터링, 기본 간호 처치, 투약 보조, 의료기기 관리 등을 담당하며, 병동에서 환자의 생활 관리와 치료 보조를 지원. 또한, 보건소 및 재활센터에서 지역 주민의 건강 관리와 예방 교육 활동에도 참여함	
진로 및 전망	의료 서비스 수요 증가와 고령화로 인해 간호조무사의 고용 안정성 높음. 요양병원과 지역사회 보건시설에서 간호조무사의 역할은 필수적이며, 실무 경험을 쌓아 간호사 또는 보건 관리자 자격을 취득해 경력을 확장할 수 있음. 디지털 의료 기술 도입으로 의료기기 활용 능력을 갖춘 간호조무사는 더욱 경쟁력을 갖출 수 있음	

[서비스 분야 ❸ 사회복지사 2급]

개인과 지역사회의 복지 향상을 위한 전문 역량을 인증. 사회복지 이론과 실무 이해가
필요하며, 상담기술, 복지서비스 설계 및 실행 능력을 평가함

응시자격	**최종학력별 상이** (자세한 자격기준은 한국사회복지사협회 홈페이지 자격관리센터 참고)		
응시방법	보건복지부령이 정하는 사회복지 관련 교과목 이수 후 현장실습 요건 충족 시 자격 취득(무시험)	응시료	자격증 발급수수료 10,000원

구분	필수과목	선택과목
교과목	사회복지개론, 사회복지법제, 사회복지실천기술론, 사회복지실천론, 사회복지정책론, 사회복지조사론, 사회복지행정론, 사회복지현장실습, 인간행동과 사회환경, 지역사회복지론	가족복지론, 교정복지론, 노인복지론, 사회문제론, 사회보장론, 사회복지발달사, 사회복지윤리와철학, 사회복지자료분석론, 사회복지지도감독론, 산업복지론, 아동복지론, 여성복지론, 의료사회사업론, 자원봉사론, 장애인복지론, 정신건강론, 정신보건사회복지론, 청소년복지론, 프로그램개발과평가, 학교사회사업론
이수과목	10과목	7과목
취득기준	17과목 이상 이수, 현장실습 160시간, 실습세미나 30시간	
수행직무	복지 대상자와 상담을 통해 문제를 파악하고, 적절한 복지 서비스를 제공함. 복지 프로그램을 설계하고 실행하며, 관련 법률과 정책에 따라 대상자에게 적합한 지원을 연결함. 복지시설 관리, 사례 관리, 커뮤니티 지원 등의 역할을 통해 사회적 약자의 권익을 보호하고 삶의 질 향상을 도움	
진로 및 전망	정부와 지자체의 복지 정책 강화에 따라 사회복지사의 수요는 꾸준히 증가하고 있음. 노인, 아동, 장애인 복지 분야에서의 채용 기회가 많으며, 비영리단체(NGO), 공공기관, 학교사회복지 등 다양한 영역으로 진출할 수 있음. 경력을 쌓으면 복지행정가나 정책기획자로 활동하며, 커뮤니티 기반의 사회적 기업 설립도 가능함	

[서비스 분야 ❹ 평생교육사 2급]

평생교육 분야에서 전문성을 갖춘 인력을 양성하기 위한 자격증으로 평생교육 프로그램 개발, 운영, 평가 및 관리에 필요한 이론과 실무 능력을 평가함

응시자격	**최종학력별 상이** (자세한 자격기준은 국가평생교육진흥원 평생교육사 자격관리 홈페이지 https://lledu.nile.or.kr 참고)		
응시방법	일정 학점 수업 이수와 현장실습 요건 충족 시 자격 취득(무시험)	응시료	자격증 발급수수료 없음

구분	필수과목	선택과목
교과목	평생교육론, 평생교육방법론, 평생교육경영론, 평생교육프로그램개발론, 평생교육실습(4주, 160시간 현장실습포함)	•실천영역: 노인교육론, 문자해득교육론, 성인학습및상담, 시민교육론, 아동교육론, 여성교육론, 청소년교육론 등 •방법영역: 교수설계, 교육공학, 교육복지론, 교육사회학, 교육조사방법론, 기업교육론, 문화예술교육론, 상담심리학, 원격교육론, 인적자원개발론 등
이수과목	5과목	5과목(실천영역, 방법영역 각각 1과목 이상 포함)
취득기준	10과목 이상 이수(평균점수 80점 이상), 현장실습 160시간	
수행직무	지역사회 및 기관에서 성인 대상 교육 프로그램을 기획·운영하며, 학습자 상담을 통해 맞춤형 교육 콘텐츠를 제공함. 디지털 문해 교육, 직업 교육, 문화 프로그램 등 학습 기회를 마련하고, 교육 행정을 지원하며 학습자의 지속적인 성장을 돕는 역할을 수행함	
진로 및 전망	신중년의 재교육과 디지털 문해 교육의 필요성이 증가함에 따라 평생교육사의 역할이 확대되고 있음. 공공 평생교육센터, 기업 연수팀, 온라인 교육 플랫폼 등에서 활발히 활동할 수 있으며, 전문성을 갖춘 평생교육사는 디지털 학습 콘텐츠 설계 및 운영자로 성장 가능성이 높음	

[서비스 분야 ❺ 방과후지도사]

초·중등학교 방과후 학습을 지도하고 관리하는 전문가를 양성하기 위한 자격으로 방과후 교실 운영, 학생 안전 지도, 지역사회와의 연계 등 다양한 역할을 수행함

응시자격	만19세 이상	시험일정	연중 수시 (교육기관별 상이)
응시방법	온라인 강의 수강 후 필기시험	응시료	교육기관별 상이

구분	필기	비고
시험과목	방과후학교의 이해, 방과후학교 운영 중요성, 방과후학교지도사 인사관리, 초등돌봄교실, 온종일돌봄, 방과후학교의 환경, 방과후학교의 시설관리, 방과후학교의 부모와 지역사회 연계, 방과후학교 프로그램의 개발, 방과후학교의 일과운영 外	※ 방과후지도사 자격증은 민간 자격증으로, 취득 시 공신력 있는 교육기관을 선택하는 것이 중요함 (한국직업능력연구원에 정식 등록된 기관인지 확인 후 선택 필요)
검정방법	객관식 20문제	
합격기준	온라인강의 진도율 60%이상, 시험 60점 이상	
수행직무	초·중등학교에서 방과후 수업을 운영하거나 지역 커뮤니티 센터 및 시설 학원에서 학습 및 특기 교육을 운영함. 창의력 개발, 독서 지도, 코딩, 예체능 활동과 같은 프로그램을 기획·운영하며, 학생들의 학습 및 정서적 성장을 지원함. 개별 맞춤형 학습 계획을 수립하고 학부모와의 소통을 통해 프로그램의 질 향상	
진로 및 전망	교육부가 방과후 학교 프로그램 확대를 장려하면서 해당 직업의 수요가 꾸준히 증가함. STEM(과학, 기술, 공학, 수학) 교육과 예체능 프로그램에서 남성 지도사 및 전문 자격을 가진 인력 수요가 늘었으며, 디지털 전환으로 인해 온라인 방과후 프로그램과 디지털 학습 컨텐츠 기획 및 운영 분야에서도 기회가 창출되고 있음. 이는 방과후 지도사가 교육뿐만 아니라 디지털 기술과 창의적 기획 능력을 갖춘 다방면의 전문가로 발전할 가능성을 보여줌	

[서비스 분야 ❻ 청소년상담사 3급]

청소년상담사로서 직무 수행에 필요한 소양 및 전문지식, 실무능력을 평가함. 청소년의 심리·정서적 문제를 이해하고 상담할 수 있는 능력을 인증함

응시자격	최종학력별 상이	시험일정	연간 1회
응시방법	1차: 필기 2차: 면접	응시료	필기: 26,000원 면접: 16,000원

구분	필기	실기
시험과목	필수(5과목): 발달심리, 집단상담의 기초, 심리측정 및 평가, 상담이론, 학습이론 선택(1과목): 청소년이해론, 청소년수련활동론	1) 청소년상담자로서의 가치관 및 정신자세 2) 청소년상담을 위한 전문적 지식 및 수련의 정도 3) 예의·품행 및 성실성 4) 의사표현의 정확성, 논리성 5) 창의력, 판단력 및 지도력
검정방법	객관식 5지 택일형 과목당 25문항(150분)	10~20분 내외
합격기준	매 과목 40점 이상 전 과목 평균 60점 이상	면접위원(3인)의 평정점수 합계 모두 15점(25점 만점) 이상
수행직무	청소년의 문제를 파악하고, 적합한 상담 기법을 적용해 해결을 도우며, 심리검사를 활용해 청소년의 성격, 적성, 흥미를 분석하고, 진로 설계나 학습 동기를 높이기 위한 전략을 제안함. 학교, 부모, 지역사회와 협력해 청소년을 둘러싼 환경적 요인을 개선하고 예방 프로그램을 개발·운영함	
진로 및 전망	학교 상담실, 청소년상담복지센터, 지역아동센터, 정신건강복지센터 등 다양한 기관에서 활동함. 사회 변화와 스트레스 요인의 증가로 청소년 상담 수요는 지속적으로 증가하고 있음. 상담센터 관리자, 정책 연구원, 청소년 교육 컨설턴트 등으로 경력을 확장할 수 있고 심리상담사, 부모교육지도사, 진로지도사 등 관련 자격증을 취득하면 활동 분야를 넓히고 전문성을 강화할 수 있음. 디지털 시대에 적합한 상담 기법과 AI 기반 데이터 활용 능력을 겸비하면 더욱 경쟁력을 확보할 수 있음	

[서비스 분야 ❼ 한식조리기능사]

한식조리 작업에 필요한 식재료를 선정, 구매, 저장, 손질하여 맛과 영양을 고려하여 위생적으로 조리하는 능력을 평가함

응시자격	제한없음	시험일정	상시
응시방법	1차: 필기 2차: 실기	응시료	필기: 14,500원 실기: 26,900원

구분	필기	실기
시험과목	1) 한식 재료관리 2) 음식조리 및 위생관리	조리작업 (요구사항의 내용과 지급된 재료로 과제를 제한시간 내에 만들어 내는 작업)
검정방법	객관식 4지 택일형 60문항(60분)	작업형(70분)
합격기준	60점 이상	60점 이상
수행직무	한식메뉴 계획에 따라 식재료를 선정, 구매, 검수, 보관 및 저장하며 맛과 영양을 고려하여 안전하고 위생적으로 음식을 조리하고 조리기구와 시설 관리를 수행함. 단체 급식소, 호텔, 레스토랑 등에서 한식 요리 및 메뉴 개발을 담당하며, 위생 관리와 재료 선정, 조리 과정을 체계적으로 관리함	
진로 및 전망	외식 산업과 한식의 세계화 추세에 따라 한식조리기능사의 취업 기회는 계속 증가하는 추세. 프랜차이즈 레스토랑, 단체 급식소에서의 고용뿐만 아니라 개인 한식당 창업이나 푸드 콘텐츠 제작자로도 활동 가능성이 높고, 식품접객업 및 집단 급식소 등에서 조리사로 근무하거나 운영 가능함. 고용과 임금이 일정하지 않을 수 있지만, 조리 분야에서 전문성을 갖추면 수익과 직업적 안정성을 기대할 수 있음	

[서비스 분야 ❽ 제과기능사]

제과 및 제빵 분야에서의 전문성을 인증하는 자격증. 제과제품을 제공하기 위한 생산, 판매, 위생 및 관련 업무 수행능력을 평가함

응시자격	제한없음	시험일정	상시
응시방법	1차: 필기 2차: 면접	응시료	필기: 14,500원 실기: 29,500원

구분	필기	실기
시험과목	1) 과자류 재료 2) 제조 및 위생관리	제과 실무 (출제된 1개 과제를 제한시간 내에 완성하여 제출)
검정방법	객관식 4지 택일형 60문항(1시간)	작업형(2~4시간)
합격기준	60점 이상	60점 이상
수행직무	각 제과제품 제조에 필요한 재료의 배합표 작성, 재료 평량을 하고 각종 제과용 기계 및 기구를 사용하여 성형, 굽기, 장식, 포장 등의 공정을 거쳐 각종 제과제품을 만드는 업무를 수행함	
진로 및 전망	제과·제빵 전문업체, 소규모 베이커리, 프랜차이즈 브랜드, 단체 급식소 등 다양한 분야에서 활동할 수 있으며, 해외 취업 기회도 열려 있음. 홈베이킹 사업과 맞춤형 구독 서비스가 활성화되고 있으며, SNS를 활용한 개인 브랜드 운영도 인기를 끌고 있음. 소규모 베이커리 시장이 성장하며 차별화된 기술을 가진 전문 인력에 대한 수요가 높아지고 있음. 프랜차이즈 브랜드의 메뉴 개발팀에서도 신제품 기획과 트렌드 반영을 위한 전문 제과기능사의 역할이 중요해짐	

[서비스 분야 ❾ CS Leaders(관리사)]

고객 서비스 분야에서 전문성을 높이기 위한 자격증으로 CS 기획, 고객 응대 및 고객 감동을 높이는 실무 지식과 능력을 평가함

응시자격	제한없음	시험일정	매월 1회
응시방법	필기	응시료	70,000원

구분	필기	비고
시험과목	1) CS개론 2) CS전략론 3) 고객관리 실무론	※ 자격검정관리 (사)한국정보평가협회
검정방법	객관식 5지 선다형 과목당 25문항(75분)	
합격기준	60점 이상	
수행직무	고객센터 운영과 서비스 품질 관리를 담당하며 상담 프로세스 설계, 불만 고객 관리, 서비스 개선 방안 수립을 주요 업무로 수행함. 상담사 교육과 코칭을 통해 응대 역량을 강화하고, 데이터 분석을 통해 고객 니즈를 반영한 맞춤형 서비스를 제공함. 고객경험 향상 전략을 이끌며, 운영 효율성과 서비스 품질을 강화해 고객 만족도를 제고함	
진로 및 전망	디지털 전환과 고객 경험 중심 서비스 확산으로 고객센터 관리자의 수요가 꾸준히 증가하고 있음. 대형마트, 금융사, IT기업, 공공기관 등에서 근무하며 고객 서비스 전략을 총괄함. AI와 RPA 도입으로 단순 업무가 줄어들면서 관리자의 역할이 더욱 중요해지고 있으며, 서비스 컨설턴트, 교육 강사, 고객 경험 전문가 등으로 경력을 확장할 기회도 다양함	

[서비스 분야 ⑩ 콜센터 전문상담사]

고객 상담 및 문제 해결 역량을 검증하는 자격증으로 고객 응대 기술, 커뮤니케이션 능력, 문제 해결력, 감정 관리 등을 평가함

응시자격	만19세 이상	시험일정	연중 수시 (교육기관별 상이)
응시방법	온라인 강의 수강 후 필기시험	응시료	교육기관별 상이

구분	필기	비고
시험과목	콜센터 상담전문가의 역량과 자질, 텔레커뮤니케이션의 이해, 콜센터 상담전문가의 실무이해, 고객만족의 중요성, 상담능력 향상을 위한 기술, 감정노동의 이해 및 스트레스 관리 外	※ 콜센터 전문상담사는 민간 자격증으로, 취득 시 공신력 있는 교육기관을 선택하는 것이 중요함 (한국직업능력연구원에 정식 등록된 기관인지 확인 후 선택 필요)
검정방법	객관식 4지 택일형 20문제(60분)	
합격기준	온라인강의 진도율 60% 이상, 시험 60점 이상	
수행직무	기업 및 공공기관의 고객상담센터에서 다양한 고객의 문의를 처리하고, 불만이나 문제를 해결하는 역할을 수행함. 전화, 이메일, 채팅 등을 통해 고객과 소통하며 제품 서비스 정보를 제공함. 감정적인 고객을 관리하고 고객경험 개선을 위한 제안 및 서비스 품질 향상에 기여함	
진로 및 전망	금융, IT, 통신, 공공서비스 등 고객 접점 분야에서 폭넓게 활동 가능하며, AI 기반 고객지원 시스템의 도입과 함께 전문 상담사의 역할이 중요해짐. 단순응대 업무는 자동화되더라도 복잡한 문제 해결 및 고객감정 관리는 상담사의 영역이기에 고용이 기대됨. 콜센터 팀장, 품질 관리 전문가, 고객 경험 관리자는 물론 교육 및 컨설팅 분야로 경력 발전 가능. 디지털 환경에 대한 이해와 상담 기술을 갖추면, 경쟁력을 유지할 수 있음	

04 꼭 알아야 할 기타 분야 자격증 가이드

A. 안전관리: 법적 요구와 사회적 책임

'안전 최우선 가치 실현, Let's be Safe!'는 한 건설사의 안전 슬로건입니다. 건설 업계는 경기 침체에도 불구하고 안전을 최우선 목표로 삼고, 중대재해 예방을 위한 투자 확대와 체계적인 안전관리 시스템을 도입하며 무재해 달성을 목표로 하고 있습니다. 안전보건협의체 운영, 안전혁신정책 도입 등을 통해 협력사 지원을 강화하고 현장 안전문화를 정착시키려는 노력이 이어지고 있습니다.

제조업에서도 안전 강화를 위한 변화가 가속화되고 있습니다. 정부는 산업재해를 예방하고 안전관리를 체계적으로 강화하기 위해 AI 기반 제조안전시스템 개발을 추진 중입니다. 산업통상자원부는 제조업 주요 업종을 대상으로 사고 예방 기술을 도입하며, 사후 대응이 아닌 사전 예방 중심의 안전 패러다임을 구축하는 데 초점을 맞추고 있습니다. 이처럼 산업 전반에서 안전이 최우선 가치로 자리 잡으면서, 안전 관리 인력과 관련 자격증의 중요성도 더욱 커지고 있습니다.

2020년 산업안전보건법 개정과 2022년 중대재해처벌법 시행은 산업 현장에서의 안전관리 기준을 대폭 강화했습니다. 개정된 법안에 따라 상시근로자 50인 이상 사업장은 자체적으로 안전관리자를 선임해야 하며, 중대재해처벌법은 경영 책임자에게 안전관리 체계 구축과 사고 예방의 직접적인 책임을 부여하고 있습니다. 기업과 기관들은 안전보건 전담 조직을 신설하고, 법적 요건을 충족하기 위해 안전관리자를 선임하는 등 안전 강화를 위한 노력을 기울이고 있습니다. 안전관리자는 사업장의 기술적 안전사항을 관리하며, 사업주 및 안전보건관리책임자를 보좌하는 핵심 역할을 수행합니다. 이들은 위험성 평가, 산업재해 예방 대책 수립, 안전 교육 계획 마련 등 다양한 업무를 통해 현장의 안전을 책임지고 있습니다.

안전관리자 선임을 위한 관련 자격증의 필요성이 커지면서 응시자 수도 꾸준히 증가하고 있습니다. 한국산업인력공단 큐넷에 따르면, 2023년 산업안전기사 필기시험 응시자는 8만 명을 넘어섰으며, 이는 전년 대비 47%, 2020년 대비 두 배 이상 증가한 수치입니다.

❶ 안전관리자가 되기 위한 필수 자격증

안전관리 분야 대표 자격증으로는 산업안전(산업)기사와 건설안전(산업)기사가 있습니다. 이 자격증은 제조업과 건설업 현장에서 안전관리를 담당하는 데 필요한 핵심 역량을 요구합니다. 건설안전(산업)기사는 건설업 안전관리자 선임에 주로 사용되며, 산업안전(산업)기사는 제조업, 서비스업은 물론 건설업에서도 활용 가능합니다. 다만, 건설업에서는 건설안전(산업)기사가 유리할 수 있습니다. 예를 들어, 건설안전기사는 자격증과 해당 분야 경력 3년만으로 대형 프로젝트에 참여할 수 있지만, 산업안전기사는 5년 경력을 요구합니다.

안전관리 분야 자격증으로 소방안전관리자도 주목할 만합니다. 화재예방 및 안전관리에 관한 법률에 따라 화재 발생 시 초기 대응을 위해 소방안전관리 대상물 배치가 의무화 되었습니다. 건설현장, 제조업, 물류창고, 아파트 등 다양한 산업군에서 소방안전관리자를 선임하도록 요구하고 있습니다. 소방안전관리자는 소방시설과 설비가 제대로 설치되고 잘 작동하는지 확인하며, 건물과 사람들의 안전을 책임지는 역할을 합니다. 소방안전관리자는 특별한 응시 자격 없이 한국소방안전원에서 주관하는 의무교육만 이수하면 시험에 응시할 수 있습니다.

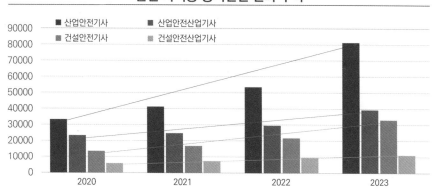

안전 자격증 응시인원 변화 추이

출처: 한국산업인력공단, 「2024년 국가기술자격 수험자 기초통계 보고서」

❷ 기업재난관리자: 중대재해처벌법에 따른 수요 증가

기업재난관리사는 중대재해처벌법 시행에 따라 수요가 늘어날 것으로 예상되는 자격
증입니다. '기업재난관리자'는 기업에서 발생할 수 있는 재난과 피해를 최소화하고, 재
난 대비와 대응을 위한 기획 및 운영 업무를 수행합니다. 주요 업무에는 실무자 활동,
리스크 평가, 교육 및 훈련 계획 수립, 시스템 개선 운영, 재해 경감 활동 계획 수립을
위한 컨설팅, 재해 경감 우수기업 인증평가 활동 등이 있습니다.

안전관리자가 주로 현장에서 활동하는 것과 달리, 기업재난관리자는 실내에서 업무가
이뤄져 작업 강도가 비교적 가벼운 편입니다. 주된 업무는 자료 수집, 데이터 분석, 계
획 수립 등으로 체력에 대한 부담이 적어 신중년이 도전하기에 적합한 분야로 평가받
고 있습니다. 기업재난관리자가 되기 위해서는 일반적으로 국가자격인 '기업재난관리
사' 자격증을 취득해야 합니다. 이 자격증은 기업재난경감협회에서 위탁 시행하며, 특
별한 응시 자격은 요구되지 않습니다. 대한안전교육협회, 한국방재협회, (재)한국재난
안전기술원 등 행정안전부에서 지정한 10개 기관에서 관련 교육을 이수한 후 시험에
응시할 수 있습니다.

신중년 세대가 가지고 있는 다양한 경험은 안전관리 분야에서 가지는 가장 큰 강점입
니다. 젊은 세대가 놓칠 수 있는 세부적인 부분을 파악하고, 다년간의 실무에서 축적된
지식과 통찰력을 바탕으로 현장에서의 문제를 효율적으로 해결할 수 있습니다. 안전관
리 분야는 단순히 기술적 전문성을 요구하는 것에 그치지 않고, 다양한 이해관계자와
소통하며 조직 전체를 조율하는 능력을 필요로 합니다. 신중년은 풍부한 대인관계 경
험과 문제 해결 능력을 활용해, 팀워크와 협업이 중요한 환경에서도 뛰어난 성과를 낼
수 있습니다.

안전에 대한 사회적 인식이 강화되고 있고, 근로자를 보호하기 위한 법적 요구도 높아
짐에 따라 안전관리자에 대한 수요는 더욱 증가할 것으로 보입니다. 변화하는 시대 속
에서 신중년은 그동안 쌓아온 경험과 지혜를 바탕으로 안전관리 분야에서 경제적인 안
정성을 넘어, 사회적 책임을 다할 수 있습니다. 개인의 성장과 함께 더 안전한 사회를
만들어가는 데 기여할 수 있다는 점은 안전관리 분야의 큰 장점입니다.

[기타 분야 ❶ 산업안전산업기사]

제조(기계, 전기, 화공, 건설 등) 및 서비스 등 각 산업 현장에서의 안전관리에 관한 이론적 지식과 관련 법령을 바탕으로 일반지식, 전문지식과 응용 및 실무 능력을 평가함

응시자격	산업기사 응시자격 참고	시험일정	연간 약 3회 실시
응시방법	1차: 필기 2차: 실기	응시료	필기: 19,400원 실기: 34,600원

구분	필기	실기
시험과목	1) 산업재해예방 및 안전보건교육 2) 인간공학 및 위험성 평가·관리 3) 기계·기구 및 설비 안전관리 4) 전기 및 화학 설비 안전관리 5) 건설공사 안전관리	산업안전관리 실무 영상자료를 이용하여 시행. 제조(기계·전기· 화공·건설 등) 및 서비스 등 각 사업 현장에서의 안전관리 이론 지식과 관련 법령을 바탕으로 일반지식, 전문지식과 응용 및 실무 능력 평가
검정방법	객관식 4지 택일형 과목당 20문항(과목당 30분)	복합형: 필답형(1시간, 55점) 작업형(1시간, 45점)
합격기준	과목당 40점 이상 전 과목 평균 60점 이상	60점 이상(100점 만점)
수행직무	제조 및 서비스업 등 각 산업 현장에 배속되어 산업재해 예방계획의 수립, 작업 환경의 점검 및 개선, 유해 및 위험방지, 사고사례 분석 및 개선, 근로자의 안전 교육 및 훈련에 관한 업무를 수행함	
진로 및 전망	기계, 금속, 전기, 화학, 목재 등 다양한 제조업체를 비롯해 안전관리 대행업체, 산업안전 관련 정부기관, 한국산업안전공단 등에서 활동할 수 있음. 선진국 수준의 안전 기준을 확보하기 위한 지속적인 투자와 사회적 인식 확산에 따라, 산업안전보건법 시행규칙이 개정되며 각종 기계·기구 및 방호장치까지 안전인증 대상이 확대됨. 정부의 재해 예방 정책 강화로 인해 이 자격증 취득자의 인력 수요는 앞으로도 꾸준히 증가할 전망임	

[기타 분야 ❷ 건설안전산업기사]

건설 현장의 생산성 향상과 인적 · 물적 손실을 최소화하기 위해 각 건설 현장에서의
안전관리에 관한 이론적 지식과 관련 법령을 바탕으로 일반지식, 전문지식과 응용 및
실무 능력을 평가함

응시자격	산업기사 응시자격 참고	시험일정	연간 약 3회 실시
응시방법	1차: 필기 2차: 실기	응시료	필기: 19,400원 실기: 34,600원

구분	필기	실기

시험과목	1) 산업안전관리론
	2) 인간공학 및 시스템안전공학
	3) 건설시공학
	4) 건설재료학
	5) 건설안전기술
		건설안전 실무
		1) 안전관리 계획 수립,
		    재해조사 분석, 안전 교육
		2) 건설공사 현장 위해 ·
		    위험요소 인지 및 예방조치
		3) 건설안전 규정 인지 및 적용

검정방법	객관식 4지 택일형 과목당 20문항(과목당 30분)	복합형: 필답형(1시간, 60점) 작업형(약 50분, 40점)
합격기준	과목당 40점 이상 전 과목 평균 60점 이상	60점 이상(100점 만점)
수행직무	건설 재해 예방계획 수립, 작업 환경의 점검 및 개선, 유해 위험방지 등의 안전에 관한 기술적인 사항을 관리하며 건설물이나 설비작업의 위험에 따른 응급조치, 안전장치 및 보호구의 정기점검, 정비 등의 직무를 수행함	
진로 및 전망	건설 재해는 다른 산업재해에 비해 발생 빈도가 높고, 다양한 위험 요소가 상호 연관되어 복합적으로 발생하므로, 전문적인 안전관리자를 필요로 함. 또한 「산업안전보건법」에 의한 채용의무 규정 및 경제성(재해에 따른 손실비용>안전관리에 따른 비용)에 따라 건설안전산업기사의 인력 수요는 증가할 것임	

[기타 분야 ❸ 기업재난관리사]

기업재난관리자는 재난 발생 시 피해를 최소화하기 위한 기획과 대응 업무를 수행함. 리스크 평가, 교육 및 훈련 계획 수립, 시스템 개선, 재해 경감 활동 컨설팅, 우수기업 인증 평가 등을 담당함

분류	1) 재해경감활동 실무분야: 교육이수 2) 재해경감활동 계획수립 대행분야: 교육이수+실무분야자격 3) 우수기업인증 평가분야: 교육이수+실무분야자격+대행분야자격		
근거법령	「재해경감을 위한 기업의 자율활동 지원에 관한 법률」 제10조제2항		
수행기관	(특)기업재해경감협회 (www.bcdm.or.kr)	인증기관	행정안전부

기업재난관리사: 재해경감활동 실무분야

	교육형태	집체교육		
교육이수	교육내용	1) 재해경감활동계획수립 프로젝트 개요 이해 2) 업무영향분석(BIA)　3) 위험평가(RA) 4) 업무연속성 전략 개발 5) 업무연속성절차 이해 6) 훈련 및 테스트 7) 모니터링 및 평가　8) 개선		
	시간	5일 35시간	비용	650,000원

	응시자격	재해경감활동 실무분야 전문교육과정을 이수하고 수료증을 발급받은 사람		
인증시험	시험일정	연간 약 4회	응시료	50,000원
	시험방법	필기: 선택형(100문제) •재해경감활동 프로젝트 개요 이해(20문항, 100점) •업무영향분석 / 위험평가(20문항, 100점) •사업연속성 전략 개발(20문항, 100점) •재해경감활동 절차 이해(20문항, 100점) •훈련 · 테스트 / 모니터링 및 평가 / 개선 　(20문항, 100점)		
	시험시간	100분	합격기준	평균 60점 이상, 과목별 40점 이상(100점 만점)

[기타 분야 ❹ 소방안전관리자]

소방안전관리자는 화재 안전 책임자로서 소방안전관리 업무를 담당함. 화재 예방, 소방시설의 설치 및 유지 관리, 화재 발생 시 초기 대응을 통해 생명과 재산을 보호하는 소방안전 분야의 전문 자격임

분류	특급소방안전관리자, 1급·2급·3급 소방안전관리자(교육시간에 따라 취득 가능)		
근거법령	「화재의 예방 및 안전관리에 관한 법률 시행규칙」 제25조		
수행기관	한국소방안전원 (www.kfsi.or.kr)	인증기관	소방청

3급 소방안전관리자			
교육이수	교육형태	집체교육	
	교육내용	1) 이론(7h): 소방관계법령, 화재일반, 소방계획수립, 응급처치 2) 실무(7h): 화기취급감독 및 화재위험작업 허가·관리, 위험물·전기·가스 안전관리, 소방시설의 구조·점검 3) 실습 및 평가(10h): 소방계획의 수립, 소방안전교육 및 훈련, 작동기능점검표, 응급처치, 소화기, 옥내소화전, 경보설비 등 실습·평가	
	시간	3일 24시간	**비용** 144,000원
인증시험	응시자격	소방안전관리자 3급 교육과정을 수료하거나 의용소방대원 2년이상, 소방대원 1년이상 근무경력이 있는 자	
	시험일정	매월 1회 (연간 12회)	**응시료** 12,000원
	시험방법	필기: 객관식(4지1선택, 25문제x2과목=총 50문제) • 1과목: 소방관계법령, 화재일반, 위험물·전기·가스 안전관리, 소방시설의 구조, 화기취급 감독 및 화재위험작업 허가·관리 • 2과목: 소방시설의 점검실습평가, 작동기능점검표 작성실습·평가, 응급처치 이론·실습·평가, 소방안전 교육 및 훈련 이론·실습·평가, 화재 시 초기대응 및 피난실습·평가	
	시험시간	60분	**합격기준** 평균 60점 이상, 과목별 40점 이상 (100점 만점)

B. 농업, 산림 분야: 자연과 함께 하는 새로운 시작

급속한 산업화와 도시화로 환경 문제가 심각해지면서 자연·환경 관련 직업에 대한 관심이 높아지고 있습니다. 특히 신중년은 신체적 건강과 정신적 안정을 위해 자연에서 할 수 있는 일을 선호하는 경우가 많습니다. 유년 시절 깨끗한 자연을 접하며 성장한 경험이 있는 경우, 자연·환경 분야에서 제2의 인생을 시작하려는 희망이 커지는 경향도 있습니다. 실제로, 한국산업인력공단 큐넷의 2023년 자료에 따르면 조경기능사와 산림기능사 같은 자연 관련 자격증의 취득률이 신중년층에서 높게 나타났습니다. 조경기능사의 경우 2023년 전체 응시자 17,901명 중 63.7%에 해당하는 11,409명이 50대 이상이었습니다. 산림기능사도 전체 응시자 5,105명 중 신중년은 3,588명으로 전체의 70%를 넘어섭니다. 조경기능사는 리조트 내 전지 작업이나 조경 유지·보수와 같은 업무에서 우대되며, 관련 경력과 경험이 있는 지원자를 선호하는 추세입니다.

2023년 조경기능사, 산림기능사 연령별 응시 인원

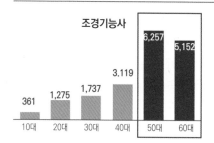
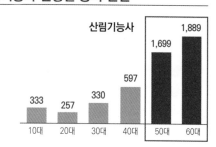

출처: 큐넷(Q-Net)

❶ 귀촌하지 않고도 자연을 접하며 일하고 싶다면

자연을 접하면서 수목이나 작물을 재배하고 싶지만, 도시의 편리한 인프라도 계속 누리고 싶다면 조경기능사나 도시농업관리사를 추천합니다. 조경기능사는 환경 복원과 주거환경 개선에 대한 관심이 높아지면서 도입된 자격증으로, 생활공간을 아름답게 꾸미고 자연환경을 보호하는 데 기여합니다.

조경은 단순히 나무를 심고 관리하는 일로 여겨지기 쉽지만, 그 범위는 훨씬 넓습니다. 한국조경헌장에서는 조경을 '인문적·과학적 지식을 바탕으로 토지와 경관을 계획, 설계, 조성, 관리해 아름답고 건강한 환경을 조성하는 문화적 활동'으로 정의하고 있습니다. 이는 조경이 예술과 과학이 조화를 이루는 전문 분야임을 나타냅니다. 조경기능사는 조경 설계 도면을 이해하고 조경공사 시공에 따라 지반 고르기, 나무 심기, 시설물 설치 등의 실무를 수행합니다. 또한 조경 수목과 시설물을 보호하고 관리하는 역할을 맡습니다. 주로 조경 식재 및 조경시설물 설치·공사업체 혹은 공원·학교·아파트 단지 내부의 관리부서, 재배업체 등에서 일할 수 있으며, 아파트 관리사무소장이나 시설 관리 직무에서 조경기능사 자격증은 우대 조건으로 작용합니다. 이 자격증은 취업뿐만 아니라, 은퇴 후 텃밭이나 베란다에서 농식물을 체계적으로 관리하려는 사람들에게도 적합하며, 귀농·귀촌을 준비하는 이들에게도 실질적인 도움을 줍니다.

도시농업관리사도 추천할 만합니다. 도시농업은 집 마당, 베란다에서 상자 텃밭을 가꾸는 것부터 주말농장을 운영하는 것까지, 도시 공간을 활용한 농사 활동을 말합니다. 2023년 기준으로 도시농업 참여자는 177만 명을 넘어섰으며, 특히 신중년 사이에서 큰 인기를 얻고 있습니다. 도시농업은 자연 속에서 마음의 치유를 얻고, 도시 생태계를 보전하며, 사회 공동체를 형성할 수 있다는 장점이 있기 때문입니다. 도시농업관리사는 전국의 주말농장과 도시농업공원 관리, 어린이·청소년 대상 학교 텃밭 운영 강사, 도시농업지원센터의 교수요원, 사회복지시설에서의 텃밭 관리 및 원예치료 강사 등 다양한 분야에서 활동할 수 있습니다. 특히 국가나 지방자치단체가 도시농업 교육을 실시할 경우, 인원 40명당 도시농업관리사를 1명 이상 반드시 배치해야 하므로, 도시농업관리사의 수요는 증가할 것으로 보입니다.

❷ 숲에서 찾는 제2의 인생

숲에서 자연의 아름다움을 즐기며 경제활동을 하고자 한다면 산림기능사나 산림교육전문가 자격증을 추천합니다. 산림기능사는 조림, 육림, 임업기계 사용, 목재 수확, 임도 설치 등 산림 생산 전반에 걸친 작업을 수행합니다. 임업지도원 자격을 취득하면 산림조합중앙회나 산림조합에서 임업기술지도원으로 활동하는 기회도 열립니다. 최근 환경오염 문제가 심화되면서 산림이 중요한 자연환경으로 주목받고 있으며, 산림자원의 효율적 이용과 개발에 대한 관심이 높아지면서 관련 자격증 수요도 증가할 전망입니다.

미세먼지가 기승을 부리면서 숲에서 몸과 마음을 치유하려는 도시인이 늘었습니다. 이에 따라 숲해설가, 유아숲지도사, 숲길등산지도사 등 산림교육전문가의 역할과 관심도 증가하고 있습니다. 2023년 산림교육전문가 자격증 취득 인원은 2,642명으로 2024

년 1월 현재까지 총 30,991개의 자격증이 발급되었습니다. 이 자격증들은 국가전문 자격으로, 지정된 양성기관에서 일정 시간 산림교육 전문 과정을 이수해야 취득이 가능합니다. 산림교육전문가는 자연휴양림, 수목원, 도시 숲 등에서 주로 활동하며, 나무와 식물에 대한 지식, 숲과 인간의 관계, 생물의 이야기를 전하며 숲의 가치를 알리는 역할을 담당합니다.

신중년은 자녀 양육이나 경제적 부담에서 비교적 자유로워진 시기를 맞아, 삶의 여유를 찾으면서도 경제적 안정과 사회적 기여를 함께 이루는 활동에 관심을 갖습니다. 자연과 환경을 주제로 한 활동은 건강과 여가를 결합하고, 환경 보전을 통해 사회에 긍정적인 변화를 가져오며, 동시에 경제적 안정성까지 제공해 신중년에게 매력적인 선택지로 다가가고 있습니다.

[기타 분야 ❺ 조경기능사]

조경 실시설계도면을 이해하고 현장 여건을 고려하여 시공을 통해 조경 결과물을 도출하여 이를 관리할 수 있는 역량을 평가함

응시자격	나이 · 학력 제한 없음	시험일정	연간 약 4회 실시
응시방법	1차: 필기 2차: 실기	응시료	필기: 14,500원 실기: 30,400원

구분	필기	실기
시험과목	1) 조경 일반 2) 조경 재료 3) 조경 시공 및 관리	1일차(1차 실기시험) 1) 도면 설계 작업 2) 수목 영상 감별 2일차(2차 실기시험) 3) 조경 시공 실무작업 2개 과정
검정방법	객관식(60분) : 4지 택일형 60문항	작업형(3시간 30분 내외) : 도면작업 + 수목감별 + 조경시공작업
합격기준	100점 만점 기준 60점 이상	100점 만점 기준 60점 이상
수행직무	자연환경과 인문환경에 대한 현장 조사를 수행하여 기본구상 및 기본계획과 부분적 실시설계를 이해하고, 현장 여건을 고려하여 시공을 통해 조경 결과물을 도출하고 이를 관리함	
진로 및 전망	조경기능사는 조경식재 및 조경시설물 설치업체, 공원(실내·실외), 학교, 아파트 단지 관리부서, 성원수 재배업체 등에서 활동할 수 있음. 현재 조경기능사에 대한 인력 수요는 안정적인 수준을 유지하고 있음. 자연 파괴, 대기·수질오염, 소음 등 환경 문제의 심화로 쾌적한 생활환경 조성에 대한 관심이 높아지면서 조경의 중요성이 점점 부각되고 있음. 이에 따라 장기적으로 관련 인력 수요도 증가할 전망	

작업형 실기시험 기본정보				
안전등급	위험 경고 **주의** 관심	주요시설 및 장비	삽, 전지가위, 망치, 톱	
시험장소	실내, 실외	보호구	안전복, 안전화 등	

[기타 분야 ❻ 산림기능사]

산림 관련 기술 이론과 실무 능력을 평가하는 자격증으로 임업종묘, 산림조성, 산림공학, 산림 보호, 임산물 생산 등 다양한 분야에서 기술 업무의 설계와 사업 실행 능력을 평가함

응시자격	나이 · 학력 제한 없음	시험일정	연간 약 3회 실시
응시방법	1차: 필기 2차: 실기	응시료	필기: 14,500원 실기: 64,200원

구분	필기	실기

시험과목	1) 조림 및 육림 기술
	2) 산림 보호
	3) 임업 기계 일반
		산림작업
		1) 임업용 체인톱 분해조립 및 정비
		2) 벌목 작업 3) 원목 재적 측정
		4) 집재용 나무운반 미끄럼틀
		  설치 · 해체
		5) 목재 수확용 와이어로프
		  고리 만들기

검정방법	객관식 4지 택일형 60문항(60분)	작업형(2시간 정도, 100점)
합격기준	100점 만점 기준 60점 이상	100점 만점 기준 60점 이상
수행직무	조림, 육림, 임업기계 사용, 목재 수확, 임도 설치 등 산림 생산 관련 작업을 관리하고 수행함. 산림 자원의 효율적 관리와 보호를 위해 필요한 기술을 활용함	
진로 및 전망	지방 산림관서의 공무원, 작업단 등 공직과 임업 관련 회사 등 다양한 분야로 진출 가능함. 「산림법」에 따라 임업지도원 자격을 취득하면 산림조합중앙회나 산림조합에서 임업기술지도원으로 활동할 수 있음. 최근 산림 수요 증가와 함께 산지농업, 사냥, 산림휴양 등 종합적인 산림 경영 기법이 도입되고 있으며, 임도 시설 확충과 육림, 벌채 등의 기계화가 활성화되면서 수요가 꾸준히 증가함	

작업형 실기시험 기본정보			
안전등급	위험 **경고** 주의 관심	주요시설 및 장비	기계톱 등
시험장소	실외	보호구	안전장구 등

[기타 분야 ❼ 도시농업관리사]

도시농업관리사는 도시민의 도시농업에 대한 이해를 높이기 위해 도시농업 관련 해설, 교육, 지도 및 기술 보급을 수행하는 전문가를 의미. 이 자격증 제도는 도시와 농촌이 함께 발전하고, 농업 관련 기술 인력의 사회적 지위를 향상시켜 일자리를 창출함으로써 도시농업 참여를 촉진하기 위해 도입되었음.

근거법령	「도시농업의 육성 및 지원에 관한 법률」 제2조(정의), 제11조의2(도시농업관리사)		
수행기관	농림수산식품교육문화정보원 (www.bcdm.or.kr)	인증기관	농림축산식품부
참고사이트	• 모두가 농부(www.modunong.or.kr) • 농림수산식품교육문화정보원(www.bcdm.or.kr)		

취득요건	도시농업 관련 국가기술자격증 소지+도시농업 전문 교육과정(80시간) 이수		
자격증 취득	도시농업 관련 국가기술자격증 9종 중 1종 이상 소지		
	9종 자격증	농화학·시설원예·원예·유기농업·종자·화훼장식·식물보호·조경 또는 자연생태 복원 분야 기능사 이상 자격 취득	

교육이수	도시농업 전문 인력 양성기관에서 '도시농업 전문 과정' 이수		
	과정명	도시농업전문가 양성과정	
	내용	도시농업의 이해, 도시농업기반조성, 친환경농사, 안전한 농산물 생산, 도시농업 교육프로그램 개발, 도시농업관련법령, 도시농업 리더십 등	
	시간	총 80시간 이상 이론: 40시간 이상 실습: 40시간 이상	비용	약 50만원

[기타 분야 ❽ 산림교육전문가]

자연휴양림, 유아숲체험원, 숲길 등에서 국민이 산림에 대한 지식을 습득하고 올바른 가치관을 가질 수 있도록 해설하거나 지도·교육하는 전문가로서 숲해설가, 유아숲지도사, 숲길등산지도사 등이 있음

수행업무	숲해설가: 자연휴양림, 수목원, 도시 숲 등에서 국민들에게 숲에서 살아가는 다양한 생물의 살아가는 이야기, 나무나 식물에 대한 지식, 숲에 얽힌 역사, 숲과 인간과의 관계 등의 지식을 제공		
	유아숲지도사: 유아숲체험원에서 숲을 통해 유아의 정서 함양 및 전인적 성장을 할 수 있도록 교육		
	숲길등산지도사: 국민이 안전하고 쾌적하게 등산이나 트레킹을 즐길 수 있도록 지원하며, 건전한 등산 문화의 정착을 위해 다양한 등산 서비스 제공		
수행기관	산림복지진흥원	인증기관	산림청
참고사이트	•산림복지진흥원(www.fowi.or.kr) •산림복지전문가 자격관리시스템(license.fowi.or.kr)		

취득요건	지정된 양성기관에서 산림교육 전문 과정을 이수하면 자격 취득 가능		
과정명	숲해설가 전문 양성 과정		
내용	•산림교육론 •산림생태계: 산림생태학, 식물·야생동물·곤충의 이해, 산림토양학 •기본소양: 리더십·인성 •안전교육 및 안전관리: 응급처치, 야외활동지도 •커뮤니케이션: 인간관계학, 숲해설기법 •교육프로그램 개발 및 운영실습		
시간	총 170시간 이상 이론: 140시간 이상 실습: 30시간 이상	비용	약 130만원 ~ 140만원

C. 건설 · 건축 분야: 신중년 인기 자격증

2024년 한국산업인력공단이 발행한 '국가기술자격 통계연보'에 따르면, 50대 이상 신중년이 가장 많이 도전한 자격증은 건설기계 운전과 건축 마감 기능원 분야였습니다. 지게차운전기능사는 27,147명으로 가장 많은 접수를 기록하며 1위를 차지했고, 굴착기운전기능사는 16,187명으로 4위에 올랐습니다. 이외에도 방수기능사(6위), 건축도장기능사(7위), 온수온돌기능사(8위)가 높은 관심을 받았습니다. 해당 자격증은 학력이나 경력 같은 특별한 자격 요건이 없고, 일정한 교육을 통해 비교적 쉽게 취득할 수 있습니다. 한번 배운 기술은 정년과 상관없이 지속적으로 활용 가능해 신중년들에게 매력적인 선택지로 떠올랐습니다. 이러한 자격증은 취업 시장에서도 수요가 높아 신중년이 가장 많이 도전하고 취득하는 자격증으로 자리 잡았습니다. 실제로, 한국산업인력공단이 발표한 '국가기술자격 채용시장 활용현황 분석 결과'에 따르면, 2023년 전체 채용공고 중 30.2%가 건설 분야 국가기술자격과 관련된 것으로 조사되었습니다.

❶ 가장 인기 있는 자격증

지게차운전기능사는 매년 자격증 응시자수, 취득자수에서 1, 2위를 다투는 인기 자격증입니다. 다른 중장비에 비해 장비 조작이 비교적 쉽고, 자격증을 소지하고 있으면 취업에 유리하기 때문입니다. 2023년 채용공고 분석 결과, 채용 시 지게차운전기능사 자격을 우대하는 공고는 17,108건으로 가장 많은 수를 차지했습니다. 각종 건설업체와 제조업체에서 수요가 높으며, 물품을 상하차해야 하는 배송 및 운송, 항만업체에서도 지게차 운전면허를 소지한 전문 인력이 필요합니다. 지게차는 소형 지게차(3톤 미만)와 일반 지게차(3톤 이상)로 구분할 수 있습니다. 소형 지게차는 별도 시험 없이 일정 시간 교육 과정을 수료하면 면허 취득 및 조종이 가능합니다. 반면 일반 지게차는 지게차운전기능사 자격증을 취득해야 운전이 가능합니다.

굴착기운전기능사는 지게차운전기능사에 이어 신중년이 가장 많이 취득하는 자격증 중 하나입니다. 주로 도로, 주택, 농지 정비 등 각종 건설 공사에서 땅을 파거나 깎는 작업에 쓰입니다. 굴착기운전기능사는 건설 토목 공사 현장에서 굴착기를 이용해 터파기·깎기·상차·쌓기·메우기 같은 작업과 함께 굴착기 점검, 예방 정비를 수행합니다. 굴착기 역시 3톤 미만 소형은 교육 과정 수료만으로 면허 취득이 가능하나, 일반 굴착기는 시험을 통해 굴착기운전기능사를 취득해야 운전이 가능합니다. 굴착기를 소유하면

대여업체를 창업하거나, '지입'이라 불리는 방식으로 직접 일을 대행할 수도 있습니다. 주로 건설업체, 건설기계 대여업체 등으로 진출하며 광산과 항만, 시·도 건설 사업소 등으로도 취업할 수 있습니다.

❷ 건축현장관리인도 될 수 있는 건축마감기능원

방수기능사, 건축도장기능사, 온수온돌기능사 등 건축마감 기능원 자격증도 기술을 배우고자 하는 신중년에게 인기 있는 자격증입니다. 특히 건축도장기능사는 50대 남성과 여성 모두에게 관심을 받고 있습니다. 건축마감기능원(건축도장, 방수, 온수온돌, 도배 등) 자격증은 필기시험 없이 실기시험만으로 평가되므로 취득이 비교적 쉬운 편입니다. 자격증을 취득하고 몇 개월 간 실무 경험을 쌓으면, 종합건설회사뿐만 아니라 건축설비, 개발사업, 인테리어 등 건설·건축 분야에서 다양한 업무를 맡을 수 있습니다. 다만, 작업 특성상 정규직보다는 전문 건설업체나 하도급자 의뢰에 따라 작업을 수행하는 경우가 많습니다.

또한 건축마감기능원 자격증을 취득하면 건축현장관리인이 될 수 있습니다. 건축현장관리인은 공사 현장에 배치되는 기술인을 말하며, 현장을 관리·감독하는 역할을 합니다. 2018년 개정된 건축법에 따라 건설업자에게 도급을 주지 않고 직접 시공하는 모든 건축공사에는 필수적으로 건설기술자 1명을 현장관리인으로 지정해야 하므로, 건축현장관리인에 대한 수요는 더욱 늘어날 전망입니다. 건축현장관리인은 회사 소속으로 일하며 근무환경, 보수면에서 안정적입니다. 이러한 이유로 건축마감기능원 관련 자격증에 대한 관심은 신중년 사이에서 더욱 높아지고 있습니다.

[기타 분야 ❾ 지게차운전기능사]

지게차에 대한 기술 지식과 숙련된 운전기능을 갖추어 각종 건설 및 물류 작업에서 적재, 하역, 운반 등의 직무 수행 능력을 평가함

응시자격	나이 · 학력 제한 없음	시험일정	상시
응시방법	1차: 필기 2차: 실기	응시료	필기: 14,500원 실기: 25,200원

구분	필기	실기
시험과목	1) 지게차 주행 2) 화물 적재 3) 운반 4) 하역 5) 안전관리	지게차 운전 작업 및 도로 주행 1) 안전관리 2) 작업 전 점검 3) 화물 적재 및 하역작업 4) 화물 운반 작업 5) 운전시야 확보 6) 작업 후 점검 7) 건설기계관리법 및 도로교통법 8) 응급대처 9) 장비구조
검정방법	객관식 4지 택일형 60문항(60분)	작업형(약 4분)
합격기준	100점 만점 기준 60점 이상	100점 만점 기준 60점 이상
수행직무	생산현장이나 창고, 부두 등에서 경화물을 적재, 하역 및 운반하기 위하여 지게차를 운전하며, 점검과 기초적인 정비업무 수행함	
진로 및 전망	운반용 건설기계는 건설, 제조업 및 산업 전반의 경기변동에 민감하게 반응함. 건설 부문의 경우 대규모 정부정책사업(고속철도, 신공 항건설 등)과 주택건실, 건설 촉진 등에 의해 꾸준한 수요가 예상되고, 수출입 활성화로 하역 부문에서의 수요도 유지될 것임. 유통구조의 기계화와 대형화에 따른 기능인력 수요는 늘어날 전망임	

작업형 실기시험 기본정보			
안전등급	위험 경고 주의 관심	주요시설 및 장비	삽, 전지가위, 망치, 톱
시험장소	실내, 실외	보호구	안전복, 안전화 등

[기타 분야 ❿ 굴착기운전기능사]

굴착기 운전을 위한 장비 점검을 비롯하여 굴착기를 조종하여 안전하게 운전, 주행 및 작업할 수 있는 능력을 평가함

응시자격	나이 · 학력 제한 없음	시험일정	상시
응시방법	1차: 필기 2차: 실기	응시료	필기: 14,500원 실기: 27,800원

구분	필기	실기
시험과목	1) 건설기계기관장치 2) 건설기계섀시장치 3) 굴삭기 작업장치 4) 유압일반 5) 안전관리 6) 건설기계 관리법규 　　및 도로교통법	굴착기운전작업 및 도로주행 　1) 작업상황 파악 2) 운전 전 점검 　3) 장비시운전 4) 주행 　5) 터파기 6) 깎기 　7) 쌓기 8) 메우기 　9) 선택장치 작업 10) 안전·환경관리 11) 작업 후 점검
검정방법	전과목 혼합 객관식 60문항(60분)	작업형(4분 정도)
합격기준	100점 만점 기준 60점 이상	100점 만점 기준 60점 이상
수행직무	건설현장의 토목 공사를 위하여 장비를 조종하여 터파기, 깎기, 상차, 쌓기, 메우기 등의 작업을 수행함	
진로 및 전망	굴착기는 주로 도로, 주택, 댐, 간척, 항만, 농지정리, 준설 등의 각종 건설 공사나 광산 작업 등에 활용되는 건설기계임. 이에 특수한 기술을 요하며, 안전운행과 기계수명 연장 및 작업능률 제고 등을 위해 숙련기능 인력에 대한 구인수요가 꾸준히 많은 편임	

작업형 실기시험 기본정보			
안전등급	위험 경고 주의 관심	주요시설 및 장비	지게차
시험장소	실외	보호구	작업복, 작업화

[기타 분야 ⑪ 건축도장기능사]

도료 및 유사재료를 용도에 맞게 희석 및 색상을 조절하여 붓, 롤러, 브러쉬 등을 사용
하여 건축물 외부면을 대신하는 목재 가설물에 도면을 보고 정확하게 도장하는 능력을
평가함

응시자격	나이 · 학력 제한 없음	시험일정	연간 약 4회 실시
응시방법	실기시험 (필기시험 없음)	응시료	실기: 75,500원

구분	실기(작업형)	
시험과목	건축도장작업 1) 건축도장시공 도면파악 3) 도포면 바탕 처리 5) 목부 유성페인트 도장 7) 철부 유성페인트 도장 9) 석고보드면 도장	2) 건축도장시공 현장안전 4) 콘크리트면 수성페인트 도장 6) 목부 래커 도장 8) 철부 래커 에나멜페인트 도장 10) 건축도장시공 보수
시험시간	6시간	
합격기준	100점 만점 기준 60점 이상	
수행직무	붓, 롤러, 브러쉬, 스프레이 등의 도장기기와 설비를 사용하여 페인트, 바니쉬 및 유사 재료를 건물의 외부 및 내부 표면과 장식물에 칠함으로써 건물과 장식물을 보호 또는 장식하는 작업 수행함	
진로 및 전망	건물 내·외장재로 패널, 석재 등의 사용으로 인한 감소요인이 있으나 현재 활동하고 있는 도장공의 연령이 높고 젊은이들이 직업으로의 진입을 기피하고 있어서 도장공에 대한 인력 수요는 꾸준히 유지될 것으로 전망됨	

작업형 실기시험 기본정보			
안전등급	위험 경고 주의 관심	주요시설 및 장비	합판, 래커, 착색제, 페인트 등
시험장소	실내, 실외	보호구	방진마스크 등

[기타 분야 ⑫ 방수기능사]

건축물의 지하층, 지붕, 바닥, 벽체에 모르타르, 아스팔트 등의 각종 방수재를 바르거
나 도포하는 능력을 평가함

응시자격	나이 · 학력 제한 없음	시험일정	연간 약 4회 실시
응시방법	실기시험 (필기시험 없음)	응시료	실기: 62,700원

구분	실기(작업형)		
시험과목	방수작업 1) 방수시공 도면파악　　2) 방수시공 현장안전 3) 바탕처리　　　　　　　4) 시멘트 액체 방수 5) 규산질계 도포 방수　　6) 시트 방수 7) 도막 방수　　　　　　　8) 방수면 보호		
시험시간	3시간		
합격기준	100점 만점 기준 60점 이상		
수행직무	건축구조물의 지하층, 지붕, 실내바닥, 벽체에 모르타르, 아스팔트 등의 각종 방수재를 바르거나 도포하는 등의 업무 수행함		
진로 및 전망	방수공사는 90% 이상이 신축공사이며, 일부가 보수공사이기 때문에 신 축공사의 증감에 따른 영향이 큼. 최근 신축공사의 감소로 방수공의 일자 리도 많이 감소하였으나, 건설경기가 회복되면 이들에 대한 고용은 증가 할 것임		

작업형 실기시험 기본정보			
안전등급	**위험** 경고 주의 관심	주요시설 및 장비	토치램프, 칼
시험장소	실내, 실외	보호구	안전모, 작업화 등

Part
—
04

AI를 활용한
디지털 챌린지

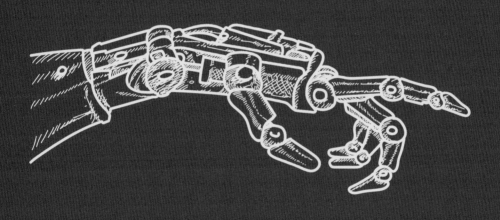

Ⅰ
AI 시대,
신중년의 미래가 달라진다

01 5060 세대와 AI의 만남

　4월 21일과 22일은 과학의 날과 정보통신의 날로, 우리나라의 과학 기술 발전과 정보통신의 중요성을 되새기는 날입니다. 1980년대 국내 최초의 컴퓨터가 등장하면서 개인용 컴퓨터 시대가 열렸고, 1990년대에는 월드와이드웹(WWW)이 등장하여 인터넷이 일상에 스며들기 시작했습니다. 2000년대 초반에는 가구당 PC 보급률이 80%를 넘어섰고, 2007년부터 스마트폰이 대중화되며 디지털 시대가 본격화되었습니다. 2021년에는 인공지능 기술이 더욱 성숙해지며 AI 시대가 본격적으로 열렸습니다. 플랫폼, 데이터, 5G, 클라우드, 인공지능, 블록체인, 메타버스 등은 지능정보사회로의 전환을 이끄는 핵심 키워드입니다.

이제 우리는 휴대전화로 간편하게 결제하고, 음식 주문부터 배달까지 모든 것을 손안에서 해결하는 시대에 살고 있습니다. 무인 키오스크는 길거리, 음식점, 심지어 병원에서도 흔히 볼 수 있는 풍경이 되었습니다. 가상 현실(VR)과 증강 현실(AR)은 교육과 엔터테인먼트의 경계를 허물었고, 메타버스는 새로운 사회적 상호작용의 공간을 열었으며, 자율주행 자동차는 머지않아 도로를 누비며 이동의 패러다임을 바꿀 준비를 하고 있습니다. 이러한 변화는 단순한 편리함을 넘어, 우리의 삶의 방식과 일하는 방식을 근본적으로 바꾸고 있습니다.

2023년 디지털 업계의 화두는 단연 '챗GPT(ChatGPT)'입니다. 챗GPT는 인공지능이 인간의 언어를 스스로 학습하여 만든 대화형 인공지능 서비스입니다. 사용자와 대화를 통해 정보를 제공하고 보고서 작성, 프로그램 소스 코드 생성 등 다양한 작업을 수행합니다. 챗GPT와 같은 인간의 창작을 대신해 주는 인공지능 기술 분야를 생성형 AI(Generative AI)라고 합니다. 인공지능 기술은 인간이 할 수 있는 모든 지적인 업무를 성공적으로 해낼 수 있는 '인공일반지능(AGI)'에 가까워지고 있습니다. 이러한 생성형 AI 기술은 앞으로 더욱 발전할 것으로 예상되며, 2030년까지 연평균 24.4% 성장하여 약 2,070억 달러 규모의 시장을 형성할 것으로 전망됩니다.

이러한 변화는 기회와 동시에 도전을 의미합니다. 통계청이 발간한 '2024 사회동향'에 따르면 인공지능으로 대체될 수 있는 일자리가 전체의 10%에 달하며, 모든 사무직은 AI의 영향을 받을 것으로 예상되고 있습니다. 특히 관리직의 AI 노출도는 65.1%로 높게 나타났습니다. AI 노출도는 AI 기술에 의해 노동이 대체되는 정도를 측정한 지표로, 노출도가 높을수록 AI 기술에 의해 대체될 가능성이 큽니다.

18세기 산업혁명은 농업 중심 경제를 공업 중심으로 변화시켰고, 20세기 정보 혁명은 디지털 기술로 세상을 바꾸었습니다. 우리는 또 하나의 혁명, AI의 중심에 서 있습니다.

서울대학교 소비자학과 김난도 교수와 전문가들은 『트렌드 코리아 2025』에서 격변하는 시대를 살아남기 위해서는 뱀과 같은 예민한 감각이 필요하다고 강조합니다. 뱀은 환경 변화에 민감하게 반응하는 동물입니다. 몸이 커지면 허물을 벗고, 기온이 낮아지면 동면하며 생존 전략을 조정합니다. 현대사회에서도 이러한 적응력과 자기 혁신이 필수적입니다.

트렌드의 변화를 놓치지 않기 위해서는 변화를 감지하고, 필요한 능력을 개발하며, 새로운 기회를 찾아야 합니다. 『트렌드 코리아 2025』에서 2025년의 핵심 키워드를 'SNAKE SENSE(뱀의 감각)'로 선정한 이유도 여기에 있습니다. 격변하는 시대 속에서 신중년에게 필요한 것은 변화에 유연하게 적응하며 새로운 기회를 포착하는 능력입니다. 지속적인 성장을 원한다면, 지금부터라도 'SNAKE SENSE(뱀의 감각)'를 키워야 합니다.

A. AI 시대 공부하는 신중년

15년 차 회계사 이 씨는 챗GPT를 처음 접한 후 놀라움을 금치 못했습니다. AI가 데이터 처리 속도와 효율성에서 인간의 한계를 넘어설 수 있음을 깨닫고 기술을 배우기 위해 휴직을 했습니다. 그의 모습은 AI 기술의 중요성을 인식하고, 변화에 적응하기 위해 적극적으로 행동하는 신중년 세대의 모습을 잘 보여줍니다.

최근 들어 이 씨처럼 AI 강의를 듣거나 관련 기술을 배우는 신중년이 늘고 있습니다. 26년 차 대기업 엔지니어 권 씨도 퇴근 후 프로그래밍 언어를 활용한 데이터 처리 교육을 수강하고 있습니다. 그는 기술을 배우지 않으면 뒤처질 것이라는 위기의식을 느끼고 성장하기 위해 노력하고 있습니다. 한 학원의 매니저는 "AI 교육 프로그램을 수강하는 사람 중 40대 이상이 30%에 이른다."라고 말했습니다. 이처럼 신중년이 AI 교육에 관심을 가지는 이유는 변화하는 시대에 적응하고, 경쟁력을 갖추기 위해서입니다.

문화체육관광부가 조사한 결과에 따르면, 인공지능 기술 발전이 사회와 개인에게 긍정적인 영향을 미칠 것이라는 인식이 대다수를 차지했습니다. 문화체육관광부는 2024년 전국 만 18세 이상 남녀 1,200명을 대상으로 '인공지능 기술 발전의 영향에 대한 국민인식'을 조사했습니다. 50대 이상 응답자는 52%로 절반 넘게 참여했

습니다. 조사 결과, 응답자의 78.3%가 인공지능 기술 발전을 체감하고 있으며, 인공지능 기술의 발전이 개인과 사회 전반에 긍정적인 영향을 미칠 것이라는 응답이 매우 높았습니다. 이러한 결과는 신중년이 AI 기술의 발전을 이해하고, 새로운 기회를 모색할 수 있는 가능성을 보여줍니다.

[인공지능 기술 발전의 분야별 영향]

	구분	동의(%)	동의 안함(%)
긍정	문서 작업, 가사일 등 인공지능으로 대체할 수 있는 부분이 많아져 효율성과 편리성이 증가할 것이다.	88.5	11.5
	전문 지식을 얻기까지의 시간이 단축되어 비용이 절감되고 편리함이 증대될 것이다.	86.8	13.2
	복지·의료·교육 분야에 인공지능이 활용되어 국민이 받을 수 있는 서비스의 질이 향상될 것이다.	83.8	16.3
	인공지능이 감정노동, 위험업무 등을 수행하여 노동환경이 개선될 것이다.	79.1	20.9
	인공지능 기술 활용이 창작 의욕을 고취하여 예술·문화 발전에 기여할 것이다.	62.3	37.8
	인공지능이 만든 작품 또는 작업의 저작권 설정에 대한 문제가 발생할 것이다.	87.3	12.8
부정	인공지능이 노동을 대체해 인간이 일자리를 잃을 것이다.	84.5	15.5
	인공지능 서비스 내의 보안 문제로 사생활 침해가 빈번히 일어날 것이다.	84.3	15.7
	인공지능 기술을 활용할 수 있는 능력에 따른 사회적 불평등이 심화할 것이다.	82.0	18.0
	인공지능의 결과물이 사회를 더욱 편향적으로 만들 것이다.	81.8	18.2

출처: 문화체육관광부, 「인공지능 기술 발전의 영향에 대한 국민인식 조사 결과 보고서」

AI는 이미 우리 사회와 개인의 삶 전반에 깊숙이 자리 잡았습니다. 금융 분야에서는 AI가 실시간으로 시장 동향을 분석해 투자 전략을 제안하고, 의료 분야에서는 환자의 데이터를 기반으로 맞춤형 치료 방안을 제시합니다. 고객 서비스 분야에서는 챗봇이 24시간 고객의 요구를 처리하며 업무의 효율을 높이고 있습니다. AI는 단순히 기술의 발전을 넘어, 우리 사회 구조와 개인의 삶 전반에 걸쳐 변화를 일으키고 있습니다.

[AI 시대 패러다임 변화]

구분	과거	현재
일자리	오랜 경력과 경험이 핵심 경쟁력으로 작용	새로운 기술과 적응력이 더 큰 가치를 지니며, 창의력과 고유한 역량 필요
기술 활용	디지털 기술은 특정 직군이나 전문가의 전유물	AI와 디지털 도구가 일상생활에서 필수적인 협력 도구로 자리 잡음
업무 방식	단순 반복 업무와 체계화된 역할 분담 중심	단순 업무는 자동화되고, 문제 해결 및 협업 중심의 창의적인 업무 방식으로 전환
학습 방식	정해진 커리큘럼과 일방적인 지식 전달 방식이 중심	개인화된 학습 도구와 AI 기반 추천 시스템을 통한 자기 주도적 학습이 일반화
학습 기회	연령 제한이 있는 정규 교육 중심	연령에 관계없이 온라인 학습 플랫폼과 AI 튜터를 통한 지속적인 학습 가능
사회 구조	직위와 연령이 중심이 되는 사회적 구조	능력과 기술, 성과 중심의 유연한 사회적 인정 구조로 전환
관계 형성	오프라인 기반 네트워크와 대면 활동 중심	온라인 플랫폼과 데이터 기반 관계 중시, 디지털 소통 능력 중요
건강 관리	병원 방문과 정기 검진에 의존	웨어러블 기기와 AI 기반 건강 모니터링으로 실시간 건강 관리 가능
경제 활동	정년퇴직 후 경제 활동 종료가 일반적	플랫폼 노동, 프리랜서, 창업 등 디지털 경제 기반에서 새로운 기회 창출
사회적 가치	전통적 관습과 규범 중시	개인의 창의성과 융합 능력이 사회적 가치의 핵심 요소로 부각

물론 신중년이 AI를 학습하는 것은 쉬운 일이 아닙니다. 직장 생활과 가정의 책임을 동시에 지고 있는 이들에게 시간과 에너지를 투자하는 것은 큰 부담이 될 수 있습니다. 또한, 오랜 경력 속에서 익숙해진 업무방식을 바꾸는 데 대한 저항감도 존재합니다. 나이가 들수록 새로운 기술을 배우는 것에 대한 두려움이나 불안감이 커질 수 있다는 점도 현실적인 어려움 중 하나입니다. 그럼에도 불구하고 신중년이 AI 학습에 나서는 이유는 분명합니다. 변화의 물결을 피할 수 없다는 사실을 깨달았기 때문입니다.

MIT 교수 에릭 브린욜프슨의 말처럼 "기술은 인간을 대체하는 것이 아니라 협력할 때 더 큰 가치를 창출한다"는 점을 인식하는 것이 중요합니다. AI는 단순히 인간의 일자리를 대체하는 도구가 아니라, 인간의 능력을 확장하고 새로운 가능성을 열어주는 파트너입니다. 결국, 인공지능을 얼마나 잘 활용하는지가 중요합니다. 기술이 아무리 발전하더라도 이를 효과적으로 활용하지 못한다면 그 가치는 제한적입니다. AI를 잘 활용하는 사람은 단순히 기술을 배우는 것을 넘어, 자신의 업무와 삶에 통합하는 방법을 고민하며 새로운 가치를 창출합니다.

고령화와 은퇴라는 생애 전환점에서, 이전 세대와 달리 5060 세대는 여전히 역동적이며 새로운 방식으로 자신의 가치를 실현하고자 합니다. AI는 전문가나 젊은 세대의 전유물이 아니라, 신중년 세대가 자신만의 속도로 세상과 연결되고 새로운 역할을 찾으며 삶의 방향을 재정의할 수 있는 도구로 활용될 수 있습니다. AI는 피할 수 없는 변화의 물결입니다. 이 물결을 피하려고 하기보다, 그것을 타고 나아가는 것이 현명한 선택입니다. 변화의 물결을 두려워하지 말고, 그 속에서 새로운 가능성을 찾아 나아가야 할 때입니다.

B. AI의 원리, 어렵지 않아요!

빠른 속도로 발전하는 AI를 이해하고 활용하기 위해서는 기술의 기본 개념을 파악하고, 이를 우리의 삶과 일에 활용하려는 노력이 필요합니다. AI는 컴퓨터가 인간처럼 학습하고, 추론하며, 문제를 해결하거나 결정을 내리는 기술입니다. 이 개념은 1956년 존 매카시가 다트머스 학회에서 '인공지능'이라는 용어를 처음 도입하며 정의했습니다. 그는 AI를 "인간처럼 사고하고 학습하도록 만드는 과학과 공학"으로 설명하며, 초기 논리적 사고와 문제 해결 알고리즘 개발에 기여했습니다.

이후 앤드류 응은 AI를 "데이터와 알고리즘을 통해 인간의 능력을 기계에 전달하는 기술"로 정의하며 딥러닝과 인공신경망 연구를 대중화했습니다. 그의 구글 브레인 프로젝트는 대규모 데이터를 활용해 유튜브 동영상에서 고양이를 인식하는 등의 성과를 이루었고, 이를 바탕으로 음성인식, 검색 엔진, 번역 기술의 품질을 혁신적으로 개선했습니다. AI 기술은 데이터, 알고리즘, 컴퓨팅 파워라는 세 가지 요소로 이루어져 있습니다. 이들은 서로 긴밀히 상호작용을 하면서 AI의 성능과 발전을 이끌어갑니다.

데이터는 AI가 학습하고 예측하는 데 필수적인 핵심 자원입니다. 양질의 데이터가 많을수록 AI의 정확성과 성능은 높아집니다. 예를 들어, 날씨 데이터를 통해 AI는 기온 변화 패턴을 학습하고 비가 올 가능성을 예측할 수 있습니다. 알고리즘은 데이터를 처리하고 분석하는 규칙과 수학적 모델로, AI의 두뇌 역할을 합니다. 머신러닝과 딥러닝 알고리즘은 데이터에서 패턴을 찾아내고, 이를 통해 인간의 사고를 모방하거나 초월하는 능력을 구현합니다. 마지막으로, 컴퓨팅 파워는 대규모 데이터 처리와 복잡한 연산을 가능하게 하는 하드웨어와 기술입니다. GPU와 클라우드 컴퓨팅은 AI 모델의 학습과 실행을 가속화하며, 높은 초기 투자와 운영 비용이 필요합니다.

 이처럼 AI 기술은 복잡한 문제를 해결할 수 있는 강력한 도구로 자리 잡았지만, 그 작동 원리와 활용 방법은 여전히 많은 사람들에게 생소하게 느껴질 수 있습니다. 그러나 AI는 이미 우리의 일상 속 깊이 스며들어 있습니다. 음성 비서, 영화 추천 시스템, 내비게이션 서비스 등은 모두 AI의 데이터 분석과 알고리즘을 활용한 대표적인 사례들입니다. 따라서 AI의 기본 개념을 이해하고 이를 실생활에 적용하려는 노력은 기술을 더욱 친숙하게 만드는 첫걸음이 될 것입니다.

[AI 기술의 진화]

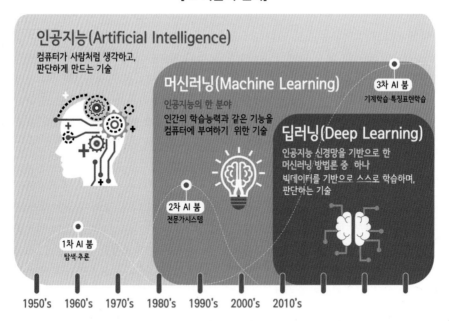

출처: https://www.genspark.ai/spark

C. AI를 이해하기 위한 기초 용어

- **머신러닝(Machine Learning)**

  데이터를 기반으로 스스로 학습하여 성능을 개선하는 기술

  예시: Gmail의 스팸 필터가 의심스러운 이메일을 자동으로 분류하거나, 아마존이 "이 상품을 구매한 고객은 이런 상품도 구매했습니다"라는 추천을 제공하는 방식

- **딥러닝(Deep Learning)**

  인공신경망을 기반으로 대량의 복잡한 데이터를 학습하고 패턴을 분석하는 기술

  예시: 금융 거래 데이터를 분석해 사기 패턴을 찾아내거나, X-ray 이미지를 분석해 암이나 폐렴 같은 질병을 조기에 진단하는 기술 등

- **NLP(Natural Language Processing)**

  AI가 인간의 언어(텍스트나 음성)를 이해하고 생성하며 처리할 수 있게 만드는 기술

  예시: ChatGPT가 사용자 질문에 구체적이고 논리적인 답변을 제공하거나, 음성을 텍스트로 변환하거나 텍스트를 음성으로 읽어주는 기능

- **대형 언어 모형(LLMs, Large Language Models)**

  AI가 방대한 양의 텍스트 데이터를 학습하여 사람처럼 자연어를 이해하고 생성할 수 있는 기술

  예시: 챗GPT와 같은 모델, 구글 번역과 같은 서비스는 LLM을 활용하여 여러 언어 간의 번역을 자연스럽고 정확하게 수행

- **대형 멀티모달 모형(LMMs, Large Multimodal Models)**

  텍스트뿐만 아니라 이미지, 소리 등 다양한 형태의 데이터를 동시에 처리할 수 있는 기술

  예시: 스포츠 경기의 하이라이트를 요약하거나 비디오 장면을 분석하고 텍스트 설명을 생성하는 서비스

- **딥페이크(Deepfake)**

  딥러닝 기술을 사용하여 실제와 매우 유사한 가짜 이미지, 동영상, 음성을 생성하는 기술

  예시: 유명인의 얼굴을 합성한 가짜 동영상 등

- **프롬프트(Prompt)**

  AI 모델에 특정 작업을 지시하기 위한 입력어 또는 명령어

  예시: "50대 신중년이 새로운 커리어를 시작하기 위해 필요한 기술 3가지를 추천해 줘.", "디지털 기기 사용이 익숙하지 않은 60대를 위한 스마트폰 사용 가이드를 만들어 줘." 등

- **프롬프트 엔지니어(Prompt Engineer)**

  AI에게 정확하고 창의적인 작업을 요청할 수 있도록 질문(프롬프트)을 설계하는 전문가

  예시: 광고 문구 생성, 고객 서비스 자동화, 기술 문서 요약, 콘텐츠 큐레이션, 창작 스토리 생성
  　　　등의 업무 수행

- **할루시네이션(Hallucination)**

  AI모델(특히 NLP모델)이 데이터 학습 범위를 벗어나거나 문맥에 맞지 않는 정보를 생성하는 현상

  예시: 사용자가 "역사적 인물과 유명 명소가 함께 있는 사진을 만들어 줘." 라고 요청했을 때,
  　　　실제로는 존재하지 않는 건축물, 인물을 포함한 이미지를 생성하는 경우

D. AI, 혁신과 위험 사이에서

　기술의 혁신과 변화에는 언제나 흑과 백이 공존해 왔습니다. 과거 산업혁명에서 생산성과 효율성을 높인 기계화가 한편으로는 일자리 상실과 노동 착취 문제를 불러온 것처럼, AI 또한 우리에게 혁신과 위험이라는 양면성을 동시에 안겨주고 있습니다. 신중년은 이러한 기술 변화의 양면성을 이해하고, 그 속에서 스스로를 보호하며, 새로운 기회를 모색하는 지혜가 중요합니다.

　AI 기술은 우리의 삶에 놀라운 편리함과 발전을 가져다줍니다. 그러나 그 이면에는 딥페이크나 허위 정보 생성과 같은 위험이 도사리고 있습니다. AI 기술을 악용한 프라이버시 침해 사례는 우리 모두의 권리를 위협할 수 있습니다. 중국의 얼굴 인식 기술이 시민을 감시한 경우나 아마존 알렉시가 사용자 몰래 대화를 녹음했던 사건은 기술의 부정적 영향을 단적으로 보여줍니다. 일론 머스크는 AI를 "AI는 소원을 들어주는 램프 요정 같지만 그런 동화가 좋게 끝나는 일은 거의 없다"며, 기술의 파괴적인 잠재력을 경고했습니다. 신중년 세대는 디지털 환경에 익숙하지 않아 부정적 요소에 더 취약할 수 있습니다. 따라서, 기술의 어두운 면을 인지하고 적극적으로 대처하는 것이 필수입니다.

　고용 시장의 변화는 신중년에게 큰 도전이 될 수 있습니다. AI가 대체할 가능성이 높은 직업군이 늘어나면서 새로운 기술 습득의 필요성이 대두되고 있습니다. AI는 생산성 향상, 새로운 일자리 창출 등 경제 전반에 긍정적인 영향을 줄 수 있는 반면,

기존 일자리를 대체할 것이라는 우려도 내포하고 있습니다. 한국은행이 발표한 'AI와 노동시장 변화' 보고서에 따르면, 우리나라 취업자 중 약 341만 명(전체 취업자 수 대비 12%)은 AI 기술에 의한 대체 가능성이 높은 것으로 나타났습니다. 고소득·고학력 근로자가 AI에 더 많이 노출되어 있는데, 이는 AI가 비반복적·인지적 업무를 대체하는 경향이 크기 때문입니다. AI가 노동시장에 미칠 잠재적 영향을 살펴본 결과, AI 노출 지수가 높은 일자리일수록 고용이 줄어들고 임금 상승률도 낮아질 가능성이 큰 것으로 예상됩니다.

 그러나 모든 직업이 대체되는 것은 아닙니다. 창의성과 감정적 교감이 중요한 직업군은 AI가 대체하기 어렵습니다. 음식 관련 종사자, 대학교수, 종교 종사자와 같은 직업이 이에 속합니다. 새로운 기술은 기존 일자리를 대체하기도 하지만, 신규 일자리를 창출하기도 합니다. 더불어 기존 일자리 내에서도 업무를 수행하는 방식에 큰 변화가 나타날 수 있습니다. 이러한 변화에 적응하기 위해서는 적절한 교육 및 직업 훈련을 통해 필요한 숙련도를 유지하는 것이 한층 더 중요해졌습니다.

[AI 노출 지수 상위 및 하위 직업]

상위 직업구분	하위 직업
화학공학 기술자 발전장치 조작원 철도 및 전동차 기관사 상하수도 처리 장치 조작원 재활용 처리 장치 조작원 금속재료공학 기술자	음식 관련 단순 종사자 대학교수 및 강사 상품 대여 종사자 종교 관련 종사자 식음료 서비스 종사자 운송 서비스 종사자

출처: 한국은행, 「BOK 이슈노트: AI와 노동시장 변화」

 AI 기술은 단순히 고용 시장뿐만 아니라 인간관계와 사회 구조에도 영향을 미칩니다. AI 기반 챗봇과 가상 비서가 인간 간의 소통을 대체하면서, 사회적 고립과 외로움을 심화시키고 있습니다. 또한, AI 추천 시스템은 개인화된 콘텐츠만 제공함으로써 정보의 다양성을 제한하고, '필터 버블(filter bubble)' 현상을 초래합니다. 이는 사람 간의 연결을 축소시키고 사회적 단절을 부추길 가능성이 있습니다. 기술의 긍정적 가능성을 최대한 활용하면서도, 부정적 영향을 최소화하기 위해서는 지속적인 학습과 열린 자세가 필요합니다.

E. AI 시대, 신중년이 기술을 다스리는 지혜

챗GPT가 등장한 직후, 많은 사람들이 이 기술에 매료되었습니다. 『Do it! 챗GPT & 파이썬으로 AI 직원 만들기』책의 이성용 저자는 챗GPT와의 첫 만남을 이렇게 표현했습니다.

"챗GPT가 나온 직후, 저는 몇 주 동안 챗GPT가 주는 신기함에 푹 빠져 지냈습니다. 영화 〈Her〉의 남자 주인공처럼 평일에는 퇴근 후 저녁 내내, 주말에는 하루 종일, 심지어 출퇴근하는 지하철에서조차 챗GPT에게 온갖 질문을 퍼부었습니다. 새로운 세계가 왔음을 직감했고, IT 분야의 사람들에게 도움이 될 수 있는 책을 챗GPT의 도움을 받아 빠르게 써야겠다는 생각으로 집필 작업을 시작했습니다. 챗GPT는 궁금한 질문에 친절하게 답변해 주는 멘토이자, 엄청난 양의 일을 빠르게 해치우는 듬직한 동료였고, 시키는 일을 묵묵히 끝내는 성실한 일꾼 같았습니다."

이처럼 챗GPT는 단순히 정보를 제공하는 도구를 넘어, 사용자의 창의성을 자극하고 생산성을 극대화하는 파트너로 자리 잡았습니다. 이러한 기술은 더 이상 특정 세대나 전문가들만의 영역이 아닙니다. 특히, 신중년 세대는 AI 기술을 활용해 풍부한 경험과 지혜를 새로운 방식으로 펼칠 기회를 얻을 수 있습니다. 신중년이 AI를 배우는 것은 단순히 기술을 익히는 것이 아니라, 새로운 시대에서의 역할을 재정립하는 첫걸음이 될 수 있습니다.

AI 학습에 대한 관심은 도서 판매 동향에서도 드러납니다. 교보문고에 따르면, 2023년부터 『프롬프트 엔지니어링으로 인공지능 제대로 일 시키기』, 『Do it! 챗GPT & 파이썬으로 AI 직원 만들기』등 실무 중심의 AI 입문서와 활용 가이드가 인기를 끌고 있으며, IT 분야 도서 판매량은 2024년 1월 기준 전년 동월 대비 43.2% 증가했습니다. 이는 AI 기술이 실생활에서 어떻게 적용될 수 있는지를 배우고자 하는 신중년 독자들의 관심이 크게 늘었음을 보여줍니다.

하지만 AI를 활용할 때 주의할 점도 있습니다. 챗GPT와 같은 도구는 편리하지만, 과도하게 의존하면 주도성을 잃을 수 있습니다. AI는 도구일 뿐, 최종적인 결정과 책임은 사용자에게 있습니다. 예를 들어, AI가 제공한 정보를 맹목적으로 신뢰하기보다는, 이를 비판적으로 분석하고 활용하는 능력이 필요합니다. 챗GPT와 같은 기술을 이해하고 활용하면, 업무 효율성을 높이고 새로운 직업 기회를 탐색할 수 있습니다. AI 기술을 배우는 과정에서 디지털 소외를 극복하고, 세대 간 소통의 다리를 놓을 수도 있습니다. 신중년이 AI를 배우는 것은 단순한 생존의 문제가 아니라, 새로운 시대의 변화를 주도적으로 받아들이고 기회를 만들어가는 일입니다.

이와 동시에, AI 기술의 확산이 가져올 윤리적 문제에도 관심을 가져야 합니다. 2024년 노벨물리학상 수상자인 제프리 힌튼 교수는 AI의 위험성을 핵분열 물질에 비유하며, 정부가 윤리적 법규와 안전 연구를 강화해야 한다고 강조했습니다. 유네스코는 2021년 'AI 윤리 권고'를 통해 AI 발전이 윤리, 인권, 그리고 안보에 예상치 못한 문제를 초래할 수 있음을 경고했습니다. 국내에서도 국제인공지능윤리협회(IAAE)가 '인공지능 윤리 헌장'과 '디지털 휴먼 윤리 가이드라인'을 제정하며, AI 기술과 윤리의 균형 있는 발전을 도모하고 있습니다

AI는 우리의 삶을 혁신적으로 변화시킬 잠재력을 가지고 있지만, 그 활용 과정에서는 윤리와 책임 의식을 잊지 말아야 합니다. 신중년 세대는 이러한 도전과 기회를 균형 있게 받아들이며, AI 시대의 새로운 가능성을 만들어갈 주체가 될 수 있습니다.

[생성형 AI를 현명하게 활용하기 위한 체크리스트]

구분	세부 질문	YES	NO
저작권	생성형 AI의 결과물을 활용할 때 생성형 AI를 활용해서 얻은 결과물이라고 출처를 표기했나요?		
권리침해	생성형 AI를 활용할 때 타인의 권리가 침해될 수 있는 텍스트, 오디오, 이미지 등을 사용하지 않았나요?		
명예훼손	생성형 AI에 질문이나 정보를 입력할 때 특정인의 명예를 훼손하거나, 차별하는 내용이 포함되어 있지는 않나요?		
혐오표현	생성형 AI가 제시한 정보에 개인·기관 등 특정 대상을 비난하거나, 주장을 일방적으로 혐오하는 내용이 포함되어 있지 않나요?		
정보유출	생성형 AI로 정보를 얻거나 콘텐츠를 제작하기 위해 개인정보, 기업기밀 등 민감한 정보를 제공하지는 않았나요?		
허위조작 정보	생성형 AI로 가짜뉴스, 스팸 등을 만들기 위해 사실이 아닌 부정확한 정보나 조작된 내용을 일부러 입력하지는 않았나요?		
정보편향	생성형 AI가 결과로 제시한 정보에 한쪽으로 치우친 편향적인 내용이 없는지 확인하였나요?		
환각현상	생성형 AI가 제공한 정보가 모두 정답은 아니라는 생각을 하며 잘못된 정보가 있는지 사실 확인을 위해 교차검증을 했나요?		
오남용	생성형 AI가 주는 편리함에만 의존하지 않고 먼저 충분히 생각하고 고민한 후에 생성형 AI는 보조적 수단으로 활용하였나요?		
창의성	생성형 AI가 제시한 결과를 그대로 사용하지 않고, 재해석하거나 자신의 생각, 아이디어를 덧붙여 생산적으로 활용하였나요?		

출처: 방송통신위원회·한국지능정보사회진흥원, 「생성형 AI 윤리 가이드북」

F. 디지털 전환의 다음 트렌드, AX

AX(인공지능 전환, AI Transformation)는 디지털 전환(DX)을 넘어 인공지능을 중심으로 기업의 변화를 추구하는 개념입니다. 이는 기업이 인공지능 기술을 활용하여 비즈니스 프로세스, 제품, 서비스 등을 혁신하고 새로운 가치를 창출하는 과정을 의미합니다. 기존 DX(Digital Transformation)는 디지털 기술을 기반으로 한 산업의 변화를 의미합니다. 이는 기존 산업이 ICT 인프라를 통해 자동화되는 과정을 포함합니다. AX는 이러한 디지털 전환을 넘어 인공지능 기술을 활용하여 비즈니스 프로세스를 혁신하고 새로운 가치를 창출하는 데 중점을 둡니다.

신중년은 경력 전환이나 새로운 직업을 찾는 경우가 많습니다. 산업의 AX 사례를 통해 어떤 기술이 현재와 미래의 직업 시장에서 중요한지 이해하고, 필요한 기술을 배우는 데 도움이 됩니다. 창업이나 사업을 고려할 때, AI와 같은 혁신 기술이 적용된 산업의 사례를 알면 시장의 트렌드와 기회를 파악하는 데 유리합니다.

G. 산업 차원에서의 AI 기술 혁신

- **의료 산업**
  AI 기반 영상 분석, 국내 AI 기업 루닛(Lunit)은 폐암과 유방암 판독을 지원하는 AI 솔루션을 개발해 전 세계 병원에 보급, 이 기술은 방사선 영상에서 암을 조기에 발견하는 데 도움을 줍니다.

- **제조업**
  현대자동차 글로벌 혁신센터는 AI와 자동화를 결합한 스마트 팩토리를 통해 연간 3만 대의 차량을 생산하며, 효율성을 극대화하고 있습니다. 이는 AI를 통해 생산 공정을 모니터링하고 실시간으로 문제를 해결할 수 있도록 지원합니다.

- **유통 산업**
  쿠팡은 AI 기반 배송 시스템을 통해 경로를 최적화하여 물류비용을 절감하고 배송 속도를 높였습니다. 이는 고객 만족도를 크게 향상시키는 동시에 운영 효율성을 높이는 데 기여합니다.

- **에너지 산업**

  전력 예측 및 관리, 전력거래소는 AI를 활용해 전력 수급 계획을 수립하며, 전력 공급의 안정성과 효율성을 강화하고 있습니다. AI 기술은 실시간 전력 소비 데이터를 분석하여 예측 모델을 생성하고, 최적의 전력 배분을 지원합니다.

- **정밀 농업**

  AI를 활용한 정밀 농업은 작물 관리와 수확량 예측을 혁신적으로 변화시켰습니다. 존 디어(John Deere)의 AI 농기계는 토양 상태, 기후, 작물 데이터를 분석하여 농부들에게 맞춤형 농업 전략을 제공합니다.

- **금융 산업**

  신용 평가 및 금융 사기 방지, AI를 활용한 신용 평가와 사기 탐지 시스템이 도입, JP모건은 AI 기반 알고리즘을 통해 금융 사기를 사전에 방지하고, 고객의 신용 위험을 더 정확히 평가합니다.

- **건설업**

  안전 모니터링, 건설 현장에서 AI 기술을 활용해 안전사고를 예방하는 시스템. 도요타 건설은 AI 드론과 카메라를 이용해 현장의 위험 요소를 실시간으로 모니터링하여 사고를 줄이고 있습니다.

H. 조직 차원에서의 AI 도입과 전략

"현재 인류가 도달한 생산성을 보면 주 4일 근무도 충분히 가능하다. 인류 노동의 역사는 노동 시간 단축의 역사라는 것을 인정해야 한다."

박태웅 한빛비즈 의장은 이 발언을 통해 조직에서 AI 기술 도입의 중요성을 강조했습니다. AI는 단순한 기술 도구를 넘어, 효율성과 생산성을 극대화하며 조직 운영 방식을 근본적으로 바꾸는 계기가 되고 있습니다.

 AI는 반복적이고 정형화된 업무를 자동화하여, 직원들이 더 창의적이고 중요한 업무에 집중할 수 있도록 돕습니다. 예를 들어, RPA(로봇 자동화 시스템)는 기존에 많은 시간과 노력이 필요했던 업무를 자동으로 처리하여 조직의 시간과 비용을 절감하고 더 높은 성과를 낼 수 있도록 합니다. 또한, AI는 조직 내 여러 기능과 과정을 연결하고 통합해 디지털 혁신을 가속화합니다. 영업 부문에서는 고객 데이터를 분석하고 개인화된 경험을 제공하며, HR 부문에서는 채용, 성과 관리, 직원 교육 등 전반적인 프로세스를 데이터 기반으로 최적화합니다. AI는 데이터를 실시간으로 처리하고 정확하게 분석하여 빠른 의사결정을 가능하게 함으로써, 조직의 유연성을 높이는 데도 크게 기여합니다.

이러한 변화는 신중년에게도 중요한 의미를 가집니다. AI 기술의 발전은 신중년에게도 새로운 도전과 기회를 제공합니다. AI를 이해하고 활용하면, 자신의 경력 방향을 새롭게 설정하고 필요한 기술을 익히는 데 큰 도움이 될 수 있습니다. 특히, AI가 조직 문화와 인재 관리에 미치는 영향을 파악하면 변화에 능동적으로 대응하고, 조직 내에서 가치를 창출하는 방법을 찾을 수 있습니다.

최근 IBM은 AI 기술을 효과적으로 도입하기 위해 핵심 전략을 제시했습니다. 이러한 전략은 AI 도입을 조직적 성공으로 연결하는 데 중요한 가이드라인을 제공합니다.

❶ 전략과 가치
AI 혁신의 사용 사례와 목표는 무엇인가요? 어떤 워크플로를 지원하며 성공을 판단하기 위한 내부 메트릭은 무엇인가요?

❷ 기술 및 데이터
조직의 전략에 가장 적합한 모델, 데이터 및 배포 전략은 무엇인가요?

❸ 경험 디자인
내부 및 외부 사용자는 AI와 어떻게 상호 작용하나요?

❹ 운영 모델
조직이 비즈니스 전반에 걸쳐 새로운 기술을 확장하는 방법은 무엇인가요?

❺ 인재와 문화
조직에서 교육, 업스킬링, 채용을 통해 AI 문화를 어떻게 수용할 계획인가요?

IBM이 제시한 AI 혁신 전략은 신중년이 AI 시대에 필요한 역량을 개발하고 경력을 재설계하는 데도 많은 도움을 줍니다. 먼저, AI를 활용하기 위해서는 목표를 뚜렷하게 정하는 것이 중요합니다. 어떤 일을 하고 싶은지, AI를 통해 어떤 변화를 만들고 싶은지 고민해 보세요. 데이터 분석, 디지털 마케팅, AI 기반 고객 서비스 같은 새로운 분야에 도전하거나, 기존의 경험을 AI 기술과 접목해 더 발전시킬 수도 있습니다. 자신에게 맞는 AI 도구와 데이터를 활용하는 것이 필요합니다. AI 기반 이력서 작성 도구나 채용 플랫폼을 이용하면 자신의 경력과 능력을 효과적으로 정리할 수 있습니다. 이를 바탕으로 맞춤형 일자리 추천을 받거나, 부족한 부분을 채우는 교육 프로그램을 찾는 것이 쉬워집니다.

AI를 단순히 활용하는 것에서 그치지 않고, 적극적으로 상호작용하는 것도 중요합니다. AI 도구를 사용하면서 실시간으로 피드백을 받고 부족한 점을 보완해 보세요. AI가 제공하는 직업 추천이나 능력 분석 기능을 활용하면 현재 실력과 앞으로 필요한 기술의 차이를 쉽게 파악해 체계적인 경력 계획을 세울 수 있습니다. 마지막으로, 꾸준히 배우고 다양한 사람들과 교류해야 합니다. AI 관련 온라인 강의나 워크숍, 세미나에 참여해 기본적인 개념을 익히고, 배운 것을 실제로 적용하는 경험을 쌓아주세요. AI 기술을 배우는 과정에서 동료나 전문가와 네트워크를 넓히는 것도 유용합니다.

▌ 개인 차원에서의 AI 도구 활용과 디지털 역량

AI 시대가 본격화되면서 신중년에게 디지털 역량은 매우 중요해졌습니다. 기술을 이해하는 수준을 넘어, AI 도구를 활용하고 디지털 환경에 적응하는 능력은 생존을 위한 기본 조건입니다. 전통적인 방식의 업무와 소통은 한계에 도달했고, AI는 일상생활뿐만 아니라 업무방식까지 근본적으로 변화시키고 있습니다. AI와 디지털 기술을 학습하고 역량을 개발하는 것은 더 이상 미룰 수 없는 과제입니다. 취업이나 재취업, 창업과 같은 경력 전환을 넘어, 삶의 질을 높이는 데도 중요한 역할을 합니다.

신중년이 그동안 축적해 온 지식과 경험은 사회적으로 큰 가치를 지닙니다. 그러나 디지털 격차로 인해 이러한 경험이 제대로 활용되지 못하는 경우가 많습니다. 이러한 문제를 신중년은 자신의 전문성을 더 많은 사람과 연결할 수 있는 기반을 마련할 수 있습니다. 예를 들어, AI 기반 협업 도구나 온라인 학습 플랫폼을 활용해 세대 간 지식과 경험을 공유하거나, 디지털 기술을 활용해 멘토링과 조언을 제공하는 프로그램도 운영할 수 있습니다. 이는 신중년의 기여를 더 효율적이고 폭넓게 만듭니다. 디지털 도구를 적극적으로 활용하면 기여 과정에서 불필요한 장벽이 사라지고, 신중년이 더 쉽게 젊은 세대와 협력할 수 있는 환경이 조성됩니다. 이러한 협력은 세대 간 이해와 소통을 강화하며, 디지털 기술과 경험이 융합되어 사회적 가치를 창출하는 데 큰 역할을 할 것입니다. 신중년이 갖춰야 할 디지털 역량은 다음과 같습니다.

❶ 기술 이해와 활용 능력

AI 도구, 스마트폰 앱, 협업 플랫폼 등을 활용할 수 있는 기본적인 디지털 소양이 필요합니다. 이를 통해 업무 효율성을 높이고, 새로운 기술에 빠르게 적응할 수 있습니다.

❷ 정보 분석 및 판단 능력

AI가 생성한 정보의 편향성이나 허위 정보를 분석하고 비판적으로 수용하는 능력이 중요합니다. 이는 신뢰할 수 있는 정보를 선택하고 활용하는 데 필수적입니다.

❸ 디지털 커뮤니케이션 능력

비대면 소통 환경에서 효과적으로 의사소통하고 협업하는 역량이 필요합니다. 화상 회의, 메신저, 이메일 등을 활용해 원활하게 소통할 수 있는 능력은 현대 사회에서 필수입니다.

❹ 문제 해결 능력

디지털 도구를 활용해 업무와 삶에서 직면한 문제를 창의적으로 해결하는 역량도 필요합니다. 예를 들어, Notion AI나 Canva와 같은 도구는 생산성을 극대화할 수 있는 유용한 자원입니다.

❺ 지속적인 자기 계발

디지털 학습 플랫폼(Udemy, 클래스101 등)을 활용해 새로운 기술을 지속적으로 학습하고, AI 시대에 필요한 역량을 개발해야 합니다. 이는 경력을 유지하거나 전환하는 데 있어 필수적입니다.

AI와 디지털 기술은 신중년 세대에게 단순히 기술적인 도전만을 제시하지 않습니다. 오히려 축적된 경험과 지식을 더 넓은 세상과 연결하고, 사회적 기여를 확대할 수 있는 기회를 제공합니다. 디지털 격차를 해소하고, AI 도구를 활용하며, 지속적으로 학습하고 협력하는 노력을 기울인다면, 신중년도 AI 시대에 활기차고 의미 있는 경력을 이어갈 수 있습니다.

02 디지털 역량, 신중년의 성공 열쇠

A. 디지털 리터러시가 신중년의 삶을 바꾼다

"30년 뒤 고령층은 지금의 어르신과는 다른 모습일 겁니다. 진짜 '액티브 에이징 (활기찬 노년)'이 구현되는 것이죠."

조영태 서울대 보건대학원 교수는 한 언론 인터뷰에서 30년 뒤 대한민국 사회를 이렇게 전망했습니다. 기술 발달로 고령층의 건강 수명이 늘어나고, 디지털 기기 활용에 능숙해 현재 노년과는 확연히 다를 것으로 내다봤습니다. 그는 "베이비붐 1세대는 스마트폰, 컴퓨터 산업을 이끌어 온 주역"이라며 "이들이 80세 이상 초고령층이 되는 시점에는 로봇이나 플랫폼 연동 기술을 적극적으로 활용하는 세대가 될 것"이라고 설명했습니다.

조 교수의 예측은 신중년 세대가 디지털 리터러시를 갖추는 노력이 얼마나 중요한지를 잘 보여줍니다. 30년 후 고령층이 기술에 능숙하고 활발히 활동하는 세대가될 것이라는 점은, 신중년이 지금부터 디지털 기술을 익히고 활용하는 것이 필수임을 시사합니다.

디지털 리터러시는 신중년에게 삶의 질을 향상시키고 사회적, 경제적 역할을 지속하게 하는 중요한 도구입니다. 디지털 리터러시는 디지털 기기와 인터넷을 효과적으로 활용하고, 다양한 디지털 콘텐츠를 이해하며, 필요한 정보를 검색하고 활용하는 능력을 의미합니다. 이는 디지털 기기와 인터넷을 효과적으로 활용하고, 정보를 검색·이해·활용하며 문제를 해결하는 능력을 포함합니다. 디지털 기술은 건강 관리, 금융 관리, 여가 활동 등 다양한 분야에서 삶의 효율성을 높입니다.

은퇴 후 SNS를 시작한 한 사용자는 페이스북을 통해 옛 친구들과 다시 연락하며 새로운 동호회에 가입해 활발히 활동하고 있습니다. 다른 사용자는 건강 관리 앱을 통해 매일 혈압과 혈당을 기록하며 건강 관리를 이어가고 있습니다. 금융 관련 앱을 통해 자산을 체계적으로 관리하고, 고금리 예금 상품에 투자하여 재정 상태를 개선하거나, 은퇴 후 온라인 취미 강의 앱을 통해 캘리그래피를 배우고 소규모 공예품 판매를 시작한 사례도 있습니다. 이처럼 디지털 기술은 단순히 편의를 제공하는 도구를 넘어, 신중년층이 보다 풍요롭고 의미 있는 삶을 살아가는 데 기여합니다.

과학기술정보통신부가 발표한 「2023 인터넷이용실태조사」에 따르면, 60대 인터넷 이용률은 94.9%로 나타났습니다. 70대 이상의 인터넷 이용률은 64.4%로 전년 대비 9.7%p 상승했으며, SNS 이용률도 26.4%로 5.3%p 증가했습니다. 이는 디지털 전환이 일상생활 전반에 깊숙이 자리 잡았음을 보여줍니다. 신중년은 물론이고 디지털 취약계층으로 여겨졌던 고령층도 인터넷을 필수 도구로 인식하며, 활용 범위를 넓히고 있습니다.

[고령층 인터넷 이용률 변화]

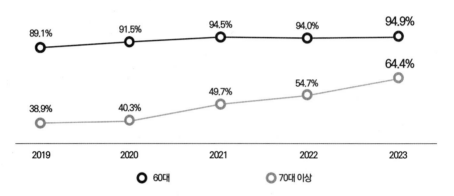

출처: 과학기술정보통신부, 「2023 인터넷이용실태조사 보고서」

신중년 세대에게 디지털 리터러시는 삶의 질 향상과 사회적 참여를 위한 필수 요소입니다. 은행 업무, 병원 예약, 공공 서비스 이용 등 일상이 온라인화되면서 디지털 도구의 활용 능력이 더욱 중요해졌습니다. 또한, 소셜 네트워크는 신중년이 가족, 친구, 지역 사회와 관계를 유지·확장하는 데 중요한 역할을 합니다. 메타버스와 같은 플랫폼을 통해 가상공간에서 새로운 사람들을 만나고 사회적 활력을 유지하는 사례도 증가하고 있습니다. 디지털 기술을 효과적으로 활용하는 고령층은 사회적 고립감을 덜 느끼며, 우울과 불안을 낮추는 효과도 있습니다.

경제적 측면에서도 디지털 리터러시는 새로운 기회를 제공합니다. 프리랜서 플랫폼, 온라인 학습 등을 통해 경력을 전환하거나 새로운 일자리를 창출할 수 있습니

다. K-MOOC와 Coursera와 같은 플랫폼은 기술과 지식을 습득할 기회를 제공하며, 은퇴 후 온라인 쇼핑몰 운영, 유튜브 채널 개설 등 디지털을 활용한 경제 활동도 가능합니다. 중고 거래 및 재능 공유 플랫폼은 자신의 경험과 재능을 활용해 수익을 창출하는 도구로 주목받고 있습니다.

「2023 인터넷이용실태조사」에 따르면, 70대 이상의 인터넷 활용 목적에서 '교육 · 학습'과 '직업 · 직장(구직 · 업무수행 등)'을 답변한 비중이 크게 증가했습니다. 70대 이상 인터넷 이용자는 양적으로 증가했을 뿐만 아니라, 단순한 정보 검색을 넘어 학습 도구로 활용하거나 구직과 업무에 활용하는 등 더 심화된 인터넷 사용 패턴을 보이고 있습니다. 이러한 변화는 신중년에게도 평생 학습과 경제활동의 중요성을 인식하고, 디지털 역량을 강화하며 변화에 대비해야 함을 시사합니다.

디지털 리터러시를 갖추기 위해 신중년이 극복해야 할 장벽도 있습니다. 기술적 환경에 익숙하지 않은 세대에게 디지털 기기의 복잡한 인터페이스와 빠르게 변화하는 기술 트렌드가 부담으로 작용할 수 있습니다. 디지털 격차는 신중년이 디지털 사회에 통합되는 것을 어렵게 만들기도 합니다. 이를 해결하기 위해서는 개인적인 노력과 더불어 사회적, 제도적 지원이 필요합니다. 노년기 복지 정책의 일환으로 디지털 에이징(digital aging)이 논의되는 것도 이 같은 이유 때문입니다.

디지털 에이징은 디지털 기술을 활용해 보다 긍정적이고 독립적인 삶을 살 수 있도록 환경과 서비스를 제공하는 개념입니다. 이는 노인을 위한 정보기기의 개발과 사용, 정보격차 해소 등 다양한 영역을 포괄합니다. 디지털 기술을 통해 노인이 건강하고 안전하게, 독립적이며 활동적인 삶을 누릴 수 있도록 지원하는 디지털 에이징은 고령화 문제를 해결하고 노인의 삶의 질을 높이는 새로운 복지 전략으로 주목받고 있습니다. 신중년은 기본적인 기술 사용 능력을 익히는 것에서 시작해 점진적으로 더 심화된 디지털 도구 활용 능력을 키워나가야 합니다.

B. 신중년, 디지털 기술로 더 편리하고 풍요롭게

많은 신중년이 디지털을 통해 삶의 활력을 되찾고, 사회·경제적 활동을 확대하고 있습니다. 유튜브에서 여행 브이로그를 제작하는 60대 부부, 온라인 쇼핑몰을 통해 특산물을 판매하는 50대 농부, SNS에서 환경 보호 캠페인을 펼치는 40대 주부처럼, 디지털은 나이를 뛰어넘어 새로운 가능성을 열어줍니다. 이들도 처음에는 디지털 기기나 서비스가 어렵게 느껴졌지만, 작은 것부터 배우고 익숙해지기 위해 노력했습니다.

 그렇다면, 신중년은 어떻게 디지털 리터러시를 강화할 수 있을까요? 먼저 기초 디지털 교육을 통해 기본기를 다지는 것이 중요합니다. 스마트폰으로 간단한 정보 검색이나 이메일 전송부터 시작하면, 자신감을 키울 수 있습니다. 지역 사회 센터, 도서관, 복지관 등에서 제공하는 디지털 교육 프로그램에 참여하여 스마트폰 앱 설치, 이메일 사용, 온라인 검색, 문서 첨부 등 기본적인 기술을 습득할 수 있습니다. 카카오톡, 유튜브, 네이버 검색 등 친숙한 앱과 플랫폼을 적극적으로 활용하는 것도 자신감을 높이는 데 효과적입니다.

 정부와 지자체가 제공하는 디지털 역량 강화 교육 프로그램을 활용하면 더욱 체계적으로 기술을 익힐 수 있습니다. 디지털 기술은 계속해서 발전하고 변화하기 때문에 새로운 트렌드에 관심을 가지고 꾸준히 학습하는 자세가 중요합니다. GSEEK, 클래스101 같은 온라인 학습 플랫폼을 통해 인문학, IT, 취미 등 다양한 주제의 강의를 수강하며 디지털 환경에 익숙해지는 것도 좋은 방법입니다. 이러한 교육은 단순히 기술 습득을 넘어, 신중년이 디지털에 대한 자신감을 키우고 새로운 가능성을 발견하는 데 도움을 줍니다.

 디지털 리터러시를 익히기 위해 실생활에서 이를 직접 적용하는 것이 중요합니다. 스마트폰으로 은행 업무를 처리하거나 온라인 쇼핑을 시도하는 등 일상적인 경험을 통해 디지털 기술에 익숙해질 수 있습니다. 가족이나 친구에게 도움을 받아 배우는 과정도 효과적이며, 젊은 세대와의 소통을 통해 기술을 익히는 동시에 세대 간 이해를 높이는 계기가 될 수 있습니다. 동년배들과 함께 디지털을 학습하고 경험을 공유할 수 있는 커뮤니티에 참여하면 학습 동기를 유지하고 사회적 관계도 형성할 수 있습니다. 이러한 커뮤니티는 단순한 학습 공간을 넘어 정서적 지지와 교류의 장이 됩니다.

 AI와 같은 첨단 기술을 활용해 보는 것도 디지털 리터러시 역량을 강화하는 데 도움이 됩니다. 생성형 AI를 활용하여 문서 작업을 하거나, 정보 검색을 하며 디지털 기술에 대한 이해를 높일 수 있습니다. 이러한 기술은 신중년이 새로운 지식을 습득하고, 창의적인 활동을 하는 데도 큰 도움이 될 것입니다. 주거, 교육, 교통, 커뮤니

케이션 등 다양한 분야에서 AI 서비스가 빠르게 자리 잡고 있어, 신중년층도 이러한 변화에 적극적으로 대응해야 합니다.

디지털 리터러시는 신중년이 디지털 사회에서 소외되지 않고, 풍요롭고 활기찬 삶을 살아가기 위한 필수 역량입니다. 이를 위해 기초 교육부터 실생활 적용, 커뮤니티 참여, 첨단 기술 활용 등 다양한 노력을 통해 디지털 역량을 키워야 합니다. 작은 기술부터 고급 활용법까지 꾸준히 배우고 익힌다면 신중년은 더욱 풍요롭고 활기찬 삶을 누릴 수 있습니다. 현재 신중년 세대가 디지털 리터러시를 갖추는 것은 미래의 '액티브 에이징'을 실현하기 위한 준비 과정입니다.

C. 스마트폰, 손 안에서 펼쳐지는 무한한 가능성

라디오가 전 세계를 연결했고, TV가 세상을 집 안으로 가져왔다면, 스마트폰은 그 모든 것을 손바닥 위에 올려놓았습니다. 스마트폰은 단순한 통신 기기를 넘어 정보 검색, 금융 거래, 쇼핑, 교육, 엔터테인먼트, 건강 관리까지 우리 삶의 필수적인 부분이 되었습니다. 특히 신중년에게 스마트폰은 지속적인 학습과 자기 계발을 통해 삶을 풍요롭게 하는 디지털 교과서와 같습니다. 이제 그 무궁무진한 가능성을 발견하고 스마트폰을 활용해 삶의 질을 한 단계 높여보는 것은 어떨까요?

❶ 스마트폰 설정, 나에게 안성맞춤!

스마트폰을 오래 사용하다 보면 배터리가 부족해 걱정될 때가 많습니다. 이것은 몇 가지 설정만 변경하면 배터리 사용 시간을 늘릴 수 있습니다. 화면 밝기를 낮추고 어두운 곳에서는 다크모드를 활용하면 배터리 소모를 줄일 수 있습니다. 또한, Wi-Fi와 블루투스를 사용하지 않을 때는 끄고, 백그라운드에서 실행되는 앱을 제한하며 절전 상태를 활용하는 것도 효과적입니다. 그리고 최신 스마트폰의 배터리 성능을 최적화해 주는 AI 기반 기능을 활용할 수 있습니다. 예를 들어, 삼성 갤럭시 스마트폰의 '적응형 배터리' 기능은 사용자의 사용 패턴을 학습하여 앱 사용을 최적화하고 배터리 소모를 줄여줍니다. 애플 아이폰의 '저전력 모드'는 CPU 성능을 낮추고 백그라운드 작업을 제한하여 배터리 사용 시간을 늘려줍니다.

❷ 위젯과 단축어로 시간 절약

자주 사용하는 앱이나 정보를 홈 화면에 위젯으로 설정하면 빠르게 접근할 수 있어 편리합니다. 날씨 위젯으로 실시간 날씨를 확인하고, 캘린더 위젯으로 일정을 한눈에 관리할 수 있습니다. 메모 위젯은 중요한 메모를 빠르게 작성하고 확인할 수 있어 생활과 업무의 효율성을 높입니다. 'Photo Widget'으로 사진 위젯을 꾸미거나, 'Color Widgets'로 위젯의 색상과 디자인을 자유롭게 변경할 수도 있습니다. 스마트한 일상을 위해 단축어 설정을 활용하면 자주 사용하는 작업을 빠르게 처리할 수 있습니다. 예를 들어, "집으로 가는 길" 단축어는 내비게이션을 한 번에 실행하고, "취침 모드" 단축어는 Wi-Fi 끄기, 화면 밝기 낮추기 등 취침 준비를 간편하게 할 수 있습니다. 아이폰 단축어 앱은 특정 시간에 앱 실행, 메시지 자동 답장 등 복잡한 작업을 자동화할 수 있어 더욱 효율적입니다. 위젯과 단축어는 일상생활과 업무의 생산성을 크게 향상해 줍니다.

❸ 클라우드 서비스, 스마트폰을 넘어선 저장 공간

구글 드라이브, 네이버 MY BOX, 아이클라우드와 같은 서비스를 활용하면 스마트폰 용량 부족에 대한 걱정 없이 사진, 동영상, 문서 등 중요한 파일을 안전하게 저장하고, 스마트폰, 태블릿, 컴퓨터 등 다양한 기기에서 접근할 수 있습니다. 최근에는 클라우드 서비스 업체들이 무료 저장 용량을 늘리고 있으므로, 적극적으로 활용하는 것이 좋습니다. 또한, 클라우드 서비스를 이용하면 가족이나 친구들과 파일을 공유하고, 함께 작업하는 것도 가능합니다. 최근에는 클라우드 서비스에서 제공하는 AI 기능도 주목받고 있습니다. 예를 들어, 구글 포토에서는 AI 기반으로 사진을 자동으로 분류하고, 얼굴 인식 기능을 통해 특정 인물의 사진만 모아서 볼 수 있습니다.

❹ 생산성을 높이는 스마트폰 활용

일정 관리 앱은 개인 일정, 업무 일정, 약속 등을 효율적으로 관리하는 데 유용합니다. 구글 캘린더와 네이버 캘린더 같은 앱을 통해 일정을 등록하고 알림을 설정하면 중요한 일정을 놓치지 않을 수 있습니다. 할 일 목록 앱은 해야 할 일을 정리하고 완료 여부를 체크해 업무 효율성을 높여줍니다. 'TimeTree'는 가족이나 친구와 일정을 공유하며 관리할 수 있고, 'Todoist'는 AI 기반으로 우선순위와 마감일을 제시해 효율성을 더합니다. 메모 앱은 아이디어와 중요한 내용을 기록해 필요할 때 쉽게 확인할 수 있도록 돕습니다. Google Keep과 네이버 메모는 텍스트, 사진, 음성메모 등 다양한 형식을 지원합니다. 'Evernote'는 이미지, 음성 녹음, 웹 페이지까지 저장하며 강력한 검색 기능을 제공하고, 'Notion'은 메모, 할 일 목록, 데이터베이스를 통합 관리할 수 있는 올인원 앱입니다. 이러한 앱들을 활용하면 일정과 메모를 효과적으로 관리하여 일상과 업무의 생산성을 높일 수 있습니다.

❺ AI 기술, 스마트폰을 더욱 똑똑하게

나만의 음성 비서를 활용하면 전화 걸기, 메시지 보내기, 알람 설정, 음악 재생, 정보 검색 등 간단한 작업을 음성 명령으로 처리할 수 있어 편리합니다. Siri, Google Assistant, Bixby 등 다양한 음성 비서로 스마트폰을 효율적으로 사용할 수 있습니다. 최근에는 스마트 홈 기기 제어나 음식 주문, 택시 호출 등 다양한 기능도 지원합니다. 해외여행이나 외국어 학습 시 파파고, 구글 번역 등 AI 기반 번역 앱을 활용하면 언어 장벽을 극복할 수 있습니다. 이러한 앱은 텍스트, 음성, 이미지 번역뿐만 아니라 실시간 대화 번역 기능도 제공합니다. 오프라인 번역과 카메라 번역 기능으로 더욱 편리하게 사용할 수 있습니다. 스마트폰의 다양한 기능과 앱을 활용하면 일상생활이 한층 편리해지고 생산성도 향상됩니다.

D. 신중년, SNS로 세상과 소통하다

스마트폰과 인터넷이 일상이 되면서, 신중년들도 SNS를 활용해 새로운 기회를 찾고 있습니다. 인스타그램에서 빵 굽는 과정을 공유하며 고객과 소통하고, 블로그에 책 리뷰를 꾸준히 올리며 독서 문화를 확산시키고, 유튜브에서 디지털 도구를 소개하는 등 다양한 방식으로 자신만의 콘텐츠를 만들어 가고 있습니다. 이제 SNS는 소통을 넘어, 배움과 나눔, 그리고 새로운 도전의 장이 되고 있습니다.

신중년들은 특정 SNS 플랫폼에 국한되지 않고, 다양한 채널을 적극적으로 활용하고 있습니다. 와이즈앱·리테일·굿즈가 SNS 앱 세대별 사용자 순위를 조사한 결과, 30대 이하는 인스타그램을 가장 많이 사용하고, 40대 이상은 밴드를 선호하는 경향이 뚜렷하게 나타났습니다. 하지만, 한 가지 채널만 이용하는 것이 아니라 여러 플랫폼을 동시에 활용하는 경우가 많았습니다. 40대는 밴드, 인스타그램, 네이버 카페를, 50대는 밴드, 인스타그램, 페이스북을 많이 이용하고 있으며, 60대 이상은 밴드, 인스타그램, 틱톡 순으로 나타났습니다.

[SNS 앱 세대별 사용자 순위]

구분	20세 미만	20대	30대	40대	50대	60세 이상
1위	인스타그램 393	인스타그램 697	인스타그램 571	밴드 632	밴드 430	밴드 215
2위	틱톡 169	X 301	밴드 274	인스타그램 549	인스타그램 260	인스타그램 95
3위	X 166	밴드 194	네이버 카페 186	네이버 카페 336	페이스북 149	틱톡 70
4위	밴드 117	네이버 카페 189	X 175	페이스북 214	네이버 카페 119	카카오스토리 51
5위	페이스북 88	네이버 블로그 164	페이스북 163	틱톡 133	카카오스토리 91	페이스북 50

출처: 와이즈앱·리테일·굿즈

특히 눈에 띄는 점은 60대 이상에서 틱톡 사용이 증가한 것입니다. 짧은 영상을 쉽게 만들고 공유할 수 있는 틱톡은 여행 후기, 요리법, 운동 루틴 등을 소개하는 신중년들이 늘면서 활용도가 높아졌습니다. 또한, SNS 사용 시간에서도 인스타그램이 대부분의 연령대에서 가장 길게 나타나, 정보 소비뿐만 아니라 콘텐츠 제작과 공유까지 활발하게 이루어지고 있음을 보여줍니다.

SNS는 단순한 소통 수단을 넘어, 신중년들에게 배움과 연결의 기회를 제공합니다. 가족, 친구들과 쉽게 연락을 주고받으며 추억을 나누고, 관심사가 같은 사람들과 교류하며 새로운 인연을 만들 수 있습니다. 최근에는 메타버스를 활용해 가상공간에서도 소통하는 신중년이 늘고 있습니다. SNS는 정보를 얻고 사회에 참여하는 중요한 창구이기도 합니다. 뉴스, 건강, 경제 정보를 실시간으로 접할 수 있으며, 온라인 서명 운동이나 기부 캠페인에 참여하는 등 사회에 기여하는 방식도 다양해졌습니다. 자신의 의견을 표현하고 토론하며 세상과 연결될 수도 있습니다.

자기 계발과 취미 활동을 위한 도구로도 SNS가 적극 활용되고 있습니다. 유튜브에서 요리법을 배우거나, 페이스북 그룹에서 취미 모임을 찾고, 인스타그램에서 새로

운 트렌드를 접하는 것은 물론, 직접 콘텐츠를 제작해 자신만의 브랜드를 만들고 새로운 기회를 찾는 신중년도 증가했습니다.

디지털 환경이 빠르게 변화하는 만큼, 신중년들도 SNS를 통해 새로운 기술을 익히고, 정보를 얻으며, 자신만의 공간을 만들어가고 있습니다. 세대와 플랫폼을 넘어, 더 많은 사람들이 자신의 이야기를 나누고 서로에게 영감을 주는 시대입니다.

E. 소통, 배움, 기회! 신중년에게 유용한 SNS 플랫폼

다양한 SNS 플랫폼은 신중년에게 소통과 자기표현의 기회를 제공합니다. 각 플랫폼은 저마다의 특성과 장점을 지니고 있어, 신중년의 삶을 더욱 풍요롭게 만들어주는 유용한 도구입니다. 사용 목적에 따라 적절한 SNS를 선택하면 일상에서 더 편리하게 소통할 수 있고, 새로운 인연을 만들며, 자기 계발과 사회 활동에도 적극적으로 참여할 수 있습니다.

카카오톡은 채팅, 음성·영상 통화, 오픈 채팅, 카카오톡 채널 등 다양한 기능을 제공합니다. 메시지 전송은 물론, 이모티콘과 사진, 동영상을 공유하며 실시간으로 소통할 수 있습니다. 직관적인 인터페이스와 무료 메시지 기능 덕분에 편리하게 사용할 수 있으며, 금융 서비스와 연동된 송금 기능, 선물하기 기능도 유용합니다. 한 신중년 사용자는 카카오톡 오픈 채팅을 활용해 수제청 제작 동호회를 만들었고, 이를 소규모 사업으로 발전시켰습니다. 또 다른 사용자는 카카오톡 채널을 활용해 고객과 소통하며 이벤트를 홍보해 사업 성장을 이루었습니다. 카카오톡은 메시지 앱을 넘어 취미, 비즈니스, 커뮤니티 활동까지 지원하는 플랫폼입니다. 하지만, 광고 메시지가 많거나 지나치게 사용하면 피로감을 느낄 수 있어 적절한 활용이 중요합니다.

페이스북은 친구 추가, 그룹 활동, 마켓플레이스를 통한 중고 거래, 이벤트 초대 등 폭넓은 소통을 지원하는 플랫폼입니다. 전 세계 사람들과 연결되며, 다양한 정보를 공유하고 관심사를 나눌 수 있습니다. 은퇴 후 여행 후기를 공유하던 한 신중년은 이를 계기로 여행사와 협업하며 여행 가이드로 활동하게 되었습니다. 또 다른 사용자는 지역 커뮤니티 그룹을 운영하며 지역 문제 해결에 앞장섰고, 지역 사회에서 신뢰를 쌓아 공익 활동에도 적극적으로 참여하고 있습니다. 페이스북은 올바르게 활용하면 신중년의 사회 참여와 네트워크 형성에 큰 도움이 됩니다. 다만, 가짜 뉴스나 불필요한 정보가 많을 수 있어 정보를 비판적으로 판단하는 능력이 필요합니다.

유튜브는 영상 시청, 라이브 스트리밍, 쇼츠 기능을 통해 다양한 콘텐츠를 제작하고 소비할 수 있는 플랫폼입니다. 교육 콘텐츠가 많고, 구독자 기반으로 수익을 창출할 기회도 제공합니다. 한 신중년 유튜버는 건강 관리 비법을 공유하며 인기를 끌었고, 이를 바탕으로 건강 관련 제품 홍보와 책 출간까지 이어지는 성과를 거뒀습니다. 또한, 퇴직 후 취미로 시작한 DIY 목공 작업을 영상으로 제작해 구독자들과 소통하며 강의 요청을 받는 등 새로운 경력을 쌓은 경우가 있습니다. 유튜브는 신중년이 자신의 전문성과 관심사를 공유하며 새로운 기회를 열 수 있는 공간입니다. 꾸준하고 진정성 있는 콘텐츠 제작이 중요하며, 구독자와 신뢰를 쌓아가는 것이 성공의 핵심입니다.

블로그는 신중년이 자신의 경험과 지식을 체계적으로 기록하고 공유할 수 있는 플랫폼입니다. 깊이 있는 콘텐츠 제작이 가능하며, 검색 엔진 최적화를 통해 더 많은 독자에게 노출될 수 있는 장점이 있습니다. 텃밭 가꾸기 경험을 공유하던 한 신중년 블로거는 상세한 사진과 영상을 활용해 텃밭 관리 방법을 설명했고, 이를 통해 농업 관련 기업과 협업하며 상품 홍보 대사로 활동하게 되었습니다. 은퇴 후 여행기를 작성하며 독자들과 소통하고, 이를 계기로 여행 관련 책을 펴내고 강연 요청을 받은 사례도 있습니다. 블로그는 자기 브랜드를 구축하고, 전문성을 살려 새로운 기회를 만들 수 있는 도구입니다. 카테고리 관리, 댓글 기능, 태그 활용 등을 통해 정보를 체계적으로 정리하며, 꾸준한 운영이 독자 확보와 콘텐츠 신뢰도를 높이는 데 중요합니다.

F. 나에게 딱 맞는 SNS는? SNS 미로에서 길 찾기

신중년 10명 중 9명이 SNS를 이용할 만큼, 소셜 미디어는 중장년의 새로운 소통 창구가 되었습니다. 하지만 여러 SNS를 동시에 이용하다 보면 오히려 효율성이 떨어질 수 있습니다. 페이스북, 유튜브, 카카오스토리 등 각기 다른 특성을 가진 플랫폼들 중에서, 자신의 관심사와 목적에 가장 적합한 SNS를 선택하는 것이 좋습니다. 스마트한 SNS 활용법을 알아볼까요?

정보 공유, 소통, 학습, 비즈니스 홍보 등 목적에 따라 적합한 플랫폼이 다릅니다. 자신이 SNS를 통해 이루고자 하는 목표를 명확히 하고, 그에 맞는 플랫폼을 선택합니다. 지식 공유를 원한다면 유튜브나 블로그가 좋습니다. 유튜브는 시각적인 콘텐

츠를, 블로그는 글과 사진을 중심으로 콘텐츠를 만들 수 있습니다. 취미를 기록하거나 창작 활동을 공유하고 싶다면 인스타그램이나 유튜브를 고려하세요.

SNS에서 누구와 소통하고 싶은지도 중요합니다. 상대방이 주로 사용하는 플랫폼을 선택하면 더 효과적입니다. 가족, 친구, 지인과 소통하고 싶다면 페이스북이 적합하고, 같은 관심사를 가진 사람들과 교류하고 싶다면 관련 커뮤니티가 활발한 플랫폼을 선택하는 것이 좋습니다. 각 플랫폼은 특정 유형의 콘텐츠에 최적화되어 있습니다. 자신이 만들고 싶은 콘텐츠의 형태에 따라 플랫폼을 선택하세요. 예를 들어, 영상을 만들고 싶다면 유튜브, 글을 중심으로 하고 싶다면 블로그, 사진이나 이미지를 활용하고 싶다면 인스타그램을 선택하면 좋습니다.

쉽고 편하게 쓸 수 있는 지도 선택할 때 고려해야 합니다. 사용법이 너무 복잡하면 꾸준히 이용하기 어렵습니다. 카카오톡은 간단하고 직관적으로 쓸 수 있는 반면, 블로그는 글을 쓰고 관리하는 데 조금 더 시간이 필요합니다. 각 플랫폼을 직접 사용해보며 본인에게 편한지 평가해 보세요. 마지막으로 개인 정보를 안전하게 지킬 수 있는지 확인해 주세요. 각 플랫폼의 보안 수준과 개인정보 보호 정책을 확인하고, 사용자들의 리뷰나 전문가 의견을 참고해 믿을 수 있는 플랫폼을 선택합니다.

G. 신중년을 위한 스마트한 인터넷 검색 방법

인터넷은 무궁무진한 정보의 세계이지만, 원하는 정보를 정확하고 효율적으로 찾는 것은 쉽지 않습니다. 특히 디지털 환경에 익숙하지 않은 신중년 세대에게는 더욱 어려운 과제일 수 있습니다. 하지만 효과적인 정보 검색 방법과 최신 기술 활용법을 익히면 정보 검색은 더 이상 어려운 일이 아닌, 즐거운 경험입니다.

정보 검색의 시작은 적절한 키워드 선택에서 시작됩니다. 단순히 '여행' 대신 '가을 단풍 여행 추천'처럼 구체적인 키워드를 사용하면 원하는 정보를 더 쉽게 찾을 수 있습니다. 여러 키워드를 조합하면 정교한 검색 결과를 얻을 수 있습니다. 예를 들어 '건강 식단 당뇨'로 검색하면 당뇨에 좋은 식생활 정보를 찾을 수 있습니다. 특정 구절을 그대로 검색하고 싶을 때는 따옴표(" ")를 사용하세요. 예를 들어, "인공지능 활용법"으로 검색하면 해당 구절이 포함된 정보만 확인할 수 있습니다. 특정 키워드를 제외하려면 마이너스 기호(-)를 사용합니다. "스마트폰-삼성"으로 검색하면 삼성 스마트폰을 제외한 정보를 얻을 수 있습니다. 웹사이트에서 정보를 찾으려면 'site:' 검색 연산자를 활용합니다. 'site:wikipedia.org 인공지능'으로 검색하면 위키피디아의 인공지능 관련 정보만 찾을 수 있습니다. 별도의 파일 형식 문서를 찾으려면 'filetype:' 연산자를 사용해 'filetype:pdf 요리 레시피'처럼 검색하면 PDF 문서를 확인 가능합니다.

이미지 검색은 사진이나 그림을 통해 정보를 찾는 방법입니다. 꽃의 이름을 모를 때 구글 이미지 검색에 사진을 업로드하면 해당 꽃의 정보를 찾을 수 있습니다. 음성 검색은 스마트폰의 음성 인식 기능을 활용해 "오늘 날씨 알려줘", "근처 맛집 찾아줘"와 같은 질문을 음성으로 입력하는 방식입니다. 키보드 입력이 어려운 상황에서 유용하며, 구글 어시스턴트와 Siri 같은 AI 음성 비서가 정보를 제공하고 다양한 기능을 수행합니다.

AI 기술은 정보 검색 방식을 크게 바꾸고 있습니다. 검색 엔진은 검색 기록, 위치 정보, 관심사 등을 살펴보고 관련 검색어를 추천합니다. AI가 도와주는 자동 완성 기능은 시간을 아껴주고, 검색 패턴을 학습해 개인에게 맞는 검색 결과를 제공합니다. 이러한 기술은 정보 검색을 더욱 빠르고 효율적으로 만들어줍니다.

H. 이메일 계정 관리, 나만의 디지털 서랍 정리

이메일은 디지털 시대의 필수 소통 도구입니다. 이메일을 효율적으로 활용하면 소통의 편리성을 높이고, 생산성을 높여줍니다. 이메일에 로그인하여 주제별, 발신자별로 폴더를 만들어 정리하면 필요한 이메일을 쉽게 찾습니다. 특정 발신자의 이메일을 자동으로 분류하거나, 특정 키워드가 포함된 이메일을 별도의 폴더로 이동하는 기능을 활용하면 이메일 관리가 더 쉬워집니다. 중요한 이메일은 별도로 표시하여 놓치지 않도록 하세요.

이메일과 캘린더를 연동하면 일정 관리가 효율적입니다. 예를 들어, 회의 일정이 포함된 이메일을 받으면 캘린더에 자동으로 일정이 등록되도록 설정 가능합니다. 이메일에 첨부된 파일은 용량이 클 때 스마트폰 용량을 차지할 수 있습니다. 클라우드 서비스(구글 드라이브, 네이버 MYBOX 등)와 연결하면 첨부 파일을 클라우드에 저장하여 용량을 절약하고, 다른 기기에서도 쉽게 볼 수 있습니다. 이메일을 쓸 때 AI 기반 자동 완성 기능을 활용하면 빠르게 이메일을 작성할 수 있습니다. AI는 이

메일 내용을 분석하여 자동으로 폴더를 분류하고, 답장 초안도 만들어 줍니다. 시간을 아끼고, 효율적으로 이메일을 작성해 보세요.

Ⅰ. 디지털 세상, 안전하게 누비는 신중년의 지혜

인터넷과 스마트폰은 우리 삶 깊이 자리 잡았습니다. 편리한 만큼 개인 정보 보호도 중요해졌습니다. 주민등록번호, 계좌번호, 비밀번호 같은 정보는 자산과 같습니다. 이러한 정보가 유출되면 금전적 피해는 물론, 상처를 크게 받을 수 있습니다. 디지털 세상에 익숙지 않은 경우에는 사이버 범죄에 취약할 수 있으니, 디지털 보안 수칙을 잘 알고, 안전한 디지털 습관을 만드는 것이 중요합니다.

비밀번호는 디지털 세상에서 나를 지켜주는 중요한 방패입니다. 예측하기 쉬운 비밀번호나 여러 계정에서 같은 비밀번호를 쓰면 해킹 위험이 커집니다. 영문 대소문자, 숫자, 특수문자를 조합하여 최소 12자리 이상으로 비밀번호를 만들어주세요. 생일이나 전화번호 등 개인 정보와 관련된 내용은 피해야 합니다. 비밀번호는 최소 3개월마다 바꾸는 것이 안전합니다. 2단계 인증은 비밀번호 입력 후 추가 인증 단계를 거쳐 보안을 강화하는 방법으로, SMS 인증, OTP, 생체 인증 등을 활용할 수 있습니다. 여러 비밀번호를 기억하기 어렵다면 LastPass, 1Password 같은 비밀번호 관리 도구를 활용해 보세요. 안전하게 저장하고 관리할 수 있습니다.

스미싱과 피싱 같은 사이버 범죄는 개인 정보를 노리는 교묘한 방법입니다. 스미싱은 악성 앱 설치를 유도하거나 정보를 탈취하는 문자 메시지 형태로 나타나므로, 모르는 곳에서 온 링크는 클릭하지 않아야 합니다. 지인으로 속이는 스미싱이 늘고 있으므로 의심스러운 메시지는 직접 전화로 확인하는 것이 안전합니다. 피싱은 금융기관이나 공공기관을 사칭해 개인 정보를 탈취하는 수법입니다. 공식 웹사이트 주소를 확인하고, 개인 정보를 요구하는 이메일이나 문자 메시지에 주의해야 합니다. AI를 이용한 보이스 피싱도 증가하고 있으므로, 의심스러운 전화는 즉시 끊고 해당 기관에 직접 확인해야 합니다.

공용 Wi-Fi 사용 시 보안에 약할 수 있습니다. 금융 거래 같은 중요한 작업은 개인 네트워크 환경에서 하는 것이 안전합니다. VPN을 활용하면 공용 Wi-Fi를 써도 보안을 강화할 수 있습니다. 백신 프로그램은 컴퓨터와 스마트폰을 바이러스, 악성코드, 랜섬웨어 등으로부터 보호하는 도구입니다. V3, 알약 등 다양한 백신 프로그램을 설치하고 정기적으로 업데이트하여 최신 위협에 대비해야 합니다. 실시간 감시 기능과 정기적인 검사를 통해 시스템 안전을 유지할 수 있습니다.

 스마트폰에는 개인 정보가 많이 담겨 있습니다. 잃어버리거나 해킹당하지 않도록 잠금 설정을 반드시 해야 합니다. 비밀번호, 패턴, 지문 인식, 얼굴 인식 등을 활용하고, 스마트폰 백신 앱을 설치해 악성 앱과 바이러스를 차단해야 합니다. 앱이 요구하는 권한은 꼼꼼히 확인하고 불필요한 권한은 허용하지 않는 것이 중요합니다. 스마트폰을 잃어버렸을 때 '내 디바이스 찾기' 기능을 통해 데이터를 지우거나 위치를 찾을 수 있습니다. 디지털 보안은 선택이 아닌 필수입니다. 디지털 보안 수칙을 익히고, 소중한 정보를 지키세요. 작은 습관이 큰 힘입니다.

03 나도 할 수 있다! 디지털 생활백서

A. 신중년을 위한 유용한 애플리케이션 소개

 '앱(app)'은 '애플리케이션(application)'의 줄임말로, 모두 응용 프로그램을 의미합니다. 초기에는 컴퓨터에서 실행되는 프로그램을 '응용 프로그램'이라 불렀지만, 스마트폰이 널리 보급되면서 '앱' 또는 '어플'이라는 표현이 자연스럽게 자리 잡았습니다. 앱·리테일 분석 서비스 와이즈앱·리테일·굿즈가 발표한 자료에 따르면, 최근 우리나라 사람이 가장 오래 사용한 앱은 유튜브, 카카오톡, 인스타그램, 네이버, 틱톡 순으로 나타났습니다. 모바일 앱 산업은 꾸준히 성장해 사용자 경험을 크게 변화시키고 있습니다.

 데이터에이아이의 '모바일 현황 보고서'를 살펴보면, 2024년 전 세계 앱 시장의 소비자 지출 규모는 약 225조 원으로 집계됐습니다. 게임, 웹툰, OTT 앱 이용률이 높고, 생성형 AI 관련 앱 다운로드 수도 증가했습니다. 다양한 앱은 생활을 더욱 편리하고 풍요롭게 만들어주는 역할을 합니다. 건강관리, 금융운영, 자기계발, 취미활동, 여행계획 등 다양한 분야에서 활용할 수 있으며, 신중년이 새로운 기술과 트렌드를 쉽게 접할 수 있도록 도와줍니다.

그러나 수많은 앱 중에서 어떤 것이 도움이 될지 선택하는 것은 생각보다 어렵습니다. 비슷한 기능을 가진 앱이 많아 선택이 어렵고, 광고나 마케팅의 영향으로 실제로 유용한 앱보다 많이 알려진 앱이 먼저 눈에 띄는 경우도 많습니다. 일부 앱은 초기에는 잘 운영되다가 점점 업데이트가 줄어들거나 중단되기도 합니다. 따라서 지속적으로 관리되고 있는 앱인지 확인해야 합니다.

신중년에게 유용한 10가지 앱을 선정하여 소개합니다. 각 앱의 주요 기능, 장점과 단점, 활용 방법, 그리고 실제 사용자 사례까지 함께 살펴보며, 더 편리하고 즐거운 일상을 만드는 방법을 제안합니다. 직접 사용하며 편리함을 경험하고, 새로운 기회를 만들어보세요.

[폰 가디언]

❶ 주요 기능과 특징
폰 가디언은 실시간으로 네트워크를 스캔하고, 보호되지 않은 네트워크에 접속 시 위험을 알려주는 앱입니다. 데이터 암호화, 와이파이 보안 검사, 해킹 방지 등의 기능을 통해 스마트폰을 안전하게 보호합니다. 개인 정보 보호 기능으로 앱 권한 관리 및 개인 정보 추적 방지 기능을 제공하며, 앱 사용 중 불필요한 광고를 차단하여 쾌적한 환경을 제공합니다.

❷ 장점과 단점
장점은 무료이며 누구나 쉽게 사용 가능합니다. 실시간 보호 기능으로 안전하게 스마트폰을 관리하며, 배터리 소모량이 적어 걱정 없이 활용할 수 있습니다. 악성코드 치료 기능은 제공하지 않으며, VPN을 사용하기 때문에 인터넷 속도가 느려질 수 있는 점이 단점입니다. 또한 해외 서버 접속 기능은 지원되지 않습니다.

❸ 활용 방법
① 구글 플레이스토어나 애플 앱스토어에서 다운로드한 후, 기본 설정을 완료하면 자동으로 보안 기능이 활성화됩니다.

② 금융 거래나 개인 메시지와 관련된 앱을 보안 목록에 추가하여 보호를 강화합니다.

③ 스마트폰을 정기적으로 점검하여 보안 상태를 확인합니다.

④ 카페나 도서관에서 와이파이를 사용하기 전, 네트워크 보안 상태를 점검하여 안전성을 확인합니다.

⑤ 광고 차단 기능을 통해 앱 사용 중 불필요한 광고를 차단할 수 있습니다.

❹ 활용 사례

• 피싱 메시지와 사기 전화가 걱정되던 60대 L 씨는 폰 가디언의 메시지 및 통화 보안 기능을 활용해 의심스러운 메시지를 차단했습니다. 피싱 피해를 예방하며 안전한 스마트폰 사용이 가능해졌습니다.

• 팝업 광고 문제를 겪던 50대 P 씨는 폰 가디언의 악성코드 탐지 기능으로 문제를 일으키는 앱을 찾아 제거했습니다. 이후 불필요한 광고와 팝업이 사라지면서 스마트폰 사용 환경이 개선되었습니다.

[헬스온(Health On)]

❶ 주요 기능과 특징

헬스온은 혈압, 혈당, 체중 등 다양한 건강 데이터를 기록하고 관리할 수 있습니다. 건강검진 결과를 꾸준히 저장하고 건강 추이를 살펴볼 수 있습니다. 또한 만성 질환자를 위한 혈당, 혈압 관리, 약 복용 알림 등 맞춤형 관리 기능을 제공합니다. 이처럼 헬스온은 건강 관리에 대한 이해를 높이고 건강한 생활 습관 형성에 도움을 줍니다.

❷ 장점과 단점

장점은 다양한 건강 데이터를 기록하고 시각화하여 편리하게 건강 상태를 파악할 수 있도록 돕습니다. 단점은 일부 웨어러블 기기와의 연동이 제한될 수 있으며, 민감한 건강 정보를 다루기 때문에 보안에 유의해야 합니다. 또한, 앱에서 제공하는 정보는 일반적인 건강 조언이므로, 진짜 의료 상담이 필요하다면 전문의와 상담해야 한다는 걸 잊지 마세요.

❸ 활용 방법

① 매일 혈압, 혈당 등을 기록해 건강 상태 모니터링이 가능합니다.
② 검진 결과 저장 및 과거와 비교해 건강 추이 점검할 수 있습니다.
③ 맞춤형 식단과 운동 계획으로 건강 목표를 달성할 수 있습니다.
④ 약 복용, 운동 시간 등을 설정할 수 있습니다.
⑤ 가족과 건강 상태를 공유할 수 있습니다.

❹ 활용 사례

• 60대 J 씨는 헬스온 앱에 매일 혈압을 측정하고 기록합니다. 앱에서 제공하는 혈압 관리 정보를 참고하고, 의사와 상담하며 꾸준히 혈압을 관리하고 있습니다.
• 50대 B 씨는 헬스온 앱을 통해 혈당 수치를 기록하고, 식습관과 운동량을 조절하며 당뇨병을 관리합니다. 앱의 알림 기능은 약 복용 시간을 잊지 않도록 도와줍니다.

[뱅크샐러드(BankSalad)]

❶ 주요 기능과 특징

뱅크샐러드는 여러 금융 계좌를 연결해 자산 현황을 한눈에 확인할 수 있는 앱입니다. 소비 패턴 분석과 예산 관리 기능으로 효율적인 재정 운영을 지원합니다. 맞춤형 금융 상품 추천으로 예·적금, 펀드, 보험 등을 쉽게 비교하고 선택할 수 있습니다. 신용 점수 조회 및 관리 기능도 제공하며, 금융 상품 정보와 재테크 팁을 통해 자산 관리에 도움을 줍니다. 이를 통해 사용자는 체계적이고 효과적인 재정 관리를 실현할 수 있습니다.

❷ 장점과 단점

장점은 자산과 소비를 체계적으로 관리하고, 맞춤형 금융 상품 추천을 통해 효율적인 재정 운영을 지원합니다. 모든 기능이 무료로 제공되어 경제적 부담 없이 활용할 수 있습니다. 단점은 민감한 금융 정보를 다루므로 보안에 유의해야 하며, 무료 앱 특성상 광고가 노출될 수 있습니다.

❸ 활용 방법

① 은행 계좌와 투자 상품을 연동해 자산 상태를 한눈에 확인할 수 있습니다.

② 소비 분석을 통해 불필요한 지출을 줄이고 저축을 늘리는 계획을 수립할 수 있습니다.

③ 추천받은 금융 상품을 비교하여 자신에게 적합한 상품을 선택할 수 있습니다.

④ 정기적으로 신용 점수를 확인하고 개선 방안을 실행할 수 있습니다.

⑤ 월별 예산을 설정하고 지출 현황을 기록하며 목표 달성 관리에 적합합니다.

❹ 활용 사례

• 은퇴한 A 씨는 뱅크샐러드를 통해 연금, 저축성 보험, 은행 계좌를 통합 관리하며 재정 상태를 효율적으로 점검했습니다.

• Y 씨는 뱅크샐러드에서 추천받은 고금리 예금 상품에 가입해 자산을 효과적으로 운용했습니다.

• D 씨는 신용 점수 변동 알림을 통해 점수 관리에 신경 쓰며, 대출 금리를 낮추는 데 성공했습니다.

[지식(GSEEK)]

❶ 주요 기능과 특징

지식(GSEEK)은 인문학, IT, 외국어 등 다양한 분야의 강좌를 제공하는 온라인 학습 플랫폼입니다. 특히 신중년을 위한 인생 설계, 재취업, 건강 관리 강좌도 준비되어 있습니다. 수준별 학습이 가능하며, PC, 스마트폰 등 다양한 기기로 언제 어디서든 편리하게 학습할 수 있습니다. 다른 학습자들과 소통하고 정보를 공유하며 함께 배우는 커뮤니티 공간도 마련되어 있습니다.

❷ 장점과 단점

인문학부터 실용 강좌까지, 다양한 콘텐츠를 무료로 제공합니다. 시간과 장소에 제약 없이 누구나 쉽게 이용할 수 있어, 신중년의 자기 계발에 안성맞춤입니다. 단점은 초급자에게 유용하지만, 심화학습을 원하는 사용자에게는 아쉬울 수 있습니다. 온라인 학습 특성상 자기 주도적인 학습 태도가 필요합니다.

❸ 활용 방법

① 지식(GSEEK) 웹사이트 또는 앱에서 회원가입을 합니다.
② 카테고리, 키워드 검색 등을 통해 원하는 강좌를 찾습니다.
③ 관심 있는 강좌를 선택하여 수강 신청합니다.
④ 강의를 시청하고, 제공되는 학습 자료를 활용합니다.
⑤ 다른 학습자들과 소통하며 학습 동기를 높입니다.

❹ 활용 사례

• 은퇴 후 GSEEK의 IT 강좌를 수강한 A 씨는 컴퓨터 활용 능력을 키우고 온라인 쇼핑, 은행 업무에 자신감을 가졌습니다.
• 요가 강의를 수강한 J 씨는 유연성과 체력을 키웠습니다.
• 손자와 함께 과학 실험 강좌를 수강한 D 씨는 가족 간 소통과 유대감을 높이며 유익한 시간을 보냈습니다.
• 새로운 일자리를 찾고 있던 P 씨는 지식(GSEEK)에서 취업 관련 강좌를 수강하며 재취업을 준비했습니다.

[클래스101(Class101)]

❶ 주요 기능과 특징

클래스101은 미술, 음악, 요리, IT 등 다양한 흥미가 있는 취미 분야의 온라인 클래스를 제공합니다. 초급부터 고급까지 수준에 맞는 강의를 선택할 수 있어 누구나 쉽게 시작할 수 있습니다. 필요한 준비물을 키트로 구매할 수 있어 편리하게 학습을 시작할 수 있습니다. 온라인 커뮤니티에서 다른 수강생들과 소통하고, 필요시 오프라인 모임을 통해 정보를 공유할 수 있습니다.

❷ 장점과 단점

시간과 공간의 제약 없이 다양한 분야의 전문가 강의를 통해 새로운 취미와 자기 계발을 지원합니다. 체계적인 커리큘럼과 몰입도 높은 환경으로 효과적인 학습 경험을 제공합니다. 단점은 클래스101은 유료 서비스이며, 일부 강좌는 재료 키트까지 포함하면 비용 부담이 있으니 자신에게 맞는 클래스를 잘 선택하세요.

❸ 활용 방법

① 강좌 목록을 살펴보거나, 키워드 검색으로 강좌를 찾습니다.
② 맛보기 강의로 강의 스타일과 내용을 확인합니다.
③ 원하는 클래스를 선택하고 수강 신청을 합니다.
④ 제공되는 강의 영상과 학습 자료를 활용하여 학습합니다.
⑤ 커뮤니티에 참여하여 수강생들과 소통합니다.

❹ 활용 사례

• 은퇴 후 시간적 여유가 생긴 K 씨는 캘리그라피 클래스를 수강하며 새로운 취미를 개발했습니다. 스마트폰 사진 편집에 관심이 많은 D 씨는 사진 편집 클래스를 수강하여 전문가 수준의 사진 편집 기술을 익혔습니다.

• 은퇴 후 공예 강좌를 수강한 L 씨는 자기 작품을 블로그에 공유하며 창작 활동을 즐겼습니다. C 씨는 클래스101에서 배운

캘리그래피를 활용해 자신만의 작품을 판매하며 부수입을 얻었습니다.

[원더로그(Wanderlog)]

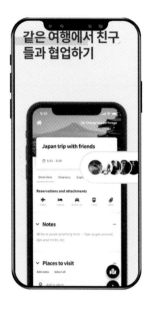

❶ 주요 기능과 특징
Wanderlog는 여행 일정 자동 생성, 추천 관광 명소 제안 등 여행 계획을 쉽게 세울 수 있도록 도와줍니다. 지도를 통해 여행 경로를 한눈에 확인하고, 항공편, 숙박 예약 정보도 관리할 수 있습니다. 여행 예산 설정 및 지출 관리로 효율적인 여행 경비 관리가 가능합니다. 인터넷 없이 여행 정보를 확인할 수 있어 데이터 걱정 없이 여행을 즐길 수 있습니다.

❷ 장점과 단점
장점은 직관적인 인터페이스와 다양한 기능으로 신중년도 쉽게 여행 일정을 계획하고 관리할 수 있습니다. 지도 기반 일정 최적화, 예약 및 경비 관리 등 여행의 모든 단계를 효율적으로 지원합니다. 한국어 지원이 완벽하지 않을 때도 있습니다. 일부 고급 기능은 유료이며 GPS 의존으로 배터리 소모가 클 수 있으니 유의하세요.

❸ 활용 방법
① 목적지, 날짜 등을 입력하여 여행 일정을 세우고 명소 등을 탐색합니다.
② 지도에서 여행 경로 확인, 일정 조정, 예약 정보를 추가합니다.
③ 여행 예산 설정, 지출 내역을 기록하여 경비를 관리합니다.
④ 가족이나 친구와 여행 계획을 공유하고 함께 편집합니다.
⑤ 여행 중 사진, 메모를 기록하고 여행기를 작성합니다.

❹ 활용 사례
• A 씨는 가족과의 해외여행에서 Wanderlog를 활용해 숙소, 관광지, 맛집을 체계적으로 관리하며 원활한 일정을 수행했습니다.

• Y 씨는 국내 여행 시 Wanderlog의 예산 관리 기능을 통해 불필요한 지출을 줄이고 계획된 범위 내에서 여행을 마무리했습니다.
• 출장 중인 C 씨는 Wanderlog를 이용해 비즈니스 미팅 일정과 숙소 예약을 한눈에 확인하며 업무를 수행했습니다.

[만개의 레시피]

❶ 주요 기능과 특징

만개의 레시피는 18만 개 이상의 레시피를 제공해, 한식부터 디저트까지 다양한 요리를 배울 수 있습니다. 사진과 함께 상세히 설명되며, 난이도와 조리 시간 등을 쉽게 검색 가능합니다. 스크랩 기능으로 마음에 드는 레시피를 저장하고, 필요한 재료는 쇼핑 기능을 통해 바로 구매할 수 있습니다. 커뮤니티 공간에서 다른 사용자들과 소통하며 요리 팁을 주고받을 수 있고, 동영상 레시피 정보도 이용 가능합니다.

❷ 장점과 단점

장점은 한식 중심의 풍부한 레시피와 사진 기반 단계별 설명으로 초보자도 쉽게 요리를 따라 할 수 있습니다. 다양한 검색 및 쇼핑 기능과 활발한 커뮤니티를 통해 편리하고 즐거운 요리 경험을 제공합니다. 단점은 광고 노출이 잦아 불편함을 주며, 개인 맞춤형 레시피 추천과 영양 정보 제공이 부족합니다.

❸ 활용 방법

① 평소 도전해보지 않은 요리를 따라 만들어 봅니다.
② 가족의 식단을 풍성하고 균형 있게 구성해 봅니다.
③ 재료 검색 기능을 활용해 냉장고 속 남은 재료로 요리합니다.
④ 커뮤니티에서 요리 팁을 공유하고 다른 사용자에게 피드백을 받아 봅니다.

❹ 활용 사례

• J 씨는 만개의 레시피의 단계별 설명을 참고해 요리에 처음 도전했고, 간단한 가정식을 손쉽게 완성했습니다.

• B 씨는 앱에서 추천받은 다양한 요리로 가족의 저녁 메뉴를 매일 새롭게 구성하며 큰 만족을 얻었습니다.
• Y 씨는 남은 채소를 검색해 만든 요리로 냉장고를 정리하며 음식 낭비를 줄일 수 있었습니다.
• D 씨는 커뮤니티에서 자신만의 레시피를 공유하며 다른 사용자들과 요리 팁을 교환했습니다.

[구글 아트 앤 컬쳐(Google Arts & Culture)]

❶ 주요 기능과 특징

Google Arts & Culture는 전 세계 2,000개 이상의 박물관과 협력하여 예술 작품과 문화 유적을 고해상도 이미지와 360도 VR 투어로 제공합니다. 다양한 카테고리와 테마별 컬렉션으로 원하는 콘텐츠를 쉽게 탐색하며, 아트 셀피로 자신과 닮은 작품을 찾을 수 있습니다. 아트 트랜스퍼는 사진을 예술 작품 스타일로 변환하며, 포켓 갤러리는 AR 기술로 집에서 미술관 관람을 지원합니다. 작품을 실제 크기로 투사해 감상할 수도 있습니다.

❷ 장점과 단점

시간과 장소에 상관없이 다양한 예술 작품을 감상할 수 있습니다. 직관적인 사용법과 꾸준한 업데이트로 새로운 콘텐츠를 즐길 수 있습니다. 온라인 예술 경험을 제공하지만, 언어 지원이 제한적이거나 작품 정보가 부족할 수 있습니다. 또한 온라인 관람은 실제 미술관이나 박물관에서 느끼는 현장감과 감동을 완전히 대체할 수는 없습니다.

❸ 활용 방법

① 특정 예술가나 시대의 작품을 탐구하며 예술적 교양을 쌓습니다.
② 유명한 박물관과 미술관을 VR/AR로 가상 방문합니다.
③ 초고화질 이미지를 통해 작품의 세부 디테일까지 학습합니다.
④ 가족과 함께 예술 작품을 감상하며 소통 기회를 마련합니다.

❹ 활용 사례
• L 씨는 Google Arts & Culture를 통해 다양한 예술가의 작품을 감상하며 창의적 아이디어를 얻었습니다. K 씨는 루브르 박물관과 바티칸 미술관을 가상으로 방문하며 여행의 즐거움을 간접 체험했습니다.
• 미술 강의를 듣는 C 씨는 앱에서 제공하는 고화질 작품 이미지를 통해 학습을 심화시켰습니다. P 씨는 손자와 함께 Google Arts & Culture를 활용해 디지털로 세계 유물을 탐험하며 특별한 시간을 보냈습니다.

[타임트리(TimeTree)]

❶ 주요 기능과 특징
타임트리는 그룹 캘린더를 통해 여러 사람과 일정을 공유하고 관리할 수 있는 앱입니다. 캘린더에 등록된 일정은 카카오톡, 문자 메시지 등으로 쉽게 공유할 수 있습니다. 기념일, 할 일 목록, 메모 등 다양한 유형의 일정을 등록하고 알림 기능을 통해 중요한 일정을 놓치지 않도록 관리할 수 있습니다. 댓글 기능으로 각 일정에 대한 소통이 가능하며, To-Do 리스트 기능으로 효율적인 업무 처리를 돕습니다.

❷ 장점과 단점
장점은 직관적인 인터페이스로 쉽게 캘린더를 공유하고 실시간 업데이트를 통해 최신 일정을 유지합니다. 외부 캘린더 연동 기능과 메모, 댓글 기능을 통해 협업을 강화하여 일정 관리의 효율성을 높여줍니다. 단점은 공유 캘린더 특성상 개인 일정이 노출되고, 다수의 알림이 불편하게 느껴질 수 있습니다. 또한, 초기 일정 입력이 번거로울 수 있습니다.

❸ 활용 방법
① 앱 스토어에서 타임트리 앱을 다운로드하여 설치합니다.
② 앱을 실행하고 계정을 생성합니다.

③ 가족, 친구, 동료 등과 그룹 캘린더를 생성합니다.

④ 캘린더에 일정을 등록하고, 알림 설정합니다.

⑤ 댓글 기능을 이용하여 일정 관련 소통을 합니다.

⑥ To-Do 리스트 기능을 활용하여 할 일을 관리합니다.

❹ 활용 사례

• A 씨는 타임트리를 활용해 가족 캘린더를 운영하며 자녀의 학습일정과 부부의 개인 일정을 조율해 가정 내 소통을 높였습니다.

• E 씨는 동호회 모임 일정을 타임트리로 관리하며 회원들과 의견을 주고받고 모임 참석률을 높였습니다.

• K 씨는 팀원과 업무 일정을 공유하고, 협업을 효율적으로 진행했습니다.

[고용24(Work24)]

❶ 주요 기능과 특징

고용24는 전국의 다양한 채용 정보를 제공하며, 직종, 지역, 경력 등 조건별로 원하는 일자리를 검색할 수 있습니다. 직업 심리 검사와 진로 상담을 통해 적합한 직업을 탐색하고, 취업 지원 프로그램 및 교육 훈련 정보를 확인할 수 있습니다. 이력서 작성과 제출을 앱에서 바로 할 수 있으며, 채용 공고를 낸 기업 정보와 채용 행사 일정도 확인 가능합니다. 근로 조건, 전망 등 상세 직업 정보를 제공하며, 관심 직종의 채용 공고 알림 기능으로 구직 활동을 지원합니다.

❷ 장점과 단점

고용노동부가 운영하여 신뢰할 수 있는 취업 정보를 제공하며, 다양한 검색 조건과 맞춤형 서비스로 원하는 일자리를 찾을 수 있습니다. 다양한 취업 지원 기능으로 구직 활동을 효과적으로 지원합니다. 단점은 기능이 많아 초보자에게 복잡하게 느껴질 수 있으며, 일부 지역의 일자리 정보가 제한적일 수 있습니다.

❸ 활용 방법

① 앱 스토어에서 고용24 앱을 설치하고 회원가입과 로그인을
합니다.

② 원하는 직종, 지역, 경력 등을 설정하여 일자리를 검색합니다.

③ 맞춤 추천 일자리를 확인하고 관심 있는 채용 정보를
스크랩 합니다.

④ 직업 심리 검사를 받고 진로 상담을 받습니다.

⑤ 취업 지원 프로그램 정보를 확인하고 신청합니다.

⑥ 앱에서 이력서를 작성하고 제출합니다.

❹ 활용 사례

• T 씨는 고용24에서 맞춤형 일자리 추천을 받아 공공근로에
지원, 성공적으로 재취업에 성공했습니다. B 씨는 직업 정보와
교육 프로그램을 참고해 새로운 직무에 필요한 기술을 배우고
이직에 성공했습니다.

• L 씨는 고용24를 활용해 여러 기업에 이력서를 제출하며 구
직 시간을 크게 절약했습니다.

Ⅱ
디지털 도구 따라잡기 ①
[소통 Level Up!]

01 비대면 소통 플랫폼

A. 신중년, 디지털 소통으로 세상과 다시 만나다

비대면 소통은 물리적으로 같은 공간에 있지 않은 상태에서 디지털 기술을 활용하여 이루어지는 소통 방식을 의미합니다. 이는 전화, 문자, 화상회의, 소셜 미디어, 채팅 앱 등 다양한 디지털 도구를 통해 이루어지며, 시간과 장소의 제약을 줄여 더

욱 효율적이고 편리한 커뮤니케이션을 가능하게 합니다. 코로나19 팬데믹을 계기로 비대면 소통의 중요성은 더욱 부각되었습니다. 대면 접촉이 제한되면서, 온라인을 통한 소통이 필수적인 요소가 되었고, 이에 따라 온택트(Ontact)라는 개념이 등장했습니다. 온택트는 비대면(Untact)과 온라인(Online)이 결합된 개념으로, 물리적으로 떨어져 있어도 온라인을 통해 서로 연결될 수 있는 방식을 의미합니다.

팬데믹 이전에도 비대면 소통은 존재했지만, 코로나19는 이를 대중화하고 일상화하는 데 결정적인 역할을 했습니다. 디지털 기술이 이미 성숙한 환경에서 등장한 팬데믹은 대면 소통의 단절을 디지털 기반의 비대면 소통으로 대체할 수 있는 길을 열었습니다. 이제 비대면 소통은 정보 전달을 넘어 교육, 직장, 사회적 교류 등 다양한 영역에서 필수적인 요소로 자리 잡았고, 현대인의 삶을 더욱 편리하고 연결된 상태로 변화시키고 있습니다.

팬데믹 이후 텍스트 중심의 소통은 영상 통화, 화상회의 등 실시간 감정 전달이 가능한 형태로 진화했습니다. 사진, 동영상, 이모티콘, GIF 같은 멀티미디어 활용이 늘어나면서 소통은 더 생동감 있게 이루어졌고, 실시간 소통뿐 아니라 비동기식 소통도 증가했습니다. 하이브리드 모델은 대면과 비대면을 결합해 소통의 유연성을 높였습니다. 일부 참석자는 현장에서, 나머지는 온라인으로 참여하는 방식의 회의와 교육이 보편화되었습니다. 또한, 챗봇과 음성 비서 같은 인공지능 도구는 고객지원과 예약 등의 업무를 자동화하며 효율성을 증대시키고 있습니다. 이런 변화는 일하는 방식에도 영향을 주었습니다. 대한상공회의소의 조사에 따르면, 직장인의 90%가 워케이션(Workation)을 희망한다고 응답했습니다. 워케이션은 휴가지에서 원격으로 업무를 병행하는 형태로, 팬데믹 이후 재택근무 확산과 함께 주목받고 있습니다. 근무 장소와 시간을 유연하게 조정할 수 있어 업무 효율성과 삶의 질을 동시에 높일 수 있는 방식으로 평가받고 있습니다.

비대면 소통은 신중년에게 특히 중요한 의미를 가집니다. 신중년은 개인적, 사회적, 경제적으로 새로운 도전과 변화의 시기를 겪는 세대입니다. 자녀가 독립하거나, 직장에서 은퇴하는 시점에서, 물리적, 정서적 고립감을 경험할 가능성이 높아집니다. 이런 상황에서 비대면 소통은 단순한 기술적 도구를 넘어, 삶의 질을 높입니다. 소셜 미디어를 통해 친구와 일상을 공유하거나, 화상 통화를 통해 멀리 사는 가족과 유대를 이어가며 정서적 안정과 사회적 연결을 유지할 수 있습니다. 경제 활동에서도 소셜 미디어와 디지털 플랫폼은 새로운 기회를 제공합니다. 예를 들어, 제품 홍보나 고객 관리에 활용하여 경제적 자립과 사회 참여를 지원하고 있습니다.

메타버스와 증강현실(AR)은 비대면 소통의 새로운 트렌드로 주목받고 있습니다. 메타버스는 VR 기술을 활용해 몰입형 회의나 학습을 가능하게 하고, AR은 작업 현장에서 원격 지침을 제공하거나 온라인 쇼핑에서 제품 배치를 시뮬레이션하는 데 사용됩니다. 관광 분야에서는 AR과 VR로 역사적 장소를 가상 체험하는 새로운 방식도 제공됩니다.

비대면 소통 플랫폼의 발달도 주목할 만합니다. 줌(Zoom), 팀즈(Microsoft Teams), 웹엑스(Webex)와 같은 다양한 플랫폼은 비대면 소통의 효율성을 높이는 데 기여하고 있습니다. 이들 플랫폼은 보안과 프라이버시 강화를 위해 암호화 기술을 적용하고, 데이터를 보호하기 위한 다양한 기능을 제공합니다. 더불어 AI 기술을 도입해 자동 자막 생성, 음성 인식, 회의 요약 등 사용자 경험을 향상시키는 기능들을 추가하며 소통의 편리함과 효율성을 극대화했습니다. 워케이션과 같은 새로운 근무 방식은 이러한 플랫폼의 발전을 기반으로 등장했습니다. 비대면 소통 플랫폼을 활용하면 어디서든 안정적으로 업무를 처리할 수 있어, 업무 효율성과 삶의 질을 동시에 높일 수 있습니다.

각 플랫폼은 사용 목적에 따라 다양한 특징을 가지고 있습니다. 비즈니스 회의에 적합한 줌은 사용자 친화적인 인터페이스와 안정적인 연결성을 제공하며, 팀즈는 Microsoft 365와의 통합으로 협업에 강점을 보입니다. 웹엑스는 보안 기능이 뛰어나고, 고객 지원 및 교육 분야에서도 널리 활용되고 있습니다. 이러한 다양한 플랫폼들은 비즈니스 회의, 교육, 고객 지원, 원격 근무 등 여러 분야에서 활용되며, 각기 다른 필요에 맞춰 최적의 솔루션을 제공합니다.

B. 신중년을 위한 비대면 소통 가이드

Z세대는 디지털 네이티브로 불리며, 비대면 소통에 익숙한 세대입니다. 이들은 어린 시절부터 스마트폰과 디지털 기기를 자연스럽게 사용해 온 덕분에, 영상통화조차 대면 소통에 가깝게 느낍니다. 그러나 신중년 세대에게 비대면 소통은 여전히 낯설고 어려운 영역일 수 있습니다. 기술적인 장벽뿐만 아니라, 이를 극복하려는 과정

에서 느껴지는 심리적 부담도 크기 때문입니다. 하지만 이런 어려움도 천천히 극복할 수 있습니다. 새로운 기술에 대한 두려움을 줄이고 적극적으로 배우려는 마음만 있다면 말입니다.

신중년이 비대면 소통에서 가장 어려움을 느끼는 이유는 기술적인 장벽입니다. 예를 들어, 화상회의를 하기 위해 프로그램을 설치하거나 접속 링크를 찾는 일이 낯설고 복잡하게 느껴질 수 있습니다. 화상회의 시간에 맞춰 접속하는 것조차 심리적인 부담으로 다가올 때가 있습니다. 기술은 계속해서 빠르게 변하고 업데이트되니, 새로운 것을 계속 배우는 일이 쉽지 않게 느껴지기도 합니다. 팬데믹 초기, 많은 신중년이 화상회의 프로그램을 사용하는 데 어려움을 겪었습니다. 자녀나 주변의 도움 없이는 링크를 열거나 회의에 접속하기조차 힘들었던 분들이 적지 않았습니다. 그러나 시간이 지나면서 이러한 기술적 어려움은 점차 완화되었습니다. 현재는 화상회의를 주도적으로 이끌거나 온라인 강의를 통해 자기계발에 나서는 신중년도 많아졌습니다. 기술에 대한 첫 두려움만 극복한다면, 신중년도 충분히 비대면 소통을 능숙하게 활용할 수 있습니다.

비대면 소통의 기술적 어려움을 극복하려면 디지털 기기와 프로그램의 기본 사용법부터 익히는 것이 중요합니다. 지역 주민센터에서 진행하는 스마트폰 활용 강좌나 온라인 강의 플랫폼을 활용해 필요한 기술을 배울 수 있습니다. 실제로 한 60대 교육생은 처음엔 화상회의 접속 방법조차 몰랐지만, 지역 교육센터의 디지털 강좌를 통해 멀리 사는 자녀들과 화상통화는 물론, 온라인 독서 모임까지 주도하게 되었습니다. 화상회의 프로그램을 처음 사용할 때는 친구나 가족과 함께 테스트해 보며 천천히 익숙해지는 시간을 가져보세요. 또한, 문제가 발생했을 때 해결할 수 있는 방법을 미리 알아두면 자신감이 생깁니다. 소통의 질을 높이기 위해 비언어적 요소도 적극 활용하는 것이 좋습니다. 화상회의에서는 카메라를 켜고 상대방을 바라보며 밝게 미소 짓거나 고개를 끄덕이는 것만으로도 대화 효과가 좋아집니다.

비대면 상황에서 원활한 소통을 위해서는 몇 가지를 유의해야 합니다. 명확한 의사 표현은 필수입니다. 화상회의에서는 간결하고 구체적인 문장을 사용하고, 필요한 경우 자료를 화면에 공유해 메시지를 보완하는 것이 효과적입니다. 적절한 소통 채널을 선택하고 시간 약속을 철저히 지키는 것도 중요합니다. 상대방의 반응을 주기적으로 확인하고 피드백을 주는 방식으로 오해를 방지하며, 배경 소음이나 화면에

보이는 환경에도 신경 써야 합니다. 특히 언어로 감정을 전달할 때는 톤 조절에 주의하며, 상대방의 응답 시간을 존중하는 배려가 필요합니다.

비대면 소통 플랫폼은 신중년에게도 중요한 역할을 합니다. 이를 통해 새로운 지식과 정보를 습득하고, 원격 의료 상담이나 온라인 커뮤니티 활동에도 참여할 수 있는 기회를 제공합니다. 플랫폼을 선택할 때는 개인이나 조직의 필요와 환경에 맞는 도구를 사용하는 것이 중요합니다. 소규모 팀에는 간단하고 사용이 쉬운 도구가 적합한 반면, 대규모 조직에서는 문서 공유, 보안, 통합 관리 기능이 강화된 플랫폼이 효과적입니다. 고객 지원이나 원격 교육과 같은 특정 목적에는 해당 분야에 특화된 기능을 갖춘 플랫폼을 선택하는 것이 바람직합니다. 비대면 소통 플랫폼은 신중년에게 일상생활의 편리함뿐만 아니라 업무 효율성도 가져다줍니다. 특히 재택근무나 프리랜서로 활동하는 신중년에게는 필수적인 도구로 자리 잡고 있습니다. 각 플랫폼의 기능과 특징을 잘 이해하고 적절히 활용한다면 비대면 소통의 효율성을 더욱 높일 수 있습니다.

C. 자주 묻는 질문(FAQ)

Q. 비대면 소통 플랫폼이란 무엇인가요?

비대면 소통 플랫폼은 물리적인 거리를 두고도 사람들이 실시간으로 소통하고 협업할 수 있도록 돕는 온라인 도구입니다. 화상 회의, 채팅, 파일 공유, 화면 공유 등 다양한 기능을 제공하여 원격 근무나 교육, 회의 등을 효율적으로 진행할 수 있게 해줍니다. 대표적인 예로 줌(Zoom), 팀즈(Microsoft Teams), 웹엑스(Webex) 등이 있습니다.

Q. 비대면 소통 플랫폼을 사용할 때 필요한 장비는 무엇인가요?

비대면 소통 플랫폼을 사용하려면 기본적으로 컴퓨터, 스마트폰, 또는 태블릿과 같은 장치가 필요합니다. 웹캠과 마이크가 장착된 장치 또는 별도로 준비한 장치가 있어야 하며, 안정적인 인터넷 연결이 중요합니다. 추가적으로, 화면 공유를 원활하게 하기 위해 화면 해상도와 사양에 맞는 장치가 필요할 수 있습니다.

Q. 비대면 소통 플랫폼에서 보안은 어떻게 보장되나요?

대부분의 비대면 소통 플랫폼은 암호화 기술을 사용하여 사용자의 데이터를 보호합니다. 예를 들어, 줌은 종단 간 암호화(End-to-End Encryption)와 같은 보안 기능을 제공하며, 팀즈와 웹엑스도 사용자 인증 및 강력한 보안 정책을 지원합니다. 회의에 비밀번호를 설정하거나 참가자 권한을 제한하는 등의 추가적인 보안 설정을 할 수도 있습니다.

Q. 비대면 소통 플랫폼에서 회의 중 문제가 발생하면 어떻게 해결하나요?

비대면 소통 플랫폼에서 발생하는 기술적인 문제는 대개 인터넷 연결 문제나 장치 설정에 관련이 있습니다. 이러한 문제를 해결하려면, 우선 장치의 인터넷 연결 상태를 확인하고, 소프트웨어와 드라이버가 최신 버전인지 점검하는 것이 중요합니다. 각 플랫폼은 FAQ, 고객 지원 서비스, 실시간 채팅 지원 등을 통해 문제 해결 방법을 안내합니다.

Q. 비대면 소통 플랫폼의 기능을 어떻게 활용하면 좋을까요?

비대면 소통 플랫폼의 주요 기능인 화상 회의, 채팅, 파일 공유, 화면 공유 등을 적절히 활용하면 협업을 효율적으로 진행할 수 있습니다. 예를 들어, 화면 공유 기능을 이용해 프레젠테이션을 진행하거나, 팀 채팅을 통해 실시간으로 의견을 교환할 수 있습니다. 또한, 브레이크아웃 룸 기능을 활용해 소그룹 토론을 진행하거나, 회의 녹화 기능을 활용해 나중에 다시 회의를 검토할 수 있습니다.

비대면 소통 플랫폼
줌(Zoom)

❶ 개요 및 특징

줌(Zoom)은 전 세계적으로 널리 사용되는 비대면 소통 플랫폼으로, 개인과 조직 모두가 원활하게 소통하고 협업할 수 있도록 설계된 클라우드 기반 서비스입니다. 원격 근무와 온라인 교육, 대규모 웨비나 등 다양한 비대면 활동을 지원하는 다목적 플랫폼으로 발전하여 높은 사용자 편의성과 안정적인 연결, 다양한 기능을 통해 개인 사용자부터 대규모 기업에 이르기까지 폭넓게 활용되고 있습니다. 무료 플랜은 최대 100명의 참가자가 동시에 사용할 수 있으며, 그룹 회의는 40분으로 제한됩니다. 유료 플랜은 시간제한을 없애고, 더 많은 참가자와 추가 기능을 지원해 기업과 기관에 적합한 옵션을 제공합니다.

❷ 주요 기능

① **화상 회의**: HD 화상 회의와 오디오, 실시간 화면 공유, 채팅, 녹화 등이 가능합니다. 회의에는 최대 1,000명까지 참여 가능하며, 발표 자료를 쉽게 공유할 수 있기 때문에 대규모 세미나나 조직 전체 회의에도 적합합니다.

② **화면 공유**: 화면 공유 기능을 활용하여 자신의 전체 화면, 특정 애플리케이션 창, 파워포인트 슬라이드 등을 공유할 수 있어 효율적인 정보 전달이 가능합니다.

③ **브레이크아웃 룸**: 회의 참가자들을 소그룹으로 나누어 별도의 공간에서 논의할 수 있게 하는 기능입니다. 최대 50개까지 방을 만들 수 있으며, 각 방은 독립적으로 작동합니다. 이 기능은 그룹 프로젝트, 워크숍, 브레인스토밍 세션과 같은 상황에서 효과적으로 사용됩니다.

④ **채팅 및 파일 공유**: 텍스트 채팅을 통해 실시간으로 메시지를 주고받으며 문서, 이미지, 프레젠테이션 파일을 공유할 수 있습니다. 채팅 기능은 회의 중 또는 대화 후에도 기록으로 남아 참고할 수 있습니다.

⑤ **녹화 및 저장**: 줌은 회의를 녹화하여 로컬 저장소나 클라우드에 저장하는 기능을 제공합니다. 녹화 파일에는 비디오, 오디오, 화면 공유 내용이 모두 포함됩니다.

⑥ **웨비나 및 대규모 이벤트**: 최대 10,000명 이상의 참가자가 동시에 참여할 수 있는 웨비나 기능을 제공합니다. 발표자는 청중의 질문을 실시간으로 받을 수 있으며, 투표와 설문조사 기능을 통해 참여도를 높일 수 있습니다.

⑦ **가상 배경 및 필터**: 배경을 제거하거나 원하는 이미지로 대체할 수 있습니다. 이는 원치 않는 배경 노출을 방지하거나 전문적인 이미지를 유지하는 데 유용합니다.

❸ 초보자를 위한 단계별 시작 방법

줌(Zoom)을 처음 사용하는 초보자는 먼저 공식 웹사이트나 앱스토어에서 줌을 다운로드하고 계정을 생성해야 합니다. 회의에 참여하려면 초대 링크를 클릭하거나 회의 ID와 암호를 입력하면 되고, 회의를 주최하려면 "새 회의" 버튼을 눌러 즉시 시작한 뒤 참가자에게 초대 링크를 공유하면 됩니다. 회의 중에는 오디오 연결을 활성화하고, 카메라 설정 및 가상 배경을 조정하며, 필요에 따라 화면 공유와 채팅 기능을 활용해 원활한 소통을 진행할 수 있습니다.

❹ 중급·고급 활용 가이드

① **브레이크아웃 룸:** 대규모 회의에서 참가자들을 소규모 그룹으로 나누어 집중관리하는 기능으로 주최자가 각 그룹을 독립적으로 토론하거나 과제를 해결하도록 할 수 있으며, 필요시 각 그룹에 참여하여 지도 가능합니다. 참가자의 참여도와 생산성을 높이고 교육 세션이나 협업이 필요한 회의에서 매우 효과적으로 활용할 수 있습니다.

② **웹 세미나:** 대규모 온라인 이벤트를 효율적으로 관리하는 도구로, 참가자 등록 및 참여 링크 자동 발송 기능을 통해 이벤트를 미리 준비하고, Q&A, 투표, 설문조사 기능을 통해 실시간 상호작용을 촉진합니다. 또한, 실시간 참여 분석을 통해 참가자의 활동을 추적하고, 세미나 후에는 녹화 기능을 활용해 자료를 제공할 수 있습니다.

비대면 소통 플랫폼

팀즈
(Microsoft Teams)

❶ 개요 및 특징

팀즈(Microsoft Teams)는 마이크로소프트의 오피스 365와 통합되어 문서 공유, 공동 작업, 채팅, 영상 회의 등을 원활하게 진행할 수 있는 플랫폼입니다. 익숙한 비즈니스 툴을 활용하기 쉬운 구조로, 비즈니스 업무 체계에서 협업을 강화하는 데 유용합니다. 특히 대규모 인원이 참여할 수 있는 회의 환경을 지원하며, 오피스 365와의 통합 덕분에 이메일, 캘린더, 파일 등을 한 곳에서 효율적으로 관리할 수 있습니다. 이러한 통합 기능은 팀원 간의 소통을 원활하게 하고, 필요한 정보를 신속하게 공유하도록 도와줍니다. 팀즈는 기존에 익숙한 프로그램들을 유연하게 활용할 수 있는 장점을 바탕으로, 효율적인 협업을 위한 다양한 기능을 제공합니다.

❷ 주요 기능

① **채팅:** 실시간으로 메시지를 주고받고 파일을 공유하는 기능을 제공하며, 개인 및 그룹 채팅을 통해 빠르게 소통할 수 있는 환경을 제공합니다. 채팅 내에서 답변 및 알림

기능을 이용하면 대화의 효율성을 높일 수 있습니다.

② **화상 회의 및 음성 통화:** 고화질 화상 회의와 음성 통화를 지원하며, 화면 공유와 가상 배경 등을 통해 효과적인 회의를 진행할 수 있습니다. 대규모 회의도 최대 1,000명까지 참여 가능합니다.

③ **파일 공유 및 공동 작업:** OneDrive와 연동되어 실시간으로 파일을 공유하고 협업할 수 있습니다. Microsoft 365 앱과 연동되어 문서를 함께 편집하고, 파일의 최신 버전을 팀원들과 바로 확인할 수 있습니다.

④ **팀과 채널:** 프로젝트나 부서별로 팀을 만들고, 각 팀 내에서 여러 채널을 통해 다양한 업무를 효율적으로 관리할 수 있습니다. 채널은 특정 주제나 프로젝트에 집중할 수 있도록 설계됩니다.

⑤ **일정 관리 및 회의 예약:** Outlook과 연동하여 회의를 예약하고, 팀원들에게 일정을 공유할 수 있습니다. 자동으로 시간 추천 기능을 통해 회의 일정을 쉽게 조정 가능합니다.

❸ 초보자를 위한 단계별 시작 방법

팀즈는 공식 웹사이트에서 다운로드하고, Microsoft 계정으로 로그인하거나 새 계정을 생성하여 가입할 수 있습니다. 로그인한 후, 팀을 생성하거나 기존 팀에 참여합니다. 회의를 시작하려면 "회의" 버튼을 클릭하여 즉시 회의를 열거나 일정에 맞춰 회의를 예약할 수 있습니다. 회의 중에는 화면 공유, 채팅, 파일 공유 기능을 활용하여 협업하고, 팀 내 채널을 통해 다양한 주제로 대화를 나누거나 파일을 관리합니다.

❹ 중급·고급 활용 가이드

팀즈가 제공하는 다양한 기능을 경쟁력 있는 수준에서 활용하려면, 기본적인 사용법을 넘어 팀과 협업의 흐름을 개선할 수 있는 다양한 기능들을 적절히 활용하는 것이 중요합니다.

① **프로젝트 관리 도구 통합:** Planner, To Do, OneNote와 같은 마이크로소프트 365 앱과의 통합을 지원합니다. 이를 활용하여 작업을 관리하고 진행 상황을 추적할 수 있습니다. 팀즈 내에서 작업 목록을 만들고, 업무 담당자와 마감일을 설정하여 프로젝트의 효율적 관리가 가능합니다.

② **봇과 자동화 활용:** 다양한 봇과 자동화 기능이 내장되어 있어 업무의 효율성을 극대화합니다. Power Automate를 사용해 반복적인 작업을 자동화하거나, 팀즈 봇을 사용해 회의 일정 알림, 팀원 상태 확인 자동화가 가능합니다.

③ **팀즈 Live 이벤트와 웹세미나 활용:** 고급 기능 중 하나인 Live 이벤트와 웹세미나

기능을 활용하여 대규모 회의나 프레젠테이션을 진행할 수 있습니다. 수백 명의 참여자와 상호작용하며 실시간으로 정보를 전달하고, 이벤트 후에 분석 리포트를 받을 수 있습니다.

④ **고급 검색 기능사용**: 팀즈의 검색 도구는 대화 내용, 파일, 회의 기록 등 필요한 자료를 빠르게 찾는 데 유용합니다. 키워드 입력이나 특정 인물의 메시지 필터링 기능을 통해 파일과 회의 녹음까지 쉽게 접근할 수 있습니다.

비대면 소통 플랫폼
웹엑스(Webex)

❶ 개요 및 특징

시스코(Cisco)의 웹엑스(Webex)는 강력한 보안 기능과 고품질 오디오·비디오를 제공하며, 보안이 중요한 업무 환경에서 주로 사용됩니다. 다양한 기기와 운영 체제를 지원해 유연한 사용 환경을 제공하며, AI와 머신러닝 기술로 자막 생성, 음성 인식, 회의 요약 같은 기능을 통해 생산성을 강화합니다. 협업과 커뮤니케이션을 간소화하는 데 중점을 둔 플랫폼입니다.

❷ 주요 기능

① **비디오 회의**: 고화질 비디오와 오디오를 제공하여, 원격지에 있는 팀원들과 실시간으로 원활한 회의를 진행할 수 있습니다. 화면 분할, 전 세계 참가자 지원, 미팅 녹화 기능 등 다양한 옵션을 제공합니다.

② **화면 공유**: 회의 중에 컴퓨터 화면, 애플리케이션, 문서 등을 다른 참가자와 실시간으로 공유할 수 있습니다. 이를 통해 프레젠테이션이나 협업이 더욱 원활하게 이루어질 수 있습니다.

③ **채팅**: 실시간 메시징 기능을 통해 팀원 간에 빠르게 의사소통할 수 있으며 개인 또는 그룹 대화가 가능합니다. 파일 첨부와 이모티콘, GIF 등 다양한 미디어도 지원합니다.

④ **실시간 녹음 및 트랜스크립트:** 회의 내용은 녹화되어, 후속 참조를 위해 자동 트랜스크립트로 제공됩니다. 회의가 끝난 후에도 중요한 내용을 다시 확인할 수 있어 효율적인 회의 기록 관리가 가능합니다.

⑤ **브레이크아웃 룸:** 대규모 회의 중 참가자들을 소규모 그룹으로 나누어 집중적인 토론이나 워크숍을 진행할 수 있는 기능을 제공합니다. 이를 통해 효율적인 그룹별 작업이 가능합니다.

⑥ **회의 예약 및 캘린더 연동:** 웹엑스를 통해 회의를 예약하고, 이를 Google 캘린더, Microsoft Outlook과 연동하여 회의 일정을 관리할 수 있습니다. 회의 링크는 자동으로 생성되어 참석자들에게 전송됩니다.

❸ **초보자를 위한 단계별 시작 방법**

Cisco 웹엑스 웹사이트에 접속하여 이메일 주소를 이용해 계정을 만들어 로그인 한 후, 대시보드에서 '회의 예약' 버튼을 클릭하고, 회의 제목, 시간, 참석자 등을 설정합니다. 예약된 회의 링크를 클릭하거나 이메일로 받은 초대 링크를 통해 회의에 참가할 수 있으며, 화면 하단의 화면 공유, 채팅, 음성/비디오 설정 등을 사용하여 원활한 소통이 가능합니다. 마지막으로, 회의 종료 및 녹화 옵션을 활용해 회의를 종료하고, 녹화된 영상은 필요 시 활용할 수 있습니다.

❹ **중급·고급 활용 가이드**

① **브레이크아웃 룸 활용:** 대규모 회의에서 참가자들을 소규모 그룹으로 나누어 집중적인 논의를 진행하는 기능으로, 각 그룹은 독립적으로 주제에 대해 토의한 후, 전체 회의로 돌아와 결과를 공유할 수 있습니다. 이 기능은 회의의 효율성을 높이고 참가자들의 적극적인 참여를 유도합니다.

② **웹 세미나 및 대규모 이벤트 관리:** 웹 세미나 기능은 수백 명 이상의 참가자를 대상으로 대규모 이벤트를 효율적으로 관리하는 도구입니다. 참가자 등록 시스템을 통해 참석자를 사전 등록받고, 자동으로 참여 링크를 발송할 수 있습니다. 발표 중 Q&A와 실시간 설문조사 및 투표 기능을 활용해 참가자와의 상호작용을 촉진하며, 참여도 분석 도구를 통해 세미나 효과를 실시간으로 추적 가능합니다. 세미나 내용은 녹화하여 후속 자료로 제공 가능하며, 브랜드화된 대기실과 맞춤형 초대장으로 전문성을 강화할 수 있습니다. 이 모든 기능을 활용해 대규모 이벤트를 보다 효율적이고 전문적으로 운영합니다.

02 스마트 협업 도구

A. 더 빠르게, 더 효율적으로! 신중년이 일하는 법

몇 년 전만 해도 50대 김 씨는 매일 서류 가방을 들고 사무실로 향했습니다. 회의실에서는 종이로 작성된 보고서를 공유하고 결재를 받으며, 팀 프로젝트는 각자 맡은 업무를 대면으로 취합하는 방식으로 진행되었습니다. 자료가 수정될 때마다 출력본을 다시 준비해 팀원들에게 나눠주는 과정이 반복되었고, 출장이나 외근 시에는 자료를 직접 휴대하거나 팩스로 보내야 하는 번거로움이 뒤따랐습니다. 이러한 방식은 익숙했지만, 생산성과 시간 면에서 한계를 드러냈습니다.

그러나 코로나19 팬데믹은 김 씨의 일상을 크게 바꾸어 놓았습니다. 대면으로 이루어지던 업무가 어려워지면서 스마트 협업 도구의 활용이 필수로 자리 잡았습니다. 김 씨는 처음에 구글 독스나 슬랙 같은 새로운 도구를 배우는 일이 어색하고 익숙지 않았지만, 곧 깨달았습니다. 새로운 도구를 사용하지 않으면 뒤처지거나, 업무에서 소외될 수밖에 없다는 것을 말입니다. 그는 디지털 도구를 배우면서 업무가 더욱 빠르고 효율적으로 진행되며, 물리적 제약을 넘어 협업할 수 있다는 점을 경험했습니다.

스마트 협업은 단순히 기술을 활용하는 것을 넘어, 팀원들이 디지털 환경에서 효율적으로 소통하고 협력하도록 돕습니다. 구글 독스를 통해 팀원들과 실시간으로 문서를 편집하며 회의를 진행하고, 노션으로 프로젝트 진행 상황을 한눈에 확인하며 업무를 체계적으로 정리합니다. 슬랙은 팀원들과 빠르게 의견을 주고받을 수 있는 소통의 중심이 되어 이메일을 기다리는 시간을 없앴습니다. 물리적 거리에 관계없이 동일한 정보를 실시간으로 공유하며 일할 수 있다는 점은 스마트 협업의 가장 큰 장점입니다.

스마트 협업은 효율성뿐만 아니라 생산성도 크게 향상시킵니다. 클라우드 기반 파일 공유는 중복 작업을 줄이고 자원을 절약하며, 프로젝트의 마감일을 지키는 것도 더욱 쉬워집니다. 사람인이 직장인 1,512명을 대상으로 실시한 설문조사에 따르면, 응답자의 40.1%가 비대면 협업이 증가했다고 답했으며, 76.2%는 원격 및 화상회의를 포함한 협업 방식에 만족감을 나타냈습니다. 특히 젊은 세대는 디지털 환경에

익숙해 높은 효율성을 느꼈지만, 40대와 50대는 상대적으로 적응도가 낮아 협업 도구에 익숙해지는 것이 중요하다는 점을 보여줍니다.

스마트 협업은 단순히 기술을 배우는 것을 넘어, 디지털 환경에서 소통하고 협력하는 방식을 새롭게 정의합니다. 신중년 세대는 이 변화에 능동적으로 적응해야 합니다. 스마트 협업 도구는 신중년에게 새로운 가능성을 제시합니다. 김 씨처럼 기술학습에 열린 자세를 갖춘다면 신중년은 변화하는 환경 속에서도 효율성을 높이고 새로운 성취를 이룰 수 있습니다.

B. 비즈니스부터 일상까지, 스마트 협업의 힘

익숙한 방식에서 벗어나 새로운 것을 시도하는 일은 누구에게나 쉽지 않습니다. 하지만 디지털 시대에서 스마트 협업은 신중년이 꼭 선택해야 할 기회입니다. 처음에는 낯설고 어색할 수 있지만, 한 번 익히기 시작하면 다양한 분야에서 새로운 가능성을 열어줍니다.

스마트 협업은 신중년의 비즈니스 활동을 더욱 간단하고 효율적으로 바꿔줍니다. 예를 들어, 구글 독스를 사용하면 사업계획서나 제안서를 팀원들과 동시에 작성하고, 실시간으로 피드백을 주고받을 수 있습니다. 슬랙은 고객 요청이나 업무 내용을 빠르게 공유하며 팀원 간의 소통을 원활하게 해줍니다. 노션은 프로젝트 진행 상황을 한눈에 파악하거나 상품 재고를 체계적으로 정리하는 데 유용합니다. 이처럼 스마트 협업 기술을 활용하면 시간과 자원을 절약할 수 있고, 신중년이 새로운 사업기회를 만드는 데 큰 도움을 줄 수 있습니다.

학습과 자기계발에도 유용합니다. 줌을 통해 온라인 강의에 참여하며, 강사와 실시간으로 소통할 수 있습니다. 노션은 학습 계획을 세우고 자료를 정리하는 데 유용하며, 구글 독스는 팀 프로젝트에서 자료를 공유하고 협업하는 환경을 제공합니다. 이러한 기술은 신중년이 새로운 지식을 배우고 이를 실생활과 업무에 적용할 수 있도록 돕습니다.

사회적 활동에서도 스마트 협업 기술은 큰 도움이 됩니다. 동호회 모임 일정을 조정할 때는 구글 캘린더를 이용하면 편리합니다. 회의 내용을 정리하거나 아이디어를 나눌 때는 구글 독스 같은 도구가 유용합니다. 독서 모임에서는 슬랙으로 책에 대한 의견을 주고받거나, 줌을 활용해 비대면 모임을 진행할 수도 있습니다. 이런 방법들은 거리가 멀거나 시간이 부족해도 참여할 수 있게 해주며, 사람들과의 관계를 이어가고 더 확장하는 좋은 방법입니다.

스마트 협업을 처음 시작할 때 모든 기술을 한꺼번에 익히려 할 필요는 없습니다. 처음에는 자신의 필요에 가장 맞는 하나를 선택해 사용하는 것이 좋습니다. 예를 들어, 만약 팀 회의가 잦다면 줌이나 팀즈 같은 화상회의 소프트웨어를 먼저 사용하고, 문서를 자주 작성하거나 공유한다면 구글 독스나 노션을 활용해 보세요. 익숙해진 후에는 점차 다른 기능을 시도하며 활용 범위를 넓힐 수 있습니다.

스마트 협업은 일하는 방식을 개선할 뿐 아니라, 일상까지도 더 편리하게 만듭니다. 슬랙으로 빠르게 의견을 주고받고, 구글 독스를 사용해 실시간으로 문서를 수정하며, 줌으로 화상회의를 진행할 수 있습니다. 클라우드 기반 저장소를 활용하면 자료를 안전하게 보관하고, 외근 중에도 스마트폰이나 노트북으로 필요한 자료를 즉시 확인하거나 수정 가능합니다.

어떤 기술을 선택해 사용할지는 스마트 협업을 시작하는 데 있어 중요합니다. 모든 플랫폼이 똑같은 기능을 제공하지 않기 때문에, 자신에게 가장 적합한 것을 선택하세요. 예를 들어, 팀 회의를 자주 한다면 줌(Zoom)이나 팀즈(Microsoft Teams)와 같은 화상회의 플랫폼이 유용합니다. 문서를 공유하고 함께 편집할 일이 많다면 구글 독스(Google Docs)나 노션(Notion)이 적합합니다.

처음에는 이런 기술이 낯설게 느껴질 수 있습니다. 그러나 대부분의 기술은 직관적으로 설계되어 있어, 한 가지씩 천천히 익혀가면 금세 적응할 수 있습니다. 변화는 쉽지 않지만, 김 씨처럼 새로운 방식을 배우고 받아들인다면, 업무뿐 아니라 일상에서도 디지털 도구가 유용하게 쓰일 수 있습니다. 하나의 플랫폼을 선택해 기본 기능부터 시작하세요. 슬랙으로 메시지를 주고받거나, 구글 독스를 활용해 문서를 공유하는 간단한 시도만으로도 협업의 효율성을 경험할 수 있습니다. 작은 변화가 큰 차이를 만들어냅니다.

C. 자주 묻는 질문(FAQ)

Q. 스마트 협업 도구는 어떻게 시작하나요?

대부분의 스마트 협업 도구는 간단한 가입 절차와 기본적인 튜토리얼을 제공합니다. 회원 가입 후, 팀을 생성하고, 필요한 도구나 파일을 공유하고 작업을 쉽게 시작할 수 있습니다. 예를 들어, 구글 독스나 슬랙은 계정을 만들고 팀을 초대한 후 바로 활용 가능합니다.

Q. 보안 문제는 어떻게 해결하나요?

스마트 협업 도구는 보안 기능을 강화하기 위해 다양한 방법을 제공합니다. 두 단계 인증, 파일 암호화, 비밀번호 보호, 사용자 권한 설정 등을 통해 정보의 안전성을 확보할 수 있습니다. 사용자는 각 도구의 보안 설정을 확인하고 적절한 보안 조치를 취해야 합니다.

Q. 팀원들이 다양한 디바이스에서 작업할 수 있나요?

네, 대부분의 스마트 협업 도구는 웹 기반 플랫폼으로 제공되며, 모바일 앱도 지원합니다. 구글 독스나 슬랙과 같은 도구는 PC, 태블릿, 스마트폰에서도 동일한 기능을 제공하므로, 팀원들이 장소와 기기에 관계없이 작업할 수 있습니다.

Q. 다양한 도구를 통합하여 사용할 수 있나요?

네, 대부분의 협업 도구는 다른 도구와의 통합을 지원합니다. 예를 들어, 슬랙에서는 구글 드라이브, 트렐로, 줌 등 다양한 외부 앱과 통합하여 사용할 수 있습니다. 이러한 통합 기능을 활용하면 여러 도구를 하나의 플랫폼에서 연결하여 효율적으로 작업을 진행 가능합니다.

Q. 협업 도구의 사용법을 배워야 할까요?

스마트 협업 도구는 대부분 직관적이고 사용하기 쉬운 인터페이스를 제공하지만, 기능을 최대로 활용하려면 기본적인 사용법을 배우는 것이 좋습니다. 각 도구는 온라인 튜토리얼, 사용자 가이드, 또는 도움말 센터를 제공하여 학습할 수 있는 자료를 제공합니다. 또한, 필요에 따라 온라인 강좌나 웨비나를 통해 심화 기능을 배울 수 있습니다.

스마트 협업 도구
구글 독스
(Google Docs)

❶ 개요 및 특징

구글 독스(Google Docs)는 구글이 제공하는 클라우드 기반의 무료 문서 작성 도구로,
인터넷만 연결되면 언제 어디서든 사용할 수 있습니다. 워드와 유사한 문서 작성 기능을
제공하며, 작성된 문서는 자동으로 안전하게 온라인에 저장됩니다. 여러 사용자가 동시
에 문서를 작성·수정하며, 댓글과 제안 모드로 의견을 주고받아 협업이 수월합니다.

작업 중 변경 사항은 실시간으로 저장되며, 이전 버전으로 복원할 수 있는 버전 관리
기능을 지원합니다. 문서는 PDF, Word 등 다양한 형식으로 저장하거나 내보낼 수 있
어 활용도가 높습니다. 또한, 오프라인 모드를 통해 인터넷 없이도 작업할 수 있습니다.
이후 연결이 복구되면 변경 사항이 자동으로 동기화됩니다. 구글 독스는 깔끔한 화면과
쉬운 사용법으로 신중년층도 쉽게 활용할 수 있는 효율적인 문서 작성 도구입니다.

❷ 주요 기능

① **공유:** 공유 기능을 활용하면 문서 링크를 생성해 이메일이나 메시지로 간편하게 전
달하며 읽기, 댓글 작성, 편집 등 권한 설정으로 보안을 강화할 수 있습니다. 구글 계정
이 없어도 '링크가 있는 모든 사용자' 설정으로 특정 문서를 열람하거나 편집할 수 있
어 협업이 더욱 편리합니다.
② **실시간 협업:** 여러 사람이 동시에 문서를 열어 작업하며, 수정 내용이 실시간으로 반
영됩니다. 댓글로 의견을 나누고 제안 모드를 통해 수정 사항을 확인할 수 있어 협업이
원활합니다. 이러한 기능은 장소와 시간의 제약 없이 효율적인 작업 환경을 제공합니다.

❸ 초보자를 위한 단계별 시작 방법

구글 독스를 사용하기 위해서는 구글 계정이 필요합니다. 계정 생성 페이지에서 몇 단

계만 거치면 무료로 쉽게 만들 수 있습니다. 새로운 문서를 생성하거나 구글 드라이브에 저장 및 관리하려면 계정이 필수입니다. 그러나 구글 계정이 없어도 다른 사람이 공유한 문서의 링크를 통해 열람하거나, 편집 권한을 받으면 수정이 가능합니다.

구글 독스는 다양한 인터넷 브라우저에서 사용할 수 있지만, 구글 크롬(Chrome) 브라우저와 함께 사용할 때 가장 적합합니다. 크롬은 구글 독스와 완벽하게 호환되며 빠르고 안정적으로 작동합니다. 크롬이 설치되어 있지 않다면, 크롬 다운로드 페이지에서 간단히 설치할 수 있습니다. 크롬 브라우저를 열고 주소창에 docs.google.com을 입력하면 구글 독스 메인페이지로 이동합니다. 또는 구글 홈페이지 오른쪽 상단에 있는 점 9개 아이콘을 클릭한 뒤 'Docs'를 선택하는 방법도 있습니다. 메인 화면이 열리면 '빈 문서'를 선택해 새 문서를 작성하거나, 제공된 템플릿 중에서 이력서나 보고서를 선택해 간편하게 문서를 시작할 수 있습니다. 상단의 [공유] 버튼을 누르고 이메일 주소를 입력한 뒤 읽기 또는 편집 권한을 설정하면 협업이 가능합니다. 구글 독스는 사용법이 간단하고 직관적이어서 누구나 빠르게 익숙해집니다.

❹ 중급·고급 활용 가이드

구글 독스는 협업과 효율적인 문서 작업을 돕는 다양한 고급 기능을 제공합니다. 우측 상단의 펜 모양 [수정] 버튼을 사용하면 문서를 직접 수정하거나, 수정 내용을 제안할 수 있습니다. 팀원들과 실시간으로 수정 사항을 공유하고, 댓글로 의견을 주고받아 소통을 효과적으로 관리할 수 있습니다.

협업의 안정성을 높이는 [버전 기록] 기능도 제공합니다. 상단 메뉴의 [파일] 〉 [버전 기록]에서 문서의 모든 수정 내역을 확인하거나 필요에 따라 이전 상태로 복구할 수 있습니다. 이 기능은 변경 사항을 체계적으로 관리하고 실수를 쉽게 바로잡아 협업을 안정적으로 유지하는 데 도움을 줍니다.

구글 독스의 음성 입력 기능은 [도구] 〉 [음성 입력]에서 마이크를 사용해 실시간으로 말을 텍스트로 변환할 수 있습니다. 키보드 사용이 어려운 상황이나 빠르게 아이디어를 정리할 때 유용합니다. '마침표'와 같은 기호를 음성 명령어로 입력할 수 있어 문서 작성이 효율적입니다. 다양한 언어를 지원해 다국어 작업에도 적합하며, 업무 생산성을 높이는 데 기여합니다.

스마트 협업 도구
노션(Notion)

❶ 개요 및 특징
노션(Notion)은 문서 작성, 일정 관리, 프로젝트 계획 등 다양한 작업을 한 곳에서 처리 가능한 디지털 도구입니다. 이전에는 워드, 엑셀, 캘린더 등을 각각 사용해야 했다면, 이를 통해 모든 작업을 하나의 플랫폼에서 통합 관리할 수 있습니다. 프로젝트의 진행 상황을 간단히 정리하거나, 캘린더로 주요 일정을 체계적으로 관리해 개인과 팀 모두에게 유용합니다. 데이터를 표, 캘린더, 보드 같은 다양한 형식으로 정리해 업무의 효율성을 높일 수 있습니다. 노션의 큰 특징 중 하나는 블록 기반의 편집 방식입니다. 블록은 문서를 구성하는 기본 단위로 텍스트, 이미지, 표 등 다양한 요소를 자유롭게 추가하고 배치할 수 있습니다. 이러한 구조는 처음 사용하는 사람도 빠르게 배울 수 있는 직관적인 작업 환경을 제공합니다.

❷ 주요 기능
① **문서 작성과 협업:** 노션은 텍스트, 이미지, 체크리스트 등을 한 페이지에 자유롭게 추가해 정보를 직관적으로 구성할 수 있습니다. 작성한 문서를 링크로 공유하면 팀원들과 실시간으로 편집하거나 의견을 주고받을 수 있어 회의 기록 정리나 프로젝트 계획 수립에 유용합니다.
② **데이터베이스 기능:** 노션의 데이터베이스 기능은 정보를 효율적으로 정리하고 시각화하도록 돕습니다. 예를 들어, 캘린더로 일정을 관리하거나 표로 데이터를 계산하며 필요한 정보를 검색할 수 있습니다. 데이터베이스 간 연결을 통해 관련 정보를 한 곳에서 관리하면 생산성과 정리 능력이 향상됩니다.

❸ 초보자를 위한 단계별 시작 방법
노션을 시작하려면 노션 홈페이지에서 이메일로 가입하거나 구글 계정을 사용해 로그인합니다. 컴퓨터와 스마트폰에 앱을 설치하면 작성한 내용이 동기화되어 어디서든 접근할 수 있습니다.

로그인 후에는 노션의 기본 구조를 이해하는 것이 중요합니다. 워크스페이스, 페이지, 블록, 사이드바로 구성된 각 요소의 기능을 알면 효율적인 사용이 가능합니다. 워크스페이스는 작업을 시작하는 가장 큰 공간이고, 페이지는 정보를 작성하고 정리하는 기본 단위입니다. 블록은 텍스트, 이미지, 체크리스트 등으로 페이지를 구성하는 요소이며, 자유롭게 추가하고 이동할 수 있는 유연한 단위입니다. 사이드바는 페이지와 워크스페이스를 쉽게 찾고 관리할 수 있도록 돕는 역할을 합니다.

특히 블록은 노션의 핵심 기능으로, 텍스트 작성, 체크리스트로 할 일 정리, 제목 추가 등 다양한 작업을 지원합니다. 예를 들어, 할 일을 체크리스트 형태로 정리하거나 회의 노트를 작성하는 데 활용할 수 있습니다. / 키를 입력하면 다양한 블록을 손쉽게 추가할 수 있어 작업이 더욱 직관적입니다. 처음에는 노션이 다소 낯설게 느껴질 수 있지만, '할 일 관리'나 '가계부' 같은 실생활에 유용한 템플릿을 활용하면 금방 익숙해질 수 있습니다.

❹ 중급·고급 활용 가이드

노션의 데이터베이스는 정보를 체계적으로 정리하고 시각화할 수 있는 핵심 기능입니다. 페이지에서 '/데이터베이스'를 입력하면, 기존 페이지의 인라인 형식이나 전체 페이지 형식으로 데이터베이스를 추가할 수 있습니다. 노션 데이터베이스에 속성을 추가한 뒤, 하단에서 새 페이지를 만들어 데이터를 입력하면 됩니다.

데이터는 필터와 정렬 기능을 통해 효율적으로 관리할 수 있으며 표, 캘린더, 보드, 갤러리, 리스트, 타임라인, 차트로 다양하게 시각화할 수 있습니다. 예를 들어, 업무에서는 보드 뷰로 작업을 '할 일', '진행 중', '완료' 상태로 관리하거나, 타임라인 뷰로 프로젝트 일정을 한눈에 파악할 수 있습니다. 개인 생활에서는 가계부를 만들어 날짜와 금액을 입력한 뒤, 캘린더 뷰로 날짜별 지출 내역을 확인하며 자금 관리를 체계적으로 할 수 있습니다. 데이터베이스는 업무와 개인적인 작업 모두에서 활용도가 높아, 보다 체계적이고 효율적인 관리 방식을 제공해줍니다.

스마트 협업 도구
슬랙(Slack)

❶ 개요 및 특징

슬랙(Slack)은 팀원들과 소통하고 협력할 수 있도록 돕는 업무용 메신저입니다. 실시간 대화, 파일 공유, 다양한 도구와의 연동을 통해 업무의 효율성을 크게 높여줍니다. 사적인 메신저를 업무에 사용하면 개인 대화가 노출되거나 잦은 알림으로 방해받기 쉽고, 중요한 정보를 다시 찾는 데 어려움이 생길 수 있습니다. 슬랙은 이러한 문제를 해결하며, 업무에 최적화된 소통 환경을 제공합니다.

❷ 주요 기능

① **채널 기반 대화**: 슬랙은 대화방(채널)을 주제별로 나누어 중요한 대화를 체계적으로 관리할 수 있습니다. 예를 들어, #영업, #회의처럼 프로젝트나 업무별로 채널을 만들어 팀원들이 필요한 대화만 확인할 수 있습니다. 공개 채널로 팀 전체가 참여하거나, 비공개 채널로 제한된 팀원들과만 소통하는 등 다양한 설정을 통해 효율적인 업무 진행이 가능합니다.

② **스레드(Thread)**: 스레드는 단체 채팅에서 특정 메시지에 대한 대화를 따로 묶어 진행할 수 있는 기능입니다. 가령, 회의 일정 논의 중 누군가가 "회의 자료는 어디에 있나요?"라고 질문하면, 스레드의 댓글 달기 기능을 사용해 대화를 정리하고 다른 대화와 섞이지 않도록 합니다. 스레드는 단체 채팅방 안에 작은 대화방을 만드는 것처럼 작동합니다. 이를 통해 필요한 사람들만 대화에 참여하도록 설정하고, 불필요한 알림을 줄이며, 나중에 대화를 확인하거나 검색하기도 편리합니다. 스레드를 활용하면 단체 대화에서도 효율적이고 체계적인 소통이 가능합니다.

③ **통합과 연동**: 슬랙은 Notion, Zoom, Google 캘린더, Dropbox 등 다양한 도구와

연동해 업무를 효율적으로 처리할 수 있습니다. 예를 들어, 캘린더 알림을 받고 바로 화상 회의를 시작하거나, Notion과 연동해 프로젝트 진행 상황을 슬랙에서 실시간으로 확인합니다.

❸ 초보자를 위한 단계별 시작 방법

슬랙을 처음 사용하려면 슬랙 웹사이트(slack.com)나 앱에서 회원 가입을 진행합니다. 이메일 인증을 완료한 후 '새 워크스페이스 생성'을 선택해 팀이나 모임별 대화 공간을 만들 수 있습니다. 예를 들어, '신중년 소통방'이나 '독서 모임'처럼 이름과 목적을 설정해 시작합니다.

워크스페이스를 만든 후에는 초대 링크를 생성하거나 이메일 초대 기능으로 대화에 함께할 사람들을 초대합니다. 기존 사용자에게 초대를 받았다면 링크를 클릭해 기존 워크스페이스에 참여할 수 있습니다. 가입 후 이름과 프로필 사진을 설정하고, 채널, 스레드, 상태 설정 등의 기능을 하나씩 익혀가며 사용합니다.

슬랙은 협업 도구로 주로 사용되지만, 개인적으로도 활용할 수 있습니다. 채널을 활용해 #일정관리, #독서노트처럼 주제별로 정리하고 할 일 목록, 목표, 메모 등을 기록하거나, 스레드를 이용해 강의 주제나 학습 내용을 체계적으로 정리하면 이후에 쉽게 찾아보고 활용할 수 있어 유용합니다.

❹ 중급·고급 활용 가이드

슬랙의 기본 기능에 익숙하다면, 이제 외부 앱 연동과 고급 기능으로 더 효율적인 협업 환경을 만들어보세요. Notion과 Zoom을 연결하면 작업 상태를 슬랙에서 바로 관리하거나 한 번의 클릭으로 화상 회의를 시작할 수 있습니다.

워크플로 기능은 정기적으로 반복되는 업무를 자동화하고, 알림 메시지나 할 일 확인도 알아서 처리합니다. 고급 검색 기능과 알림 세부 설정을 활용해 중요한 정보를 체계적으로 관리하고, 불필요한 알림을 줄이면서 업무 집중도를 높여보세요.

03 온라인 설문조사 도구

A. 종이에서 온라인으로! 설문조사의 진화

박 씨는 은퇴 후 새로운 도전을 위해 대학에 입학했습니다. 한 수업에서 보고서를 작성하며 설문조사를 진행해야 했던 그는 처음에는 설문지를 인쇄해 직접 배포하려 했습니다. 하지만 학과 선배가 구글 설문지를 추천해 사용법을 알려주었고, 몇 번의 클릭으로 설문 내용을 입력하고 설문 링크를 생성하는 방법을 배웠습니다. 설문 링크를 이메일과 SNS로 공유한 덕분에 예상보다 빠르게 응답을 받을 수 있었습니다. 설문 결과는 자동으로 집계되고 그래프로 정리되어 데이터를 분석하는 데 걸리는 시간도 크게 줄었습니다. 박 씨는 이 경험을 통해 온라인 설문조사가 얼마나 편리한지 실감할 수 있었습니다.

정년퇴직 후 지역 특산물을 판매하는 온라인 쇼핑몰을 시작한 최 씨도 비슷한 경험을 했습니다. 매출 부진으로 고민에 빠진 그는 고객들의 의견을 듣기 위해 설문지를 배포하며 발로 뛰었지만, 시간이 오래 걸리고 결과를 정리하는 데 어려움을 겪었습니다. 전문가의 도움을 받으려 했지만, 비용이 부담돼 망설이던 그는 대학생 아들의 추천으로 네이버폼을 사용해 보기로 했습니다. 간단한 절차를 통해 설문지를 제작하고, 링크를 문자나 메신저로 공유해 효율적으로 응답을 모았습니다. 설문 결과를 통해 고객들이 가격과 배송비에 부담을 느낀다는 것을 알게 된 최 씨는 소포장 상품을 추가하고 배송비를 낮추는 방향으로 정책을 바꿨습니다. 이후 매출도 점차 개선되었습니다.

온라인 설문조사는 현대 사회에서 신속하고 효율적으로 데이터를 수집할 수 있는 도구로 자리 잡았습니다. 네이버 폼이나 구글 설문지 같은 플랫폼을 활용하면 누구나 손쉽게 설문지를 만들고, 설문 링크를 문자나 메신저로 전송할 수 있습니다. 시간과 장소에 제약 없이 설문에 참여할 수 있어, 다양한 지역과 연령대의 응답을 수집하는 데 적합합니다. 신중년 역시 스마트폰을 통해 간단히 참여하거나 설문을 제작할 수 있어 접근성이 뛰어납니다.

경제성과 효율성 또한 온라인 설문조사의 큰 장점입니다. 종이 설문지와 대면 조사는 인쇄와 배포, 회수 과정에서 많은 비용과 시간을 요구하지만, 온라인 설문조사는 이러한 절차를 간소화하여 예산을 절감할 수 있습니다. 특히 실시간으로 데이터를 수집하고 분석할 수 있어 설문 진행 중에도 결과를 확인하며 필요하면 문항을 수정하거나 추가 질문을 덧붙이는 유연한 활용이 가능합니다. 예를 들어, 신중년이 지역 동호회의 활동을 계획할 때 온라인 설문을 통해 회원들의 선호 시간을 파악하거나, 모임 주제를 정하는 데 활용할 수 있습니다. 또한, 지역 사회 봉사 활동을 준비할 때 주민들의 의견을 수렴하거나, 독서 모임에서 다음 달 책을 선정하는 방식으로도 사용할 수 있습니다. 이러한 설문 방식은 참여자들에게 자신의 의견이 반영된다는 만족감을 주며, 효율적인 활동 계획을 가능하게 합니다.

온라인 설문은 비즈니스에서도 큰 도움이 됩니다. 신중년이 운영하는 작은 가게나 사업에서 고객의 불만사항이나 개선점을 묻는 설문을 진행하면, 신뢰할 수 있는 데이터를 기반으로 서비스를 개선할 수 있습니다. 설문 결과는 빠르게 분석되어 고객의 요구를 정확히 파악할 수 있고, 이를 바탕으로 맞춤형 전략을 세울 수 있습니다. 물론 온라인 설문조사에도 한계는 존재합니다. 인터넷 환경이 원활하지 않거나 디지털 기기에 익숙하지 않은 사람들은 참여하기 어려울 수 있습니다. 설문 문항을 잘못 설계하면 응답자의 의견을 정확히 반영하지 못하거나, 불명확한 데이터가 수집될 가능성도 있습니다. 따라서 설문 목적에 맞게 문항을 명확히 작성하고, 대상이 누구인지 신중하게 고려하는 것이 중요합니다. 효율은 불필요한 과정을 줄이는 데 있습니다. 온라인 설문조사는 준비 과정을 간소화하고 실행을 돕는 실용적 도구입니다.

B. 온라인 설문조사 마스터하기

디지털 기술의 발전으로 설문조사는 더욱 간편하고 효율적인 도구로 자리 잡았습니다. 온라인 플랫폼은 누구나 손쉽게 설문을 제작하고 배포할 수 있게 도와주며, 실시간으로 응답 결과를 확인하고 분석할 수 있는 기능을 제공합니다. 모바일 기기와 클라우드 기술을 활용하면 시간과 장소의 제약 없이 설문을 진행할 수 있어 업무와 일상에서 그 유용성이 크게 확대되었습니다.

네이버폼, 구글폼, 서베이몽키, 카카오톡 설문 기능 등 다양한 플랫폼은 강점이 다릅니다. 네이버폼은 우리나라 사용자들에게 익숙하며, 간단한 설문 제작과 결과 정리를 자동화해 사용자 편의를 높입니다. 구글폼은 다양한 질문 유형을 지원하며 구글 스프레드시트와 연동되어 데이터를 효율적으로 관리할 수 있습니다. 서베이몽키는 고급 분석 기능을 제공해 기업과 기관에서 주로 사용되며, 카카오톡 설문 기능은 사용자 친화적이며 가족 모임이나 소모임 일정 조율에 적합한 간단한 설문 제작과 공유 기능을 제공합니다.

한 지방자치단체는 네이버폼으로 주민들의 문화 행사 선호도를 조사해 축제를 기획했고, 소상공인은 구글폼으로 고객 만족도를 조사해 제품 품질을 개선했습니다. 서베이몽키를 활용한 한 기업은 고객 피드백을 통해 기술적 문제를 해결하며 업무 효율성을 높였고, 카카오톡 설문은 가족 모임 일정 조율에 효과적으로 사용되고 있습니다. 이처럼 온라인 설문조사는 다양한 분야에서 폭넓게 활용되고 있습니다.

팬데믹 이후 비대면 소통이 일상화되면서 대면 설문 대신 온라인 설문이 자연스러운 대안으로 자리 잡았습니다. 기업은 고객 요구를 파악하기 위해, 공공기관은 정책 설계에 국민 의견을 반영하기 위해, 교육기관은 학습 환경을 개선하기 위해 온라인 설문조사를 적극 활용하고 있습니다. 소셜미디어와 스마트폰의 보급으로 설문 링크를 클릭하거나 QR코드를 스캔하는 간단한 방법만으로 다양한 연령대와 지역의 응답을 수집할 수 있어 활용 범위가 더욱 넓어졌습니다. 신중년이 사회적 활동이나 비즈니스를 운영하는 경우, 적절히 활용하면 시간과 비용을 절약하며 효과적인 결과를 얻을 수 있습니다. 하지만 설문조사를 성공적으로 진행하기 위해서는 몇 가지 주의할 점이 있습니다.

❶ 개인정보 보호는 기본

설문조사를 통해 개인정보를 수집하는 경우, 이를 안전하게 관리하는 것은 필수입니다. 예를 들어, 지역사회 봉사활동을 계획하며 이름과 연락처를 수집해야 한다면, '이 정보는 활동 관련 연락 외에는 사용되지 않습니다'라는 안내 문구를 명확히 포함해야 합니다. 수집한 정보는 설문 목적이 달성된 후 삭제하거나 안전한 방식으로 보관해야 신뢰를 유지할 수 있습니다.

❷ 질문은 간결하고 명확하게 작성

설문 질문이 지나치게 복잡하거나 모호하면 응답자가 혼란을 느낄 수 있습니다. '우리 제품에 대한 전반적인 생각은 무엇인가요?'처럼 포괄적인 질문보다는 '제품 품질은 만족스러웠습니까?', '배송 속도는 어땠습니까?'와 같이 구체적인 질문으로 바꿔야 더 신뢰도 높은 답변을 얻을 수 있습니다. 간단하고 직관적인 질문은 응답 완료율을 높이는 데 도움을 줍니다.

❸ 응답자 다양성 확보

설문조사의 신뢰성을 높이려면 다양한 배경의 응답자를 확보하는 것이 중요합니다. 특정 집단에만 설문을 공유하면 데이터가 편향될 수 있습니다. 동호회 활동을 설계할 때 기존 회원에게만 설문을 돌리기보다는, 온라인 커뮤니티나 지역 게시판을 통해 넓은 범위의 사람들에게 설문 링크를 공유하면 더 풍부한 의견을 수집할 수 있습니다.

❹ 설문조사는 간결하게, 10분 내외로 설계

응답자들은 시간이 오래 걸리는 설문에 참여하기를 꺼립니다. 커뮤니티 모임을 기획하며 설문을 작성할 때 '모임의 주제', '참여 가능한 시간' 등 필수적인 질문만 남기고 설문 길이를 줄이는 것이 효과적입니다. 설문은 간결하게 설계할수록 응답률이 높아지고, 중도에 포기하는 사람을 줄일 수 있습니다.

❺ 결과를 실행 가능한 결론으로 연결

설문조사의 데이터는 단순히 숫자로 남겨서는 안 됩니다. 예를 들어, 설문을 통해 많은 사람이 특정 상품의 가격에 부담을 느낀다는 점을 확인했다면, 이를 바탕으로 할인 이벤트를 기획하거나 소포장 상품을 출시하는 등의 구체적인 실행 방안을 마련해야 합니다. 데이터를 시각화해 정리하고, 이를 바탕으로 실질적인 결론을 도출하는 것이 중요합니다.

개인정보 보호, 질문의 명확성, 응답자 다양성, 설문 길이, 데이터 활용과 같은 요소를 꼼꼼히 고려하면 설문조사의 효과를 높일 수 있습니다.

C. 자주 묻는 질문(FAQ)

Q. 온라인 설문지를 만들 때 어떤 플랫폼을 사용하는 것이 좋나요?

설문지 플랫폼은 설문의 목적과 대상에 따라 선택해야 합니다. 네이버폼과 구글폼은 무료로 사용할 수 있으며, 기본적인 설문에 적합해 초보자나 일반 사용자에게 유용합니다. 반면, 응답자 수가 많거나 업무용 심층 분석 등 고급 기능이 필요한 경우, 서베이몽키(SurveyMonkey)나 타입폼(Typeform) 같은 유료 플랫폼을 활용하는 것도 하나의 방법입니다.

Q. 설문지 질문은 몇 개 정도가 적당한가요?

설문의 목적과 응답자의 시간을 고려해 10~15개의 질문으로 구성하는 것이 적절하며, 설문 시간은 5~10분 이내로 설계해야 응답률을 높일 수 있습니다. 질문은 단순하고 명확하게 작성해야 하며, 한 질문에 여러 내용을 포함하지 않도록 주의해야 합니다. 예를 들어, '최근 구매하신 A 제품에 만족하며, 재구매할 의사가 있으신가요?'와 같은 이중 질문은 응답자가 혼란을 느낄 수 있습니다. 대신, '최근 구매하신 A 제품에 만족하시나요?'와 'A 제품을 재구매할 의사가 있으신가요?'처럼 나누어 작성하면 더 명확한 응답을 받을 수 있습니다. 질문을 간결하게 나누고, 불필요한 질문을 줄이는 설계가 응답자의 부담을 줄이고 설문 참여율을 높이는 데 중요합니다.

Q. 설문을 배포할 때 가장 효과적인 방법은 무엇인가요?

설문 링크는 자주 사용하는 카카오톡, 문자 메시지, 이메일 등을 통해 배포하거나, 설문 대상자가 주로 사용하는 SNS 채널을 활용하는 것이 효과적입니다. QR코드를 제공하면 스마트폰 카메라로 손쉽게 참여하고, 오프라인 행사나 공공장소에서는 인쇄물로 참여를 유도할 수 있습니다.

Q. 설문 결과를 분석하는 데 유용한 팁이 있나요?

대부분의 설문 플랫폼은 기본적인 응답 분포 그래프와 비율을 제공합니다. 추가 분석이 필요하다면 데이터를 엑셀이나 구글 스프레드시트로 내보내 필터링, 정렬, 차트를 생성해 목표 데이터를 효과적으로 도출할 수 있습니다.

Q. 신중년을 대상으로 설문을 제작할 때 주의해야 할 점은 무엇인가요?

신중년 대상 질문은 간결하고 명확해야 합니다. 긴 문장과 전문 용어를 피하고, 구체적인 선택지를 제공하는 것이 좋습니다. 예를 들어, '평소 운동 빈도'에 대해 '주 3회 이상, 주 1~2회, 전혀 안 함'처럼 제시하면 적절합니다. 스마트폰 설문 참여를 고려해 큰 글자와 간결한 디자인을 사용하는 것도 효과적입니다.

온라인 설문조사 도구
네이버폼

❶ 개요 및 특징

네이버폼은 네이버에서 제공하는 설문 조사 및 신청서 작성 도구입니다. 별도의 기술이나 프로그램 설치 없이 네이버 계정만 있으면 사용 가능합니다. 컴퓨터나 스마트폰으로 접속해 설문지를 만들고 응답받을 수 있는 서비스입니다. 다양한 기능과 기본 양식을 통해 맞춤형 설문지를 효율적으로 구성하도록 지원합니다. 일정 관리, 참석 여부 확인, 만족도 조사 등의 설문도 간단히 제작 가능합니다. 직관적인 화면 구성과 편리한 기능으로 처음 사용하는 사람도 쉽게 설문을 제작하고 필요한 결과를 빠르게 확인할 수 있습니다.

❷ 주요 기능

① **다양한 질문 유형과 간편한 설문 제작**: 네이버폼은 객관식, 주관식, 드롭다운, 별점형 등 다양한 질문 유형을 제공해 설문 목적에 맞는 구성이 가능합니다. 개인/모임, 업무, 교육 등 템플릿을 활용하면 설문지를 빠르게 완성할 수 있고, 개인정보 수집 및 이용 동의 문항 추가로 법적 요건을 간단히 충족할 수 있어 유용합니다. 직관적인 화면 구성으로 질문 순서 조정이나 답변 필수 설정도 간편해 누구나 손쉽게 맞춤형 설문지를 만들 수 있습니다.

② **실시간 응답 확인 및 자동 통계 분석**: 설문 공유 후, 답변 결과를 실시간으로 확인할 수 있습니다. 설문 결과는 차트와 그래프로 자동 정리되어 복잡한 데이터를 따로 정리하지 않아도 한눈에 파악하고 분석하기 쉽습니다. 설문 결과 취합에 걸리는 시간과 노력을 절약하고, 의사결정을 효율적으로 내릴 수 있어 유용합니다.

③ **설문 맞춤 디자인 기능**: 글꼴, 색상, 배경 이미지 등을 변경하는 꾸미기 기능을 제공해 설문 목적과 분위기에 맞는 차별화된 설문지를 제작할 수 있습니다. 예를 들어, 동호회 모임 신청서에는 밝고 친근한 색상을 사용하거나, 고객 만족도 조사에서는 깔끔

한 배경과 세련된 글꼴을 선택해 신뢰감을 줍니다. 내용에 어울리는 디자인을 적용하면 응답자에게 신뢰감과 전문적인 인상을 주어 설문 참여율을 높이고, 정확한 결과를 얻는 데 유용합니다.

❸ 초보자를 위한 단계별 시작 방법

네이버폼에 접속하여 네이버 계정으로 로그인합니다. 로그인 후 우측 상단의 [+설문 만들기] 버튼을 클릭해 설문 작성을 시작합니다. 설문은 직접 만들거나, 객관식·주관식 등 원하는 질문 유형을 선택하거나, 개인/모임, 업무, 교육 등 템플릿을 활용해 구성 가능합니다. 설문 제목과 기간을 설정한 뒤 필요한 질문을 추가하고, 글씨체, 색상, 배경 등을 설정해 설문지 디자인을 꾸밀 수 있습니다. 완성된 설문은 [공유] 버튼을 눌러 링크를 복사한 뒤 이메일이나 메신저를 통해 배포하며, 응답 결과는 실시간으로 확인할 수 있습니다. 네이버폼 사용이 처음이라면, 네이버폼 고객센터 사이트에서 제공하는 이용 방법을 참고하세요.

고객센터에 접근하려면 네이버폼 페이지 하단의 [고객센터] 링크를 클릭하거나, 네이버 검색창에 '네이버폼 고객센터'를 입력하면 됩니다. 사이트에는 단계별 안내와 이미지가 포함된 설명이 자세히 제공되어 처음 사용하더라도 쉽게 따라 할 수 있습니다. 이 자료를 참고하면 네이버폼의 기본적인 사용 방법을 빠르게 익힐 수 있습니다.

❹ 중급·고급 활용 가이드

QR코드와 Excel 다운로드 기능을 활용하면 설문을 쉽게 배포하고 결과를 편리하게 분석할 수 있습니다. QR코드는 설문 링크를 온라인은 물론 인쇄물에서도 쉽게 공유할 수 있습니다. 예를 들어, 강의 종료 후 만족도 조사를 진행할 때 QR코드를 자료에 삽입하면 참여자들이 스마트폰으로 스캔해 즉시 설문에 응답 가능합니다. 설문지 작성 후 [공유] 버튼을 눌러 링크를 복사한 뒤, QR코드 생성 사이트에서 코드를 만들면 됩니다.

디자인과 색상도 조정할 수 있습니다. 포스터, 배너, 프레젠테이션 자료 등에 활용하면 참여율을 높일 수 있습니다. 네이버폼은 설문 결과를 차트와 그래프 형태로 시각화할 수 있으며, [결과 내려받기] 버튼을 누르면 Excel 파일로 저장할 수 있으며, 데이터를 정렬, 필터링, 통계 분석도 가능합니다. 만족도 조사 데이터를 Excel에서 분석해 평균 점수를 계산하거나 주요 의견을 정리하여 인사이트를 얻을 수 있습니다.

온라인 설문조사 도구
구글폼
(Google Forms)

❶ 개요 및 특징

구글폼(Google Forms)은 구글에서 제공하는 무료 온라인 설문 제작 도구입니다. 설문 조사, 행사 참석 여부, 의견 수집 등을 손쉽게 진행할 수 있습니다. 구글 계정만 있으면 별도의 비용 없이 이용 가능하며, 다양한 질문 유형과 사진, 동영상 삽입 기능을 지원합니다. 설문 제작 시 다른 사람과 실시간으로 협업할 수 있어 팀 단위 작업에 유용합니다. 응답 데이터는 자동 정리되며, 구글 스프레드시트와 연동하여 체계적으로 관리하고 분석할 수 있습니다.

❷ 주요 기능

① 실시간 협업 가능: 여러 사용자가 동시에 설문을 제작하거나 편집할 수 있는 실시간 협업 기능을 제공합니다. 팀원들이 각자의 의견을 즉시 반영하며 함께 작업할 수 있어, 설문 제작이 신속하고 체계적으로 진행됩니다. 별도의 파일을 주고받을 필요 없이 구글 계정을 통해 설문지를 공유하면 모두가 한 화면에서 협력할 수 있어 편리합니다.

② 구글 스프레드시트 연동: 구글폼은 설문 응답 데이터를 자동으로 구글 스프레드시트에 저장하며, 실시간으로 분석, 필터링, 정렬할 수 있습니다. 예를 들어, 직원 만족도 조사를 진행한 뒤, 스프레드시트에서 부서별로 결과를 정리하고 주요 개선점을 추출해 경영진에게 보고할 수 있습니다. 저장된 데이터는 목적이나 용도에 맞게 가공해 다양한 방식으로 활용하며, 클라우드 기반으로 언제 어디서나 데이터에 접근해 대규모 설문 작업과 정기적인 설문 관리에 유용합니다.

❸ 초보자를 위한 단계별 시작 방법

구글폼은 다양한 인터넷 브라우저에서 사용할 수 있지만, 크롬(Chrome) 브라우저를 사용하면 더 안정적이고 빠르게 작동합니다. 크롬이 설치되어 있지 않다면 Chrome

다운로드 페이지에서 간단히 설치할 수 있습니다. 구글 계정으로 로그인한 뒤 크롬에서 Google Forms에 접속합니다. 메인 화면에서 '빈 양식 [+]' 버튼을 눌러 새 설문지를 만들거나, 템플릿을 선택해 바로 시작할 수 있습니다.

설문지를 만들 때는 제목과 설명을 입력한 뒤, 원하는 질문을 추가합니다. 객관식, 주관식 외에도 표 형식의 그리드, 선형 등 다양한 질문 유형을 제공합니다. 필수 선택을 설정하거나, 섹션 추가 등 설정을 통해 세밀한 구성이 가능합니다. 설문지 오른쪽 상단에 있는 색상 팔레트 아이콘을 클릭하여 색상과 배경 이미지를 꾸밀 수 있습니다. 설문을 완성한 뒤, 상단의 눈 모양 아이콘으로 미리보기 화면을 확인해 완성도를 높일 수 있습니다. 오른쪽 상단의 [공유] 버튼을 클릭하여 다른 사람들과 협업하며, [게시] 버튼을 통해 완성된 설문지를 배포합니다. 설문 응답은 상단 메뉴의 [응답] 탭에서 확인하거나, 구글 스프레드시트로 저장하여 데이터 관리도 편리합니다.

❹ 중급·고급 활용 가이드

다양한 기능으로 정교하고 편리하게 설문을 만들 수 있습니다. 응답 조건에 따른 설문 흐름을 조절하는 기능을 활용하면, 특정 응답에 따라 다음 섹션으로 이동하거나 설문을 조기 종료할 수 있습니다. 예를 들어, 행사 참석 여부를 묻는 질문에서 "참석"을 선택하면 동반인 정보를 입력하는 섹션으로 이동하고, "불참"을 선택하면 바로 종료 가능합니다. 이렇게 하면 불필요한 질문을 줄이고, 응답자도 부담 없이 설문에 참여할 수 있습니다.

디자인도 자유롭게 꾸밀 수 있습니다. 설문지에 이미지, 색상, 배경을 추가해 분위기를 맞출 수 있습니다. 가족 모임 설문에는 행사 사진을 넣어 친근한 느낌을 더하고, 회사 설문에는 로고와 통일된 색상을 적용해 신뢰감을 높일 수 있습니다. 동영상 삽입 기능을 활용하면 교육 설문에 강의 영상이나 참고 자료를 추가해 응답자의 이해를 돕는 데 유용합니다. 이처럼 구글폼은 설문 흐름 조절, 맞춤형 디자인, 다양한 미디어 활용이 가능해 더 편리하고 효과적인 설문을 만들 수 있습니다.

Ⅲ
디지털 도구 따라잡기 ②
[역량 Level Up!]

01 생성형 AI 서비스

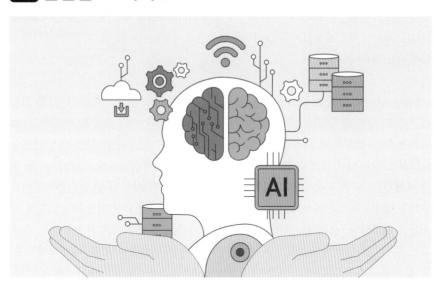

A. 생성형 AI, 똑똑한 디지털 어시스턴트

생성형 AI(Generative AI)는 방대한 데이터를 학습하고 패턴을 분석하여 텍스트, 이미지, 영상, 음악, 코드 등 다양한 콘텐츠를 생성하는 인공지능 기술입니다. 2016년, 구글 딥마인드의 바둑 AI 알파고(AlphaGo)와 이세돌 9단의 대결은 AI의 가능성을 보여줬지만, 당시 AI는 일반인이 쉽게 접하기 어려운 영역이었습니다.

시간이 지나면서 대중의 관심이 줄어들었으나, 2022년 11월 OpenAI의 ChatGPT가 등장하면서 AI는 다시금 주목받기 시작했습니다. ChatGPT는 AI 발전의 이정표가 되었습니다. 마치 코딩을 배우지 않아도 인터넷을 쉽게 사용할 수 있듯이, 이제 복잡한 기술적 지식 없이도 누구나 AI를 활용할 수 있게 되었습니다. 출시 5일 만에 100만 명의 사용자를 확보한 ChatGPT는 넷플릭스(3.5년), 인스타그램(2.5개월)보다 훨씬 빠르게 확산되었으며, AI가 대중의 일상에 깊숙이 자리 잡을 가능성을 보여주었습니다.

한국지능정보사회진흥원에서 발간한 『생성형 AI 윤리 가이드북』에 따르면, 생성형 AI는 텍스트(ChatGPT, Bard, Bing, 뤼튼, AskUp 등), 이미지(DALL·E 2, Midjourney, StableDiffusion 등), 영상(D-ID, VCAT, Runway, InVideo 등), 음성(클로바더빙, AI보이스 스튜디오, Typecast.VoxBox 등), 글쓰기(Notion Al, Magic Write 등), 프로그래밍(GitHub Copilot, Tabnine 등) 등 다양한 분야에서 활용되고 있습니다.

생성형 AI는 정보를 제공하는 수준을 넘어, 다양한 작업을 도와주는 '디지털 어시스턴트'로 자리 잡고 있습니다. 직장인은 AI를 활용해 이메일 초안을 작성하고, 회의록을 자동 정리하며, 프레젠테이션 자료를 생성할 수 있습니다. AI가 핵심 내용을 요약하고 논리적인 구조를 잡아주면서 업무 효율성이 향상됩니다. 학생은 AI를 통해 복잡한 수학 문제 풀이를 단계별로 설명받거나, 영어 작문을 연습하면서 문법과 표현을 교정할 수 있습니다. AI 기반 튜터는 실시간 질의응답을 제공하며 맞춤형 학습을 지원합니다. 창작자는 AI의 도움을 받아 유튜브 영상 편집을 자동화하고, 소설가가 줄거리를 입력하면 AI가 다양한 버전의 초안을 생성합니다. 음악 제작자도 AI를 활용해 원하는 분위기의 배경 음악을 만들 수 있으며, 패션 디자이너는 AI의 트렌드 분석을 바탕으로 컬렉션을 구상합니다.

기업은 생성형 AI를 적극적으로 도입하며 생산성을 극대화하고 있습니다. 고객 서비스 센터에서는 AI 챗봇이 24시간 문의를 응대하며, 마케팅 부서는 AI를 활용해 맞춤형 광고 문구와 콘텐츠를 제작합니다. 법률, 의료 분야에서도 AI는 중요한 역할을 하고 있습니다. 변호사는 방대한 법률 문서를 AI를 통해 빠르게 검토하고, 의사

는 AI 분석을 통해 보다 정밀한 진단과 치료 계획을 세울 수 있습니다. 이처럼 생성형 AI는 단순한 자동화 기술을 넘어, 개인과 산업의 혁신을 주도하고 있습니다.

전문가들은 생성형 AI 시장이 향후 몇 년간 급격히 성장할 것으로 전망하고 있습니다. 현재 수십조 원 규모에 이르는 이 시장은 2027년까지 전 세계적으로 약 186조 원(1,430억 달러) 규모로 확대될 전망이며, 아시아·태평양 지역은 2030년까지 5배 성장해 글로벌 AI 산업에서 더욱 중요한 위치를 차지할 것으로 보입니다. AI 기술이 대중화되는 지금, 우리는 이 흐름을 어떻게 받아들이고 활용할 것인지 고민해야 할 시점입니다.

B. 인생 2막, 생성형 AI와 함께 더 스마트하게

생성형 AI는 신중년 세대에게도 중요한 기회를 제공합니다. 새로운 커리어를 개척하거나 창업을 준비하는 경우, 혹은 사회공헌 활동을 통해 경험과 지식을 나누고자 할 때 AI는 유용합니다. 재취업을 준비하는 신중년은 일자리 정보를 찾고, 실무에서 필요한 보고서 초안을 만들거나 데이터를 정리하는 데 AI의 도움을 받을 수 있습니다. 창업을 계획하는 경우, AI를 활용한 마케팅 자동화, 고객 응대, 제품 홍보 콘텐츠 제작 등을 통해 더욱 효율적인 사업 운영이 가능합니다.

기술이 익숙한 사람들은 AI 도구를 직접 다뤄보며 빠르게 익힐 수 있지만, AI가 낯선 사람들에게는 어디서부터 시작해야 할지 막막할 수 있습니다. 처음에는 작은 작업부터 시작하고, AI의 기능을 하나씩 익히면서 활용 범위를 점진적으로 넓혀가는 것이 좋습니다.

현재 정부와 지자체, 공공기관에서는 신중년과 노년층을 대상으로 한 AI 교육 프로그램을 적극적으로 확대하고 있습니다. 도서관, 평생교육원, 종합복지관 등에서 AI 활용 문서 작성, 이미지 생성, 영상 편집 등 실용적인 교육 과정을 개설해 신중년이 쉽게 AI를 익히고 실무에 적용할 수 있도록 돕고 있습니다. 그뿐만 아니라, 많은 신중년이 AI 강사로 활동하며 새로운 직업 기회를 찾고 있습니다. AI 교육 프로그램을 통해 배운 내용을 바탕으로 신중년 대상 AI 강좌를 운영하거나, AI를 활용한 기사 작성, 콘텐츠 제작 교육을 받으며 미디어 및 창작 분야에서 새로운 가능성을 탐색하는 사례도 늘고 있습니다. AI는 점점 더 정교한 결과물을 만들어내며, 학습을 거듭할수록 완성도가 높아지고 있습니다.

C. 생성형 AI 사용 시 유의사항

생성형 AI는 신중년이 새로운 기술을 익히고, 업무 생산성을 높이며, 창의적인 활동을 하는 데 강력한 도구입니다. 하지만 AI의 활용에는 신중한 접근이 필요합니다. 생성형 AI는 방대한 데이터를 학습해 답변을 제공하지만, 그 내용이 항상 정확하거나 신뢰할 수 있는 것은 아닙니다. 예를 들어, 경제 전망을 묻는 질문에 AI가 잘못된 통계를 인용하거나 신뢰할 수 없는 출처를 기반으로 답변할 가능성이 있습니다. 신중년이 AI를 활용해 정보를 얻을 때는 AI의 답변을 그대로 받아들이기보다 공신력 있는 자료와 전문가의 의견을 함께 검토하는 것이 중요합니다. 특히, 건강, 금융, 법률 관련 정보는 반드시 추가 검증이 필요하며, AI는 참고 자료로 활용하되 최종 판단은 신중하게 내려야 합니다.

AI는 기존의 데이터를 학습하여 새로운 콘텐츠를 생성하기 때문에 저작권 문제를 유발할 가능성이 있습니다. 예를 들어, AI가 생성한 그림이 유명 화가의 스타일을 그대로 모방하거나, 기존 콘텐츠를 변형한 것일 수도 있습니다. 신중년이 AI를 활용해 블로그 글쓰기, 디자인, 영상 제작 등을 할 때는 상업적 사용이 가능한지 확인하고, 공정 사용 규정을 준수해야 합니다. AI가 생성한 콘텐츠를 활용할 때는 반드시 저작권 여부를 확인하고, 창작자로서 윤리적인 책임을 고려해야 합니다. AI의 결과물이 단순한 자동 생성물이 아니라, 사용자의 개성과 창의성을 반영한 결과물이 되도록 조정하는 것도 중요합니다.

AI를 사용할 때 개인 정보 보호에 대한 경각심을 가져야 합니다. AI 서비스에 이름, 주소, 금융 정보, 민감한 비즈니스 데이터를 입력하는 것은 보안 문제를 초래할 수 있습니다. 일부 AI 서비스는 입력된 데이터를 학습에 활용할 수도 있기 때문에, 중요한 정보를 입력하지 않는 것이 원칙입니다. 신중년이 AI를 활용할 때는 신뢰할 수 있는 서비스만 사용하고, 개인정보 보호 정책을 꼼꼼히 확인해야 합니다. 특히, 무료 AI 서비스는 데이터 보안이 취약할 가능성이 높으므로, 사용 시 주의가 필요합니다.

AI는 강력한 도구이지만, 지나치게 의존하면 인간의 창의성과 사고력이 저하될 수 있습니다. 예를 들어, AI가 자동으로 글을 작성해 준다고 해서 모든 문서를 AI에게 맡기면 글의 개성과 논리성이 부족해질 수 있습니다. 신중년이 AI를 활용할 때는 AI가 제공하는 내용을 참고하되, 최종적인 수정과 검토는 스스로 해야 합니다. 또한,

AI를 학습 도구로 활용하면서도 비판적 사고를 유지하는 것이 중요합니다. AI 기술이 빠르게 발전하면서, 이를 다룰 수 있는 사람과 그렇지 않은 사람 간의 격차가 점점 커지고 있습니다. 신중년이 AI를 효과적으로 활용하기 위해서는 무료 또는 저비용 AI 툴을 적극적으로 탐색하고, 관련 교육 프로그램에 참여해 지속적으로 학습해야 합니다. 도서관, 평생교육원, 복지관 등에서는 AI 활용 교육이 이루어지고 있으며, 이러한 기회를 적극 활용하면 AI에 대한 이해도를 높이고 실무 적용 능력을 강화할 수 있습니다.

 생성형 AI는 신중년이 보다 효율적이고 창의적인 방식으로 일하고 배우며 소통할 수 있도록 돕는 도구입니다. 하지만 이를 제대로 활용하려면 정보 검증, 저작권 준수, 개인정보 보호, AI 의존성 문제를 신중하게 고려해야 합니다. 또한, 지속적인 학습과 기술 습득을 통해 AI 활용 역량을 키워야 합니다. AI는 단순한 자동화 도구가 아닙니다. 배움을 돕고, 새로운 기회를 만들어주며, 보다 풍요로운 삶을 지원하는 파트너입니다. 생성형 AI가 가져다주는 변화를 열린 마음으로 받아들이고, 한 걸음씩 나아가세요. 지금이 바로, 새로운 도전을 시작할 때입니다.

D. 자주 묻는 질문(FAQ)

Q. 생성형 AI는 정말로 믿을 수 있나요?
생성형 AI는 많은 정보를 바탕으로 답변을 생성하지만, 항상 정확하거나 최신 정보는 아닐 수 있어요. 예를 들어, 통계나 복잡한 정보는 잘못될 가능성이 있습니다.

Q 생성형 AI는 기술을 잘 모르는 사람도 사용할 수 있나요?
누구나 쉽게 사용할 수 있습니다! 복잡한 코딩이나 지식 없이도 텍스트만 입력하면 결과를 얻을 수 있어요. 예를 들어, "제주도 여행 일정 추천해 줘"라고 입력하면 AI가 바로 일정과 맛집을 추천해 줍니다.

Q. 생성형 AI로 만든 콘텐츠를 자유롭게 사용해도 되나요?
대부분의 경우 문제없이 사용할 수 있지만, 상업적인 목적이라면 주의가 필요해요. AI가 만든 콘텐츠가 다른 창작물과 유사할 수 있기 때문이죠.

Q. 생성형 AI는 어떤 상황에서 가장 유용한가요?

생성형 AI는 시간 절약과 창의력 향상에 특히 유용합니다. 글쓰기 작업에서는 이메일 초안, 보고서 작성, 블로그 콘텐츠 제작에 활용할 수 있으며, 디자인에서는 초대장이나 로고 제작 같은 창작 작업을 지원합니다. 또한, 여행 준비 시 여행 일정을 추천하거나 짐 목록을 작성해 주는 데 도움을 주고, 마케팅 슬로건이나 창작 아이디어를 발굴하는 데도 유용합니다.

Q. 생성형 AI를 사용할 때 꼭 주의해야 할 점은요?

생성형 AI는 도구일 뿐, 최종 판단은 사용자가 해야 합니다. AI가 제공한 정보는 반드시 검증하고, 개인정보 입력을 피하며, 생성된 콘텐츠의 저작권 문제를 확인해야 합니다. AI는 보조 역할을 한다는 점을 기억하고, 최종 결과물의 품질은 사용자의 검토와 판단에 달려 있다는 점을 유의해야 합니다.

생성형 AI 서비스
ChatGPT

❶ 개요 및 특징

OpenAI가 발표한 ChatGPT는 GPT 기술을 기반으로 설계된 AI 도구로, 자연스러운 대화와 다양한 작업 지원에 최적화되었습니다. 대화형 인터페이스를 통해 사용자와 소통하며, 정보 제공, 문제 해결, 창의적 아이디어 제안 등 폭넓은 활용이 가능합니다. 고객 지원, 콘텐츠 생성, 언어 학습, 코드 작성 및 디버깅, 브레인스토밍 등 다양한 분야에서 유용합니다. 텍스트 생성, 번역, 요약, 창작 지원 등 알찬 기능을 제공합니다. 또한, 다국어 지원과 API 통합으로 비즈니스와 일상에서 쉽게 확장 가능합니다. OpenAI는 지속적인 업데이트와 사용자 피드백을 통해 성능을 개선하고 있습니다. ChatGPT는 디지털화와 자동화 시대에 기업과 개인 모두에게 필수 도구로 자리 잡고 있습니다.

❷ 주요 기능

① **문서 작성 지원**: 보고서, 이메일, 블로그 글 등을 쉽게 작성할 수 있도록 도와줍니다. 문장을 더 자연스럽게 다듬고, 맞춤법과 문법을 교정해 깔끔한 문서를 만들 수 있습니다. 문서 작업의 효율을 높여 창의적인 글쓰기에도 활용 가능합니다.

② **정보 검색 및 요약**: 궁금한 내용을 질문하면 ChatGPT가 쉽고 이해하기 편하게 설명합니다. 긴 문서를 빠르게 요약해 핵심 내용을 한눈에 파악할 수 있도록 도와주며, 복잡한 정보를 정리하고 활용하는 데 유용합니다.

③ **외국어 학습 및 번역 지원**: 영어, 일본어, 중국어 등 다양한 언어를 번역해 주고, 외국어 문장을 쉽게 이해할 수 있도록 도와줍니다. 국제 뉴스를 읽거나, 여행 준비를 하거나, 새로운 언어를 배우는 데 활용할 수 있습니다.

④ **디지털 활용 및 기술 지원**: 컴퓨터나 스마트폰 사용이 어려운 신중년도 ChatGPT를 통해 엑셀, 워드, PPT 같은 프로그램 사용법을 쉽게 배울 수 있습니다. 전자기기 설정 방법, 금융·행정 서비스 이용법 등 실생활에서 필요한 IT 정보를 빠르게 찾아 도움을 받을 수 있습니다.

❸ 초보자를 위한 단계별 시작 방법

OpenAI 공식 웹사이트에 접속합니다. 기존 계정이 있다면 바로 로그인하고 계정이 없다면 이메일, 구글, 애플 계정을 사용해 간편하게 가입할 수 있습니다. 로그인하면 기본 화면이 나타납니다. 화면 아래 텍스트 입력창이 있으며, 여기에 질문을 입력하면 ChatGPT가 답변을 제공합니다. ChatGPT는 일상 대화는 물론 문서 작성, 번역, 코드 작성, 아이디어 정리 등 다양한 작업을 도와줍니다. ChatGPT는 무료 버전과 유료 버전이 있습니다. 무료 사용자는 GPT-3.5 모델을 사용하며, 유료로 구독하면 더 빠르고 우수한 GPT-4 모델을 이용할 수 있습니다.

❹ 중급 및 고급 활용법

① **자동화 워크플로우**: ChatGPT의 API를 활용해 고객 지원, 데이터 분석, 문서 생성 등 반복 작업을 자동화하여 생산성을 높이고 운영 효율성을 높일 수 있습니다.

② **맞춤형 모델**: 특정 도메인이나 사용 목적에 맞게 ChatGPT를 커스터마이징하여 전문성 있는 응답을 생성하며 교육, 연구, 기술 지원 등 다양한 분야에 적용 가능합니다.

③ **창의적 협업**: 브레인스토밍, 아이디어 확장, 콘텐츠 콘셉트 개발 등 창의적 작업 과정에서 ChatGPT를 협업 도구로 활용해 새로운 시각과 효율적인 해결책을 찾을 수 있습니다.

④ **GPT 탐색 기능**: GPT 탐색 기능은 사용자가 코딩, 비즈니스, 디자인, 학습, 번역 등

특정 분야에 특화된 GPT 모델을 선택해 활용할 수 있는 기능입니다. 이를 통해 더 정밀한 답변과 실용적인 조언을 받아 업무 효율과 창의적 작업을 향상시킬 수 있습니다. 자주 사용하는 GPT는 즐겨찾기에 추가해 빠르게 접근 가능합니다.

생성형 AI 서비스
뤼튼(Wrtn)

❶ 개요 및 특징

뤼튼(Wrtn)은 AI 기술을 활용한 글쓰기 및 콘텐츠 제작 도구로, 다양한 형식의 글 초안을 생성하고 문법 및 문장 구조를 개선해 글의 가독성과 전문성을 높입니다. 텍스트 기반 이미지 생성, AI 캐릭터 제작, 실시간 정보 검색 및 분석 기능을 통해 창의적인 콘텐츠 제작을 지원합니다. 사용자의 글쓰기 스타일을 학습해 맞춤형 서비스를 제공하며, 실시간 문서 공유와 협업 기능도 갖췄습니다. 텍스트, 이미지, 음성을 아우르는 멀티모달 데이터 처리로 효율성을 극대화합니다.

❷ 주요 기능

① **AI 기반 글쓰기 도우미**: 뤼튼은 블로그, 기사 초안, 발표 대본, 카피라이팅 등 다양한 콘텐츠 생성에 특화되어 있습니다. 특히 블로그 포스트는 독자에게 유익한 정보를 제공하며, 기사 초안은 신뢰성 있는 정보를 바탕으로 작성됩니다. 소셜 미디어 콘텐츠, 뉴스레터, 리뷰, 가이드 및 스크립트 작성까지 다양한 분야에서 맞춤형 솔루션을 제공합니다. 이를 통해 사용자는 글쓰기 시간을 단축하고 창의적인 아이디어에 집중할 수 있습니다.

② **문서 개선 및 개인화된 피드백**: 문법, 문장 구조, 표현의 적절성을 분석하여 글의 가독성과 전문성을 향상시킵니다. 개인의 글쓰기 스타일을 학습해 실시간으로 맞춤형 피드백을 제공하며, 글쓰기의 질을 지속적으로 개선할 수 있도록 지원합니다.

③ **AI 이미지 생성 및 캐릭터 제작**: 텍스트 기반의 이미지 생성 기능을 통해 블로그, 프

레젠테이션, 마케팅 자료 등에서 활용하는 시각적 콘텐츠를 제작할 수 있습니다. 또한, AI 캐릭터 제작 기능으로 대화형 콘텐츠나 고객 응대용 캐릭터를 쉽게 생성할 수 있습니다.

④ **실시간 정보 검색 및 분석:** 검색 증강 생성(RAG) 기술을 활용해 최신 정보를 검색하고 실시간으로 분석하여 신뢰도 높은 답변을 제공합니다. 콘텐츠의 정확성과 품질을 보장하며, 복잡한 주제도 효과적으로 다룰 수 있습니다.

⑤ **개인화된 작업 환경 및 협업 지원:** 사용자 선호도를 학습하여 개인화된 글쓰기 환경을 제공하며, 실시간 문서 공유와 협업 기능을 통해 팀원들과 효과적으로 작업할 수 있습니다. 재취업 준비, 포트폴리오 제작, 사업계획서 작성 등 다양한 문서 작업에서 생산성을 크게 높입니다.

❸ **초보자를 위한 단계별 시작 방법**

공식 웹사이트(wrtn.io)에 접속합니다. 계정이 없다면 이메일, 구글, 네이버, 카카오 계정을 이용해 간편하게 가입합니다. 로그인 후에는 사용자 맞춤형 환경을 설정할 수 있습니다. 관심 있는 콘텐츠 유형을 선택하거나, 주로 작성할 글의 스타일을 지정하면 뤼튼이 더욱 적합한 글쓰기 지원을 제공합니다. 블로그 글, 보고서, SNS 콘텐츠 등 다양한 글쓰기 유형을 지원하며, 키워드나 주제를 입력하면 AI가 자동으로 문장을 생성해 줍니다. 초안을 만든 후에는 문장 다듬기, 문법 수정, 스타일 변경 기능을 활용해 글을 자연스럽게 수정할 수 있습니다.

❹ **중급 및 고급 활용 가이드**

① **글쓰기 효율성 극대화:** 세분화된 템플릿과 정교한 프롬프트 최적화를 통해 콘텐츠의 목적과 타깃에 부합하는 초안을 신속히 생성합니다. AI 기반 피드백 루프를 활용하여 문법적 정확성, 문장 구조, 표현력을 체계적으로 개선함으로써 텍스트의 완성도를 한층 높여줍니다.

② **시각적 데이터 통합 및 신뢰성 제고:** AI 이미지 생성 기능과 멀티모달 입력 방식을 적용하여 텍스트와 시각 자료를 유기적으로 결합, 정보 전달의 효율성을 극대화합니다. 실시간 정보 검색 기능을 활용해 최신 데이터를 통합하여 콘텐츠의 사실성을 보장하고 신뢰도를 높입니다.

③ **전략적 콘텐츠 제작 및 최적화:** SEO(search engine optimization) 최적화 알고리즘을 통해 검색 엔진 친화적인 텍스트를 제작, 온라인 가시성을 극대화합니다. AI 스토리텔링을 활용해 창의적인 플롯 및 서사를 설계하고, 데이터 기반 보고서 생성으로

전문성과 깊이를 갖춘 문서를 작성할 수 있습니다. 프롬프트 허브를 통해 고급 프롬프트를 저장 및 재활용하여 워크플로의 효율성과 콘텐츠 품질을 지속적으로 향상시킵니다.

생성형 AI 서비스
소라(SORA)

❶ 개요 및 특징
소라(SORA)는 OpenAI에서 개발한 최첨단 생성형 AI 기반 동영상 제작 모델로, 텍스트 입력만으로 사실적인 고품질 동영상을 자동 생성하는 기술을 제공합니다. 기존의 AI 기반 영상 생성 기술은 몇 초짜리 짧은 클립을 만드는 데 그쳤지만, 소라는 60초 이상의 긴 영상도 자연스럽게 제작하며, 장면 전환, 카메라 움직임, 조명, 질감, 물리적 상호작용까지 정교하게 표현하는 것이 특징입니다. AI의 강력한 연산 능력을 활용해 별도의 편집 과정 없이도 자연스럽고 몰입감 있는 영상을 생성할 수 있도록 지원합니다.

❷ 주요 기능
① 텍스트만 입력하면 자동으로 동영상 생성: SORA는 문장을 입력하는 것만으로도 동영상을 만들어줍니다. 사용자가 원하는 장면을 설명하면 AI가 이를 해석해 배경, 인물, 사물, 조명, 카메라 움직임 등을 자동으로 적용하여 완성도 높은 영상을 제작합니다. 별도의 편집 없이도 쉽고 빠르게 영상을 만들 수 있습니다.

② 현실감 있는 영상과 자연스러운 움직임: 단순한 이미지 애니메이션이 아니라, 현실과 비슷한 영상 표현이 가능합니다. 예를 들어, 바람에 흔들리는 옷, 그림자의 변화, 물건과 사람의 자연스러운 움직임까지도 AI가 이해하고 적용합니다. 덕분에 더욱 생동감 있는 영상 제작이 가능합니다.

③ 긴 영상과 부드러운 장면 전환 지원: 기존 AI 영상 모델은 몇 초짜리 짧은 영상만 만들 수 있었지만, SORA는 60초 이상의 긴 영상도 자연스럽게 제작할 수 있습니다. 장면이 단순히 반복되는 것이 아니라, 스토리 흐름에 맞게 장면이 바뀌고 카메라 앵글이 조정되어 더욱 몰입감 있는 영상이 완성됩니다.

④ 다양한 스타일로 창의적인 영상 제작: SORA는 실사 같은 영상분만 아니라 애니메이션, CG 그래픽, 영화 같은 연출도 가능합니다. 사용자의 요청에 따라 감성적인 장면, 판타지 배경, SF 영상 등 다양한 스타일의 콘텐츠를 만들 수 있어 광고, 영화, 교육, 게임 등 여러 분야에서 활용할 수 있습니다.

❸ 초보자를 위한 단계별 시작 방법

SORA 공식 웹사이트(openai.com/sora)에 접속해 기능과 활용 예제를 확인합니다. 사용하려면 계정을 생성해야 하며, 이메일, 구글, 애플 계정을 통해 간편하게 가입할 수 있습니다. 기존 OpenAI 계정이 있다면 바로 로그인 가능합니다. 로그인 후에는 언어 설정, 사용 목적, 관심 분야 등을 선택하는 초기 설정을 진행합니다. 이 단계에서 설정한 프로필은 SORA가 맞춤형 결과물을 제공하는 데 활용됩니다. 초기 설정이 완료되면, SORA의 대시보드에서 텍스트 입력 창을 이용해 동영상 제작을 시작할 수 있습니다. 원하는 장면이나 내용을 간단히 입력하면 SORA가 이를 분석해 동영상을 생성합니다. 생성된 동영상은 즉시 미리보기로 확인 가능하며, 필요에 따라 텍스트를 수정하거나 추가 피드백을 제공해 결과물을 개선할 수 있습니다. 최종적으로 생성된 동영상을 다운로드하거나, 링크로 공유할 수 있습니다.

❹ 중급 및 고급 활용법

SORA를 활용해 더 완성도 높은 영상을 만들기 위해서는 프롬프트를 구체적으로 작성하는 것이 중요합니다. 예를 들어, "공원에서 산책하는 장면"보다는 "가을 낙엽이 흩날리는 공원에서 강아지를 데리고 산책하는 모습"처럼 세부적인 요소를 추가하면 더 생동감 있는 영상이 만들어집니다. 원하는 영상 스타일과 분위기를 명확하게 지정하면 더 정밀한 결과를 얻을 수 있습니다.

영화 같은 시네마틱 한 느낌, 애니메이션 풍, 다큐멘터리 스타일 등 다양한 연출을 적용하며, 조명, 카메라 앵글까지 세밀하게 조정 가능합니다. 한 가지 장면만 만들기보다는 여러 개의 프롬프트를 조합해 연속된 장면을 구성하면 자연스러운 흐름을 가진 영상을 제작할 수 있습니다. 여기에 영상 편집 프로그램과 결합하면 더욱 창의적인 콘텐츠가 완성됩니다.

▣ 오피스 프로그램

A. 디지털 시대, 여전히 중요한 문서 작성 능력

디지털 기술의 발전과 함께 업무 환경은 빠르게 변화하고 있습니다. 과거에는 종이 문서를 작성하고 인쇄하는 것이 일반적이었지만, 이제는 대부분의 기업에서 전자 문서로 업무를 처리하고 있습니다. 회의 자료, 보고서, 계약서 등 거의 모든 문서가 온라인을 통해 작성되고 공유됩니다. 이러한 변화 속에서 MS 오피스(Word, Excel, PowerPoint)와 같은 문서 작성 도구를 능숙하게 다룰 수 있는 능력은 여전히 중요한 경쟁력으로 평가받고 있습니다.

일자리 시장에서도 이러한 경향은 뚜렷하게 나타납니다. 채용 공고를 살펴보면 'MS 오피스 활용 가능자 우대'라는 문구를 흔히 볼 수 있습니다. 이는 단순한 문서 작성뿐만 아니라 데이터 분석(엑셀), 프레젠테이션(파워포인트), 보고서 작성(워드) 등 실무에서 요구되는 다양한 작업을 수행할 수 있는 능력을 의미합니다. 청년층은 이러한 기술을 비교적 쉽게 익히지만, 신중년은 이를 어려워하는 경우가 많습니다.

수십 년 직장 경력이 있는 신중년은 실무적인 문서 작성을 직접 하지 않고, 부하 직원에게 지시하는 역할을 맡는 경우가 많았습니다. 그러나 신중년이 정년퇴직 후 재취업을 하거나, 규모가 작은 기업으로 이직하면 직접 문서를 작성해야 하는 상황이 자주 생깁니다. 이때 문서 작성 능력이 부족하면 업무 수행이 어려워지고, 취업 기회 자체가 줄어들 수밖에 없습니다. 창업을 준비하는 경우에도 문서 작성 능력은 필수적입니다.

정부 지원금을 받기 위해서는 사업계획서를 제출해야 하고, 이를 위해 다양한 신청서를 직접 작성해야 합니다. 현재 대부분의 행정 절차가 온라인을 통해 이루어지기 때문에 기본적인 컴퓨터 활용 능력이 없다면 창업을 준비하는 과정에서도 많은 어려움을 겪게 됩니다. 구직 활동에서도 마찬가지입니다. 이력서를 작성하고 자기소개서를 제출하는 과정은 물론, 온라인 면접을 준비하는 일까지 대부분 디지털 환경에서 이루어집니다. 게다가 직무 교육이나 재취업을 위한 프로그램 신청 역시 온라인으로 진행되는 경우가 많습니다. 문서 작성 능력이 부족하면 취업 준비조차 원활하게 할 수 없는 시대입니다.

최근 생성형 AI 기술이 급속도로 발전하면서 문서 작성이 필요하지 않을 것이라는 전망도 나오고 있습니다. 실제로 ChatGPT, MS Copilot과 같은 AI 도구들은 문서를 자동으로 생성해 주며, 사용자는 이를 수정하는 역할만 하면 되는 시대가 열리고 있습니다. 그러나 AI가 문서 작성을 완전히 대체할 수 있는 범위는 아직 제한적입니다. 기업에서 요구하는 문서는 단순한 텍스트가 아니라, 데이터를 정리하고 논리적인 흐름을 구성해야 하는 경우가 많습니다. AI가 초안을 작성해 줄 수는 있지만, 이를 최적화하고 기업의 요구에 맞춰 편집하는 것은 여전히 사람의 역할입니다. 엑셀을 활용한 데이터 정리와 분석, 특정한 형식과 양식이 요구되는 문서 작성은 AI만으로 해결하기 어렵습니다.

AI가 제공하는 문서를 검토하고 수정하는 능력도 중요합니다. AI가 만들어 낸 결과물이 완벽하지 않기 때문에 오류를 찾고, 논리적으로 수정하는 과정이 필요합니다. 기본적인 문서 작성 능력이 없다면 AI가 제공하는 결과물을 제대로 활용할 수 없는 문제가 생깁니다. 이러한 문서 작성 능력은 여전히 필수적인 업무 스킬입니다.

B. 오피스 프로그램, 신중년의 든든한 업무 파트너

문서를 전략적으로 작성하고, 데이터를 효과적으로 정리하며, 발표 자료를 설득력 있게 구성하는 능력은 여전히 기업에서 환영받는 역량입니다. 그렇다면 신중년이 오피스를 어떻게 활용하면 좋을까요? 실무에서 가장 많이 쓰이는 워드, 엑셀, 파워포인트를 중심으로 살펴보겠습니다.

❶ 워드를 활용한 정리된 문서 만들기

신중년이 직장에서 가장 많이 접하게 되는 프로그램 중 하나가 MS 워드입니다. 단순한 문서 작성 도구가 아니라, 보고서나 기획안을 깔끔하게 정리하는 데 필수 프로그램입니다. 예를 들어 기업에서 자문을 하거나 컨설팅을 하면, 제안서나 보고서를 제출할 일이 많습니다. 이때 문서를 체계적으로 작성하기 위해서는 목차 기능을 활용해 가독성을 높이고, 스타일 서식을 적용해 문서를 일관되게 구성하는 것이 중요합니다. 주석 기능을 활용하면 팀원들과 협업할 때도 의견을 주고받기가 수월합니다. 또한, 재취업을 준비하는 과정에서도 워드는 필수적입니다. 이력서나 자기소개서를 직접 작성해야 하고, 면접 후에도 감사를 표하는 이메일을 정리할 때 도움이 됩니다. 작은 차이지만, 잘 정리된 문서는 신뢰를 주고, 전문성을 높여줍니다.

❷ 엑셀을 활용한 업무 효율화

엑셀 활용은 데이터를 체계적으로 정리하고, 분석하는 데 필수입니다. 신중년이 오랜 경력 동안 쌓아온 경험과 숫자를 연결할 수 있도록 도와주는 도구입니다. 회계나 재무 관련 업무를 쌓았다면, 예산 계획을 세우거나 매출 데이터를 분석하는 데 엑셀이 유용합니다. 피벗 테이블을 활용하면 복잡한 데이터도 간단하게 요약하고, 차트를 활용하면 한눈에 보기 좋은 형태로 정리할 수 있습니다. 예를 들어, 창업을 준비하는 경우를 생각해 보겠습니다. 초기 비용을 계획하고, 예상 매출을 계산하는 과정에서 엑셀을 활용하면 체계적으로 정리 가능합니다. 정리된 데이터가 있으면 투자자나 협력사와의 미팅에서도 신뢰를 얻을 수 있습니다. 엑셀은 다소 어렵지만, 기본적인 함수와 표 정리 기능만 익혀도 업무 효율이 크게 올라갑니다. 직접 써보면서 익히는 것이 가장 좋은 학습법입니다.

❸ 파워포인트를 활용한 설득력 있는 자료 만들기

파워포인트는 상대를 설득하고, 정보를 효과적으로 전달하는 중요한 수단입니다. 강의를 하거나, 사업을 소개하거나, 회사에서 회의할 때 파워포인트를 주로 활용합니다. 교육을 하고 싶다면, 강의 내용을 효과적으로 전달하도록 슬라이드를 구성해야 합니다. 이미지나 도표를 적절하게 활용하면 학습 효과가 높아집니다. 사업을 준비한다면 투자자나 고객을 대상으로 발표할 기회가 있습니다. 이때 슬라이드 한 장에 너무 많은 정보를 넣기보다는, 핵심 내용을 강조하고, 직관적으로 이해할 수 있도록 정리하는 것이 중요합니다. 파워포인트를 잘 활용하면 단순한 자료가 아닌, 설득력 있는 이야기로 내용을 구성할 수 있습니다. 애니메이션이나 디자인 요소를 과하게 넣기보다는, 발표의 흐름을 고려해 정리하는 것이 핵심입니다.

❹ 비즈니스 문서를 완성하는 기술

직장에서는 단순히 문서를 작성하는 것뿐만 아니라, 프로젝트를 관리하는 능력도 중요합니다. 특히 팀을 이끌거나 일정 조율을 해야 하는 경우, 엑셀과 워드, 파워포인트를 조합해 활용하면 업무 효율이 높아집니다. 예를 들어, 프로젝트를 진행할 때 엑셀을 활용해 업무 일정과 진행 상황을 정리할 수 있습니다. 팀원별 역할을 나누고, 마감 기한을 설정하면 체계적인 관리가 가능합니다. 프로젝트 결과를 보고할 때는 워드를 활용해 보고서를 작성하고, 필요할 경우 파워포인트로 요약하여 발표하면 효과적입니다. 퇴직 후 창업을 하거나 프리랜서로 활동할 때도 오피스 프로그램은 유용합니다. 사업을 운영하려면 제안서를 작성하고, 매출 데이터를 정리하며, 발표 자료를 만드는 일이

많습니다. 창업을 준비하는 경우 워드를 활용해 사업계획서를 작성하고, 엑셀을 활용해 예상 수익과 비용을 정리하며, 파워포인트를 활용해 투자자 프레젠테이션을 준비하는 방식으로 활용할 수 있습니다.

AI가 발전하면서 자동으로 문서를 만들어 주는 시대가 되었지만, 여전히 문서를 정리하고 다듬는 것은 사람의 역할입니다. 단순히 프로그램을 다룰 줄 아는 것이 아니라, 어떤 문서를 어떻게 작성해야 효과적인지 아는 것이 중요합니다. 신중년이 오피스를 잘 활용하면 자신의 경험과 경력을 더 가치 있게 만들 수 있습니다.

[다양한 오피스 프로그램의 종류와 활용 사례]

구분	주요 프로그램	활용 사례	특징
문서작성	Microsoft Word	보고서, 편지, 계약서 작성	텍스트 편집, 템플릿 제공, 문법 및 맞춤법 검사
	Google Docs	실시간 협업 문서 작성, 블로그 초안 작성, 팀 회의록 작성	클라우드 기반, 여러 사용자 동시 편집, 댓글 및 제안 기능
	LibreOffice Writer	기본적인 문서 작성 및 편집	무료 오픈소스 소프트웨어, 다양한 파일 형식 지원
스프레드시트	Microsoft Excel	데이터 분석, 회계 관리, 예산 관리	강력한 함수 및 피벗 테이블 지원, 매크로 및 VBA 기능
	Google Sheets	실시간 데이터 관리, 프로젝트 예산 관리	클라우드 기반, 여러 사용자 동시 작업 가능, 외부 플러그인 지원
	LibreOffice Calc	소규모 데이터 분석, 간단한 재고 관리	무료 사용 가능, 기본적인 데이터 처리 기능
프레젠테이션	Microsoft PowerPoint	기업 발표, 교육용 슬라이드, 세일즈 피치 자료	다양한 템플릿, 애니메이션 효과, 그래픽 요소 지원
	Google Slides	원격 발표, 팀 브레인스토밍 자료	실시간 협업 가능, 웹 기반으로 어디서나 사용 가능
	Prezi	인터랙티브 발표, 제품 소개	동적 줌 효과 및 시각적 요소 제공

C. 자주 묻는 질문(FAQ)

Q. 클라우드 기반 프로그램의 장점은 무엇인가요?

클라우드 기반 프로그램의 주요 장점은 실시간 협업과 자동 저장 기능입니다. 이러한 기능은 작업의 편리성을 높이고, 여러 기기에서 동일한 작업 파일에 접근할 수 있어 업무 효율성을 크게 향상시킵니다.

Q. Excel과 Google Sheets의 차이는 무엇인가요?

Excel은 복잡한 데이터 분석과 고급 기능을 제공하며, 데이터 처리 능력이 뛰어납니다. 반면, Google Sheets는 클라우드 기반으로 실시간 협업에 강점을 가지고 있어 팀 프로젝트에서 효과적으로 활용할 수 있습니다.

Q. 파일이 손상되었을 때 어떻게 복구할 수 있나요?

대부분의 오피스 프로그램에는 자동 복구 기능이 내장되어 있습니다. 클라우드 도구를 사용하는 경우, 변경 이력을 통해 이전 버전으로 파일을 복원할 수도 있습니다.

Q. 프레젠테이션을 매력적으로 만들기 위해 어떤 도구를 사용할 수 있나요?

Canva와 같은 디자인 도구를 사용하면 시각적으로 매력적인 프레젠테이션을 제작할 수 있습니다. 또한, PowerPoint에서 제공하는 템플릿과 애니메이션 효과를 활용하면 발표의 완성도를 높일 수 있습니다.

Q. 오피스 프로그램을 무료로 사용할 수 있는 방법이 있나요?

Google Workspace의 무료 버전이나 LibreOffice는 무료로 사용할 수 있는 대표적인 옵션입니다. 또한, Microsoft Office의 온라인 버전도 일부 기능을 무료로 제공하므로 활용해 보세요.

오피스 프로그램
워드(Word)

---

❶ 개요 및 특징

워드프로세서는 문서 작성 및 편집을 위한 소프트웨어 전반을 의미합니다. MS Word, 한컴 한글, Google Docs, Apple Pages 등이 워드프로세서에 속합니다. 이 중에서 MS Word는 직관적인 인터페이스와 다양한 템플릿을 제공해 누구나 쉽게 사용할 수 있는 문서 작성 프로그램입니다. 글꼴, 크기 등 다양한 서식 도구를 지원하며 표, 이미지, 도형 삽입이 가능합니다. 자동 저장 및 복구 기능으로 데이터 손실을 최소화하며, '찾기 및 바꾸기' 기능으로 긴 문서도 효율적으로 편집할 수 있습니다. 실시간 협업 기능을 통해 문서를 공유하고 여러 사용자가 동시에 편집할 수 있으며, 클라우드 연동으로 언제 어디서나 작업이 가능합니다. PDF, HTML 등 다양한 형식으로 저장할 수 있어 여행 일정표, 초대장, 보고서 등 실용적인 문서 제작이 가능한 다목적 소프트웨어입니다.

❷ 주요 기능

① **문서 작성 및 서식화:** 글꼴, 크기, 색상, 단락 정렬, 줄 간격 등 텍스트 서식화 도구를 통해 문서를 깔끔하고 전문적으로 작성할 수 있습니다. 표, 이미지, 도형 등을 삽입해 문서의 시각적 효과를 강화할 수도 있습니다.

② **자동화 및 반복 작업 간소화:** 매크로 기능을 활용해 반복적인 작업을 자동화하고, 서식 파일로 자주 사용하는 문서 구조를 저장해 시간과 노력을 절약할 수 있습니다. 또한, '찾기 및 바꾸기' 기능으로 긴 문서의 대량 텍스트를 효율적으로 수정할 수 있습니다.

③ **협업 및 실시간 작업:** 클라우드 연동을 통해 문서를 실시간으로 공유하고 공동 편집할 수 있습니다. 이력 추적 기능은 변경 사항을 기록하고 관리해 협업 과정에서 유용합니다.

④ **다양한 출력 및 호환성:** 문서를 PDF, HTML 등 다양한 형식으로 저장하거나 출력할 수 있어, 이력서, 초대장, 보고서 등 다양한 목적으로 활용 가능합니다. 출력 옵션을 통해 문서를 쉽게 공유하거나 보관할 수 있습니다.

❸ 초보자를 위한 단계별 시작 방법

MS Word는 웹 버전을 통해 무료로 사용할 수 있습니다. Microsoft 계정으로 로그인 후 웹용 Word를 이용하면 됩니다. 기본적으로 1인용 서비스로 제공되며, 공유 및 실시간 공동 작업 기능을 지원합니다. 맞춤법 및 문법 검사 기능이 내장되어 있어 문서 작성 시 오류를 쉽게 수정할 수 있습니다. 음성 명령 및 받아쓰기 기능을 제공해 타이핑 없이 문서를 작성 가능합니다. 웹용 Word는 설치 없이 브라우저에서 바로 실행되므로, 간단한 문서 작업을 빠르게 처리할 때 유용합니다. 초보 사용자라면 MS Word의 도움말 기능이나 템플릿을 활용해 기본적인 사용법을 익히고, 서서히 기능을 확장해 나가는 것이 좋습니다.

❹ 중급 및 고급 활용 가이드

① MS Word 무료 버전: MS Word는 무료 버전으로 기본적인 문서 작성과 편집이 가능합니다. 글꼴 변경, 문단 정렬, 색상 적용 등 필수 기능을 갖추고 있으며, '찾기 및 바꾸기' 기능을 활용하면 긴 문서도 빠르게 수정할 수 있습니다. 기본 서식 파일(템플릿)을 사용하면 보고서나 초대장 같은 문서를 쉽게 만들 수 있고, 실시간 공동 작업 기능을 통해 팀원과 문서를 공유하고 함께 수정할 수 있습니다.

② MS Word 유료 버전: 유료 버전(Microsoft 365)을 사용하면 더욱 효율적인 문서 작업이 가능해집니다. '매크로' 기능을 활용하면 반복 작업을 자동화해 시간을 절약할 수 있으며, 참조 관리를 통해 논문이나 연구 보고서에 필요한 각주, 미주, 목차, 인덱스를 자동 생성합니다. 이력 추적 기능은 수정 사항을 기록하고 변경 내용을 쉽게 되돌릴 수 있어 협업에 유용합니다. 고급 서식 도구를 이용하면 표, 이미지, 도형을 정교하게 편집하고 페이지 레이아웃을 자유롭게 조정해 더욱 전문적인 문서를 만들 수 있습니다.

오피스프로그램
엑셀(Excel)

❶ 개요 및 특징

엑셀(Excel)은 마이크로소프트의 스프레드시트 소프트웨어로, 데이터를 입력, 관리, 분석, 시각화할 수 있는 도구입니다. 다양한 함수(SUM, IF, VLOOKUP 등), 피벗 테이블, 차트를 통해 데이터 분석과 시각화를 지원하며, 매크로와 VBA로 작업 자동화도 가능합니다. CSV, XML 등 파일 형식을 지원해 다른 시스템과 호환성이 뛰어나며, 필터, 정렬, 조건부 서식을 통해 대량 데이터를 효율적으로 관리할 수 있습니다. 직관적인 인터페이스로 초보자도 쉽게 사용하고, 클라우드 협업 기능을 통해 여러 사용자가 동시에 파일을 편집할 수 있습니다. 엑셀은 계산, 분석, 자동화, 협업의 강점으로 개인과 비즈니스 모두에 필수적인 프로그램입니다.

❷ 주요 기능

① 데이터 입력 및 편집: 데이터를 셀, 행, 열 단위로 입력하고 수정할 수 있습니다. 복사, 붙여 넣기, 데이터 병합 등 다양한 편집 기능을 지원하며, 사용자가 데이터를 체계적으로 정리하고 관리할 수 있도록 돕습니다.

② 수식 및 함수 계산: 수식을 사용해 데이터를 연산하고 계산을 자동화합니다. SUM, IF, VLOOKUP 등 기본 함수부터 INDEX-MATCH와 같은 고급 함수까지 다양하게 활용할 수 있어 복잡한 계산도 손쉽게 처리 가능합니다.

③ 데이터 분석: 피벗 테이블은 데이터를 요약하고 분석하는 강력한 도구로, 다양한 관점에서 데이터를 재구성할 수 있게 해줍니다. 조건부 서식을 통해 특정 기준에 맞는 데이터를 강조하여 중요한 정보를 빠르게 파악합니다.

④ 데이터 시각화: 차트와 그래프를 생성해 데이터를 시각적으로 표현하는 데 강점을 가지고 있습니다. 막대형, 원형, 꺾은선 등 다양한 차트 형식을 지원하며, 이를 통해 데이터의 패턴과 트렌드를 한눈에 확인합니다.

⑤ 반복 작업 자동화: 매크로와 VBA를 활용하면 반복적으로 수행해야 하는 작업을 자동화할 수 있습니다. 이를 통해 시간과 노력을 절약하며, 업무 효율성을 향상시킵니다.

❸ 초보자를 위한 단계별 시작 방법

Microsoft 공식 웹사이트에서 다운로드하거나 Microsoft 365를 구독해야 합니다. 무료로 사용하려면 웹 버전(Excel Online)을 활용할 수도 있습니다. 프로그램을 실행한 후, 새 워크북을 생성하거나 기존 파일을 열어 시작합니다. 엑셀은 여러 개의 시트로 구성되어 있으며, 필요에 따라 추가하거나 이름을 변경해 작업 공간을 정리할 수 있습니다. 데이터 입력 시 첫 번째 행에 제목을 설정하면 내용을 쉽게 파악하며, 데이터를 가로와 세로 방향으로 정리하면 분석이 편리합니다. 파일 이름을 "2027_사업계획서.xlsx"처럼 날짜와 용도를 포함해 지정하면 나중에 찾기 쉽습니다.

❹ 중급 및 고급 활용 가이드

① 데이터 검색과 분석: 엑셀의 데이터 검색 기능은 정보를 효율적으로 찾는 데 유용합니다. VLOOKUP은 세로 방향으로, HLOOKUP은 가로 방향으로 데이터를 검색하며,

특정 기준값에 맞는 정보를 반환합니다. INDEX와 MATCH는 더 유연한 데이터 검색을 지원해 VLOOKUP의 한계를 극복합니다. 예를 들어, 특정 코드에 해당하는 데이터를 동적으로 찾을 수 있습니다. 데이터를 요약하고 분석하는 데는 피벗 테이블이 강력한 도구로, 대규모 데이터를 지역별, 제품별로 분류하거나 합계를 계산해 다양한 관점에서 데이터를 분석할 수 있습니다.

② **데이터 신뢰성과 시각화:** 엑셀은 데이터를 정확히 관리하고 시각화할 수 있는 도구를 제공합니다. 데이터 유효성 검사는 입력값의 조건을 설정해 잘못된 데이터를 방지하며, 대량 데이터 작업에서 데이터 품질을 보장합니다. 예를 들어, 숫자 범위를 1~100으로 제한하거나 특정 날짜만 입력 가능하도록 설정할 수 있습니다. 시각화 도구로는 차트와 조건부 서식이 활용됩니다. 차트는 데이터를 막대형, 원형 등으로 표현해 경향성을 쉽게 파악할 수 있도록 돕습니다. 조건부 서식은 목표를 초과한 데이터를 초록색으로, 기준치를 밑도는 데이터를 빨간색으로 강조해 데이터를 직관적으로 전달합니다. 이러한 기능은 데이터의 신뢰성을 높이고 분석과 의사결정을 지원합니다.

오피스프로그램
파워포인트(PowerPoint)

❶ 개요 및 특징
파워포인트(PowerPoint)는 마이크로소프트의 대표적인 프레젠테이션 소프트웨어로, 슬라이드 기반의 시각 자료를 쉽고 효과적으로 제작할 수 있습니다. 텍스트, 이미지, 그래프, 동영상, 애니메이션 등을 삽입해 다양한 콘텐츠를 구성하며, 직관적인 인터페이스로 초보자도 쉽게 활용 가능합니다. 클라우드 연동 및 실시간 협업 기능을 지원해 팀 작업이 쉬우며, 다양한 템플릿과 디자인 옵션으로 전문적인 프레젠테이션 제작을 돕습니다.

❷ 주요 기능
① **슬라이드 제작 및 편집:** 다양한 템플릿과 테마를 활용해 텍스트, 이미지, 도형, 표, 차트 등을 삽입하고 자유롭게 디자인을 수정하여 시각적으로 매력적이고 맞춤화된 프레젠테이션을 손쉽게 제작할 수 있습니다.
② **슬라이드 전환 및 애니메이션:** 슬라이드 간 전환 효과는 슬라이드 이동 시 시각적 변화를 제공하여 발표의 흐름을 자연스럽게 만듭니다. 다양한 전환 효과를 사용해 발

표에 동적인 요소를 추가하여 흥미롭고 효과적인 발표 자료 제작을 돕습니다.

③ **멀티미디어 요소 삽입:** 이미지, 동영상, 오디오 파일 등을 삽입하여 슬라이드에 풍부하고 몰입감 있는 콘텐츠를 추가함으로써 프레젠테이션의 시각적 효과를 높이며, 청중의 관심을 끌고 메시지의 전달력을 향상합니다.

④ **프레젠터 도구와 슬라이드 쇼 기능:** 발표자 노트 작성, 발표자 화면 보기, 레이저 포인터 및 펜 도구를 통해 발표를 효과적으로 지원하며 자동 슬라이드 진행, 반복 재생, 키오스크 모드 등 다양한 슬라이드 쇼 기능을 활용해 발표 상황에 유연하게 대응할 수 있습니다.

⑤ **프레젠테이션 내보내기:** 다양한 형식의 내보내기 옵션을 제공하여 프레젠테이션을 PDF, 비디오, 이미지 파일 등 다양한 형식으로 저장이 가능하고, 링크 공유를 통해 손쉽게 접근하고 배포가 쉽습니다.

❸ 초보자를 위한 단계별 시작 방법

Microsoft 공식 사이트에 접속하여 회원가입 후 프로그램을 설치합니다. 프로그램 구입하기 전에 1개월 무료 체험을 제공하므로, 처음 사용하는 경우라면 체험 후 구독 여부를 결정할 수 있습니다. 다운로드가 완료되었다면 파워포인트를 실행하여, 시작 화면에서 '새 프레젠테이션'을 클릭하면 기본 빈 슬라이드가 나타납니다. 더 많은 디자인 옵션을 원한다면 '디자인' 탭에서 다양한 템플릿을 선택하여 사용 가능합니다.

❹ 중급·고급 활용 가이드

① **마스터 슬라이드:** 마스터 슬라이드를 사용하면 슬라이드의 공통 디자인 요소를 일괄적으로 설정할 수 있습니다. 이를 통해 전체 프레젠테이션의 일관성을 유지하면서 효율적인 작업이 가능합니다.

② **애니메이션 경로:** 애니메이션 경로를 활용해 개체가 슬라이드 내에서 특정 경로를 따라 이동하거나 변하는 효과를 만들어, 더욱 동적이고 창의적인 프레젠테이션을 제작할 수 있습니다.

③ **VBA 매크로:** VBA 매크로를 사용하면 슬라이드의 특정 작업을 자동화하거나 복잡한 기능을 구현하며 반복적인 작업을 줄이고, 프레젠테이션의 효율성을 극대화합니다.

④ **클라우드 저장 및 협업:** 공동작업을 하려면 프레젠테이션을 클라우드 저장소(OneDrive, SharePoint)에 저장한 후 다른 사용자와 '공유' 링크를 공유해야 합니다. 링크를 받은 사람은 권한에 따라 보기 또는 편집 가능하며, '링크 복사' 기능을 활용하면 이메일이나 메시지로 쉽게 전송할 수 있습니다.

03 디자인 플랫폼

A. 신중년도 크리에이터가 될 수 있다!

 디지털화가 빠르게 진행되면서 디자인과 콘텐츠 제작 방식도 크게 변화하고 있습니다. 특히 AI와 자동화 기술이 발전하면서 누구나 손쉽게 고품질의 디자인과 콘텐츠를 만들 수 있는 환경이 조성되었습니다. 이제 간단한 키워드만 입력하면 AI가 자동으로 로고, 포스터, 광고 이미지를 제작해 줍니다. 과거에는 전문 디자이너가 몇 시간씩 작업해야 했던 디자인이 이제는 몇 초 만에 완성될 정도로 효율성이 높아졌습니다.

 Canva나 Figma 같은 AI 디자인 보조 기능을 활용하면 마케팅 자료, 프레젠테이션, 카드 뉴스를 자동으로 구성하고 배치할 수 있어 디자인 경험이 없는 사람도 높은 완성도의 콘텐츠를 제작할 수 있습니다. AI 웹사이트 빌더를 활용하면 몇 번의 클릭만으로 반응형 웹사이트를 제작할 수 있습니다. 예전에는 웹사이트를 만들기 위해 개발자나 디자이너의 도움이 필요했지만, Wix AI, Webflow 같은 도구를 사용하면 누구나 웹사이트를 제작하고 수정할 수 있습니다.

 이러한 변화는 전문가뿐만 아니라 신중년에게도 새로운 기회를 제공합니다. 창업을 준비하는 경우, AI를 활용해 비용 부담 없이 브랜드 로고, 홍보 이미지, 마케팅 자료를 직접 제작 가능합니다. 강연이나 컨설팅을 할 때에도 프레젠테이션 디자인과 홍보 콘텐츠를 직접 제작하여 외부에 의존하지 않고 스스로 브랜드를 구축할 수 있습니다.

 정년퇴직 후 강연을 시작한 김 씨는 홍보 방법을 고민하던 중, SNS에 강연 포스터와 카드 뉴스를 올리는 것이 효과적이라는 사실을 알았습니다. 그는 Canva와 미리캔버스 같은 디자인 도구를 활용해 직접 홍보 자료를 제작했습니다. 한 달 동안 강연 내용을 요약한 카드 뉴스와 업계 동향을 담은 디자인을 꾸준히 올리자, 점차 공유와 댓글이 늘어났고, 외부 기관에서 강연 요청이 들어오기 시작했습니다. 이 과정을 통해 디자인 능력이 새로운 기회를 창출하는 데 필수적인 역량임을 실감했습니다. 과거에는 전문가만 할 수 있었던 작업이었지만, 환경이 크게 바뀌었습니다. 이러한 변화는 디자인과 콘텐츠 제작의 접근성을 높이고 있으며, 신중년에게도 새로운 기회를 제공합니다.

디지털 환경에서 소셜 미디어와 모바일 중심의 콘텐츠 소비가 증가하면서, 사람들은 스마트폰과 태블릿을 통해 정보를 얻고 소통하며 쇼핑하고 있습니다. 이에 따라 반응형 디자인과 모바일 친화적인 인터페이스가 더욱 중요해졌습니다. Instagram, TikTok, YouTube 같은 플랫폼에서는 시각적 콘텐츠가 주요 소통 수단으로 자리 잡았습니다. 예를 들어, 맛집에서 음식 사진을 Instagram에 올리면 사람들이 이를 보고 방문하는 것처럼, 시각적 콘텐츠는 단순한 정보 전달을 넘어 소비자의 행동을 유도하는 역할을 하고 있습니다.

사람들은 짧은 순간에 시각적 요소를 통해 첫인상을 결정하며, 잘 만들어진 이미지나 영상은 즉각적인 관심을 끌고 메시지를 효과적으로 전달합니다. 화려한 포스터나 광고처럼 시각적 요소는 시선을 끌고 효과적인 커뮤니케이션을 가능하게 합니다. 복잡한 내용을 쉽게 이해하도록 돕는 데도 시각적 콘텐츠가 중요한 역할을 합니다. 인포그래픽이나 동영상은 텍스트보다 정보를 빠르게 전달하며, 기억에도 오래 남습니다. 브랜드의 이미지와 아이덴티티를 형성하는 데도 시각적 콘텐츠는 중요합니다. 특정 브랜드의 로고나 색상을 보면 바로 떠오르는 것처럼, 일관성 있는 디자인을 사용하면 브랜드를 더욱 강력하게 각인할 수 있습니다.

지금 이 순간에도 수많은 콘텐츠가 쏟아지고 있습니다. 이제는 무엇을 말하느냐보다, 어떻게 전달하느냐가 더 중요한 시대입니다. 디지털 환경에서는 누구나 클릭 몇 번으로 손쉽게 시각적 콘텐츠를 만들 수 있습니다. 더 많은 기회를 잡고, 원하는 목표를 이루기 위해 지금, 콘텐츠 제작 역량을 키워보세요!

B. 신중년을 위한 디자인 도구 활용법

새로운 기회를 모색하는 신중년에게 디지털 콘텐츠 제작 역량은 유용합니다. 다양한 산업이 디지털 중심으로 바뀌면서 소셜 미디어 활용, 브랜드 마케팅, 비즈니스 홍보, 강연 및 교육 콘텐츠 제작 등 여러 분야에서 콘텐츠의 역할이 점점 커지고 있기 때문입니다. 특히, 창업을 준비하거나 프리랜서로 활동하는 경우, 효과적인 홍보와 고객 소통을 위해서는 직접 콘텐츠를 제작하는 능력이 필요합니다. 전문가에게 의뢰하는 것도 방법이지만, 꾸준한 콘텐츠 제작이 필요한 디지털 환경에서는 스스로 디자인 도구를 활용하고, 창의적인 콘텐츠를 기획하며, 시장 트렌드를 반영하는 능력이 중요해졌습니다. 그렇다면, 콘텐츠 제작 능력을 키우기 위해 어떤 노력을 해야 할까요?

먼저, 디자인 도구를 효과적으로 활용해야 합니다. 콘텐츠 제작은 글쓰기나 이미지 편집을 넘어, 시각적인 완성도를 높이고 브랜드 아이덴티티를 구축하는 방향으로 발전하고 있습니다. 과거에는 전문 디자이너들이 다루던 Adobe Photoshop이나 Illustrator 같은 프로그램이 필수였지만, 이제는 더욱 직관적인 Canva, 미리캔버스, 망고보드, Figma 같은 도구들이 등장하면서 디자인 경험이 없어도 쉽게 콘텐츠를 제작할 수 있습니다. Canva를 활용해 로고와 브랜딩 이미지를, Figma를 활용해 프레젠테이션 자료를 시각적으로 구성 가능합니다. SNS에서 홍보를 고려한다면 미리캔버스를 이용해 카드 뉴스나 짧은 홍보 영상을 쉽게 만들 수 있습니다. 이러한 디자인 도구를 익히면 외부 전문가의 도움 없이도 스스로 브랜드를 구축하고, 홍보 자료를 제작하며 업무 생산성을 높일 수 있습니다.

콘텐츠 제작에서 중요한 것은 창의성과 기술을 결합하여 더욱 효과적인 메시지를 전달하는 것입니다. 사람들의 관심을 끌기 위해서는 시각적인 요소뿐만 아니라, 콘텐츠의 기획과 구성도 중요합니다. 강연이나 컨설팅을 한다면, 핵심 내용을 한눈에 이해할 수 있도록 인포그래픽이나 카드 뉴스를 활용하는 것이 효과적입니다. 제품을 홍보하는 경우에도 스토리텔링을 접목한 디자인을 활용하면 소비자와의 공감대를 형성할 수 있습니다. SNS에서 콘텐츠를 제작할 때도 트렌디한 색상과 글꼴, 애니메이션 요소를 활용하면 몰입을 높일 수 있습니다. 사람들이 짧은 시간 안에 콘텐츠를 소비하기 때문에, 한눈에 이해하는 직관적인 디자인과 명확한 메시지가 필수입니다. 창의성을 더한 콘텐츠는 더 많은 관심과 공감을 얻으며, 브랜드를 더욱 돋보이게 만듭니다.

시장 트렌드와 소비자 니즈를 반영하는 것도 중요합니다. 아무리 멋진 콘텐츠라도 사람들이 원하는 정보와 맞지 않으면 효과를 얻기 어렵습니다. 현재 소비자들이 어떤 콘텐츠를 선호하는지, 어떤 스타일이 인기 있는지를 분석하고 반영해야 합니다. 이를 위해 소셜 미디어를 활용해 사람들이 가장 많이 공유하는 콘텐츠 유형을 분석하거나, 경쟁업체가 어떤 방식으로 콘텐츠를 제작하는지 참고하는 것도 좋은 전략입니다. 또한, 직접 제작한 콘텐츠에 대한 반응을 확인하고, 소비자들이 어떤 내용을 더 선호하는지 데이터를 분석하면 더욱 효과적입니다.

콘텐츠 제작 능력을 키우기 위해서는 자신의 목표에 맞는 디자인 도구를 적절히 선택하고 활용해야 합니다. 디지털 콘텐츠 제작 방식에는 그래픽 디자인, UI/UX 디

자인, 동영상 편집, 3D 애니메이션, 웹 디자인 등이 있습니다. 작업에 따라 적합한 도구를 선택하면 더욱 효과적인 콘텐츠 제작이 가능합니다. 예를 들어, 그래픽 디자인 도구는 브랜드 로고, 홍보 포스터, SNS 카드 뉴스 같은 마케팅 콘텐츠를 제작하는 데 유용하고, UI/UX 디자인 도구는 웹사이트와 애플리케이션의 사용자 경험을 최적화하는 데 도움을 줍니다. 주요 디자인 도구들을 참고하여, 자신에게 필요한 도구를 선택하고 효과적으로 활용해 보세요.

• 그래픽 디자인 도구

Adobe Photoshop과 Illustrator는 고급 그래픽 작업과 이미지 편집에 최적화되어 로고, 포스터, 광고 디자인 등에 사용됩니다. 미리캔버스는 국내 사용자에게 특화된 템플릿과 폰트로 로컬 트렌드에 강점을 가지며, 망고보드는 인포그래픽과 카드 뉴스 등 데이터 시각화에 최적화되어 있습니다. 캔바는 글로벌 플랫폼으로 다국어 지원, 협업 기능, AI 기반 도구를 통해 초보자와 전문가 모두에게 폭넓은 활용성을 제공합니다.

• UI/UX 디자인 도구

Figma와 Sketch는 실시간 협업과 프로토타이핑 기능을 제공하여 웹사이트와 애플리케이션 디자인에 유용하며, 직관적인 인터페이스로 빠르게 디자인하고 사용자 경험을 최적화하는 데 도움을 줍니다.

• 동영상 편집 도구

Adobe Premiere Pro와 Final Cut Pro는 고급 영상 편집 도구로 영화, 광고, 유튜브 콘텐츠 제작에 사용됩니다. CapCut은 초보자용 영상 편집 앱으로 소셜 미디어에서 짧은 영상 콘텐츠를 간편하게 만들 수 있습니다.

• 3D 디자인 및 애니메이션 도구

Blender는 무료로 3D 모델링 및 애니메이션 작업을 지원하여 게임 그래픽, 제품 디자인 등에 활용되며 Maya는 영화와 게임 산업에서 3D 애니메이션 및 모델링 작업에 사용됩니다.

• 웹 디자인 도구

WordPress와 Webflow는 코딩 지식 없이도 반응형 웹사이트를 제작할 수 있게 도와줍니다. Wix와 Squarespace는 간단한 드래그 앤 드롭 기능으로 개인 웹사이트나 쇼핑몰을 쉽게 만들 수 있습니다.

C. 자주 묻는 질문(FAQ)

Q. 디자인 플랫폼이란 무엇인가요?

그래픽 디자인, 웹 디자인, UI/UX 설계 등 다양한 디자인 작업을 지원하는 소프트웨어나 도구를 말합니다. 이를 통해 사용자는 창의적인 아이디어를 시각적으로 표현하고, 프로젝트를 효율적으로 관리할 수 있습니다.

Q. 디자인 플랫폼을 선택할 때 고려해야 할 점은 무엇인가요?

작업 목적과 요구 사항에 맞는 기능을 제공하는지 확인합니다. 예산, 플랫폼 사용 편의성, 기존 도구 및 파일과의 호환성도 고려 요소입니다. 문제 해결을 위한 커뮤니티 지원과 자료 제공 여부도 평가해야 합니다.

Q. 디자인 플랫폼에서 템플릿을 어떻게 활용할 수 있나요?

많은 디자인 플랫폼은 템플릿을 제공해 작업을 쉽게 시작하도록 돕습니다. 미리캔버스, 망고보드, 캔바(Canva) 등은 소셜 미디어 이미지, 프레젠테이션, 포스터 등을 위한 다양한 템플릿을 제공합니다. 템플릿은 시간을 절약하고 디자인의 일관성을 유지하는 데 유용합니다.

Q. 디자인 플랫폼은 모바일에서도 사용할 수 있나요?

일부 디자인 플랫폼은 모바일 버전을 제공하여 스마트폰이나 태블릿에서도 작업할 수 있습니다. 예를 들어, 캔바(Canva), Figma, Adobe Photoshop, Adobe Express 등은 이동 중에도 작업이 가능하도록 설계되어 편리하며, 데스크탑과 연동하여 작업 효율성을 높일 수 있습니다.

Q. 디자인 플랫폼에서 제공하는 라이선스 정책은 어떻게 되나요?

디자인 플랫폼마다 라이선스 정책이 다릅니다. 미리캔버스, 망고보드, 캔바 등은 무료 및 유료 이미지를 제공하며, 구매하거나 구독을 통해 사용합니다. 상업적으로 사용할 경우 각 플랫폼의 라이선스 조건을 확인하는 것이 중요합니다.

디자인 플랫폼
미리캔버스
(Miricanvas)

❶ 개요 및 특징

미리캔버스(Miricanvas)는 별도의 프로그램 설치 없이 웹에서 간편하게 디자인을 제작할 수 있는 플랫폼으로, 초보자도 다양한 템플릿을 활용해 손쉽게 개인화된 디자인을 완성할 수 있습니다. 사용자는 선, 도형, 텍스트 등 요소를 자유롭게 삽입하고 수정하며, 다양한 폰트와 이미지를 활용해 디자인을 꾸밀 수 있도록 돕습니다. 플랫폼의 다양한 기능을 숙지하고 적극 활용한다면, 단순한 디자인부터 복잡한 프로젝트까지 손쉽게 완성할 수 있습니다.

❷ 주요 기능

① 템플릿 기반 디자인: 주제별로 분류된 템플릿을 활용해 신속하게 디자인을 완성하며, 사용자가 원하는 대로 템플릿을 수정하여 유연하게 조정해 시간과 노력을 절감하면서도 창의적인 디자인을 가능하게 합니다.

② 이미지 및 그래픽 자원 활용: 무료 및 프리미엄 자원을 검색하여 디자인에 적용하며, 사용자가 업로드한 이미지와 자원을 통합적으로 관리하는 기능을 제공합니다. 이를 통해 다양한 자원을 효과적으로 활용하고 관리할 수 있습니다.

③ 텍스트 스타일링: 다양한 텍스트 효과(그라데이션, 그림자 등)와 폰트를 활용해 원하는 분위기를 연출할 수 있습니다. 정렬 및 배치 기능을 이용해 이미지와 자연스럽게 조화시키고, 디자인에 맞춰 텍스트 스타일을 자유롭게 변경 가능합니다.

④ 협업 및 공유: 협업 및 공유 기능은 팀원과 실시간으로 작업 내용을 공유하거나 함께 수정할 수 있도록 지원하며, 완성된 디자인은 URL 공유 또는 PDF, PNG, JPG 등 다양한 파일 형식으로 다운로드가 가능합니다.

⑤ 자동 저장 및 클라우드 기반: 작업 내용이 자동으로 저장되고 클라우드에서 안전하게 관리되므로, 사용자는 언제 어디서나 작업을 불러와 수정하거나 업데이트할 수 있

습니다. 이는 데이터 손실을 방지하고 작업의 연속성을 유지하는 데 유용한 시스템입니다.

❸ 초보자를 위한 단계별 시작 방법

미리캔버스 공식 웹사이트에서 회원가입을 진행하고 소셜 계정으로 간편하게 로그인합니다. 원하는 디자인 유형을 선택하거나 빈 캔버스에서 시작하여 템플릿을 선택합니다. 텍스트, 이미지, 색상 등을 수정하여 맞춤형 디자인을 제작하고, 실시간으로 결과를 확인합니다. 작업이 완료되면 미리보기로 최종 결과를 확인하고, 파일 형식을 선택하여 저장하거나 다운로드합니다. 완성된 디자인을 팀원과 공유하거나 SNS에 업로드 또는 인쇄소로 전달하여 출력할 수 있습니다.

❹ 중급·고급 활용 가이드

사용자는 기본 제공 템플릿의 레이아웃을 자유롭게 변경하거나, 레이어와 요소를 조합해 복잡하고 독창적인 디자인을 제작할 수 있으며, 고유 색상 코드, 폰트, 로고 등을 추가하여 브랜드 일관성을 유지하도록 합니다. 구글 드라이브, 드롭박스 등 외부 클라우드 서비스와 연동하여 파일을 간편하게 가져오거나 저장할 수 있습니다. 또한, API(응용 프로그램 인터페이스)를 사용해 미리캔버스를 기존 작업 흐름에 통합할 수 있습니다. 이를 통해 더 효율적으로 작업을 자동화하고, 파일 관리가 쉽습니다. 또한, 상업적으로 사용 가능한 폰트와 그래픽 자원을 활용해 마케팅 자료를 제작하고, 디자인 완성도를 높이기 위해 프리미엄 요소를 적절히 구매하여 사용함으로써 더욱 전문적이고 효과적인 디자인을 만들 수 있습니다.

디자인 플랫폼
망고보드
(Mangoboard)

❶ 개요 및 특징

망고보드(Mangoboard)는 웹에서 바로 사용할 수 있는 온라인 디자인 플랫폼으로 누구나 쉽게 카드뉴스, 포스터, 프레젠테이션 등 다양한 작업을 만들 수 있습니다. 다양한 템플릿과 그래픽 리소스를 제공해 빠르고 편리하게 디자인을 완성할 수 있으며, 실시간 협업 기능을 통해 팀원들과 함께 작업할 수도 있습니다. 무료 플랜과 유료 플랜을 제공해 초보자부터 전문가까지 폭넓게 활용 가능합니다.

❷ 주요 기능

① **템플릿과 클립아트:** 템플릿, 이미지, 클립아트 등 다양한 그래픽 리소스를 포함하고 있어 추가 다운로드 없이 바로 활용할 수 있으며, 다양한 선택지가 제공되어 작업 목적에 맞는 콘텐츠를 효과적으로 제작할 수 있어 효율적이고 편리합니다.

② **폰트와 색상 커스터마이징:** 템플릿의 색상, 글꼴, 이미지를 자유롭게 변경하여 고유한 디자인을 만들 수 있으며, 사용자는 원하는 스타일과 조합을 손쉽게 설정해 맞춤형 결과물을 제작해 디자인의 완성도와 개성을 동시에 높일 수 있습니다.

③ **애니메이션 및 상호작용:** 애니메이션 및 상호작용 요소를 추가하면 더 동적이고 생동감 있는 디자인을 제작하며, 시각적 흥미를 높이는 동시에 사용자와의 소통을 강화하는 데 유용하여 인터랙티브한 콘텐츠를 만들 수 있습니다.

④ **파일 내보내기:** 디자인은 PNG, JPG, PDF 등 다양한 형식으로 내보낼 수 있어 여러 용도로 활용이 가능하며, 소셜 미디어에 직접 공유하는 기능을 통해 간편하게 콘텐츠를 배포해 작업의 활용성과 접근성을 더욱 높여줍니다.

❸ 초보자를 위한 단계별 시작 방법

망고보드 웹사이트에 접속하여 회원가입을 완료한 후 제공되는 '사용법 먼저 살펴보기' 동영상을 통해 기본 기능을 이해할 수 있습니다. 이후 메인 화면에서 원하는 템플릿을 검색하거나 카테고리를 탐색하여 작업 목적에 맞는 템플릿을 선택합니다. 텍스트, 이미지, 아이콘 등을 클릭하여 편집하고, 필요한 경우 클립아트나 배경 색상을 추가해 디자인을 완성합니다. 작업이 완료되면 '내보내기'를 클릭하여 파일을 저장할 수 있으며, SNS 또는 이메일을 통해 디자인을 쉽게 공유할 수 있습니다.

❹ 중급·고급 활용 가이드

① **레이어 기능 활용:** 레이어 기능을 사용하면 여러 디자인 요소를 겹쳐서 배치하여 깊이감을 표현하고, 투명도와 정렬을 조정해 입체적이고 다채로운 디자인을 만들 수 있어, 시각적 효과를 더하고 복잡한 레이아웃을 쉽게 구성하는 데 유용합니다.

② **맞춤 로고 제작:** 망고보드를 사용하면 비즈니스에 맞는 로고를 손쉽게 디자인할 수

있습니다. 템플릿과 다양한 그래픽 리소스를 활용해 개성 있는 로고를 만들어 브랜드 아이덴티티를 강화할 수 있으며, 이를 통해 기업의 이미지를 효과적으로 전달하고, 경쟁력 있는 브랜드를 구축합니다.

③ 데이터 시각화: 차트와 그래프 기능을 활용하면 복잡한 데이터를 시각적으로 쉽게 표현할 수 있습니다. 프레젠테이션이나 보고서에서 중요한 정보를 한눈에 전달할 수 있어 이해도를 높이고, 데이터 시각화를 통해 콘텐츠의 전문성과 신뢰성을 더욱 강화합니다.

디자인 플랫폼
캔바(Canva)

❶ 개요 및 특징
캔바(Canva)는 웹과 모바일에서 사용 가능한 디자인 도구로, 디자인 전공자가 아니어도 손쉽게 고품질 디자인을 작업할 수 있습니다. 여러 산업과 목적에 맞는 수천 개의 템플릿과 이미지 편집, 데이터 시각화, 애니메이션 제작 등 다양한 기능을 지원합니다. 개인부터 기업까지 폭넓게 사용할 수 있고, 무료 버전부터 고급 기능이 포함된 유료 버전까지 선택의 폭이 넓어 사용자 필요에 따라 맞춤형 활용이 가능합니다.

❷ 주요 기능
① 수천 가지 템플릿과 리소스: 수천 가지 템플릿, 이미지, 아이콘, 폰트 등 다양한 리소스를 제공하여 디자인 작업을 손쉽게 시작하며, 이를 통해 작업 시간을 절약하고 효율적으로 창의적인 콘텐츠를 제작할 수 있습니다.

② 이미지 편집 도구: 템플릿을 수정하여 고유한 디자인을 만들 수 있습니다. 사진 편집, 필터 적용, 배경 제거 등의 기능을 통해 디자인 품질을 손쉽게 높이고, 더욱 전문적이고 깔끔한 결과물을 제작하도록 돕습니다.

③ 소셜 미디어 관리: 캔바는 작업한 디자인을 Facebook, Instagram, Twitter 등 소셜 미디어 플랫폼에 직접 게시하거나 예약할 수 있는 기능을 제공합니다. 이를 통해 콘

텐츠 제작과 관리를 한 곳에서 효율적으로 처리할 수 있습니다.

④ **애니메이션 및 비디오 편집:** 슬라이드 쇼와 소셜 미디어 게시물에 활용할 수 있는 애니메이션 효과로 디자인의 시각적 매력을 높여줍니다. 동영상 편집 기능을 활용해 간단한 동영상 콘텐츠를 제작하거나 소셜 미디어용 짧은 클립도 쉽게 제작 가능하여, 효과적인 사용자 참여를 유도합니다.

❸ **초보자를 위한 단계별 시작 방법**

캔바 사용을 시작하려면 웹사이트나 모바일 앱에 접속해 회원가입을 완료한 후, 무료 플랜으로 기본 기능을 체험할 수 있습니다. 이후 작업 목적에 맞는 템플릿을 선택하고, 카테고리나 키워드를 검색해 원하는 템플릿을 쉽게 찾습니다. 템플릿의 텍스트, 이미지, 아이콘 등을 수정하고, 드래그 앤 드롭으로 요소를 배치하며 색상과 폰트를 변경하여 디자인을 편집합니다. 필요에 따라 무료 또는 유료 리소스를 추가해 디자인을 완성한 후, '내보내기' 기능을 통해 PNG, JPG, PDF 등의 형식으로 저장하거나 소셜 미디어에 바로 공유할 수 있습니다.

❹ **중급·고급 활용 가이드**

① **고급 이미지 편집:** 유료 플랜에서는 한 번의 클릭으로 이미지 배경을 제거해 깔끔한 결과물을 만들 수 있고, 사진에 다양한 필터와 효과를 적용해 전문적인 느낌을 더할 수 있으며, 프로젝트나 비즈니스 활용에 유용합니다.

② **팀 협업 도구 활용:** 팀 계정을 사용해 팀원들과 실시간으로 프로젝트를 공유하고 편집할 수 있습니다. 디자인 코멘트를 통해 수정 사항을 전달하고, 프로젝트 관리를 효율적으로 진행합니다.

③ **브랜드 키트를 활용한 브랜딩 강화:** 브랜드 키트를 사용하면, 회사 고유의 로고, 대표 색상, 공식 폰트를 저장해 두고, 모든 디자인 작업에서 일관된 브랜드 이미지를 유지할 수 있습니다. 이를 통해 마케팅 자료, 소셜 미디어 게시물, 프레젠테이션 등에서 브랜드 아이덴티티가 통일되어 전문적이고 신뢰감 있는 콘텐츠를 작업해 줍니다.

신중년 꿈을 이루다

신중년 재취업 프로젝트

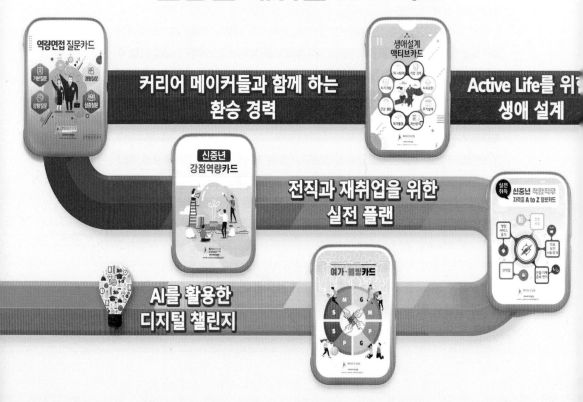

역량면접 질문카드

생애설계 액티브카드

커리어 메이커들과 함께 하는
환승 경력

Active Life를 위한
생애 설계

신중년
강점역량카드

전직과 재취업을 위한
실전 플랜

실전
취득 신중년 적합직무
자격증 A to Z 정보카드

AI를 활용한
디지털 챌린지

여가·웰빙카드

제2의 인생 설계로 꿈을 세우다

01 '생애설계 액티브카드'는 생애 주기 전반에 걸쳐 중요하게
고려해야 할 여덟 가지 분야(자기개발, 가족·사회관계, 직업·경력,
사회공헌, 주거설계, 자산관리, 여가활동, 건강·웰빙 등)에 대해
은퇴 예정자가 스스로 생활 전반을 평가하고 반성하며 미래를 예측하여
준비할 수 있도록 꼭 필요한 질문과 흥미로운 일러스트로 구성했습니다.

02 다양한 삶의 주제를 탐색할 수 있는 질문과 일러스트가 어우러져, 인생의
방향을 정립하고 개인·가족·사회생활의 균형 있는 삶의 여정을 준비하는
데 유용합니다.

내 안의 강점으로 새로운 진로를 발견하다

01   신중년이 경력 전환을 준비할 때는 자신의 경험과 역량을 정확히 인식하는 것이 중요합니다. 강점역량카드를 활용하면, 보유한 경력과 능력을 체계적으로 분석하고 카드와 매칭하여 개인 맞춤형 강점 역량 TOP 5를 선정할 수 있습니다.

02   강점 역량은 새로운 직무를 탐색하고 구직 활동의 방향을 설정하는 데 중요한 기반이 됩니다. 자기 탐색을 통해 자신감을 높이고, 관심 있는 직무에 맞춰 체계적으로 전직을 준비할 수 있습니다.

최종 합격의 확실한 노하우를 담다

특징

01 '역량면접 질문카드'는 실제 면접에서 자주 출제되는 질문을 기본형,
경험형, 상황형, 심층형 등 네 가지 유형으로 나누어 구성했습니다.
각 질문의 출제 의도와 효과적인 답변 방법을 함께 제시하여, 면접 준비에
실질적인 도움을 주도록 설계되었습니다.

02 취업 지원 교육이나 컨설팅을 진행할 때 대상자의 마음을 열고 역량을
탐색하는 과정에도 효과적으로 활용 가능합니다.

웰빙의 시작, 여가에서 답을 찾다

01 생애설계 과정에서 자신에게 적합한 여가 활동을 발견하고 계획할
수 있도록 돕는 도구입니다. 여가 유형을 진단한 뒤, 그에 맞는 활동을
탐색하고, 관련 질문과 시각 자료를 활용해 여가 목표를 정하고 구체
적인 실행 계획을 세우는 데 유용합니다.

---

02 개인 사용자는 물론, 생애설계 전문가가 여가 목표 설정과 실행 계획
수립을 지원할 때도 활용 가능해, 1:1 상담은 물론 그룹 워크숍에도
추천합니다.

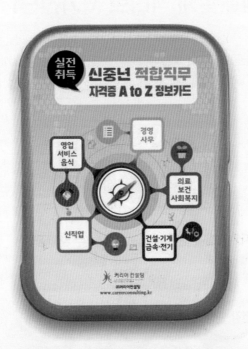

나에게 맞는 자격증으로 다시 꿈을 잇다

01   신중년이 자신의 적성에 맞는 직업을 찾고, 경력 전환에 필요한 자격증 종류와 자격 요건을 한눈에 파악할 수 있게 설계했습니다.

02   국가기술, 국가전문, 생활밀착 등 다양한 자격증을 분야별로 정리해, 사용자가 자신의 관심과 목표에 맞는 자격증을 쉽게 찾고 준비 과정을 구체화할 수 있도록 구성했습니다. 생애설계 컨설팅 전문가는 이 도구를 활용해 내담자에게 맞는 직업과 자격증을 함께 찾고, 현실적인 경력 전환 계획을 세우는 데 유용합니다.

[생애설계 액티브 자가진단]

'생애설계 액티브 자가진단'은 자신의 삶을 돌아보며 100세 시대에 맞는 학습·여가·직업을 통합적으로 재설계하는 데 도움을 주는 진단 도구입니다. 진단을 통해 얻은 데이터를 바탕으로 개인의 미래 생애계획에 대한 실행 가능한 전략을 제안하는 라이프플랜 Report를 제공합니다. 지금 바로 미래를 설계하고, 행복한 삶을 만들어 가세요!

01
생애설계 액티브 자가진단이란?

생애설계 액티브 자가진단은

가족·사회관계, 자기개발, 건강·웰빙, 여가활동, 직업·경력, 사회공헌, 주거설계, 자산관리 등 생애설계에서 꼭 필요한 8대 영역에 대한 진단 도구입니다.
생애설계를 위해 중요한 8대 영역을 스스로 점검할 수 있는 체크리스트 형태의 진단지로, 현재 자신의 영역별 준비도를 확인하고 핵심 정보도 얻을 수 있습니다.

- **특징** : 생애영역별 10개, 총 80개 문항으로 구성
  5점 척도 자가진단, 15page 내외 결과보고서 제공
- **방법** : 기본정보 입력 후 영역별 설문 문항 체크
- **시간** : 약 15분 소요
- **비용** : 11,000원(VAT 포함)

02

생애설계 액티브 자가진단의 **구성 및 특징**

 8대 영역 준비도

영역의 준비도를 진단하고,
세부 영역별 관심 정도와 준비
상황을 객관적으로 파악

영역별 준비지수

나의 점수, 연령대 평균, 전체 평균

전문가 종합 의견

 라이프 플랜 Report

가장 보완이 필요한 영역에
대해서는 정보 탐색과 계획 수립에
필요한 맞춤형 정보 제공

영역별 활동정보

국가·민간자격증 정보

추천 직업 및 훈련기관

 경력 목표

경력 목표에 대한
준비 방향과 구체적인
실행 방안 도출 가능

경력 목표별 의미

지원 기관 및 주요 핵심 정보

추천 자격증 및 직업

03

진단 결과로 확인 할 수 있는 내용

✓ 8가지 생애 영역별 자신의 관심 정도와 40~60대의 준비도 평균을 확인할 수 있습니다.

✓ 8가지 영역 중에서 가장 준비가 필요한 영역에 대한 핵심 정보를 탐색할 수 있습니다.
(국가·민간자격증, 추천 교육기관, 추천 직업 등)

✓ 본인의 경력 목표에 대한 준비 방향과 구체적인 방법을 확인하고 계획을 수립할 수 있습니다.

✓ 보다 전문적이고 체계적인 정보가 필요하거나 구체적인 실행 방안을 도출하고 싶다면, 심층 상담 서비스가 가능합니다.

커리어 컨설팅
JOB CAREER STRENGTH COACHING
NCS CONSULTING 창업교육

㈜커리어컨설팅
www.careerconsulting.kr

[생애설계 액티브 자가진단]

문의: 02- 502-1948 / 010-8912-4141

인생 넥스트
NEXT

생애설계 코칭 컨설턴트 2급 자격과정

이 자격과정은 생애 주기에 따른 인간의 발달과 역할, 불확실성이 높아지는 환경에 따른 개인의 변화에 대한 계획 수립과 빠른 적응을 돕기 위해 만들어졌습니다.

대상 생애경력설계 컨설턴트, 전직 교육 강사 및 상담사,
생애설계에 관심 있는 일반인 누구나

내용 [생애설계] 생애설계 8대 영역과 주요 내용 이해, 사례 분석
[경력 재설계] 경력 분석과 재취업 계획 수립, 디지털 활용
[여가관리] 여가 유형 탐색과 사회적 관계 형성
[자기개발] 자격증 취득 및 평생 학습

과정 특징 생애설계 자가진단 및 리포트 제공, 생애설계 액티브 카드,
여가·웰빙 카드, 직종별 자격증 카드 활용 실습

시간	주제	주요내용
09:00~11:00(2H)	내 인생 두 번째 지도, 생애설계	• 생애설계 8대 영역 개념 이해 • 개인별 생애설계 진단 및 목표 설정 방법 / Case Study
11:00~13:00(2H)	미드라이프(Midlife)의 생애경력 설계	• 과거 경력과 강점 분석을 통한 새로운 경력 방향 설정 • 이력서 및 자기소개서 작성, 면접 준비
14:00~16:00(2H)	여가로 발견하는 웰빙	• 여가의 중요성과 심리적 효과, 여가 유형의 탐색 • 여가를 통한 사회적 관계 형성 및 커뮤니티 활동 방법
16:00~18:00(2H)	배움으로 여는 기회, 직종별 자격증	• 4060 자격증 및 교육 프로그램 • 온라인 학습 플랫폼 및 디지털 리터러시

인생 리부트
REBOOT

생애설계 코칭 전문가 1급 자격과정

이 자격과정은 생애 주기별 자기설계와 변화관리에 중점을 두어 생애설계 코칭 전문성을 강화합니다. 변화하는 환경에서의 심리적 적응, 경력 개발, 네트워크 관리, 그리고 웰빙 설계를 통해 개인의 성장과 성공적인 삶의 방향성을 제시합니다.

대상	생애경력설계 컨설턴트, 전직 교육 강사 및 상담사, 커리어 코치, 라이프 코치
내용	**[생애설계 코칭]** 생애 주기와 개인 목표에 맞춘 경력설계 및 행동 계획 수립 능력 배양 **[변화관리]** 환경 변화와 심리적 변화를 이해하고 효과적으로 대응하는 전략 수립 **[경력관리]** 경력 개발과 네트워크 확장을 통해 직업적 성장을 지원하는 방법 학습 **[여가관리]** 여가를 통한 개인의 웰빙과 사회적 가치 실현을 위한 사회공헌활동 설계
과정 특징	생애설계 자가진단 및 리포트 제공, 생애설계 액티브 카드, 여가·웰빙 카드, 직종별 자격증 카드 활용 실습

시간	1일 차 주제	주요내용
09:00~12:00(3H)	인생 통합 전략, 생애설계 코칭	• 생애설계 코칭 자격과정 소개 • 생애 주기별 발달과업과 생애설계 접근 전략 • 생애 주기 8대 영역별 핵심 포인트 • 생애설계 액티브 자가진단 활용과 코칭 기법
13:00~16:00(3H)	경력(Career) 피보팅 솔루션	• 직업 세계 변화와 변화 인식에 따른 직업 재설계 • 직업 대안 탐색_직무경험 성과, 강·약점, 네트워크 분석 활용 • 전직 성공을 위한 경력 피보팅 전략
16:00~18:00(2H)	웰빙의 조건, 여가	• 여가의 의미, 여가 유형 및 활동 사례 • 여가 · 웰빙 카드 활용한 질문기법

시간	2일 차 주제	주요내용
09:00~12:00(3H)	자격증으로 여는, 신중년 리부트 커리어	• 신중년 자격증 트렌드와 맞춤형 가이드 • 자격증 취득에 필요한 정보 제공과 학습 지원 • 신중년 적합 직무 자격증 카드 활용과 코칭 기법
13:00~15:00(2H)	코칭 대화로 이끄는 심리적 지원과 행동 변화	• 내외부 환경 변화에 따른 심리 변화와 동기 강화 코칭 • 코칭 대화 모델의 이해와 활용
15:00~17:00(2H)	AI 시대, 디지털 역량 Level-up	• 생성형 AI, 디지털 협업 도구 소개 및 활용 • 디자인 플랫폼 활용 가이드
17:00~18:00(1H)	자격 검증 시험	• 생애설계 코칭 전문가 시험 실시

신중년
꿈 을
이루다

값 18,000원

인 쇄	2025년 5월 26일			출판신고번호	제2015 - 00014호
발 행	2025년 5월 30일			주 소	경기도 과천시 문원 청계5길 60 1층
발행처	㈜커리어컨설팅			전 화	02-502-1948
기 획	권미경	Editor	신길자	홈페이지	careerconsulting.kr
연구진	권미경, 우정화, 전재경, 류수정, 신길자, 장윤실, 김민옥, 김민균, 이혜영, 이주연, 민소라, 노경연, 경혜화, 조미란, 정수경, 전찬경, 이현정, 문경아			I S B N	979-11-90006-18-7(03320)
등록일	2015년 10월15일			이 메 일	sbsikwon@naver.com